Ulrich Sieg
Vom Ressentiment
zum Fanatismus

Ulrich Sieg lehrt als außerplanmäßiger Professor Neueste Geschichte an der Philipps-Universität Marburg. Wissenschaftliche Tätigkeit in Asuncíon, Jerewan, Jerusalem, Montreal, Oxford, Tokio und Washington.

Buchveröffentlichungen (Auswahl): *Aufstieg und Niedergang des Marburger Neukantianismus. Die Geschichte einer philosophischen Schulgemeinschaft*, Würzburg 1994; *Jüdische Intellektuelle im Ersten Weltkrieg. Kriegserfahrungen, weltanschauliche Debatten und kulturelle Neuentwürfe*, Berlin 2001 (2. Aufl. 2008); *Deutschlands Prophet. Paul de Lagarde und die Ursprünge des modernen Antisemitismus*, München 2007 (engl. Übersetzung 2013); *Geist und Gewalt. Deutsche Philosophen zwischen Kaiserreich und Nationalsozialismus*, München 2013; *Die Macht des Willens. Elisabeth Förster-Nietzsche und ihre Welt*, München 2019.

Ulrich Sieg

Vom Ressentiment zum Fanatismus

Zur Ideengeschichte des modernen Antisemitismus

Europäische Verlagsanstalt

Bibliografische Information der Deutschen Nationalbibliothek
Die Deutsche Nationalbibliothek verzeichnet diese Publikation in der Deutschen Nationalbibliografie; detaillierte bibliografische Daten sind im Internet über http://dnb.d-nb.de abrufbar.

Coverabbildung: Nachtgedanken des Herrn v. Jonas, antisemitische Karikatur, Die Bombe, Wien 1875; wiedergegeben nach: Michaela Haibl, Zerrbild als Stereotyp. Visuelle Darstellungen von Juden zwischen 1850 und 1900, Berlin 2000, S. 247
Umschlaggestaltung und Satz: Christian Wöhrl, Hoisdorf, nach Entwürfen von metadesign
Signet: Dorothee Wallner nach Caspar Neher »Europa« (1945)

Printed in Germany
ISBN 978-3-86393-135-3
Auch als E-Book erhältlich, ISBN 978-3-86393-593-1

Informationen zu unserem Verlagsprogramm finden Sie im Internet unter www.europaeischeverlagsanstalt.de

Inhalt

Zukunftshoffnungen

Einleitung

Ewald Grothe
für unverbrüchliche Freundschaft

Antisemitismus und Nation

Die historische Bedeutung des Antisemitismus ist unstrittig, aber schwierig präzise zu fassen. Dies liegt nicht am Fehlen wissenschaftlicher Literatur. Sie ist in reichem Umfang vorhanden und behandelt eine Vielzahl wichtiger Fragen. Die Probleme liegen in der Sache selbst. Beim Antisemitismus handelt es sich um ein ungewöhnlich komplexes Phänomen: Es besitzt globale Dimensionen und eine Vielzahl nationaler Varianten. Seit der griechisch-römischen Antike ist der Antisemitismus eine prägende ideologische Größe in Europa; aber auch in der Geschichte Persiens oder des Alten Ägypten hat er Spuren hinterlassen. Oft richten sich kollektive Vorurteile gegen die Juden als ethnische Gruppe, so dass sozialhistorische Methoden reichen Ertrag versprechen. Doch können auch religiöse Milieus oder kulturelle Traditionen für Form und Intensität des Antisemitismus ausschlaggebend sein. Gelegentlich fällt die Benennung konkreter Ursachen überhaupt schwer. So hat die Vertreibung der Juden aus England, Portugal oder Spanien keineswegs zum Verschwinden des dortigen Antisemitismus geführt. Die Vermeidung des Ausdrucks „Antisemitismus" ändert nichts an den komplizierten Befundlagen.[1]

Kulturwissenschaftler stehen beim Antisemitismus vor einem facettenreichen Phänomen, das sich kaum zufriedenstellend definieren oder gar auf eine überzeugende Formel bringen lässt. Doch besitzt die kollektive Judenfeindschaft durchaus Konjunkturen. So liegt Hannah Arendt gewiss richtig, wenn sie die Entstehung des modernen Antisemitismus mit den rasanten Veränderungen des 19. Jahrhunderts zusammenbringt.[2] Ihre Gedanken zielen auf die Erklärung der Schreckensherrschaften im 20. Jahrhundert und inspirieren bis heute. Aus genuin historischer Perspektive wirken umfassende Definitionen von „Antisemitismus" freilich rasch unscharf. Nicht selten leisten sie einem teleologischen Verständnis der Vergangenheit Vorschub, das mit historiographischen Standards nicht in Einklang zu bringen ist. Bis zu einem gewissen Grad lassen sich indes fragwürdige Verallgemeinerungen und kühne Großthesen vermeiden, wenn man das Thema vorab möglichst genau eingrenzt. In den hier versammelten Beiträgen wird es um Formen des Antisemitismus in Deutschland gehen, die sich auch als Konsequenz erfolgreicher Emanzipation deuten lassen. Dies trägt der Tatsache Rechnung, dass das deutsche Judentum international lange als attraktives Modell galt. Im Lande Kants und Humboldts, so schien es um 1900, sei der atavistische Judenhass endgültig auf dem Rückzug. Aufgrund der überragenden Rolle der Sprache als Integrationsmedium kommt zudem der zentraleuropäischen Perspektive erhebliche Bedeutung zu. Neben Berlin, Hamburg und Frankfurt verdienen Zürich, Prag und Wien erhöhtes Interesse, wenn man die bestimmenden Diskurse schattierungsreich beschreiben will.[3]

Das gut ein Jahrhundert währende Zeitalter der Judenemanzipation endete mit der Gründung des Kaiserreichs. Die Bestimmungen des Norddeutschen Bundes erhielten im April 1871 Gesetzeskraft und gewährten den Juden Rechtsgleichheit. Wie weit sich diese auswirkte, ist umstritten; keinem Zweifel unterliegt es, dass die rechtliche Gleichstellung der Juden umgehend Ressentiments und politischen Widerstand hervorrief.[4] Die Stärke der Proteste ist nicht einfach zu bestimmen – schon allein, weil es die Judenfeinde mit der Wahrheit nicht so genau nahmen und die Quellen eine Vielzahl falscher Angaben enthalten. Zudem ist die Frühgeschichte des Ausdrucks „Antisemitismus" verworren. Er stammte aus dem Umfeld des Hamburger Journalisten Wilhelm Marr, galt als „neu und ein wenig nebulös" und diente vornehmlich der Verteidigung religiöser Vorurteile und regionaler Ausschreitungen vor Gericht.[5] Um 1880 war „Antisemitismus" noch kein weithin zustimmungsfähiges Fahnenwort, aber für das innenpolitische Klima spielte die zunehmende Judenfeindschaft eine wichtige Rolle. Bismarck nutzte die sich bietenden Chancen für einen politischen Schwenk nach rechts. Er setzte eine Schutzzollpolitik durch, die agrarische Interessen begünstigte, trennte sich von den (Links-)Liberalen und wandte sich den konservativen Kräften zu. Gleichzeitig wurden die Sozialdemokraten als „Reichsfeinde" energisch bekämpft.[6] Die antisemitische Bewegung, zu der anfangs auch manch enttäuschter Märzrevolutionär gehörte, orientierte sich in diese Richtung. Cum grano salis bildete sie ein Sammelbecken für all jene, die beim Wandel der Gesellschaft unter die Räder kamen. Schon bald behandelte man die Juden als „Sündenbock" für die allgemeine Wirtschaftskrise, bei der vor allem Kleinbauern und Handwerker in strukturschwachen Gebieten zu den Verlierern zählten.

Bismarcks Umgang mit der „Judenfrage" war hochgradig instrumentell. Er stellte in Rechnung, dass der Gründerkrach 1873 und die nachfolgende „Große Depression" von einer erheblichen Unzufriedenheit der Bevölkerung begleitet waren. Zur Erreichung seiner Ziele operierte er mit schroffen Feindbildern und attackierte Katholiken, Sozialdemokraten und Liberale. Hinter den Entscheidungen steckte allerdings nicht nur Kalkül, das etwa im Umgang mit seinem jüdischen Bankier Bleichröder deutlich wird. Eine zentrale Rolle für Bismarcks Weltsicht spielten auch paranoid getönte Ängste. So neigte er zu der Ansicht, „im Pressewesen" existiere eine gefährliche „‚Liberale Internationale'", die es unbedingt zu bekämpfen gelte.[7] Der Antiliberalismus ist jedenfalls als ideologische Kraft von der Geschichtswissenschaft lange Zeit unterschätzt worden – vielleicht, weil seine irrationale Dimension so schlecht zum Bild eines fortschrittsfreudigen 19. Jahrhunderts passt. Für den Großteil der deutschen Juden stand es schlicht außer Frage, dass sie für ihren Schutz auf den Rechtsstaat und einen starken Liberalismus angewiesen waren.[8]

Auch die Antisemiten reagierten auf die kulturelle Großwetterlage. Sie wollten vor allem wissen, warum sich der ersehnte politische Erfolg in eng bemessenen Grenzen hielt. Gleichzeitig professionalisierten sie ihre Agitationsmuster und verschärften die Semantik. Nachhaltigen Wahlerfolgen sind sie damit zwar nicht näher gerückt, doch gelang ihnen eine unheilvolle „*Modernisierung und Radikalisierung* der älteren Anschauungen".[9] Die tonangebende Schicht der Kaiserzeit, das städtische, protestantisch geprägte Bürgertum, zeigte sich für antisemitische Botschaften durchaus empfänglich. Warum dies so war, ist angesichts der ökonomischen und wissenschaftlichen Erfolge des Kaiserreichs nicht leicht zu erklären, zumal dessen Charakter als Rechtsstaat allgemein bejaht wurde. Will man nicht auf althergebrachte Theorien vom „deutschen Sonderweg" zurückgreifen, die sich in der Geschichtswissenschaft nur noch geringer Beliebtheit erfreuen,[10] spricht viel für die erneute Betrachtung sprechender Details. In der wilhelminischen Gesellschaft wurde das Ausmaß des Antisemitismus zwar nicht als gravierend angesehen; doch was von diesem Urteil zu halten ist, können nur akribisch durchgeführte Spezialstudien zeigen. Es wäre methodisch naiv, wenn man Quellenzeugnisse aus einer rigiden Klassengesellschaft wie dem Deutschen Kaiserreich einfach für bare Münze nähme. Ähnliches gilt für die anderen „großen Nationen", die im Zeitalter des Imperialismus die Welt wie selbstverständlich unter sich aufteilten. Auch dort glaubten die herrschenden Kreise an ihre Mission, fanden an schroffer Ungleichheit nur wenig auszusetzen und pflegten unmissverständliche Diskriminierungsmuster.

Seit einiger Zeit steht die Geschichtswissenschaft im Zeichen des Globalen. So hat Jürgen Osterhammel nachdrücklich betont, wie wichtig weite Horizonte für die adäquate Einschätzung historischer Phänomene sind. Dies ist sicher zutreffend, insbesondere wenn die umfassende Veränderung der Welt im langen 19. Jahrhundert zur Debatte steht.[11] Doch sind derart weite Horizonte bei einem Werk zur Geschichte des modernen Antisemitismus vermutlich weder möglich noch wünschenswert. Denn bei diesem Thema betritt man ein Spiegelkabinett von Vorurteilen und Projektionen, hat man es mit Ängsten, Wahnvorstellungen und Ressentiments zu tun, die nur schwer aus der Ferne zu beurteilen sind. Ähnliches gilt für die vielfältigen Formen von Diskriminierung, unter denen Juden zu leiden hatten: Häufig sind sie – nicht zuletzt aus juristischen Gründen – codiert und nur bei entsprechender Sachkenntnis sowie einer günstigen Quellenlage zu dechiffrieren. Schon vor mehr als dreißig Jahren hat Shulamit Volkov zu Recht herausgestellt, wie wichtig für die Analyse antisemitischer Ideologeme der Blick auf konkrete Zusammenhänge ist.[12] Dies heißt nicht, dass der hermeneutische Wert von Distanz in der Antisemitismusforschung unterschätzt werden sollte. Nur mit ihrer Hilfe erhält man Maßstäbe, die es gestatten, örtlich und zeitlich begrenztes Geschehen einzuordnen und zu beurteilen. Im Einzelfall braucht man jedoch eher die Findigkeit des Detektivs als einen Adlerblick aus großer Höhe. Ein Detail kann die Bewertung eines ganzen Vorgangs ändern, wenn verborgene Motive aufscheinen. Dies gilt gerade für die Welt der Universitäts- und Wissenschaftsgeschichte, in der angesichts starker Konkurrenz und unübersichtlicher Debattenlagen nur selten mit offenem Visier gefochten wird. Rhetorische Weiheformen sollten einen nicht in die Irre führen, zumeist wird im Reich des Geistes mit harten Bandagen um knappe Ressourcen gestritten. Umso wichtiger ist es, einen Sinn für versteckte Kooperationsmuster zu entwickeln, auf die misstrauisch beäugte Außenseiter angewiesen sind.

Aufstrebende Wissenschaftler feierten an den sich dynamisch entfaltenden Universitäten Erfolge, die weltweit für Erstaunen sorgten. Gerade vor diesem Hintergrund spricht viel dafür, die deutsch-jüdische Vergangenheit nicht zu schwarz zu malen. Sie enthält Beispiele für vertrauensvolle Zusammenarbeit und hochgestimmten Idealismus, doch auch niederträchtige Diskriminierung und umfassende Verblendungszusammenhänge sind nicht zu übersehen. Die „Schattenlinien" deutscher Geschichte sind ebenso offenkundig wie schwer zu zeichnen, gerade weil Größe und Gefahr so eng zusammenliegen. Zerrbilder wie das vom „Kaiserreich als antisemitische[r] Konsensgesellschaft" führen da nicht weiter.[13] Sie erklären nicht einmal, warum sich so viele Juden mit der deutschen Kultur identifizierten. Stattdessen braucht es einen wachen Blick für jene Ambivalenzen, die auch idealistisch eingestellten jüdischen Bildungsbürgern vertraut waren. Erst bei ausgiebiger Berücksichtigung privater, häufig noch ungedruckter Quellen wird jüdisches Leben anschauungsreich und verständlich.

Marc Blochs Ideal, die eigenen Vorstellungen „‚den Linien des Realen selbst' anzugleichen", ist faszinierend, aber schwer zu erreichen. Die hierfür erforderliche Distanz zu den Geläufigkeiten der eigenen Zeit übersteigt die geistige Flexibilität der meisten Menschen bei weitem. Zudem wusste der bedeutende französisch-jüdische Mediävist nur zu gut, dass historische Quellen häufig ebenso viel verbergen wie enthüllen.[14] Gerade die Angehörigen hochgradig akkulturierter Minderheiten waren Meister im Gebrauch elaborierter Sprachregelungen. Schließlich hatten sie sich früh ein Bild davon gemacht, wie konzentriert Privilegien behauptet werden. So gern die Geschichte erfolgreicher Außenseiter erzählt wird, bei Lebzeiten hatten diese mit Vorbehalten und massivem Neid zu rechnen. Dementsprechend genau folgten sie geltenden Konventionen und hielten sich in der Öffentlichkeit mit abweichenden Stellungnahmen zurück. Umso faszinierender sind Einschätzungen aus dem „Schonraum des Privaten", die es oft erst zu entdecken gilt. Die damit verbundene Spurensuche ist allerdings auch außergewöhnlich reizvoll, da man immer wieder aufs Neue durch unerwartete Einsichten überrascht wird.

Die vielleicht wichtigste Voraussetzung für historische Entdeckungen liegt in der Skepsis gegenüber dem erreichten Forschungsstand. Gerade bilanzierende Summenformeln drohen die Vielfalt historischen Lebens zu überdecken und sollten immer wieder in Frage gestellt werden. Hierfür braucht es inhaltliche Vertrautheit und frische Quellen; denn nur selten gelingt ein Fund, der wichtige Fragen endgültig klärt. So habe ich mich viele Jahre mit der Geschichte des Marburger Neukantianismus befasst. Erst nach und nach entwickelte ich ein Gespür für die judenfeindlichen Selbstverständlichkeiten an Deutschlands ältester protestantischer Universität. Als umso vorbildhafter empfand ich die lebenslange Freundschaft zwischen Hermann Cohen und Paul Natorp: der eine, Sohn eines jüdischen Kantors, der andere, Spross einer protestantischen Pastorenfamilie, beide bedeutende Philosophen, die sich dem kritischen Geist Kants verpflichtet fühlten. Wie es kaum anders sein kann, entdeckte man auch in ihrem Kontakt menschliche Doppelbödigkeiten und sachliche Divergenzen. Immerhin musste Cohen in einem schwierigen akademischen Umfeld wirken und Natorp seine eigenen philosophischen Ziele oft zurückstellen, um die Interessen der „Marburger Schule" nach außen zu verfechten. So tritt in der sachkundigen Darstellung Helmut Holzheys die „untergründigen Distanz" der beiden Philosophen deutlich hervor.[15] Der Kern ihrer lebenslangen wissenschaftlichen Arbeitsgemeinschaft wurde davon jedoch nicht berührt, wie ein überraschender Fund erst kürzlich zeigte.

Als Cohens Marburger Professur 1912 wiederbesetzt werden sollte, war es zu erheblichen Verwerfungen in der Philosophischen Fakultät gekommen. Nicht wenige Gelehrte erhofften von der aufstrebenden Psychologie neue philosophische Impulse. Unmittelbar vor der entscheidenden Fakultätssitzung wurde Cohens 70. Geburtstag auf dem Haus der studentischen Musikverbindung „Frideriziana" gefeiert. Natorps Festrede am Abend des 4. Juli war der Höhepunkt der Veranstaltung. Der Philosoph nutzte sie für eine Grundsatzerklärung, die zugleich ein persönliches Bekenntnis war: „Ich habe Treue erfahren von diesem Juden Hermann Cohen, in einer Weise, dass ich nicht ein Mensch sein müsste, wenn ich sie nicht auch ihm bewahrt hätte." Seine Ansprache endete mit den Worten: „Wem der große Wurf gelungen, eines Freundes, dieses Freundes Freund zu sein, stimme mit uns ein in den Ruf: unser Freund, Hermann Cohen, er lebe hoch! hoch! hoch!"[16] Die stimmungsvolle Beschwörung von Schillers Ode *An die Freude* lässt an Deutlichkeit nichts zu wünschen übrig, doch den Lauf der Dinge änderte Natorps Rede nicht: Cohens Professur wurde durch den mediokren Experimentalpsychologen Erich Jaensch besetzt. Auch ein deutschlandweiter Protest, um den renommierten Lehrstuhl für die systematische Philosophie zu erhalten, blieb letztlich erfolglos. Fortan saß auf Cohens Katheder ein erklärter Gegner des Neukantianismus, der sich später zu einem erbitterten Judenhasser entwickeln sollte.[17]

Das Problem des Antisemitismus sollte nicht nur möglichst nüchtern, sondern auch mit innerer Anteilnahme beschrieben werden; denn mit ihm stehen Grundfragen der deutschen Geschichte zur Debatte. Als ich während der Forschungen zu meiner Habilitationsschrift über *Jüdische Intellektuelle im Ersten Weltkrieg* die Vielzahl aussagekräftiger Quellen kaum bewältigen konnte, gab mir Raymond Klibansky in Oxford einen wohlwollenden Rat: Ich solle mich nur nicht ablenken lassen; es sei ein „so schönes Thema“. Obwohl seine aufmunternden Worte ihren Zweck nicht verfehlten, erschlossen sie sich mir nur langsam. Ich hatte vor allem den Eindruck, als bedeute der „Große Krieg“ mit seiner Entfesselung unheilvoller Leidenschaften eine Zäsur des deutsch-jüdischen Zusammenlebens. Dass eine ideenhistorische Darstellung des Weltkrieges etwas vom Zauber einer untergegangenen Ära bewahren kann, habe ich erst nach und nach verstanden. Die aufscheinende „Welt von gestern“ hat mit der Tragik deutsch-jüdischer Geschichte, aber auch mit der Qualität der hinterlassenen Zeugnisse und der Intensität der zeitgenössischen Debatten zu tun.[18]

Die in dieser Sammlung enthaltenen Aufsätze spiegeln meine Beschäftigung mit der Geschichte des Antisemitismus in den letzten 25 Jahren. Die Idee, einzelne Aspekte an die sich verändernde Forschungslage anzupassen, habe ich bald verworfen. Zu sehr wurzeln die Abhandlungen in den Kontexten ihrer Entstehungszeit. Doch ist es sicher hilfreich, sie zum besseren Verständnis in einige allgemeine Zusammenhänge einzuordnen. Der Essay über *Jüdische Philosophen im Deutschen Kaiserreich* beschäftigt sich mit einem Grundproblem der deutsch-jüdischen Geschichte. Wie lassen sich nationale und universale Werte verbinden, ohne dass eine der beiden Seiten Schaden nimmt? Dahinter steckte auch das Problem der Verknüpfung partikularer und universaler Vorstellungen, das seit Hegels Tagen in Preußen ungeheuer wichtig genommen wurde. Christopher Clark geht sogar davon aus, dass es sich dabei um den „Heiligen Gral der deutschen, politischen Kultur“ gehandelt habe.[19] Noch wichtiger dürfte unter Philosophen ein skeptisch grundiertes Wissenschaftsvertrauen gewesen sein. Mit Hilfe des kantischen Kritizismus hoffte man, die Erkenntnisgrenzen zum Wohle der Menschheit und der eigenen Nation immer weiter zu verschieben. Viele jüdische Intellektuelle standen dieser Vorstellung positiv gegenüber, schien sie doch gleichzeitig die Geltung universaler Werte und die Aufnahme in eine bedeutende Nation zu verbürgen. Doch der Preis für die

Erkenntnisutopie, in der „Deutschtum" zunehmend als Fichtescher „Sollensbegriff" betrachtet wurde, war hoch. Man entwickelte ein normatives Verständnis von Wissenschaft, das die zufälligen Bedingungen des Erkenntnisfortschritts nicht zu schätzen wusste und die dynamischen Entwicklungen einzelner Disziplinen kaum thematisieren konnte. Zudem erschwerte die platonisierende Begrifflichkeit der Marburger Neukantianer, die Abgründe des zeitgenössischen Wissenschaftssystems mit der notwendigen Deutlichkeit auszusprechen. Bei allem Sinn für Gerechtigkeit stand die Gegenwart stets im Schatten der Zukunft, und dies ließ Vorurteile jedweder Art leicht als Quantité négligeable erscheinen.[20]

Der oft verherrlichte jüdische Erfolg in der Wissenschaft konzentrierte sich, bei Licht betrachtet, auf Medizin und die Naturwissenschaften. Hier existierten harte Leistungsparameter und konnten begabte Nachwuchswissenschaftler bei Bedarf in „kreative Nischen" ausweichen.[21] In den Geisteswissenschaften kann davon nur sehr bedingt die Rede sein. Dort galt es, sich an den Werten der deutschen Mehrheitskultur zu orientieren, wenn man ernsthaft reüssieren wollte. So stehen eher einzelne Figuren wie der Mediävist Harry Bresslau, der klassische Philologe Jacob Bernays oder der Philosoph und Soziologe Georg Simmel zur Debatte. Bei allem Respekt, der ihrer Begabung gezollt wurde, disziplinprägend wurden sie bei Lebzeiten gewiss nicht. Der hier thematisierte *Preis des Bildungsstrebens* war für jüdische Geisteswissenschaftler jedenfalls ungewöhnlich hoch. Sie arbeiteten viele Jahre lang entsagungsvoll in ihrem Fachgebiet, konnten sich aber nicht sicher sein, dass ihre Entdeckungen und ihr Fleiß zur universitären Etablierung genügten. Je höher man in der akademischen Hierarchie stieg, desto geringer wurde die Wahrscheinlichkeit, auf jüdische Mitbewerber zu stoßen. Und die souveräne Beherrschung der deutschen Sprache, die eine conditio sine qua non des akademischen Aufstiegs war, drohte als „blutarmes Virtuosentum" verspottet zu werden. Zumeist gelang es nur hochgradig akkulturierten Familien wie den Cassirers, den Weg zur Professur zu ebnen. Die Netzwerke waren ausgeprägt genug, und man verfügte über ausreichende finanzielle Mittel, um einem Familienmitglied, das sein Herz an die Geisteswissenschaften verloren hatte, die notwendige Unterstützung zukommen zu lassen. Doch selbst überragende Begabung und der Erhalt eines Lehrstuhls waren keine Garantie für Anerkennung in der akademischen Welt, wie Ernst Cassirer erfahren musste.[22]

Unter den Antisemiten des Kaiserreichs stellte Paul de Lagarde in mehrfacher Hinsicht eine Ausnahme dar. Er war ein renommierter Orientalist, dessen Sprachkenntnisse niemand bezweifelte. Der preußische König Wilhelm I. verschaffte ihm persönlich einen angesehenen Lehrstuhl in Göttingen, damit er sich der Erforschung des Alten Testaments widmen konnte. Sein Spezialgebiet, die griechische Übersetzung der Bibel, die Septuaginta, wurde als hochgradig relevant eingeschätzt, und Lagarde näherte sich ihm mit einem knochentrockenen Positivismus.[23] All dies konnte den Eindruck erwecken, er sei ein ernsthafter Wissenschaftler, fernab der gängigen Vorurteile. In welchem Ausmaß dies für seine orientalistischen Publikationen gilt, wird gegenwärtig intensiv untersucht. Das Urteil über seine politischen Interventionen ist einhellig negativ, auch wenn seine breite Wirkung immer noch Überraschungen bieten dürfte.[24]

Schon früh hegte Lagarde antijüdische Ressentiments, und als er breite Resonanz erstrebte, ließ er sie ins Kraut schießen. Sein Hauptwerk, die *Deutschen Schriften*, war vor allem ein Sammelsurium zeitkritischer Vorstellungen, mit denen er auf die Politik Einfluss nehmen wollte. In einem deutschlandweit beachteten Gerichtsverfahren verfocht er 1888 sogar die Auffassung, der Talmud fordere die Juden zum Betrug an den Christen auf. Der Tabubruch im *Marburger Antisemitismusprozess* lag allerdings nicht in den kolportierten Halbwahrheiten, die unter notorischen Judenhassern gängige Münze waren. Aufmerksamkeit erregte vielmehr, dass ein angesehener Gelehrter mit halbseidenen Argumenten für eine menschenverachtende Ideologie stritt. Lagarde war freilich vom idealistischen Kern der eigenen Weltsicht überzeugt. Er hielt seine Vorstellung von „deutscher Religion“ für das dringend benötigte innere Zentrum des Kaiserreichs, das ohnedem in seine Bestandteile zu zerfallen drohe. Die *Sakralisierung der Nation*, die Lagarde vornahm, ließ für abweichende Ansichten kaum Raum und stand überdies in einer langen Tradition chiliastischen Denkens. Vom Untergang der materialistischen Gegenwart erwartete der grimmige Kulturpessimist nicht weniger als den Anbruch einer besseren Ära voll wahrer Religiosität.[25]

Schon bei Lebzeiten war Lagarde ein vielgelesener Autor, doch zu Beginn des 20. Jahrhunderts wurde er als *Prophet nationaler Religion* wirklich populär. Seine ausdrucksstarke Sprache stieß nun auf das Sinngebungsbedürfnis einer Generation, die mit der religiösen Botschaft der etablierten Kirchen kaum noch etwas anzufangen wusste. Überdies fanden seine Texte mit Eugen Diederichs einen Verleger, der sie in attraktiven Ausgaben unter die Leute brachte. Lagardes Schachtelsätze wurden spürbar vereinfacht, die direkte Ansprache der Leser ein wichtiges Erkennungszeichen. Der protestantische Theologe Hermann Mulert präsentierte den Orientalisten gar als eine Art Heilsbringer in der Reihe „Klassiker der Religion".[26] Auch unter den veränderten Bedingungen der Weimarer Republik stieß Lagardes existentialistisch wirkende Gedankenführung auf erhebliches Interesse. Adolf Hitler scheint sich nach der „Machtergreifung" mit den *Deutschen Schriften* eingehend befasst haben, weil er seinem fanatischen Judenhass einen weihevollen Anstrich geben wollte. Mit dem Ende des Nationalsozialismus brach die Lagarde-Rezeption aus naheliegenden Gründen ab.

Zu den ebenso spektakulären wie folgenreichen „Fällen" der Ideengeschichte gehört die gezielte Vermarktung Friedrich Nietzsches durch seine Schwester. Elisabeth Förster-Nietzsche hatte gegenüber Antisemiten keine Berührungsängste und verfälschte das Werk ihres Bruders, wann immer es ihr nötig erschien. Doch entscheidend war für sie etwas anderes. Es ging um die Aufnahme Nietzsches in das deutsche Bildungspantheon. Zu diesem Zweck stilisierte sie ihn zum Propheten einer neuen Epoche und zum Schöpfer eines umfassenden philosophischen Systems. Ihre zeitgenössisch vielbewunderten Biographien glichen modernen Heiligenlegenden. Der Essay örtert, wie zielstrebig Elisabeth Förster-Nietzsche bei der *universitären Etablierung ihres Bruders* vorging. Sonderliche Schwierigkeiten hatte die selbstherrliche Autodidaktin nicht zu überwinden: Zu attraktiv war es selbst für angesehene Gelehrte, die Aura eines „Jahrhundertgenies“ zu spüren. So konnte sie beinahe ungestört in ihrem Weimarer Archiv die biographischen Dokumente wie eine Art Vermächtnis anlegen und damit das Nietzsche-Bild nachhaltig prägen.[27]

Meine Marburger Antrittsvorlesung über den *Strukturwandel der Wissenschaft im Nationalsozialismus* thematisierte die Wichtigkeit historischer Faktoren, die sich dem quantifizierenden Zugriff zu entziehen drohen. Primär ging es um soziale Phänomene wie den vorauseilenden Gehorsam im akademischen Alltag oder die Verschiebung wissenschaftlicher Maßstäbe im Gutachterwesen. Beides lässt sich schon deshalb nur schwierig fassen, weil politischer Druck und veränderte Rahmenbedingungen umgehend Anpassungsleistungen hervorrufen. In den Geisteswissenschaften führten die Veränderungen seit 1933 zu einem Verlust an zivilen Umgangsformen und monotonen Debatten. Sie spiegeln den hegemonialen Anspruch wissenschaftlicher Schulen, die ihre Paradigmen nur noch selten gegen kritische Einwände verteidigten. Gerade in Fächern, die sich besonderer Förderung erfreuten, wurde die Wissenschaftskultur zunehmend monochrom.[28] Gleichzeitig kam es ohne die dringend benötigten Außenseiter zu erheblichem Niveauverlust. Er zeigte sich im Schwinden internationaler Kontakte wie in der Schwierigkeit, dringend erforderliche Reformprozesse in Gang zu setzen. Langzeitfolgen waren noch 1968 zu bemerken, als die antibürgerliche Einstellung der Nationalsozialisten angegriffen, aber auch in mancher Hinsicht aktualisiert wurde.[29]

Wie intensiv nationalsozialistischer Rufmord fortwirken konnte, illustriert die Abhandlung über *„Deutsche Wissenschaft“ und Neukantianismus.* Er prägte die universitäre Welt der 1950er Jahre, die sich gern im Zeichen des Neuanfangs sah. Doch dies traf nur eingeschränkt zu. So hatten einige Spielarten ganzheitlicher Wissenschaft, die sich gegen eine allzu mathematische Weltsicht richteten, tiefe Wurzeln. Die Beharrungskraft des antisemitisch getönten Vorurteils hing mit seiner Dauer zusammen. Die Vorstellung genuin „deutscher Wissenschaft" ging noch auf den Ersten Weltkrieg zurück, als es im Rahmen der erbittert geführten ideologischen Kämpfe zu einer verhängnisvollen „Existentialisierung der Diskurse" gekommen war. Überwiegend deutsch-national gesonnene Philosophen unterstellten ihren jüdischen Kollegen, es mangele ihnen an echter patriotischer Gesinnung. Damit nicht genug, sprachen sie ihnen die Fähigkeit zu einem tieferen Verständnis Kants und Fichtes ab. Im Krieg konnten sich die Fanatiker nicht durchsetzen, und ihre tonangebende Figur, der Jenaer Ordinarius Bruno Bauch, verlor sogar seine Position als Chefredakteur der Kant-Studien. Gleichwohl erfreuten sich ultranationalistische Gedanken an den Universitäten erheblicher Beliebtheit. Ihnen fühlte sich auch die von Bauch Pfingsten 1917 mitbegründete Deutsche Philosophische Gesellschaft verpflichtet.[30] Hier empfing manch ein Gelehrter Eindrücke, die sein Weltbild auch nach 1945 prägten.

Allein, wie abgründig die Entwicklung der deutschen Universitäten erscheinen mag, an ihrem zeitgenössischen Prestige gibt es nichts zu deuteln. Dies hängt nicht nur mit idealistischen Annahmen zusammen, die nach der Katastrophe zweier Weltkriege gänzlich obsolet wirkten. Es hat auch mit der Qualität der deutschen Universität und der Grundsätzlichkeit der vertretenen Konzepte zu tun. Um 1900 galt das Ideal „reiner Forschung" beinahe uneingeschränkt, und wer in der akademischen Welt reüssieren wollte, hatte wichtige Entdeckungen vorzuweisen. Dies führte zu einem gnadenlosen Konkurrenzkampf zwischen jüngeren Wissenschaftlern, förderte aber auch einen streng sachbezogenen Diskussionsstil. Dies heißt jedoch nicht, dass man leichthin bereit war, seine weltanschaulichen Überzeugungen zur Disposition zu stellen. Recht häufig lässt sich eine wechselseitige Durchdringung von Haltungen feststellen, die sich auf den ersten Blick auszuschließen scheinen. Paul Natorp schwankte etwa zwischen *realitätsfernem Utopismus* und *hellsichtiger Gegenwartskritik,* je nachdem wie er zum politischen Geschehen Stellung bezog. Gänzlich unstrittig ist jedoch die menschenfreundliche Grundhaltung. So kritisierte Natorp scharf die Selbstüberschätzung der wilhelminischen Gesellschaft, deren Einstellung zu sozialen Problemen er als inhuman und zukunftslos betrachtete. Bezeichnenderweise gehörte er am Vorabend des Ersten Weltkrieges zu den wenigen Mentoren der deutschen Jugendbewegung, die eindringlich vor dem „Gift" des Antisemitismus warnten.[31] Wie so viele Akademiker neigte Natorp im Krieg zu einer übertriebenen Identifikation mit der deutschen Nation. Er beurteilte sie vornehmlich vor ihrer großen kulturellen Tradition und blieb für manche Abgründe der Gegenwart blind. So bedauerlich dies ist, die menschenverachtende Sprache des Propagandakrieges lehnte er grundsätzlich ab. Als man sich zu Beginn der Weimarer Republik für den italienischen Faschismus begeisterte, zählte Natorp kaum zufällig zu jenen Akademikern, deren Idealismus man auf der Rechten als endgültig antiquiert betrachtete.

Eine überschaubare Zahl zugkräftiger Chiffren führt in der Politik leicht zu Missverständnissen, mittelfristig kommt es häufig zu einer Verschärfung der Debatten. Denn die wenigen *Fahnenworte*, um die sich Menschen sammeln können, dürfen nicht kampflos der Gegenseite überlassen werden. Bei der Weimarer politischen Kultur war dies in hohem Grad der Fall. Sie stand im Zeichen vielfältiger Legitimations- und realer Krisen und brauchte dringend verbindende Elemente.[32] Zu ihnen zählt der Gemeinschaftsbegriff, den beinahe jedes politische Lager für sich in Anspruch nahm. Was lag da näher, als seinen Geltungsbereich gut kantisch präzis zu bestimmen. Diese Aufgabe setzte sich der Kölner Privatdozent Helmuth Plessner, dessen wissenschaftliche Interessen zwischen Biologie, Philosophie und Soziologie changierten. Seine Schrift *Grenzen der Gemeinschaft* stieß zwar auf reges Interesse, akademisch oder gar politisch war sie jedoch mitnichten mehrheitsfähig. Plessner analysierte eben genau jene Formen moralischer Empörung, die sich in der Weimarer Kultur großer Beliebtheit erfreuten, Leninismus und Faschismus, und wies gleichzeitig auf bedenkliche Konsequenzen bei der Jugendbewegung hin. Allen drei Weltanschauungen eigne eine verrohende Wirkung, da der in ihnen enthaltene Erlebniskult die Einsicht verstelle, dass kultiviertes Leben auf die souveräne Beherrschung von Formen angewiesen sei.[33]

Erst recht dürfte Plessners umsichtige Kritik die antisemitische Bewegung getroffen haben, wo man sich im Beschwören überzeitlicher Werte und dem Schüren zeittypischer Ressentiments gefiel. Doch Plessner widmete dem Judenhass keine Zeile. Vermutlich empfand der überzeugte Lutheraner jüdischer Herkunft das Eingehen auf antisemitische Ideologeme schlicht als unter seiner Würde. Glücklicherweise legte er mit seiner grundsätzlichen Kritik an den in Weimar üblichen Auffassungen des Politischen den Finger doch in die Wunde. Er zweifelte an der Wirkmächtigkeit rein rationaler Ordnungsmodelle und setzte eher auf die Macht der Ästhetik, um verantwortliches Handeln zu inspirieren. Dass dies nur spielerisch und maßvoll gelingen kann, verstand sich für den Vordenker der philosophischen Anthropologie von selbst.

Für die Aporien und Doppelbödigkeiten der Moderne hat der Antisemitismus natürlich keine ernsthaften Antworten anzubieten, aber als „weltanschaulicher Befreiungsschlag" kann er in Zeiten der Krise beträchtliche Kräfte entfalten. Wie man ihm am besten entgegentritt, steht nach wie vor nicht fest. Angesichts der Aktualität und Relevanz des Antisemitismus ist dies ein irritierender Befund. Forschungsstrategisch spricht viel dafür, bei einem derart facettenreichen und dem Streit der Meinungen unterworfenen Thema multiperspektivisch vorzugehen. Politisch ist die energische Bekämpfung des Antisemitismus mit allen rechtsstaatlichen Mitteln geboten. Gleichzeitig gilt es, nicht in die Falle tiefschwarzer Vergangenheitsbilder zu tappen. So naheliegend sie angesichts der Abgründe deutscher Geschichte sind, für die Gegenwart fehlt ihnen das Entscheidende: eine überzeugende Begründung, sich für das eigene Gemeinwesen einzusetzen.[34]

Vielversprechend, aber auch riskant dürfte es sein, die irrationale Dimension des Antisemitismus in den Mittelpunkt zu rücken. Gewiss lässt sich eine starke „Ambivalenz zwischen Hass auf die Juden und Angst vor den Juden" feststellen.[35] In der europäischen Geschichte existiert vermutlich keine Zeit, die von doppelbödigen Judenbildern gänzlich frei war. Deren Konsequenzen sind jedoch durchaus unterschiedlich. In eher unspektakulären Phasen der Vergangenheit findet Antisemitismus meist in staatlichen Restriktionen und niederträchtigen Ressentiments der Bevölkerung seinen Ausdruck. Dies dürfte nicht zuletzt für die Geschichte des Deutschen Kaiserreichs und sein vielbewundertes Wissenschaftssystem gelten, das an kulturellen Vorbehalten und sozialen Schranken fürwahr nicht arm war. Für ungetaufte Juden nahmen die Probleme exponentiell zu, wenn sie sich dem ersehnten Ziel des Ordinariats näherten, das rechtliche Unabhängigkeit und wissenschaftlichen Einfluss versprach.

Die Frage nach dem wünschenswerten Ausmaß von Verteilungsgerechtigkeit gehört sicher nur bedingt in das Gebiet der Geschichtswissenschaft, die vielfältigen Formen von Ungleichheit in den Quellen findet. Für die Gegenwart können Historiker auch keine besondere Kompetenz beanspruchen. Jedenfalls zeigt der Blick zurück, wie häufig sie sich in der Beurteilung der eigenen Zeit geirrt haben. Vielleicht besteht sogar eine ihrer wichtigsten Aufgaben darin, vor allzu einfachen Antworten zu warnen. Dem dient jedenfalls der vorliegende Band, der die Vielschichtigkeit des Phänomens „Antisemitismus" zeigen soll. Damit aus Hoffnungen nicht Illusionen werden, sollte die Schwierigkeit eines Problems deutlich vor Augen stehen.

1 Vgl. allgemein David Nirenberg, *Anti-Judaismus. Eine andere Geschichte des westlichen Denkens*, München 2015, und Peter Schäfer, *Kurze Geschichte des Antisemitismus*, München 2020.

2 Hannah Arendt, *Elemente und Ursprünge totaler Herrschaft. Antisemitismus, Imperialismus, totale Herrschaft*, Frankfurt/M 1955.

3 Vgl. Werner Bergmann / Ulrich Wyrwa, *Antisemitismus in Zentraleuropa. Deutschland, Österreich und die Schweiz vom 18. Jahrhundert bis zur Gegenwart*, Darmstadt 2011, sowie als wich-

tige kulturhistorische Studie Carl E. Schorske, *Wien. Geist und Gesellschaft im Fin de Siècle*, Frankfurt/M 1982.

4 Vgl. Helmut Berding, *Moderner Antisemitismus in Deutschland*, Frankfurt/M 1988, S. 86–110, und Reinhard Rürup, *Emanzipation und Antisemitismus. Studien zur „Judenfrage" der bürgerlichen Gesellschaft*, Göttingen 1975; mit leicht veränderter Akzentuierung: Peter Longerich, *Antisemitismus. Eine deutsche Geschichte. Von der Aufklärung bis heute*, München 2021, S. 87–105.

5 Moshe Zimmermann, *Aufkommen und Diskreditierung des Begriffs Antisemitismus*, in: Ursula Büttner (Hrsg.), *Das Unrechtsregime. Internationale Forschung über den Nationalsozialismus*, Bd. 1: *Ideologie – Herrschaftssystem – Wirkung in Europa*, Hamburg 1970, S. 64.

6 Dazu umfassend: Otto Pflanze, *Bismarck. Der Reichskanzler*, München 1998; konzentriert auf die Radikalisierung des Nationalismus: Heinrich August Winkler, *Der lange Weg nach Westen*, Bd. 1: *Deutsche Geschichte vom Ende des Alten Reiches bis zum Untergang der Weimarer Republik*, München 2000, S. 213–265 u. 592–599.

7 Andrea Hopp, Zu diesem Band, in: Otto von Bismarck, *Schriften 1879–1881*, bearb. von ders., Paderborn u.a. 2008 (*Gesammelte Werke, Schriften 4*), S. XI–XXVII, hier S. XIX; souverän zum ambivalenten Verhältnis zwischen Bismarck und Bleichröder: Fritz Stern, *Gold und Eisen. Bismarck und sein Bankier Bleichröder*, Reinbek bei Hamburg 1988.

8 So prononciert Peter G. J. Pulzer, *Die Entstehung des politischen Antisemitismus in Deutschland und Österreich 1867–1914. Mit einem Forschungsbericht des Autors*, Göttingen 2004, S. 50; als erste Kartierung eines noch kaum bekannten Geländes vgl. Ewald Grothe / Ulrich Sieg (Hrsg.), *Liberalismus als Feindbild*, Göttingen 2014.

9 Dies betont Massimo Ferrari Zumbini, *Die Wurzeln des Bösen. Gründerjahre des Antisemitismus: Von der Bismarckzeit zu Hitler*, Frankfurt/M 2003, S. 680.

10 Hierzu anschaulich: Axel Schildt u.a., *Abschied von einer Legende*, in: *Rotary Magazin, Jg. 2014, H. 3*, S. 38–59, sowie die Mehrzahl der Beiträge in: Andreas Braune u.a. (Hrsg.), *Einigkeit und Recht – doch Freiheit? 150 Jahre Kaiserreich*, Jena 2020.

11 Vgl. Jürgen Osterhammel, *Die Flughöhe der Adler. Räume und Sehepunkte zu Friedrich Hölderlins Zeit*, in: ders., *Die Flughöhe der Adler. Historische Essays zur globalen Geschichte*, München 2017, S. 223–244; ders., *Die Verwandlung der Welt. Eine Geschichte des*

19. Jahrhunderts, München 2009, sowie den klugen Kommentar von Christopher Clark, *Hoch in heiterer Luft*, in: ders., *Gefangene der Zeit. Geschichte und Zeitlichkeit von Nebukadnezar bis Donald Trump*, München 2020, S. 263–273, hier S. 265 f.

12 Shulamit Volkov, *Antisemitismus als kultureller Code*, in: dies., *Jüdisches Leben und Antisemitismus im 19. und 20. Jahrhundert*, München 1990, S. 13–36 u. 197–202, hier S. 24.

13 So Schäfer, *Kurze Geschichte des Antisemitismus* (wie Anm. 1) Kapitelüberschrift S. 202. Zum Vorigen immer noch anregend: Thomas Nipperdey, *Deutsche Geschichte 1866–1918*, Bd. 1: *Arbeitswelt und Bürgergeist*, München 1990, S. 812–834.

14 Marc Bloch, *Apologie der Geschichte oder Der Beruf des Historikers, hrsg. von Lucien Febvre*, 3. Aufl. Stuttgart 1992 [zuerst Paris 1949], S. 169. Zu den Motiven von Blochs Geschichtsschreibung siehe die meisterhafte Biographie von Ulrich Raulff, *Ein Historiker im 20. Jahrhundert: Marc Bloch*, Frankfurt/M 1995.

15 Vgl. Helmut Holzhey, *Cohen und Natorp*, Bd. 1: *Ursprung und Einheit. Die Geschichte der „Marburger Schule" als Auseinandersetzung um die Logik des Denkens*, Basel/Stuttgart 1986, S. 32–39, hier S. 32. Zum universitätsgeschichtlichen Hintergrund vgl. Ulrich Sieg, *Aufstieg und Niedergang des Marburger Neukantianismus. Die Geschichte einer philosophischen Schulgemeinschaft*, Würzburg 1994, sowie komprimiert ders., *Gerechtigkeitssinn und Empörung. Die „Marburger Schule" des Neukantianismus*, Marburg 2016.

16 Privatnachlass Paul Natorp, Familienbesitz Lütcke, demnächst Universitätsbibliothek Marburg; Hervorhebungen so im Original. Ich danke herzlich Claire Lütcke und Susanne Cordahi, den Urenkelinnen des berühmten Philosophen, für die Einsicht in die Dokumente und die Erlaubnis zu ihrer Zitation.

17 Hierzu detailliert: Ulrich Sieg, *Psychologie als „Wirklichkeitswissenschaft". Erich Jaenschs Auseinandersetzung mit der „Marburger Schule"*, in: Winfried Speitkamp (Hrsg.), *Staat, Gesellschaft, Wissenschaft. Beiträge zur modernen hessischen Geschichte*, Marburg 1994, S. 313–342. Die Streitlinien zwischen der Philosophie und der aufkommenden Psychologie analysiert: Mitchell Ash, *Gestalt psychology in German culture, 1890–1967. Holism and the quest for objectivity*, Cambridge 1995, S. 46–50 u. 441 f.

18 Als gediegene Übersicht vgl. Sarah Panter, *Jüdische Erfahrungen und Loyalitätskonflikte im Ersten Weltkrieg*, Göttingen 2014; meine Bemühungen fanden ihren Niederschlag in der Monographie: Ulrich Sieg, *Jüdische Intellektuelle im Ersten Weltkrieg.*

Kriegserfahrungen, weltanschauliche Debatten und kulturelle Neuentwürfe, Berlin 2001.

19 Christopher Clark, *Preußen. Aufstieg und Niedergang 1600–1947*, München 2007, S. 701.

20 Zu den systematischen Problemen, mit denen sich der Marburger Neukantianismus in seiner Spätphase konfrontiert sah: Jürgen Stolzenberg, *Ursprung und System. Probleme der Begründung systematischer Philosophie im Werk Hermann Cohens, Paul Natorps und beim frühen Martin Heidegger*, Göttingen 1995.

21 Vgl. Shulamit Volkov, *Soziale Ursachen des Erfolgs in der Wissenschaft. Juden im Kaiserreich*, in: Historische Zeitschrift 245, 1987, S. 315–342.

22 Mit Sinn für das biographisch Wesentliche und warmer Sympathie: Thomas Meyer, *Ernst Cassirer*, Hamburg 2006; die ausgedehnten familiären Verbindungen zeichnet: Sigrid Bauschinger, *Die Cassirers. Unternehmer, Kunsthändler, Philosophen. Biographie einer Familie*, München 2015.

23 Dies unterstreicht: Suzanne L. Marchand, *German Orientalism in the Age of Empire. Religion, Race and Scholarship*, Cambridge u.a. 2009; facettenreich zu Lagardes Stellung in der zeitgenössischen Orientalistik: Heike Behlmer / Thomas L. Gertzen / Orell Witthun (Hrsg.), *Der Nachlass Paul de Lagarde. Orientalistische Netzwerke und antisemitische Verflechtungen*, Berlin/Boston 2020.

24 Vgl. allgemein Ulrich Sieg, *Deutschlands Prophet. Paul de Lagarde und die Ursprünge des modernen Antisemitismus*, München 2007.

25 Dafür hellsichtig: Fritz Stern, *Kulturpessimismus als politische Gefahr. Eine Analyse nationaler Ideologie in Deutschland*, Stuttgart 2005 [zuerst Berkeley 1961], S. 83–89.

26 Hermann Mulert, *Paul de Lagarde*, Berlin-Schöneberg 1913; für die Geschichte des gut erforschten Jenaer Verlags sei an dieser Stelle nur erwähnt: Gangolf Hübinger (Hrsg.), *Versammlungsort moderner Geister. Der Eugen Diederichs Verlag – Aufbruch ins Jahrhundert der Extreme*, München 1996.

27 Vgl. Ulrich Sieg, *Die Macht des Willens. Elisabeth Förster-Nietzsche und ihre Welt*, München 2019, S. 347–354.

28 Als eindrucksvolles Fallbeispiel siehe Ulfried Geuter, *Die Professionalisierung der deutschen Psychologie im Nationalsozialismus*, Frankfurt/M 1984.

29 Zum schillernden Charakter der Studentenbewegung vgl. Wolfgang Kraushaar, *1968 als Mythos, Chiffre und Zäsur*, Hamburg 2000.

30 Dazu Ulrich Sieg, *Geist und Gewalt. Deutsche Philosophen zwischen Kaiserreich und Nationalsozialismus*, München 2013, S. 27–136 u. 272 ff.; generell zur Popularität ganzheitlicher Weltdeutungen in der Wissenschaft: Anne Harrington, *Reenchanted Science. Holism in German Culture from Wilhelm II. to Hitler*, Princeton 1996.

31 Paul Natorp, *Hoffnungen und Gefahren unserer Jugendbewegung. Vortrag gehalten auf der Hauptversammlung der Comenius-Gesellschaft zu Berlin am 6. Dezember 1913*, Jena 1914, S. 24; zum historischen Kontext siehe Nils Bruhn, *Vom Kulturkritiker zum „Kulturkrieger". Paul Natorps Weg in den „Krieg der Geister"*, Würzburg 2007, S. 52–59, und Sieg, *Aufstieg* (wie Anm. 15), S. 418–424.

32 Vgl. Thorsten Eitz / Martin Wengeler, *Semantische Kämpfe in Wirtschaftsdiskussionen der Weimarer Republik. Eine Diskursanalyse des öffentlichen Sprachgebrauchs*, in: Heidrun Kämper / Peter Haslinger / Thomas Raithel (Hrsg.), *Demokratiegeschichte als Zäsurgeschichte der frühen Weimarer Republik*, Berlin 2014, S. 359–373.

33 Helmuth Plessner, *Grenzen der Gemeinschaft. Eine Kritik des sozialen Radikalismus*, Bonn 1924; eine Interpretation von Plessners „Grenzschrift", die vor allem auf seine Kritik ungedeckter Authentizitätsansprüche abhebt, findet sich: Sieg, *Geist und Gewalt* (wie Anm. 30), S. 173–186 u. 280 ff.

34 Dazu engagiert: Jörg Hackeschmidt / Caroline König, *Selbsthass ist kein Identifikationsangebot. Deutschland ist als Einwanderungsland herausgefordert, eine positive Identität seiner selbst zu formulieren*, in: Neue Zürcher Zeitung vom 20. März 2021.

35 Schäfer, *Geschichte des Antisemitismus* (wie Anm. 1), S. 295.

Schattenlinien des Kaiserreichs

Bekenntnis zu nationalen und universalen Werten. Jüdische Philosophen im Deutschen Kaiserreich

Zu Beginn der sechziger Jahre wandte sich Jürgen Habermas mit seiner Abhandlung „Der deutsche Idealismus der jüdischen Philosophen" gegen das subkutane Weiterleben antisemitischer Ressentiments an deutschen Universitäten nach 1945. Nachdrücklich betonte er vor allem die Relevanz jüdischer Denker für die – damals noch weitgehend verschüttete – Traditionslinie kritischen Philosophierens.[1] Gegenwärtig vertritt George Mosse prononciert die These, die deutschen Juden seien seit Mitte des 19. Jahrhunderts die eigentlichen Träger der Bildungsidee gewesen. In dieser gesellschaftlichen Funktion hätten sie im Zeitalter des Nationalismus für die Wahrung und Weitergabe humaner Werte gesorgt.[2] Auch wenn beide Gelehrte eine zentrale Dimension deutsch jüdischer Kultur eindrucksvoll beschreiben, sind ihre Deutungen methodisch nicht unproblematisch.

Beim Umgang mit bilanzierenden Summenformeln droht nicht nur der Teil fürs Ganze genommen zu werden, sondern auch eine Hypostasierung „jüdischen Wesens". Habermas wusste, welch heikle Aufgabe er sich gestellt hatte, sah er doch die Gefahr, „den Ausgetriebenen und den Erschlagenen noch einmal einen Judenstern anzuheften".[3] Dennoch verwandte er eine zu weitläufige Definition von „jüdischer Philosophie", die Mendelssohn, Cohen und Rosenzweig ebenso wie Husserl, Simmel und Wittgenstein umfasst. Aber auch auf dem umgekehrten Weg, mittels rigider Begriffsbestimmungen und inhaltlicher Eingrenzungen, wird man den komplexen und dynamischen Phänomenen deutsch-jüdischer Kulturgeschichte schwerlich gerecht.[4] Chancenreicher dürfte es sein, mit einem heuristisch flexiblen Verstehensbegriff zu operieren, mit dessen Hilfe sich die zeitgenössischen Rahmenbedingungen und ideengeschichtlichen Bezüge „jüdischen Philosophierens" beschreiben lassen.

Angesichts des rasanten, unaufhaltsamen Säkularisierungsprozesses bestanden im Kaiserreich zahlreiche Bestrebungen, Religion und Moderne miteinander zu versöhnen. Dieser Aufgabe widmeten sich auch die herausragenden jüdischen Philosophen, die übereinstimmend den ethischen Charakter des Judentums und seine Vereinbarkeit mit der Tradition des deutschen Idealismus betonten.[5] Ihre harmonisierende Interpretation deutsch-jüdischer Kultur ließ sie jedoch spätestens seit 1933 zu einer „causa victa" (Liebeschütz) der Geistesgeschichte und ihre Texte museal werden.

Gleichwohl waren die jüdischen Philosophen keine weltfremden Idealisten. Politische und gesellschaftliche Reformentwürfe nehmen breiten Raum in ihrem Œuvre ein, das erheblich an Anschaulichkeit und auch Brisanz gewinnt, wenn es in die historischen Zusammenhänge gestellt wird. Um dies zu demonstrieren, werden im Folgenden zwei besonders konflikthafte und folgenreiche Episoden deutsch-jüdischer Kulturgeschichte dargestellt und analysiert. Der inhaltliche Schwerpunkt liegt in der Haltung jüdischer Denker zur heraufziehenden „Zeit der Ideologien" (Bracher), als deren wirkmächtigste vielleicht der Nationalismus gelten darf.[6]

Wie kaum eine andere Weltanschauung bewegte der Nationalismus die Menschen im Deutschen Kaiserreich, auch wenn es nur selten zu theoretischen Reflexionen über seinen Charakter kam.[7] Um so interessanter ist es, dass im „Berliner Antisemitismusstreit" 1879/80 ausführlich über den Nationsbegriff diskutiert wurde. Mit dem Beitrag jüdischer Philosophen zu dieser Debatte beginnt die Abhandlung, deren zweiter Teil die völkisch konnotierte Auseinandersetzung über „Deutschtum und Judentum" im Ersten Weltkrieg analysiert. Der dritte Abschnitt skizziert am Beispiel des kategorischen Imperativs die „Leer- bzw. Sollbruchstellen" des Fin-de-Siècle-Kantianismus, der hilflos auf die Ideologisierung des Denkens reagierte. Das bilanzierende Fazit geht der Frage nach, worin die spezifisch jüdischen Probleme bei der Suche nach der großen Synthese von nationalen und universalen Werten lagen.

I.

Im Selbstverständnis jüdischer Philosophen vor 1871 lag aus heutiger Perspektive weit Entferntes dicht beieinander: Bekenntnis zu aufklärerischen Werten und romantische Verherrlichung der deutschen Kulturnation. Vor diesem Hintergrund entwickelten Moritz Lazarus und Heymann Steinthal die Völkerpsychologie: ideengeschichtlich betrachtet, ein eigentümliches Amalgam aus spätromantischem Ganzheitsdenken, Herbartscher Erkenntniskritik und empiristisch verstandener Psychologie, dem keine lange Entfaltungszeit beschieden war.[8] Denn der Siegeszug des Neukantianismus im Reichsgründungsjahrzehnt, an dem jüdische Denker wie Hermann Cohen maßgeblich beteiligt waren, bedeutete zugleich einen philosophischen Paradigmenwechsel.

Im Rekurs auf die Kantische Erkenntniskritik beanspruchte die Philosophie eine eigene Bedeutung und normative Gestaltung für die positivistisch arbeitenden Einzelwissenschaften. Politisch standen ihre Vertreter zumeist im Lager des Liberalismus und erfuhren in dessen Blütezeit gezielte Förderung seitens des preußischen Kultusministeriums.[9] Dies änderte sich in der großen innenpolitischen Krise der Jahre 1878/79, als weite Teile des Liberalismus Bismarcks konservativen Kurs mitzutragen begannen und den Nationalismus als Integrationsideologie für sich entdeckten.[10]

Nachdem in Berlin die judenfeindliche Agitation Adolf Stoeckers zahlreiche Anhänger gewonnen hatte und Journalisten im Umkreis Wilhelm Marrs die Vokabel „Antisemitismus" erfolgreich in Umlauf gebracht hatten, griff auch Heinrich von Treitschke dieses Thema auf.[11] Im November 1879 veröffentlichte er in seinen „Preußischen Jahrbüchern" den Artikel „Unsere Aussichten", der für erhebliches Aufsehen sorgte. In metaphernreicher Sprache polemisierte Treitschke gegen die vermeintlich fehlende nationale Gesinnung vieler Juden und löste damit eine heftige Debatte in der Presse und an der Berliner Universität aus.[12]

Obwohl sich viele angesehene Gelehrte, an ihrer Spitze Theodor Mommsen, umgehend von den ressentimentgeladenen Ausführungen des Historikers distanzierten, waren die Folgen von Treitschkes Engagement verheerend. Der Antisemitismus wurde in akademischen Kreisen, insbesondere unter Studenten, salonfähig, während das liberal gesonnene deutsche Judentum einen Teil seines Vertrauens in die Zukunft verlor.[13] Wenig strittig sind die Konsequenzen jener Auseinandersetzung, die ihren suggestiven und inzwischen geradezu obligaten Titel „Berliner Antisemitismusstreit" erst 1965 durch Walter Boehlich erhielt. Doch treten immer wieder Unklarheiten und Irritationen über die Inhalte der Kontroverse auf, die zugleich eine politische und weltanschauliche Standortbestimmung für die meisten Beteiligten war.[14]

Beispielsweise wird nicht selten übersehen, dass Treitschke vorrangig Probleme der sogenannten inneren Reichsgründung erörtert. Nachdem der Historiker ein düsteres Szenario bevorstehender außenpolitischer Krisen entworfen hat, sucht er nach dem, was die Nation im Innersten zusammenhalten könnte. Aus diesem Grund verherrlicht er den aufkommenden Antisemitismus als „Erwachen des Volksgewissens", das endlich gegen die jüdische Übermacht in Presse und Parlament protestiere.[15] Während Treitschke die Angehörigen des „Ostjudentums" nach Kräften diffamiert, gibt er sich gegenüber den „israelitischen Mitbürgern" gönnerhaft. Indes erweist sich seine Forderung, die Juden „sollen Deutsche werden, sich schlicht und recht als Deutsche fühlen", als unerfüllbar und rechtsphilosophisch substanzlos.[16] Denn worin soll eine Anerkennung bestehen, die immer wieder erbeten werden muss, worin ein Recht, das nirgendwo eingeklagt werden kann? Tatsächlich schürt Treitschke in der Rolle des überparteilichen Gelehrten wissentlich und willentlich antisemitische Vorurteile, um seine beiden Hauptziele zu erreichen: „treue Eintracht zwischen der Krone und dem Volke" sowie „ein gekräftigtes Nationalgefühl".[17]

Für die Protagonisten des liberalen Judentums stellte es einen Skandal ersten Ranges dar, dass es in Treitschkes homogener Vorstellung von deutscher Kultur für sie keinen Platz mehr gab. In ihrer Mehrzahl hatten sie die deutsche Reichseinigung unter Bismarck lebhaft begrüßt.[18] Dies galt auch für Moritz Lazarus, der als Gelehrter und Repräsentant des Reformjudentums weithin Respekt genoss. Seine patriotische Gesinnung war allgemein bekannt. Bereits als junger Mann hatte er 1858 in einer Flugschrift für „Die sittliche Berechtigung Preußens in Deutschland" gekämpft und an seinen politischen Überzeugungen auch in der Folgezeit festgehalten.[19] Es verstand sich beinahe von selbst, dass er auf Treitschkes Polemik rasch, öffentlich und mit klaren Worten antwortete.

Am 2. Dezember 1879 hielt Lazarus vor der Generalversammlung der Berliner „Lehranstalt für die Wissenschaft des Judentums" die programmatische, zeitgenössisch vielbeachtete und inzwischen weithin vergessene Rede „Was heißt national?" Ausdrücklich verweist der Philosoph auf die empirischen Forschungen des Statistikers Richard Boeckh, wonach die Sprache das „eigentliche Kennzeichen" der Nation sei.[20] Lazarus denkt an das humane Erbe des deutschen Frühliberalismus, wenn er seinen kulturellen Nationsbegriff in emphatischen Worten umschreibt: „Und nicht die Sprache allein macht uns zu Deutschen. Das Land, das wir bewohnen, der Staat, dem wir dienen, das Gesetz, dem wir gehorsam, die Wissenschaft, die uns belehrt, die Bildung, die uns erleuchtet, die Kunst, die uns erhebt, sie sind alle deutsch."[21] Doch nur auf den ersten Blick zielt Lazarus' harmonisierende Wortwahl auf Einebnung der ideologischen Gegensätze.

Nachdrücklich wird gegen Treitschke hervorgehoben, dass die Abstammung eine untergeordnete Rolle für die kulturelle Identität der Menschen spiele. Längst hätten die Juden in Deutschland eine Heimat gefunden und sich zu ihrem Vaterland bekannt. Ähnliches gelte für die jüdische Bevölkerung anderer Nationen, die aus freien Stücken für ihre Nationszugehörigkeit optiert und unzweifelhaft loyale Bande entwickelt habe. Vor dem Hintergrund seines voluntaristischen Nationsbegriffs kommt Lazarus zu einer prinzipiellen Ablehnung rassischer Weltbilder.[22] Seine Nationsauffassung gipfelt in der Überzeugung, dass „wahre Cultur [...] in der *Mannigfaltigkeit*" bestehe.[23] Hier scheint eine Gelassenheit auf, die angesichts der erregten Debatte keineswegs selbstverständlich war. Indes unterlässt es Lazarus, inhaltliche Konsequenzen aus seiner gleichsam „multikulturellen“ Vorstellung menschlichen Zusammenlebens zu ziehen. Im Gegenteil: An mehr als einer Stelle wird deutlich, dass er zu den überzeugten Verfechtern jener „Bildungsidee“ gehörte, die trotz universeller Ansprüche zugleich die Superiorität preußisch-protestantischer Wertvorstellungen untermauerte und legitimierte. Beispielsweise wird ausdrücklich betont, dass sich keine andere Nation an kultureller Bedeutung mit der deutschen messen könne.[24]

Lazarus' Identität als Deutscher und Jude erweist sich freilich nur scheinbar als gefestigt. Der Rechtfertigungsdruck, unter dem er stand, zeigt sich ebenso im Lob des jüdischen Beitrags zur deutschen Kultur wie im Hinweis auf mögliche Eigenarten und Schwächen seiner Glaubensgenossen. Bilanzierend klagt er keine Rechte ein, sondern appelliert an den guten Willen der christlichen Mehrheit, wenn er betont, „die Juden waren von jeher das klassische Volk der Selbstkritik“.[25] In einer späteren Schrift stellt Lazarus gar die Dankbarkeit als jüdisches Wesensmerkmal heraus. Den von den Antisemiten inaugurierten Diskurs über die Minderwertigkeit jüdischer Kultur konnte er auf diese Art jedoch schwerlich verlassen.[26]

Bezeichnend für Lazarus argumentatorische Unsicherheit ist es, dass er der Druckfassung seiner Rede einen statistischen Anhang beifügte. Mit seiner Hilfe soll gezeigt werden, wie marginal die jüdische Einwanderung der vergangenen zwei Jahrzehnte war. Seine statistisch unterlegte Gedankenführung verlässt allerdings das Feld rechtsphilosophischer Prinzipienfragen, auf dem Treitschke besonders angreifbar ist. Überdies wird damit die Prämisse, dass es sich bei der jüdischen Immigration um einen erklärungsbedürftigen gesellschaftlichen Tatbestand handelt, akzeptiert. Lazarus in Frageform gegossenes Fazit zeigt, wie fremd ihm der ideologische Charakter des modernen Nationalismus geblieben war. Kann es einem „geläuterte[n] und energische[n] Nationalgefühl“ wirklich helfen, „daß man einen heftigen Widerwillen gegen *einen* Theil der

Bevölkerung und in *dem* anderen erregt?"[27] Weil der jüdische Gelehrte dies in toto bestritt, musste ihm der Erfolg des politischen Antisemitismus weitgehend unverständlich bleiben.

Wenig später veröffentlichte Hermann Cohen sein „Bekenntnis in der Judenfrage", das bis auf den heutigen Tag keinen guten Leumund besitzt. Gilt es den einen als Ausdruck peinlicher Anbiederung[28], so dient es anderen gar zur Diffamierung des Neukantianismus als unpolitischer Kathederphilosophie[29]. Prima facie liest sich Cohens „Bekenntnis" wie die Aufforderung zu uneingeschränkter Assimilation. Er betrachtet „Palästina allenfalls als eine Reiseangelegenheit" und legt deutliche Vorbehalte gegenüber der vorgeblich jüdischen Physiognomie an den Tag.[30] Dem stehen die eindrucksvollen Anfangsworte entgegen, in denen Cohens Enttäuschung über die zunehmende deutsche Judenfeindschaft zum Ausdruck kommt: „Es ist also doch wieder dahin gekommen, daß wir bekennen müssen. Wir Jüngeren hatten wohl hoffen dürfen, daß es uns allmählich gelingen würde, in die ‚Nation Kants' uns einzuleben [...]. Dieses Vertrauen ist uns gebrochen; die alte Beklommenheit wird wieder geweckt."[31] Cohens eigentliche Intention wird erst verständlich, wenn man die Entstehungsgeschichte des Artikels mit berücksichtigt.

In zwei langen Briefen hatte der Philosoph versucht, mit Treitschke in ein sachliches Gespräch zu kommen.[32] Es gelang ihm jedoch nicht, sein Gegenüber von der universalen Bedeutung der jüdischen Religion zu überzeugen. Despektierlich definierte Treitschke in seiner Entgegnung vielmehr das Judentum als die „Nationalreligion eine uns ursprünglich fremden Stammes".[33] Als der Marburger Gelehrte einsehen musste, dass mit Treitschke keinerlei Einigung möglich war, publizierte er sein „Bekenntnis in der Judenfrage". Mit unbedeutenden Abweichungen sind in den Text zentrale Passagen aus den privaten Schreiben integriert, die in einer öffentlichen Confessio befremdlich wirken mussten. Überdies verstellten sie den Blick auf die religionsphilosophische Ausrichtung der Argumentation.

Der Neukantianer geht von der Prämisse aus, dass es zwar verschiedene historische Erscheinungsformen von Glauben gibt, „aber nur eine einzige, für alle Menschen und in allen Zeiten gültige Religion".[34] Diese Religion sei ein konsequent durchdachter Monotheismus, der die Menschen zu ethischem Handeln verpflichte. Da Judentum und Protestantismus gleichermaßen zur idealen Zukunftsreligion beitrügen, gelte es, nicht die Unterschiede, sondern die Gemeinsamkeiten zu betonen.[35] Bei dieser Aufgabe schlage Lazarus den falschen Weg ein, weil kulturelle Mannigfaltigkeit die *„Erhaltung des Monotheismus"* nur erschweren könne.[36] Vor dem Hintergrund seiner geschichts- und religionsphilosophischen Überlegungen fordert Cohen von seinen Glaubensgenossen vielmehr, „das *Ideal nationaler Assimilation*" mit aller Kraft anzustreben.

In der Bewertung des Dissenses zwischen Lazarus und Cohen sollte keineswegs außer Acht gelassen werden, dass beide Philosophen nicht nur über die Eigenart und Ziele des deutschen Judentums uneins waren. Letzten Endes stritten sie auch um die intellektuelle Meinungsführerschaft im liberalen Judentum. Hierbei unterlag Cohen, dessen Auffassung den meisten Glaubensgenossen als zu nachgiebig erschien. So kündigte, um nur ein Beispiel zu nennen, Steinthal seinem ehemaligen akademischen Schüler wutentbrannt die Freundschaft auf.[37]

Der kritische Stachel in Cohens Einschätzung des Antisemitismus wurde hingegen von den meisten Zeitgenossen verkannt. Indem der Neukantianer die Religion Vernunftmaßstäben unterwarf, hoffte er zugleich, ein tragfähiges Fundament für das Zusammenleben der Menschen zu gewinnen. Für die ideologische Seite des politischen Antisemitismus war Cohen freilich blind. Ausgehend von seiner eigenen rationalistischen Philosophie, beurteilte er den Antisemitismus als „unvernünftigen religiösen Partikularismus", ja in letzter Konsequenz als ein Relikt der Vergangenheit.[38] Unverkennbar ist der platonische Zug seiner Argumentation: Da sich für Rassenideologien keine vernünftigen Gründe ins Feld führen ließen, werde ihnen keine lange Entfaltungszeit beschieden sein. Und so betrachtete Cohen den Antisemitismus optimistisch als „nackte Dummheit – die sich selbst vernichten muß".[39] Selbst wenn man in Rechnung stellt, dass die politische Langlebigkeit und Virulenz des

Antisemitismus von zahllosen kritischen Intellektuellen gravierend unterschätzt wurde, war dies ein ungewöhnlich realitätsfernes Urteil.

Heymann Steinthal zeigte sich für die politische und soziale Dimension des modernen Antisemitismus sensibler als Cohen. Während der Berliner Auseinandersetzungen schwieg der Völkerpsychologe, vielleicht weil er nicht noch weiter Öl ins Feuer gießen wollte. Im zeitgenössischen Antisemitismus erblickte er ein Produkt des Kulturkampfes und seiner innenpolitischen Lagerbildung.[40] Über die Lernfähigkeit der Antisemiten hegte Steinthal keine Illusionen. Zudem wusste er, dass der Antisemitismus sich mühelos instrumentalisieren ließ, um „die durch national-ökonomische Verhältnisse bewirkte Unzufriedenheit“ zu kanalisieren.[41]

In der Verteidigung der deutsch-jüdischen Bildungsidee berührt sich freilich Steinthals recht skeptische Gegenwartseinschätzung mit dem optimistischeren Weltbild von Cohen und Lazarus: „*Judentum ist Humanität*; und weil diese sich mit jeder Nationalität verträgt, wenn sie von der Nation ernstlich erstrebt wird, so verträgt sich auch natürlich Judentum mit jeder humanen Nationalität.“[42] Dass diese Aussage nur idealiter richtig war, wird Steinthal nicht entgangen sein. Aber wie die anderen philosophischen Exponenten des liberalen Judentums pochte er auf den geschichtlichen Fortschritt, wenn es galt, die Perspektiven der jüdischen Minderheit in der deutschen Gesellschaft zu bewerten.[43] Zwar war Steinthal im Vergleich zu Cohen und Lazarus eher ein Mann der leisen Töne, doch auch ihm war jener hochgestimmte Idealismus eigen, der selbst bei genuin politischen Problemen nicht nach Kompromissen, sondern nach der einzig richtigen Lösung suchte. Nicht zufällig griff seine Einschätzung des Antisemitismus auf einen zentralen Gedanken der Platonischen Staatsphilosophie zurück: „Da nun der Pöbel niemals aufhören kann, sich pöbelhaft zu benehmen, so kann die Juden-Frage nur erst dann, wie sie theoretisch für den Denkenden erledigt ist, auch praktisch von der Tagesordnung schwinden, wenn die leitenden Staatsmänner staatsweise und die Staaten Rechts-Staaten geworden sein werden."[44] Es war eine utopische Art, die Welt auszudeuten, wie sie auch im protestantischen Bildungsbürgertum verbreitet war, dessen Wertvorstellungen vom liberalen Judentum weitgehend akzeptiert und übernommen wurden. Die Gegenwart stand gleichsam im Schatten der Zukunft, und ihre nüchterne Analyse besaß keine sonderliche philosophische Dignität.[45]

Das Aufkommen eines völkisch geprägten Nationalismus gegen Ende des 19. Jahrhunderts setzte die Protagonisten einer deutsch-jüdischen Kulturgemeinschaft nachhaltig unter Druck. Exemplarisch ließe sich an den akademischen Antisemitismus erinnern, der die Berufungschancen jüdischer Gelehrter erheblich verschlechterte.[46] Hatte Treitschkes Vorstellung einer homogenen Nation auf die vollständige Assimilation des deutschen Judentums gezielt, so sperrten sich die Vertreter des extremen Nationalismus gegen jede integrative Lösung der von ihnen beschworenen „Judenfrage". Die Konsequenzen ihrer illiberalen Ansichten traten mit voller Schärfe nach 1914 zutage.

II.

Als es im Ersten Weltkrieg erneut zu einer heftigen Kontroverse über das Verhältnis von nationalen und universalen Werten kam, hatte sich das ideologische Klima erheblich verändert. Ein rassisch gefärbter Antisemitismus, der keinen jüdischen Beitrag zur deutschen Kultur anzuerkennen bereit war, prägte die Gesellschaft. Dies begünstigte die Suche nach einer eigenständigen jüdischen Tradition ebenso, wie es der zionistischen Vision eines „Judenstaates" in Palästina Attraktivität verlieh. Die Verfechter einer deutsch-jüdischen Kultursynthese waren bereits vor 1914 in die argumentative Defensive geraten.[47]

Im Zeichen der „Augustbegeisterung" kam es zu einer kurzfristigen Annäherung der politischen Lager im deutschen Judentum. Allenthalben fühlte man sich verpflichtet, dem Vaterland in der Not beizustehen.[48] Doch der „innerjüdische Burgfrieden" währte nicht lange; der mit zunehmender Kriegsdauer immer aggressiver werdende Antisemitismus förderte erneut politische Abgrenzung und ideologische Konfrontation. Angesichts der wachsenden Akzeptanz zionistischer Konzepte entschied sich Hermann Cohen im Sommer 1916 für eine öffentliche Grundsatzerklärung.

Als Forum für seine Ansichten wählte der Philosoph ein besonders auflagenstarkes Heft der „K.C.-Blätter", des offiziellen Organs der „Verbindungen Deutscher Studenten jüdischen Glaubens". Es sollte u. a. an „sämtliche ‚Notabeln'" des liberalen Judentums geschickt werden und auch an der Front größere Verbreitung finden.[49] Cohen betonte eindringlich, dass die mit der deutschen Kultur eng verbundenen Juden einen eigenen Staat in Palästina nicht nötig hätten. Das Judentum verliere vielmehr seine eigentliche Würde, wenn es für sich eine exklusive Moral reklamiere; denn das Ideal der messianischen Menschheit sei notwendig völkerübergreifender Natur. Lediglich im Gebrauch des Hebräischen als Gebetssprache sei der Zionismus im Recht, weshalb man ihm auf diesem Sektor „den Rang ablaufen" müsse.[50]

Martin Buber, der einflussreiche Funktionär und maßgebliche Ideengeber des Kulturzionismus, war freilich für Cohens Angriff wohlgerüstet, weil er eine Informationsquelle im engsten Umfeld des Marburger Gelehrten besaß. Bereits am 26. Juni 1916 hatte ihn der Jurist Hermann Badt en détail über die Schwächen des Cohenschen Manuskripts informiert. Dieser glaubte, dass die Zeit für eine prinzipielle Erklärung der Zionisten reif sei, und wollte verhindern, dass irgendein namenloser Journalist „sich über den ‚Herrn Geheimrat' lustig machte". Wenig später zeigte sich Badt konzilianter und bat Buber um „eine schonende Behandlung Cohens", weil es an der jüdischen Gesinnung des Philosophen nichts zu deuteln gebe.[51]

Der sprachgewaltige Buber ließ sich allerdings die Gelegenheit zur öffentlichen Aufrechnung nicht entgehen. In seiner soeben gegründeten und eminent erfolgreichen Monatsschrift „Der Jude" erhob er Einspruch gegen Cohens idealisierte Deutung der deutsch-jüdischen Geschichte und harmonisierende Beurteilung der Gegenwart. Bei der Bestimmung der jüdischen Nationalität handle es sich nicht um ein abstraktes Problem, sondern um „eine geschichtliche Wirklichkeit und eine sittliche Aufgabe".[52] Überdies missverstehe Cohen den Zionismus, dessen Hauptanliegen keineswegs die Gründung eines jüdischen Staates in Palästina, sondern die Schaffung einer idealen Gemeinschaft im Geiste der Propheten sei. Auf der geschichtsphilosophischen Ebene beschwor Buber die Entität eines „jüdischen Geistes", der die Eigenart des Judentums entscheidend geprägt habe.

Als Sekundant Bubers operierte im gleichen Heft des „Juden" der Religionsphilosoph Raphael Seligmann. Er monierte, dass es Cohen nicht primär um die Synthese von Deutschtum und Judentum, sondern um einen „abstrakten Ethizismus" gehe. Der Neukantianer zerstöre damit jedoch die mythische Dimension des Judentums, dessen völkische Wurzeln unverkennbar seien. In letzter Konsequenz werde „unter dem Deckmantel einer jüdischen Lebensanschauung" nichts anderes als eine Assimilationstheorie geboten.[53]

Cohen, der sich als national gesonnener Jude verletzt und als Denker missverstanden fühlte, kanzelte in seiner Replik Seligmann als einen philosophischen Ignoranten ab. Buber erging es kaum besser: Der Zionistenführer begreife einfach nicht die Eigenart wissenschaftlichen Philosophierens und kritisiere deshalb völlig grundlos den Gebrauch von Abstraktionen.[54] Die Annahme „jüdischer Denkformen" hielt Cohen für ganz infam und tendenziell antisemitisch: „Lieber lasse ich mir noch den jüdischen Schädel gefallen, als die spezielle jüdische Logik.[55] Und da der Zionismus kein eindeutiges Verhältnis zur jüdischen Religion gewonnen habe, sei er als philosophische Weltanschauung nicht ernst zu nehmen.

Der wütende Ton von Cohens Erwiderung erklärt sich nur zum Teil daraus, dass er – ähnlich wie im „Berliner Antisemitismusstreit" – gegen den Zionismus die Grundlagen seiner geistigen Existenz verteidigte. Überdies brachte der Neukantianer Bubers Artikel mit den scharfen Attacken in Verbindung, die in der rechtsgerichteten Presse gegen seine Synthese von Deutschtum und Judentum geführt wurden. Ihn empörte, dass die Zionisten sich in ihrer völkischen Lesart Fichtes sogar mit den Alldeutschen berührten.[56] Cohen war fest davon überzeugt, dass jeder, der den „jüdischen Geist“ als metaphysische Entität behandle, die beste Tradition des Judentums verrate: die Nähe des prophetischen Messianismus zum Universalismus kritischer Transzendentalphilosophie.[57] Zwischen Deutschtums- und Judentumsmetaphysik konnte er keinen substantiellen Unterschied erkennen.

Bubers Antwort auf die Invektiven ließ klugerweise die philosophischen Prinzipienfragen auf sich beruhen. Abermals kritisierte er die Staatsvergottung des Neukantianers, dessen Reflexionen dem jüdischen Volk keine konkreten Zukunftsperspektiven bieten könnten. Insbesondere hielt er Cohen seine geschichtsphilosophische Fehlinterpretation des Propheten Micha vor. Die Aufgabe Israels bestehe nicht darin, zerstreut unter den Völkern auf den Messias zu warten, sondern als Nation ein machtvolles Eigenleben zu entfalten.[58] Buber stellte heraus, dass in Palästina keineswegs ein Staat wie jeder andere entstehen solle, sondern ein an humanen Werten orientiertes Gemeinwesen: „Wir wollen Palästina nicht ‚für die Juden‘: wir wollen es für die Menschheit, denn wir wollen es für die *Verwirklichung* des Judentums.“[59]

Im Umfeld Bubers war man von der Radikalität seiner Gedanken beeindruckt. Vor allem die jüngere zionistische Generation stand Cohens idealistischer Weltkriegspublizistik äußerst skeptisch gegenüber.[60] Ihr galt es nun endgültig als erwiesen, dass der Philosoph die gleichermaßen politische wie kulturelle Orientierung des jüdischen Nationalismus nicht verstanden habe. Vielleicht am deutlichsten äußerte sich Moses Calvary, der in einem Schreiben an Buber vom 1. Januar 1917 Cohen als fanatischen Deutschen charakterisierte.[61] Auch der utopische Anarchist Gustav Landauer ging mit Cohen hart ins Gericht und sprach ihm ab, weiterhin als hervorragender Vertreter des Exiljudentums gelten zu dürfen. Buber selbst stellte aus seinen beiden Polemiken ein kleines Büchlein zusammen, das binnen kurzem zum Klassiker der zionistischen Literatur avancierte.[62]

Indes waren nicht alle Anhänger Bubers darüber glücklich, dass sich die weltanschaulichen Gräben zwischen Zionismus und liberalem Judentum derart vertieft hatten. Desillusioniert schrieb etwa der junge Robert Weltsch: „Es ist unfaßbar, daß die Parteien auf so fremden Ebenen leben, daß ein Verstehen nicht einmal dem Wortsinne nach zu erzielen ist."[63] Überhöht waren gewiss beide Standpunkte: Vertrat Cohen eine idealisierte Sicht der deutsch-jüdischen Kultursymbiose, so glaubte Buber, den Zionismus umstandslos als ethisch unangreifbare Variante des Nationalismus erweisen zu können. Dies war ebenso anspruchsvoll wie gewagt, traf aber den Nerv der Zeit. Für viele Betrachter stand es außer Frage, dass Cohen, der die politische Dimension der Auseinandersetzung nicht hinreichend berücksichtigt hatte, einen erheblichen Prestigeverlust erlitt.[64]

Cohens ungeschicktes Auftreten im ideologischen Richtungsstreit des Jahres 1916 hat häufig übersehen lassen, wieviel Respekt er auch weiterhin im deutschen Judentum genoss. Sein entschieden patriotisches Weltkriegsschrifttum konnte auf zahlreiche Leser rechnen, weil es weitverbreitete politische Ansichten philosophisch legitimierte.[65] Doch selbst im zionistischen Lager war die Ablehnung Cohens nicht einhellig. So zählte der einflussreiche Frankfurter Rabbiner Nehemia Anton Nobel zu Cohens leidenschaftlichsten Anhängern. Seinen Kriegspredigten lag eben jene verklärte Identität von Deutschtum und Judentum zugrunde, die für die Cohensche Philosophie konstitutiv war.[66]

Der Marburger Philosoph galt ähnlich wie Martin Buber als sensibler Interpret und philosophische Schlüsselfigur des Judentums. Auch zionistische Intellektuelle bemerkten und honorierten, dass Cohens vermehrte Beschäftigung mit der jüdischen Tradition zugleich von einer philosophischen Kehrtwendung zeugte. In seinem 1919 posthum erschienenen Werk „Die Religion der Vernunft aus den Quellen des Judentums" versuchte er nicht mehr, den systematischen Ort der Religion zu bestimmen, sondern empfand es als notwendig, die Autonomie der Vernunft im Angesicht der Offenbarung zu behaupten.[67]

Ein unverrückbares Festhalten an aufklärerischen Idealen ist dem wichtigsten Vertreter der jüngeren Generation des Marburger Neukantianismus, Ernst Cassirer, zu attestieren.

Nachdrücklich verteidigte er im Ersten Weltkrieg sein universales Philosophieverständnis gegen völkische Angriffe. Der Herausgeber der renommierten „Kant-Studien“, Bruno Bauch, hatte 1916 Ausländern jedes tiefere Verständnis für die deutsche Geisteswelt abgesprochen.[68] Als Anhänger einer radikalen Deutschtumsmetaphysik unterstrich er die Wichtigkeit von „Blut und Boden“ für den Nationalcharakter und setzte sich dafür ein, dass die deutsche Kultur vor „jüdischer Überfremdung“ bewahrt werden müsse.[69]

In seiner trotz aller Empörung zurückhaltend abgefassten Entgegnung, die allerdings unveröffentlicht blieb, hob Cassirer auf Bauchs doppelte Moral ab. Als Hochschullehrer vertrete dieser einen kritischen Idealismus, den er als Publizist nicht beherzige. Fraglos sei es „ein Rückfall in den gewöhnlichsten Fehler des Psychologismus“, wenn der Wahrheitsgehalt philosophischer Sätze von ihrem Urheber abhängig gemacht werde.[70] Gerade die Allgemeingültigkeit der transzendentalen Prinzipien werde jedoch aufgegeben, wenn „irgendwelche inhaltlichen Bestimmungen, die in nationalen Bedingungen wurzeln und rein aus ihnen verständlich zu machen sind“, verbindlich sein sollten. Letztlich unterscheide Bauchs Argumentation zwischen jüdischer und deutscher Wissenschaft. Dies dürfe jedoch keineswegs akzeptiert werden, da die logischen Schlussregeln von völkischen Distinktionen unabhängig seien.

Ähnliches gelte auch für die ethischen Ausführungen Bauchs. Ihr Autor verspotte die Sittenlehre des Kritizismus, wenn er die Menschenrechte nur für eine Minderheit reservieren wolle. Seine Hervorhebung des Volkstumsgedankens könne sich nicht auf Fichte berufen, der stets betont habe, dass jede geistige Leistung „nicht ein Werk der Natur, sondern eine Tat der Freiheit ist“.[71] Cassirer endet damit, eine strikte Trennung philosophischer und politischer Aussagen einzuklagen. Mit ähnlicher Konsequenz wie Max Weber in seiner berühmten Rede „Wissenschaft als Beruf“ erwartete er von einem Universitätslehrer, alle „Kathederprophetie“ kategorisch abzulehnen.[72]

Die zahlreichen Proteste innerhalb der „Kant-Gesellschaft“ veranlassten Bauch, seinen Redakteursposten niederzulegen, so dass Cassirer auf die Veröffentlichung seines Artikels verzichtete. Doch ähnlich wie beim „Berliner Antisemitismusstreit" handelte es sich um einen Pyrrhussieg der liberalen Kräfte. In einer öffentlichen Verlautbarung stellte sich Bauch als Opfer einer heimtückischen Intrige hin.[73] Seine ebenso larmoyante wie selbstgerechte Erklärung fand wegen ihrer antisemitischen Stoßrichtung breite Resonanz.

In rechtsradikalen Blättern wie dem „Hammer" erschienen umfangreiche Ehrenrettungen von Bauchs Verhalten.[74] Pfingsten 1917 rief er zusammen mit dem Neoidealisten Max Wundt die „Deutsche Philosophische Gesellschaft" ins Leben, die mit nationalem Pathos den Geist Fichtes für die Lösung der Gegenwartsprobleme beschwor. Philosophiehistorisch betrachtet, war dies ein folgenschweres Ereignis. Der „Kant-Gesellschaft" entstand eine Konkurrenz, die als Sammelbecken deutschnationaler, neokonservativer und völkischer Strömungen in der Weimarer Republik rasch an Bedeutung gewann und nach 1933 tonangebend wurde.[75]

III.

Die Frage, warum viele jüdische Philosophen des Kaiserreichs derart konsequent an ihrer verherrlichenden Sichtweise der deutschen Kulturnation festhielten, ist von weiterführender Bedeutung. Gershom Scholem empfand die volle Schwere des Problems, wenn er Hermann Cohens jüdische Schriften als „unheimliche, aber auch ergreifende Exempel dieser Blindheit oder Verblendung" ansah.[76] Üblicherweise rekurriert man auf sozialpsychologische Gesichtspunkte, wenn es gilt, die ausgeprägte Anpassungsbereitschaft des liberalen Judentums und ihrer führenden Vertreter zu erklären. Allerdings sollten externe Erklärungsansätze nicht verabsolutiert werden, drohen sie doch zu einer sublimen Form von Ideologiekritik zu gerinnen, die ihrem Gegenstand nicht gerecht wird.[77] Gewiss strebten die jüdischen Philosophen nach einer Doppelloyalität als Deutsche und Juden; aber ihr Selbstverständnis und ihre

Bedeutung erschöpften sich nicht hierin. Wie die meisten zeitgenössischen Denker tendierten sie zu universal gültigen Aussagen, die sie in deduktiv entworfenen philosophischen Systemen niederlegten. Am Beispiel des kategorischen Imperativs lässt sich exemplarisch veranschaulichen, woran die hochgespannten Kantexegesen des Kaiserreichs, die zugleich eigenständige Ethikentwürfe darstellten, litten. Die Vertreter unterschiedlicher philosophischer Positionen rückten sukzessiv von einer formalen Interpretation des kategorischen Imperativs ab und begannen, materiale Wertethiken zu favorisieren. Ein Blick auf die Entwicklung und Rezeption des Marburger Neukantianismus illustriert, mit welcher Selbstverständlichkeit dieser Prozess vor sich ging.

1877 veröffentlichte Cohen das Werk „Kants Begründung der Ethik", eine umgearbeitete und erheblich erweiterte Version seiner Berliner Habilitationsschrift aus dem Jahre 1873. Im Mittelpunkt der Interpretation steht die Differenz von Sollen und Sein, die teleologisch ausgeleuchtet und gefasst wird. Der Begriff der allgemeinen Gesetzgebung verweise notwendig auf den der Gemeinschaft, in der sich das ethische Handeln erfülle. Denn erst „die Gemeinschaft autonomer Wesen" verkörpere „das alleinige höchste Gut".[78] Deshalb bilde die Autonomie der Menschheit den Endzweck der Ethik, den jede sozialreformerische Politik beachten müsse. So faszinierend diese Kantdeutung auch ist, enthält sie gleichwohl ein gravierendes Problem. Der kategorische Imperativ hatte fortan eine Doppelaufgabe zu erfüllen, deren Lösungen sich gegenseitig ausschlossen: er musste sowohl das formale Kriterium ethischen Handelns sein als auch dessen materialen Inhalt definieren. Dementsprechend unscharf fiel Cohens Fassung des Sittengesetzes aus: „Die kürzeste Formel, in welcher sich der kategorische Imperativ, und damit die regulative Bedeutung der Freiheitsidee ausdrücken lassen dürfte, lautet: Handle frei."[79]

Die 1893 publizierte Dissertation Karl Vorländers kodifizierte die schulintern verbindliche Auffassung von Kants Sittenlehre. Ihr programmatischer Titel „Der Formalismus der Kantischen Ethik in seiner Notwendigkeit und Fruchtbarkeit" spiegelte das ungelöste philosophische Problem. Den Kern der Kantischen Ethik erblickte Vorländer in dem Gedanken, „dass in jeder Person die Menschheit zu achten sei".[80] Offen blieb jedoch, welche Umstände die Umsetzung dieser Maxime am meisten begünstigten. Genau dieser Frage wandte sich Cohen in seiner bekannten Einleitung in die „Geschichte des Materialismus" von Friedrich Albert Lange zu.

Cohens Interpretation des kategorischen Imperativs besitzt eine antikapitalistische Stoßrichtung. Der archimedische Punkt seiner Ethik liegt in Kants berühmter Formulierung des praktischen Imperativs, wonach der Mensch stets als Zweck an sich selbst betrachtet werden müsse.[81] Gerade dies sei jedoch in einer kapitalistischen Gesellschaft unmöglich, deren oberstes Ziel die Profitmaximierung darstelle. Allerdings heißt dies nicht, dass Cohen die materialistische und atheistische Weltsicht des Marxismus teilt. Den Sozialismus sieht er nur insofern im Recht, als er „im Idealismus der Ethik gegründet ist".[82] Denn das Fundament aller Ethik bleibt für ihn die Gottesidee, aus der sich zugleich zwingend das Prinzip der Gerechtigkeit deduzieren lasse.

Aufgrund seiner religiösen und philosophischen Überzeugungen kam für Cohen die Mitgliedschaft in der Sozialdemokratie nicht in Frage. Zwar achtete er Männer wie August Bebel oder Wilhelm Liebknecht wegen ihres ethischen Idealismus, doch verurteilte er ihre hegelianische Geschichtsmetaphysik und ihren Atheismus scharf. Cohens politische Heimat lag im Linksliberalismus Naumannscher Provenienz. Gleich seinen Marburger Mitstreitern Paul Natorp und Martin Rade engagierte er sich nachhaltig für jene „Ethisierung des Klassenkampfs", die Max Weber 1894 zum politischen Programm erhoben hatte.[83]

Inspiriert durch die Cohensche Philosophie, bemühten sich führende Vertreter des Kulturprotestantismus um eine zeitgemäße Interpretation des kategorischen Imperativs. An erster Stelle ist hier Wilhelm Herrmann zu nennen, der das individuelle Gotteserleben in den Mittelpunkt seiner Ethik stellte. Seine Auffassung, dass die menschliche Persönlichkeit den

„Endzweck“ der Sittenlehre darstelle, fand gerade unter den politisch engagierten Theologen breite Zustimmung.[84] So schrieb Martin Rade, der einflussreiche Herausgeber der „Christlichen Welt“, am 20. Juli 1904 an Heinrich Weinel: „Ich habe mich auch erst in H[errmann] hineinlesen müssen. Aber ich sehe jetzt, daß er einheitlicher u[nd] grundlegender ist als ich erst meinte. Universell ist er nicht aber er hat einige Hauptsachen erfaßt, auf die es jetzt ankommt. Diese Art Kant brauchen wir, ohne die geht es nicht.“[85] Angesichts der drängenden Reformaufgaben der wilhelminischen Zeit schienen aktualisierte Kantdeutungen ein Gebot der Stunde zu sein.

Unter den politisch engagierten Vertretern der „Marburger Schule“, die mit der Sozialdemokratie sympathisierten, war es gleichfalls unstrittig, dass der kategorische Imperativ teleologisch interpretiert werden müsse. Ein „roter Neukantianer“ wie der Pädagoge Franz Staudinger vertrat die These, das Kantische Sittengesetz verweise zwingend auf den Aufbau einer sozialistischen Gesellschaftsordnung. Seine Fassung des kategorischen Imperativs, die eine empiristische Kritik Kants beinhalten sollte, verlieh der politischen Entscheidung des einzelnen ein erhöhtes Gewicht: „Bestimme deinen Willen nach dem Prinzip einer organischen Ordnung der menschlichen Gesellschaft, und suche diese Ordnung, soweit es in deinen Kräften steht, zu gestalten.“[86] Der konkrete Inhalt der politisch anzustrebenden Ziele war damit freilich von weltanschaulichen Vorentscheidungen abhängig geworden, über die sich mit transzendentalphilosophischen Argumenten schwerlich streiten ließ.

Auch auf rechtsphilosophischem Gebiet unternahm man innerhalb des Marburger Neukantianismus eine Korrektur Kants. Schulintern war man sich zwar darüber einig, dass der Zusammenhang zwischen positivem Recht und Naturrecht wiederhergestellt werden müsse, aber auf dem Weg zu einer ethischen Grundlegung des Rechts beschritt man unterschiedliche Wege. 1902 publizierte Rudolf Stammler seine weithin beachtete „Lehre von dem richtigen Rechte“, die sich um eine stärkere juristische Verankerung der neukantianischen Rechtstheorien bemühte. Hiergegen erhob Cohen scharfen Protest, weil er die Letztfundierung des Rechts in der Ethik gefährdet sah.[87] Doch trotz der sich anschließenden erbitterten Kontroverse, die zu erheblichen schulinternen Verwerfungen führte, überwogen im Bereich der Ethik die Gemeinsamkeiten unter den Marburger Neukantianern.

Allen vorgestellten Interpretationen und Neufassungen des kategorischen Imperativs war ein metaphysischer Zug eigen, der aus der teleologischen Ausrichtung auf ein geschichtliches Endziel resultierte. Als Maßstab für die Richtigkeit einer Handlung waren diese Definitionen jedoch ungeeignet.[88] Dies hatte zur Konsequenz, dass sich die verschiedenen neukantianischen Schulen nicht über den Inhalt des Sittengesetzes einigen konnten. Unter den jüdischen Denkern sah es nicht anders aus; so ging Cohen hart mit Lazarus ins Gericht, nachdem dieser 1899 seine „Ethik des Judentums" publiziert hatte.

Lazarus Opus magnum war eine späte Antwort auf die antisemitischen Unruhen zu Beginn der 1880er Jahre. Beauftragt von den jüdischen Gemeinden in Berlin, London, Paris und Wien, den antisemitischen Angriffen auf das Judentum wissenschaftlich zu begegnen, stellte Lazarus die philosophischen Grundlagen der jüdischen Ethik in aller Ausführlichkeit dar. Getreu seinem völkerpsychologischen Credo extrahierte er den Inhalt seines Werks ausschließlich aus jüdischen Quellen.[89] Hiergegen erhob Cohen von philosophisch-systematischer und historischer Warte aus entschiedenen Protest. Zum einen hielt er den Begriff einer „jüdischen Ethik" für hochgradig problematisch, weil er dem universalen Charakter sittlicher Gebote nicht hinreichend gerecht werde.[90] Zum anderen bestritt der Neukantianer, dass jemals ein „Gesamtgeist des Judentums" existiert habe, „der von den Geistern der Weltkultur abgetrennt und abgeschieden gewesen wäre". Nicht zuletzt aufgrund der starken persönlichen Animositäten kam es nicht zu einer Annäherung der unterschiedlichen Auffassungen. Dabei waren die philosophischen Standpunkte gar nicht so weit voneinander entfernt, wie sich etwa an der schlüsselhaften Bedeutung des Kantischen Sittengesetzes erkennen lässt. Die systematisch entscheidenden Fragen nach dem religiösen Zentrum jüdischer

Ethik und der Verzeitlichung universaler ethischer Gebote blieben jedoch in dem stark persönlich gefärbten Gelehrtenstreit unbeachtet.[91]

Historisch folgenschwerer als die innerjüdische Kontroverse zwischen Cohen und Lazarus war es, dass die verschiedenen Richtungen des Neukantianismus die Grenzen einer wissenschaftlich gesicherten Interpretation des kategorischen Imperativs nicht zu bestimmen vermochten. Dies führte zur Aushöhlung eines kritischen Ethikverständnisses und begünstigte metaphysische Philosophiekonzepte. Der als konservative Integrationsideologie politisch instrumentalisierbare Neoidealismus Rudolf Euckens und seiner Anhänger profitierte am meisten von der Unübersichtlichkeit der Prinzipiendiskussion.[92] Gestritten wurde nicht mehr darüber, wie sich mittels des kategorischen Imperativs die Richtigkeit ethischen Handelns erweisen lasse, sondern worin das eigentliche Ziel menschlicher Tätigkeit bestehe. Der interpretatorischen Willkür im Umgang mit der Philosophie Kants war damit Tür und Tor geöffnet.

Beispielsweise plädierte der Neoidealist Hermann Schwarz 1907 dafür, dass es zwei sittliche Grundgesetze gebe, die einander wechselseitig ergänzten. Beide axiologischen Formulierungen des kategorischen Imperativs bleiben indes ausgesprochen vage. Die erste Fassung des Sittengesetzes lautet: „das Wollen eignen Personenwerts steht über der Rücksicht auf die eignen Zustände"; die zweite Version definiert: „das Wollen religiöser, mitmenschlicher, sozialer und ideeller Fremdwerte steht über dem Wollen von Eigenwerten."[93] Bezeichnend für den hochtrabenden Idealismus dieser Philosophie ist es, dass Schillers „warmherzige Ethik" gegen Kants „unbarmherzige[n] Rigorismus" ausgespielt wird. Generell ist Schwarz' Werk von Wertaussagen durchzogen, die ihrerseits nicht mehr argumentativ eingelöst werden.

Es mag purer Zufall sein, dass der Neoidealist zu Beginn der Weimarer Republik einer der ersten Parteigänger des Nationalsozialismus an den deutschen Hochschulen war.[94] Auch sollte man sich vor einer allzu scharfen ideengeschichtlichen Polarisierung hüten. „Im Schatten Nietzsches" war das spannungsreiche Verhältnis zwischen Wissenschaft und Lebenswelt allgemein zum Gegenstand philosophischer Reflexion geworden. Selbst Max Weber fühlte sich dazu verpflichtet, die Wissenschaft vor dem Forum des Lebens zu verteidigen.[95] Doch dürfte es gleichfalls unstrittig sein, dass diese Verteidigung mit unterschiedlicher intellektueller Schärfe und prinzipieller Tragweite geführt wurde.

Hermann Schwarz gehörte jedenfalls wie viele Anhänger des Neoidealismus trotz aller szientifischen Rhetorik nicht mehr zu den Verfechtern wissenschaftlichen Philosophierens. Es war eine abschüssige Bahn, die deutsche Gelehrte mit der inhaltlichen „Anreicherung" des kategorischen Imperativs beschritten hatten. Bereits 1920 formulierte Hans F. K. Günther jene völkisch-rassische Schwundform des Sittengesetzes, die später traurige Berühmtheit erlangte: „Handle so, daß du die Richtung deines Willens jederzeit als Grundrichtung einer nordrassischen Gesetzgebung denken könntest."[96]

IV.

Im Zeichen der „inneren Reichsgründung" entwickelte die Universitätsphilosophie seit 1878/79 ein verändertes Verhältnis zu den Klassikern der eigenen Disziplin. Platon wurde primär als Begründer konservativer Staatstheorie verstanden, der Erkenntnistheoretiker Kant trat hinter den Lehrmeister preußischer Pflichtethik zurück, und Fichte verherrlichte man als Künder deutschen Volkstums. Philosophie wurde mehr und mehr eine Weltanschauungswissenschaft, zu deren vornehmsten Aufgaben die politische Sinngebung zählte. In diesem Kontext erhöhte sich die Attraktivität von Sittenlehren, die nicht nur individuelle, sondern auch gesellschaftliche Probleme zu lösen versprachen. Sukzessiv traten materiale Wertethiken, die inhaltliche Antworten auf die drängenden Zeitfragen verhießen, an die Stelle strikt transzendentalphilosophischer Konzepte.[97]

Aus jüdischer Sicht war der „Berliner Antisemitismusstreit" besonders bedeutsam. Er konfrontierte das deutsche Judentum mit der Tatsache, dass sich weite Teile der Gesellschaft nicht mehr primär an humanen Werten, sondern an den Bedürfnissen einer emanzipationsfeindlichen Politik orientierten.[98] Die führenden jüdischen Philosophen reagierten darauf mit einer Art „Kompromissideologie". Statt offensiv ihre politischen Rechte zu verteidigen, betonten sie vielmehr die Universalität ethischer Prinzipien sowie die innere Verwandtschaft deutschen und jüdischen Geistes. Für die Probleme einer politisch fraktionierten und kulturell versäulten Klassengesellschaft bot dies jedoch nur wenig Lösungsansätze.[99]

Das Aufkommen eines völkisch geprägten Nationalismus verschärfte die Diskurslage nochmals. Hatte Treitschkes Vorstellung einer homogenen Nation auf die vollständige Assimilation des deutschen Judentums gezielt, so sperrten sich die Vertreter des extremen Nationalismus gegen jede Lösung der von ihnen beschworenen „Judenfrage". Die Anhänger einer radikalen Deutschtumsmetaphysik sprachen im Ersten Weltkrieg den Juden die Zugehörigkeit zur Nation Kants und Fichtes ab und bekundeten damit, dass ihnen der innere Zusammenhalt der deutschen Gelehrtenrepublik gleichgültig war.[100]

Trotz ihrer Diskriminierung scheuten die meisten jüdischen Philosophen davor zurück, die ideologischen Wurzeln des völkischen Antisemitismus zu analysieren. Statt dessen hielten sie an einem überhöhten Begriff der deutschen Kulturnation fest, der noch aus der ersten Hälfte des 19. Jahrhunderts stammte. Auch die Vordenker des jüdischen Projekts der Moderne litten unter jener „fundamentale[n] Ungleichzeitigkeit", die das ganze Unternehmen in Frage stellte.[101] Zwar verband sich mit ihrer Idealisierung der deutsch-jüdischen Kultur auch die mutige Verteidigung aufklärerischer und humaner Prinzipien, ihr politischer Einfluss hielt sich jedoch in engen Grenzen.

Nach dem als Katastrophe empfundenen Kriegsausgang schwand das Verständnis für den Fortschrittsglauben der vorangegangenen Gelehrtengeneration. Nicht zuletzt galt dies für die innerjüdische Erinnerung an Hermann Cohen. Sein lebenslanges Bemühen, universales und nationales Denken miteinander zu versöhnen, erschien vielen nun antiquiert und denkerisch inkonsistent. Dass sich primär die Rahmenbedingungen jüdischen Philosophierens verändert hatten, bedachten die wenigsten. Einer von ihnen war der Lieblingsschüler Cohens aus seinen späten Berliner Tagen, Franz Rosenzweig. Mit Trauer und leiser Ironie schrieb er im Juli 1924 an Gertrud Oppenheim: „Der liberale deutsch jüdische Standpunkt, auf dem fast hundert Jahre lang das fast ganze deutsche Judentum Platz hatte, ist heut offenbar so punktuell geworden, daß nur noch ein Mensch, nämlich ich, darauf wohnen kann. Armer Hermann Cohen!“[102] Mag dies auch eine Überzeichnung sein, so lohnt es sich doch, darüber nachzudenken.

Der Preis des Bildungsstrebens. Jüdische Geisteswissenschaftler im Kaiserreich

Der Professorentitel besaß im Kaiserreich gleichsam eine eigene Weihe. Er galt ebenso als Ausweis herausragender gelehrter Leistungen wie als Inbegriff bürgerlicher Reputation. Die Sinngebungskompetenz der Professoren reichte weit über das wissenschaftliche Feld hinaus. Ihre Interpretationen bestimmten das Bild der Vergangenheit, ihre Urteile hatten im politischen Meinungsstreit Gewicht, und ihre Forschungen wurden als Garant für eine bessere Zukunft betrachtet. Wissenschaft, so schien es, gab dem Leben in einer Zeit beschleunigten kulturellen und sozialen Wandels die dringend benötigten verlässlichen Orientierungspunkte. Zwar meldeten sich in der wilhelminischen Ära kulturskeptische und -pessimistische Stimmen auch innerhalb der universitären Mauern zu Wort, doch stand der Letztwertcharakter von „Bildung“ nicht zur Disposition.[1] Auch das Sozialprestige ihrer Vertreter war in der Blütezeit deutscher Wissenschaft trotz Extraordinarienbewegung und Privatdozentendebatte nicht wirklich strittig.[2] Bis zum Ersten Weltkrieg behielt die Professur ihre Aura und wurde im deutschen Judentum als ein Ziel betrachtet, für das sich beinahe jede Anstrengung lohnte.

Unter liberalen Juden hatte das Ideal umfassender Bildung vielleicht seine treuesten Anhänger. Man studierte die Werke der deutschen Klassik, pries die Weisheit von Lessings „Nathan“ und fühlte sich den Grundsätzen der Kantischen Sittenlehre verpflichtet. Ein möglichst reines Deutsch galt als Entreebillet für das Reich wahrer Bildung und der Jargon der Vorfahren wie selbstverständlich als „verderbte Sprache“. In Goethe verehrte man den „idealen Bildungsbürger“, dem man nach Kräften nacheiferte.[3] Für die meisten jüdischen Bürgerfamilien war es schlicht eine Ehrensache, ihren Söhnen den Besuch von Gymnasium und Universität zu ermöglichen. Geradezu materiell greifbar wurde das „kulturelle Kapital“, das sich mit Bildung erwerben ließ, auf dem Heiratsmarkt. Graduierte Akademiker rangierten meist noch vor erfolgreichen Geschäftsleuten und konnten von der Familie der Braut eine dementsprechende Mitgift erwarten – im Berlin der Jahrhundertwende waren es nicht weniger als 75 000 Mark.[4]

Allerdings schlugen den Juden auch nach der vollständigen rechtlichen Gleichstellung 1871 an den staatlichen Bildungsinstituten beträchtliche Vorbehalte entgegen. Über die Härte der Exklusionsmuster in der preußisch-protestantischen Wissenschaftswelt hegten die Zeitgenossen keine Illusionen. Nicht nur Juden, sondern auch Katholiken, Sozialdemokraten oder Atheisten hatten in ihrem wissenschaftlichen Werdegang mit Schwierigkeiten zu kämpfen, die immer größer wurden, je mehr sie sich dem ersehnten Lehrstuhl näherten. 1911 konnte Bernhard Breslauer statistisch nachweisen, dass der akademische Antisemitismus zu einer signifikanten Benachteiligung jüdischer Wissenschaftler führte.[5] Vor diesem Hintergrund schien es der Forschung lange Zeit nahe liegend, primär die „rebellierenden“ jüdischen Intellektuellen und großen Ausnahmegestalten in den Blick zu nehmen. Bis auf den heutigen Tag gehören Albert Einstein und Sigmund Freud zu den „Hätschelkindern“ einer personenzentrierten Historiographie, die starke Kontraste und dramatische Effekte liebt.[6] Charakteristischer für das jüdische Bildungsbürgertum dürften allerdings jene Gelehrten gewesen sein, die mit ihrer Kärrnerarbeit und Loyalität eine wertvolle Stütze des Universitätsbetriebs waren. Auch sie besaßen jenen „Bildungshunger“, der Zurücksetzungen ertragen half und ihre wissenschaftlichen Leistungen maßgeblich inspirierte.

Gleichwohl fällt es ausgesprochen schwer, den ungewöhnlichen Erfolg jüdischer Wissenschaftler vollständig befriedigend zu erklären. Shulamit Volkov konzentrierte ihre Analyse vor mehr als zehn Jahren auf Naturwissenschaftler, die vorzugsweise aus Familien des jüdischen Besitzbürgertums stammten, und betonte die Bedeutung „kreativer Nischen“.[7] Inzwischen hat sie ihre Ausführungen um qualitative Kriterien ergänzt und dabei insbesondere mit der Kategorie des „wissenschaftlichen Denkstils“ operiert.[8] Erstaunlicherweise existieren jedoch bislang kaum Untersuchungen zu Karrierewegen und zum Selbstverständnis jüdischer Geisteswissenschaftler. Dies überrascht umso mehr, als das in ihren Disziplinen erzielte Prestige weit höher war als in den Naturwissenschaften. Wenn etwa der Marburger Philosoph Hermann Cohen das „anerkannte geistige Haupt der liberalen Judenheit" genannt wurde, so war dies vielleicht pathetisch formuliert, aber schwerlich eine Übertreibung.[9]

Freilich soll hier nicht ein weiteres Mal das Hohelied jüdischer Bildungsbeflissenheit gesungen werden. Allzu lange haben sich die Arbeiten zur deutsch-jüdischen Geschichte auf die „Schauseite" des bürgerlichen Lebens konzentriert. Nicht zuletzt das schlichte Vorhandensein einer reichen Erinnerungensammlung im New Yorker Leo Baeck Institut dürfte dazu geführt haben, dass autobiographische Quellen immer wieder zur Illustration sozialhistorischer Befunde herangezogen wurden. Im milden Licht der Erinnerung erhielt die deutsch-jüdische Geschichte des Kaiserreichs einen eigenen Charme, der nur wenig davon verriet, wie anstrengend es war, ein angesehener Bürger zu sein. Selbst Arbeiten, die sich als ausgesprochen kritisch verstehen, berücksichtigen die Eigenheiten familialer „Erinnerungsstrategien" zu wenig. So zitiert Marion Kaplans zentrale Studie zur Bedeutung der Frauen bei der Entstehung einer jüdischen Mittelschicht mit Vorliebe Memoiren, die viel über das kulturelle Gedächtnis des deutschen Judentums, aber nur wenig über die Lebenswelt des jüdischen Bürgertums im Kaiserreich aussagen.[10]

Die hermeneutischen Schwierigkeiten vergrößern sich noch, wenn man in Rechnung stellt, wie konstitutiv die Bedeutung der „Generation" für das Selbstverständnis und die innere Periodisierung der Geisteswissenschaften ist. Dies gilt für die deutsche Wissenschaftsgeschichte vielleicht sogar in besonderem Umfang, die nicht zuletzt durch den Einfluss wissenschaftlicher „Schulen" und die Intensität der Lehrer-Schüler-Verhältnisse charakterisiert wird.[11] Wissenschaftlergenerationen definieren sich als „Erinnerungsgemeinschaft" und verwenden selektive Erinnerungsstrategien, um Deutungshoheit über die Vergangenheit und Einfluss in der Gegenwart zu erringen.[12] All dies warnt davor, die in reichem Umfang vorhandenen Gelehrtenbiographien und Memoiren als maßstabsgetreue Abbildung der historischen Realität zu betrachten.

Generell wissen wir noch zu wenig über die finanziellen und sozialen Bedingungen, die eine bürgerliche Lebensführung ermöglichten. Immer wieder wurde die Forderung nach „dichter Beschreibung" erhoben, um Aufschluss über das kulturelle Selbstverständnis des jüdischen Bildungsbürgertums zu gewinnen. Spätestens seit Friedrich Lengers Sombart-Biographie dürfte allerdings auch deutlich geworden sein, welche Zurüstungen für diese Vorgehensweise im Bereich der Wissenschaftsgeschichte erforderlich sind.[13] Im Rahmen dieser Abhandlung kann es notwendigerweise nur um die erste Skizzierung eines komplexen Themas gehen. Dabei sollen nicht „Großthesen" zum Erfolg jüdischer Geisteswissenschaftler formuliert und verfochten werden. Vielmehr möchte der Aufsatz herkömmliche Quellen gegen den Strich bürsten und den Blick auf die Schattenseiten einer Wissenschaftsförderung lenken, die bis auf den heutigen Tag ihre unkritischen Bewunderer findet.[14]

Mit Max Weber wird das Bürgertum nicht als „Klasse", sondern als Form „ständischer Vergesellschaftung" aufgefasst. Dahinter steckt die Vorstellung, dass der ökonomische Faktor für das Selbstbild und die Fremdeinschätzung des Bürgers von eher nachrangiger Bedeutung war. Letztlich entschieden weder Besitz noch Einkommen über die Zugehörigkeit zum Bürgertum, sondern die Reputation, die ihrerseits vom sozialen und kulturellen Kapital der betreffenden Person abhing. Vor diesem Hintergrund liegt es nahe, primär die Vermittlungsinstanzen bürgerlicher Bildung zu untersuchen. Der erste Teil schildert Herkunft wie häusliche Erziehung der späteren Geisteswissenschaftler und wendet sich ihren schulischen Erfahrungen zu. Die akademische Karriere steht im Mittelpunkt des zweiten Teils, der Studium, Promotion, Habilitation und die entbehrungsreiche Phase der Privatdozentur behandelt. Weitgehend unerforscht sind bislang Lebensstil und Selbstbild erfolgreicher jüdischer Gelehrter, die im dritten Teil debattiert werden. Dabei kommen biographische und sozialpsychologische Probleme zur Sprache, die für „etablierte Außenseiter" generell konstitutiv sind. Das bilanzierende Fazit fragt nach dem spezifischen Wissenschaftsverständnis jüdischer Gelehrter und bemüht sich um eine Signatur ihres beruflichen Lebenswegs.

I.

Die erfolgreichste Zeit jüdischer Geisteswissenschaftler lag im Reichsgründungsjahrzehnt. Im Zeichen des siegreichen Liberalismus und als Folge des forcierten Hochschulausbaus wurden jüdische Gelehrte gleichsam über Nacht professorabel. Gezielt unterstützte das liberale Ministerium Falk in Preußen die Berufung von Wissenschaftlern, deren Überzeugungen dafür bürgten, dass sie dem politischen Katholizismus ebenso energisch entgegentraten wie sie einen homogenen Nationalstaat unter Preußens Führung begrüßten. Erst einmal an der Universität etabliert, bemühten sie sich darum, die erworbene Machtposition zu festigen. Ein markantes Beispiel ist der politische Reformer Friedrich Albert Lange, der 1872 ein philosophisches Ordinariat in Marburg erhielt. Wenige Jahre zuvor noch aus politischen Gründen in die Schweiz ausgewandert, war er nun an deutschen Hochschulen so begehrt, dass er in den Berufungsverhandlungen seine Bedingungen diktieren konnte. Bereits vom Tode gezeichnet, protegierte Lange seinen Lieblingsschüler Hermann Cohen, der ihm – trotz nicht unerheblicher judenfeindlicher Widerstände an der „kernprotestantischen" Universität – 1876 auf den Marburger Lehrstuhl folgte.[15]

Die linksliberale Dominanz im preußischen Kultusministerium währte freilich nicht lange. Als es in der innenpolitischen Krise 1878/79 zur konservativen Umorientierung der bismarckschen Politik kam, bedeutete dies auch eine spürbare Akzentverschiebung in der Wissenschaftspolitik, die alsbald von einer Veränderung des Meinungsklimas an den Universitäten begleitet war. Die mehrheitlich protestantische Hochschullehrerschaft betrachtete Juden wieder als unerwünschte Außenseiter und reagierte auf sie mit Ressentiments und Restriktionen, die ihre Wirkung auf die Dauer nicht verfehlten.[16]

Der kurze Sommer liberaler Berufungspolitik in der „Ära Falk" hat für die Periodisierung unseres Themas weit reichende Konsequenzen. Da viele der behandelten Gelehrten bereits im Nachmärz aufwuchsen, ist zu ihrem besseren Verständnis ein Blick in diese Epoche unabdingbar. Sie kannten die deutsche Kleinstaaterei noch aus eigener Erfahrung, hatten die Reichseinigung mit innerer Anteilnahme verfolgt und schon früh ihre politischen Überzeugungen entwickelt. Die Mehrzahl von ihnen stand im Lager des Liberalismus, der als Verteidiger der Grundrechte und als politische Heimat des Judentums betrachtet wurde. Zugleich waren sie vom Erfolg Preußens beeindruckt und verstanden sich als loyale deutsche Staatsbürger.[17]
Ein charakteristischer Fall ist der 1848 geborene Mediävist Harry Bresslau, der als Organisator und Editor zu den Schlüsselgestalten seiner Disziplin zählte und nahezu vierzig Jahre der Zentraldirektion der „Monumenta Germaniae Historica" in Berlin angehörte. Geboren im niedersächsischen Dannenberg, hatte er seine Schulzeit in Lüneburg verbracht und sich ganz als „Hannoveraner" und „Demokrat" empfunden. 1866 attackierte er Bismarck in zornigen Versen als tyrannischen Vertreter der preußischen Junkernschaft.[18] Der Reichseinigung stand Bresslau allerdings schon uneingeschränkt positiv gegenüber und an seiner nationalen Option ließ er später keinen Zweifel mehr aufkommen. Auch die berühmten Völkerpsychologen und Sprachwissenschaftler Moritz Lazarus und Heymann Steinthal oder der klassische Philologe Jacob Bernays wurzelten weltanschaulich noch in der Zeit vor 1871. Sie teilten jenen fast religiösen Bildungsbegriff, der zu einer Ablehnung des bloß zweckorientierten Wissens führte, womit sich zugleich die Überzeugung vom Primat der Geisteswissenschaften an den Universitäten verband.[19]

Keineswegs immer war der pekuniäre Hintergrund vorhanden, der für eine akademische Karriere eigentlich als unabdingbar galt. Vielleicht am markantesten ist das Schicksal von Moritz Lazarus, dessen Eltern ihm den Besuch des Gymnasiums nicht ermöglichen konnten. Während seiner kaufmännischen Lehre studierte er jedoch derart eifrig den Talmud und die klassische deutsche Literatur, dass ihm der Posener Landesrabbiner Herzfeld ein Stipendium verschaffte, mit dessen Hilfe er am Braunschweiger Martino-Katharineum das Abitur ablegte und dabei in den klassischen Sprachen brillierte.[20] Lazarus' Freund und wissenschaftlicher Weggefährte Heymann Steinthal hatte gleichfalls eine entbehrungsreiche Kindheit. Da sein früh verstorbener Vater, der Kaufmann David Steinthal, die Familie mit Schulden zurückgelassen hatte, war er dringend auf Unterstützung angewiesen. Glücklicherweise half Heymann Steinthal ein kinderloser Onkel, der den Zwölfjährigen bei sich in Bernburg aufnahm und die Kosten für den Unterricht am örtlichen Gymnasium bestritt.[21]

In einer schwierigen Situation befand sich auch der junge Harry Bresslau, dessen Vater ein Geschäftsmann ohne Fortune war.[22] Die Weltwirtschaftskrise zwang Abraham Bresslau im Herbst 1857 erstmals in den Konkurs. Mit Unterstützung seines Schwiegervaters, Levi Heimann, erwarb er zwei Jahre später in Uelzen eine kleine Ziegelei. Doch auch dieser Betrieb musste als Folge des preußisch-hannoverschen Krieges 1866 liquidiert werden. Der zweite Bankrott führte endgültig zum Gesichtsverlust in der jüdischen Gemeinde und wurde von Abraham Bresslau, wie es scheint, auch psychisch nicht verkraftet. Fluchtartig ging er ins amerikanische Exil, wo er als Journalist bei der New Yorker Staatszeitung ein Auskommen, aber keine bürgerliche Existenz fand. Es war Glück im Unglück, dass Harry Bresslau zu diesem Zeitpunkt bereits sein Abitur abgelegt und sein Studium in Göttingen begonnen hatte.

Problematisch stand es auch um die finanziellen Ressourcen im Hause Cohen. Gerson Cohen, der Vater des nachmals berühmten Philosophen, verdiente als Vorsänger im anhaltischen Coswig noch nicht einmal genug zum Erhalt der Familie. Die Last des Broterwerbs ruhte weitgehend auf den Schultern seiner Frau Friederike, die in der Kleinstadt ein Hutgeschäft führte. Trotz der bedrängten Verhältnisse stand es außer Frage, dass das einzige Kind eine möglichst gute Ausbildung erhielt.[23]

Hinter den beträchtlichen Summen, die jüdische Familien in den Werdegang ihrer Kinder investierten, steckte gleichermaßen der Respekt vor der Bildungsidee wie die Hoffnung auf den gesellschaftlichen Aufstieg. Wichtiges kulturelles Rüstzeug für diesen Weg vermittelten bereits die Bildungseinrichtungen der jüdischen Gemeinde.

Die Bedeutung jüdischer Schulen vor 1871 sollte nicht unterschätzt werden. Bereits als Fünfjähriger erhielt etwa Harry Bresslau in der Klasse des Landesrabbiners Meyer sein erstes Schulzeugnis, das unter anderem die „Fächer" Religion, biblische Geschichte sowie Hebräisch-Lesen und Übersetzen umfasste. In der frühen intellektuellen Ausbildung dürfte eine wichtige Ursache für seine hervorragenden Leistungen auf der Ersten Stadtschule in Uelzen gelegen haben, die ihn für den Besuch eines Elitegymnasiums empfahlen.[24] Hermann Cohen wurde von seinem Vater, der in Coswig auch die Rolle des Gemeindelehrers innehatte, in die Anfangsgründe des Hebräischen eingeführt. Gerson Cohens Bildung war durchaus ungewöhnlich: neben der „Sprache der Väter" unterrichtete er Deutsch und Französisch, sein Interesse beschränkte sich nicht auf Maimonides und Goethe, sondern umfasste auch die Entwicklung der Naturwissenschaften.[25] Auf die Dauer war allerdings der Besuch einer angesehenen Oberschule unvermeidbar, wenn man beruflich erfolgreich sein wollte.

Die jüdische Präsenz im höheren Schulwesen ist unübersehbar und in der Forschung immer wieder betont worden. 1906/07 besuchten in Berlin 67% der jüdischen Kinder weiterführende Schulen, in Frankfurt am Main waren es 86% und in Hamburg sogar 96%. Verglichen mit ihrem Bevölkerungsanteil waren Juden auf preußischen Gymnasien um das Sechsfache überrepräsentiert. Die Dynamik des jüdischen Bildungsstrebens lässt sich daran ablesen, dass der Anteil jüdischer Schüler auf Berliner Gymnasien und Realgymnasien von 14,8% 1867 auf etwa 25% zu Ende des Kaiserreichs anstieg.[26] Im Mittelpunkt der gymnasialen Ausbildung standen die klassischen Sprachen. Wer darin versagte, musste alle Hoffnungen auf einen erfolgreichen Schulabschluss fahren lassen. Es scheint deshalb nahe liegend, den Leistungen jüdischer Schüler in diesen Fächern vermehrte Aufmerksamkeit zuzuwenden. Ein Musterbeispiel ist wiederum Harry Bresslau. Entscheidend für Bresslaus schulischen Erfolg – er „übersprang" nicht weniger als zwei Klassen – war sein Talent für die alten Sprachen. Der Lektürekanon des Latein- und Griechischunterrichts reichte von Homer, Aischylos, Pindar und Demosthenes bis hin zu Plautus und Tacitus. In der Freizeit übersetzte Bresslau Aristophanes: Seine schon erwähnten bismarckfeindlichen Bemerkungen stammten aus einer Übertragung der „Wolken".[27] Auch Lazarus und Steinthal verdankten ihre erfolgreiche Schulzeit ihrer philologischen Begabung. Letzterem wurde sogar die Ehre der Abiturientenrede zuteil, die sich – in englischer Sprache! – mit „Romeo und Julia" auseinandersetzte.[28]

Wenn es um die Fähigkeiten in Latein und Griechisch schlecht stand, war das preußische Gymnasium allerdings für den Schüler die reinste Tortur. So bemühte sich der Chemie-Nobelpreisträger Otto Wallach in seinen „Lebenserinnerungen" zwar nach Kräften, die Zeit am Potsdamer Königlichen Gymnasium in freundlichem Licht erscheinen zu lassen, doch bleibt das Gesamtbild wenig erfreulich.[29] Die Strenge der Lehrer, die „vielfach überspannte Anforderungen an die Leistungsfähigkeit der Schüler" stellten, tritt deutlich hervor. Gleichzeitig berichtet Wallach von Ohnmachtsanfällen und deprimierendem Strafunterricht, die seinen Schulalltag bis zur Oberstufe prägten.[30] Auch der „Vater der Phänomenologie", Edmund Husserl, quälte sich mangels Talent für die alten Sprachen durch das Gymnasium. Erst eine gewaltige Arbeitsleistung bewahrte ihn vor dem Scheitern im Abitur, das von der Familie vermutlich als Katastrophe aufgefasst worden wäre.[31]

Viele Juden kamen an der Schule erstmals mit dem Antisemitismus in Kontakt. Zwar herrschte an einigen Elitegymnasien wie dem Breslauer Johanneum ein vorurteilsfreier Geist, der sich nicht zuletzt aus der Stärke des städtischen Liberalismus erklärt, doch war dies keineswegs die Regel.[32] Gerade in den einflussreichen Schülerverbindungen bestanden häufig Vorurteile, die sich dezidiert gegen Juden richteten. Freilich ist es kaum zu entscheiden, ob der Begriff „Antisemitismus" zur

Charakterisierung der schulischen Spannungen und Konflikte beiträgt. So berichtet Harry Bresslau, der von der Uelzener Stadtschule an das angesehene Lüneburger Johanneum gewechselt war, zwar über gelegentliche Äußerungen von Judenfeindschaft, misst ihnen aber keine sonderliche Wichtigkeit zu. Gleichwohl impliziert seine Aussage, dass ihn der Lehrer vor Spott „kräftig in Schutz nahm", eine Schulrealität, die nur wenig jenem Idyll glich, an das er sich erinnern wollte.[33]

Generell sollte nicht außer Acht gelassen werden, dass den Schulalltag eine Kombination aus „Zuckerbrot und Peitsche" prägte. Für ärmere Schüler waren ausgezeichnete Leistungen häufig der einzige Weg, um die finanziellen Belastungen der Familie zu mildem. Überdies existierten nicht selten schuleigene Stipendien, die dem besten Abiturienten ein sorgenfreies Studium ermöglichen sollten. Alle Probleme ließen sich damit freilich nicht aus der Welt räumen. So musste Harry Bresslau erfahren, dass die von ihm geliebte Geschichtswissenschaft als Brotstudium denkbar ungeeignet war. Die Anfrage seines Direktors beim Unterrichtsministerium in Hannover hatte ergeben, dass er aufgrund seiner Herkunft keine Aussichten besaß, als Historiker im höheren Schuldienst oder an der Universität eine Anstellung zu finden.[34] Gleichwohl sahen die meisten jüdischen Abiturienten der Universität freudig entgegen und hofften, aufgrund ihrer Arbeitsleistung akademischen Erfolg und bürgerliche Reputation zu gewinnen.

II.

Für die meisten jüdischen Studenten war das Studium eine Zeit großer Erwartungen und noch größerer Anstrengungen. Wer sich für die Geisteswissenschaften entschieden hatte, sah zumeist einer Zukunft in den freien Berufen oder einer Lehrertätigkeit entgegen. Neben den Simultanschulen in Preußen und Baden, die Juden in begrenztem Umfang anstellten, boten die jüdischen Elementarschulen realistische, wenn auch nicht sonderlich attraktive Berufsperspektiven.[35] Die Chancen, an einer

Universität ein Auskommen zu finden, standen hingegen angesichts der wenigen Stellen und der gravierenden antijüdischen Vorbehalte ausgesprochen schlecht. Gleichwohl blieb das gesellschaftliche Prestige, das sich mit einer erfolgreichen akademischen Karriere verknüpfte, im jüdischen Bürgertum sehr hoch. Im Hause Klemperer betrachtete man beispielsweise eine Universitätslaufbahn als „das große Los" und unterstützte mit vereinten Kräften die Bemühungen des Familienjüngsten, der sich eine romanistische Professur in den Kopf gesetzt hatte.[36]

Die Entscheidung für einen geisteswissenschaftlichen Lebensweg ließ meist auf ein großes Vertrauen in die eigenen Kräfte schließen – erst recht, wenn nur geringe finanzielle Mittel zur Verfügung standen. So kehrte Harry Bresslau dem ungeliebten „Brotstudium" der Jurisprudenz in Göttingen schon nach einem Semester den Rücken und ging nach Berlin, wo er bei Ranke, Droysen und dem Hilfswissenschaftler Pertz in die Grundlagen der mittelalterlichen und neueren Geschichte eingeführt wurde. Der Feuereifer, mit dem er studierte, lässt sich daran erkennen, dass er alle großen Vorlesungen mitstenographierte und nachträglich in gestochene Reinschrift übertrug.[37] Im Alter von 21 Jahren schloss Bresslau sein Studium mit einer Promotion zur Kanzlei Konrads II. ab: selbst für damalige Verhältnisse ein dynamischer Lebenslauf. Schon vorher hatte er sich wissenschaftlich zu Wort gemeldet und eine Abhandlung über die „Namen der Juden im Mittelalter" publiziert.[38]

Eine zentrale Bedeutung bei der Vermittlung wissenschaftlicher Werte und Normen kam den sogenannten Preisaufgaben zu, für deren Lösung Fakultät, Universität oder wissenschaftliche Akademien recht beträchtliche Geldsummen in Aussicht stellten. Bereits als junger Student beteiligte sich Hermann Cohen 1863 am Wettbewerb der Breslauer Hochschule, der einen Vergleich der platonischen und aristotelischen Psychologie forderte. Er gewann den ausgesetzten Preis von 50 Mark und wurde durch die lobende Beurteilung der Juroren im eingeschlagenen Lebensweg bestärkt.[39] Fast fünfzig Jahre später erhielt Cohens Meisterschüler Ernst Cassirer eine ähnliche Ermutigung. Die Berliner Akademie der Wissenschaften verlieh ihm 1901 für seine Studie zu Leibniz' Philosophie zwar nur den zweiten Preis, doch betrug dieser stattliche 3000 Mark, womit sich für einige Zeit sorgenfrei leben ließ.[40] Für manche jüdische Gelehrte bedeuteten die ausgelobten Preissummen die Möglichkeit zu weiterer wissenschaftlicher Forschung. Der mittellose Heymann Steinthal, den es nach seiner Habilitation nach Paris verschlagen hatte, gewann sogar gleich zweimal den Preis des *Institut de France*. 1851 reichte er eine vergleichende Studie zu den vier Sudansprachen Bambara, Mande, Sose und Vai ein. Drei Jahre später analysierte er „die Wurzeln der verschiedenen chinesischen Dialekte".[41]

Die Promotion war für einen erfolgreichen Lebenslauf in den Geisteswissenschaften obligat, bot jedoch kaum die Möglichkeit zu herausragenden intellektuellen Leistungen. Es dominierte der handwerkliche Aspekt, der unterstreichen sollte, dass der Nachwuchswissenschaftler künftigen Aufgaben gewachsen war. Zentrale Bedeutung für eine erfolgreiche Karriere besaß hingegen der wissenschaftliche Ruf des Doktorvaters. Dies hieß allerdings nicht, dass renommierte jüdische Gelehrte eigene Schüler in größerem Umfang fördern konnten. So wurde Marburg durch das Wirken Hermann Cohens zwar zu einem Anlaufpunkt für jüdische Studenten insbesondere aus Osteuropa, doch war es dem Neukantianer nicht möglich, seine Schüler nennenswert zu protegieren. Ernst Cassirer ging für seinen weiteren Werdegang nach Berlin, Dimitry Gawronsky wandte sich der Politik zu, und Boris Pasternak entschied sich für die Poesie.[42] Allgemein bekannt ist die Tatsache, wie sehr sich Sigmund Freud nach einem „germanischen Musterschüler" sehnte, damit die Psychoanalyse nicht in den Ruch „jüdischer Geistigkeit" kam. Freuds Verhältnis zu Carl Gustav Jung bleibt unverständlich, wenn man seine Furcht vor antisemitischen Stereotypen, die den Wissenschaftsanspruch der Psychoanalyse zu gefährden schienen, außer Acht lässt.[43]

Ausschlaggebend für die Durchsetzung jüdischer Gelehrter waren angesehene christliche Professoren, die dem Leistungsprinzip einen hohen Stellenwert beimaßen und innerfakultären Streit nicht scheuten. So galt Theodor Mommsen als engagierter Förderer jüdischer Altertumsforscher, dem Wissenschaftsfreiheit und liberale Prinzipien mehr galten als konfessionelle oder gar ethnische Vorbehalte. Mit Jacob Bernays, der sich als Aristoteles-Forscher einen Namen gemacht hatte, war er persönlich befreundet. Mommsen setzte sich dezidiert für den introvertierten Rabbinersohn ein, dessen persönliches Naturell eine erfolgreiche akademische Karriere zusätzlich erschwerte.[44] Auch Ulrich von Wilamowitz-Moellendorf unterstützte ungeachtet seiner deutschnationalen Überzeugungen hochbegabte jüdische Gräzisten. An der Göttinger Universität setzte er 1889 die Berufung von Friedrich Leo gegen beträchtliche antisemitische Ressentiments durch, die sich am vorgeblich „jüdischen Aussehen" Leos entzündeten. Als dritter Direktor des „Thesaurus"-Unternehmens und Herausgeber von Plautus sollte er zu den herausragenden Latinisten des späten Kaiserreichs zählen.[45] Das offene Bekenntnis zum Judentum schätzte Wilamowitz freilich nicht sonderlich. So mokierte er sich über Jacob Bernays, dessen rituelle Lebensführung ihm weltfremd und antiquiert vorkam, und hielt seine Bücher für fragwürdige Produkte intellektuellen Virtuosentums.[46]

Im Zeitalter der beginnenden wissenschaftlichen Großforschung bestanden auch außerhalb der Hochschule gewisse Perspektiven für jüdische Gelehrte. Institutionen wie die Berliner „Monumenta Germaniae Historica", die einen ständig steigenden Bedarf an Editoren hatte, boten einem tüchtigen jüdischen Historiker eine Verdienstmöglichkeit. In den ersten hundert Jahren beschäftigte die wichtigste Einrichtung der deutschen Geschichtswissenschaft beinahe 200 Mitarbeiter, darunter 23 jüdischer Herkunft, die unter entsagungsvollen Bedingungen das positivistische Fundament ihrer Disziplin legten.[47] Die Begabtesten zog es allerdings stets zurück an die Universität, wo Ruhm und Ehre ebenso wie bessere Verdienstmöglichkeiten lockten.

Für die Selbstrekrutierung der akademischen Körperschaft im Kaiserreich war die Habilitation vermutlich weniger wichtig, als sie es heute ist. Als Werk unterschied sich die Habilitationsschrift kaum von der Dissertation und geriet meist rasch in

Vergessenheit. Entscheidend für die Berufung war vielmehr jene umfangreiche Monographie, die man in Gelehrtenkreisen als „das Buch" verherrlichte, zumeist das Resultat entbehrungsreicher Privatdozentenjahre, das die Fruchtbarkeit des eigenen wissenschaftlichen Ansatzes untermauern sollte. Gleichwohl bot das Habilitationsverfahren den Fakultäten die Möglichkeit, missliebige Nachwuchswissenschaftler ihre Macht spüren zu lassen. So galt Ernst Cassirer in Marburg als unhabilitierbar, obwohl sein reiches philosophisches Œuvre allgemein auf Anerkennung stieß und seine denkerische Begabung außer Frage stand. Selbst in Berlin bedurfte es des Machtwortes des greisen Wilhelm Dilthey, um Cohens begabtestem Schüler die *Venia Legendi* zu verschaffen.[48]

Der Anteil des akademischen Antisemitismus an der Diskriminierung herausragender jüdischer Gelehrter ist allerdings nicht immer leicht zu bestimmen. Selbst nach eingehendem Studium der Universitätsakten liegen etwa die Hintergründe für die Marburger Vorbehalte gegenüber Cassirer weitgehend im Dunkeln. Hier wirkte jene „unsichtbare Schranke", welche die Exklusionsmuster der Beamtenschaft so effektiv machte.[49] Die Angehörigen des universitären Establishments hatten es nicht nötig, sich über ihre Vorurteile schriftlich und damit in gewisser Hinsicht auch justitiabel zu verständigen. Der ständische Charakter der akademischen Rekrutierungsmechanismen und ihre sozial homogenisierende Wirkung stand jedoch schon für die Zeitgenossen außer Frage. Es war ein offenes Geheimnis, dass man als Jude gewisse Hochschulen zu meiden hatte, zu denen etwa Münster, Würzburg, Tübingen und Rostock zählten. In der Familie Klemperer herrschte die bezeichnende Auffassung, in eine Fakultät werde man „kaum anders aufgenommen als in ein Offizierskorps".[50] Dies verwies zugleich auf die „plutokratischen Voraussetzungen" der Universitätslaufbahn in Deutschland, die Max Weber für einen systemimmanenten Missstand hielt.[51]

Das Hauptkennzeichen des deutschen Universitätswesens zwischen 1871 und 1918 lag in der Bedeutung der Privatdozentur. Ohne Anspruch auf finanzielle Vergütung ihrer Tätigkeit und mit ungewisser Aussicht auf eine Professur, trugen die Privatdozenten die Hauptlast des expandierenden Lehr- und Forschungsbetriebs.[52] Die wenigen erfolgreichen jüdischen Geisteswissenschaftler warteten zudem erheblich länger auf eine Festanstellung als ihre christlichen Kollegen. Da die Wartezeit beträchtliche finanzielle Mittel verschlang, entschloss man sich im jüdischen Bürgertum häufig zur Verwandtenehe, die eine Konzentration der erforderlichen finanziellen Mittel bedeutete. So arrangierte man im Hause Cassirer die Heirat des vielversprechenden Philosophen mit seiner erst siebzehnjährigen Cousine Toni Bondy – eine Ehe, die trotz des Altersunterschieds und der beruflichen Belastungen bemerkenswert glücklich gewesen zu sein scheint. Freilich zeigen Toni Cassirers Erinnerungen auch, in welchem Umfang sie ihre Bedürfnisse dem Gelehrtendasein ihres zehn Jahre älteren Mannes unterordnete.[53]

Die Hörergelder jüdischer Privatdozenten waren nicht mehr als ein „Zubrot", weil die Ordinarien ein Monopol auf die lukrativen Überblicksvorlesungen besaßen. Dies führte zu einem Verdrängungsprozess jüdischer Geisteswissenschaftler in „kreative Nischen", dem jedoch geringere Bedeutung als in den Naturwissenschaften zukam, deren intellektuelle Dynamik während des Kaiserreichs erheblich höher war.[54] Gleichwohl sollte das „intellektuelle Unruhepotential" jüdischer Geisteswissenschaftler nicht unterschätzt werden. So gehörte der Berliner Philosoph Max Dessoir zu den ersten und energischsten Förderern der Parapsychologie.[55] Georg Simmels soziologische Begriffsbildung und kühne Gedankenexperimente lassen sich ohne seine persönlichen Diskriminierungserlebnisse kaum verstehen. Und Theodor Lessings heftige Angriffe auf die Methodologie des Historismus erklären sich nicht nur aus seinen deprimierenden Erfahrungen im Ersten Weltkrieg, sondern auch aus seiner grundsätzlichen Ablehnung des universitären Mandarinentums.[56]

Das Zusammenspiel von familiären Erwartungen, wissenschaftlichen Leistungsanforderungen und akademischen Diskriminierungsmustern bedeutete für jüdische Gelehrte eine große menschliche Belastung. In jedem Fach kannte man Gestalten, die der nervlichen Anspannung nicht gewachsen waren. Während des gesamten Kaiserreichs lag über den „Monumenta Germaniae Historica" der Schatten Philipp Jaffés. Obwohl die Umstände seines Selbstmords im Jahre 1870 nicht vollständig aufgeklärt werden konnten, hielten es die meisten Zeitgenossen für erwiesen, dass kollegiale Missgunst den hoch begabten jüdischen Urkundenforscher in den Tod getrieben hatte.[57] Edmund Husserl, der sich nach der Promotion aus Karrieregründen zur Konversion entschlossen hatte, wurde immer wieder Opfer lang anhaltender Depressionen und dachte an Selbstmord. Noch 1905, als sein denkerischer Rang nach Veröffentlichung der „Logischen Untersuchungen" bereits gänzlich außer Frage stand, weigerte sich die Göttinger Philosophische Fakultät, ihn zum Ordinarius vorzuschlagen. In einer eigentümlichen Mischung aus Niedergeschlagenheit und verhaltenem Trotz schrieb Husserl daraufhin in sein Tagebuch: „Nun bitte ich den Himmel um Kraft, nicht zu erlahmen in meinem wissenschaftlichen Streben."[58] Glücklicherweise erhoffte sich das preußische Kultusministerium durch Husserl eine Förderung der naturwissenschaftlich orientierten Philosophie und setzte ein Jahr später seine Göttinger Ernennung durch. Auf seinen Dankesbrief notierte der verantwortliche Ministerialdirektor Friedrich Althoff nüchtern: „Aus Husserl kann noch etwas werden."[59]

Das Ausmaß des Taufdrucks, der auf jüdischen Wissenschaftlern lastete, lässt sich an der Selbstverständlichkeit ablesen, mit der arrivierte christliche Gelehrte ihre Ansprüche formulierten. Dies musste auch Harry Bresslau erfahren, dem Droysen nach dreijähriger Lehrertätigkeit am Frankfurter Philanthropin 1872 die Habilitation ermöglicht hatte. Obwohl ihm an der Berliner Universität auch Ranke gewogen war, kam Bresslau nicht über das 1877 verliehene Extraordinariat hinaus. Als der ehrgeizige Mediävist glaubte, sich bei Ranke über die anhaltenden Benachteiligungen in der Wissenschaftswelt beklagen zu können, erhielt er die verständnislose Antwort: „Aber Bresslau, so treten Sie doch über."[60] Dies kam für Bresslau allerdings nicht in Frage: Das Bekenntnis zum Judentum war für ihn eine Ehrensache, auch wenn er dem „Glauben der Väter" innerlich fremd gegenüberstand.

Andere jüdische Wissenschaftler nahmen das Problem der Konversion leichter. Dem jungen Victor Klemperer erschien es ganz plausibel, zum christlichen Glauben überzutreten, wenn dies die Aufnahme in die deutsche „Gelehrtenrepublik" förderte. Mit einer gewissen Nonchalance zitierte er das berühmte Wort Heinrichs IV. „*Paris vaut bien un messe*", das er als Ausdruck eines vernünftigen Pragmatismus interpretierte.[61] Freilich sollte man sich von der zur Schau gestellten Gelassenheit Klemperers nicht allzu sehr beeindrucken lassen. Im Unterschied zu seinen Brüdern, deren „Strebertum" er verachtete, ließ er 1906 seine Taufe annullieren. Erst als er die Universitätswelt besser kannte, hielt er es für definitiv erwiesen, dass ihm „das Deutschtum alles und das Judentum gar nichts (bedeutete)", und entschloss sich abermals zum Übertritt.[62]

Gelegentlich kam es zu regelrechten Traumkarrieren von getauften Juden. Michael Bernays, der Bruder des klassischen Philologen Jacob Bernays, entschied sich 1856, sieben Jahre nach dem Tod des Vaters, des sittenstrengen Rabbiners Chaham Bernays, für die Konversion, was die völlige Trennung von der Familie bedeutete. Kurz nach der Reichsgründung erhielt er an der Münchener Universität einen Lehrstuhl, dessen Wichtigkeit schon allein in dem Umstand lag, dass es sich um die erste literaturwissenschaftliche Professur Deutschlands handelte. In der Folgezeit entfaltete Michael Bernays eine reiche Kathedertätigkeit und verfasste Schriften zu Herder, Klopstock, Schlegel und Wieland. Zu seinem persönlichen Bekanntenkreis gehörten Ludwig II., der „Dichterfürst" Paul Heyse und Richard Wagner.[63] Der Philosoph Georg Misch, der schon früh zum christlichen Glauben übergetreten war, erhielt 1904 für seine „Geschichte der Autobiographie" den Preis der Berliner Akademie der Wissenschaften. Die stattliche Preissumme von 5000 Mark versetzte ihn in die Lage, seine literaturhistorischen Studien auch in Indien und China fortzusetzen. Als Schwiegersohn Wilhelm Diltheys konnte sich Misch der Gunst der deutschen Mandarine sicher sein. Ulrich von Wilamowitz-Moellendorf schrieb 1907 eine überschwängliche Besprechung seines ersten Hauptwerks, und 1917 fand Mischs Karriere mit dem Erwerb eines Göttinger Lehrstuhls einen standesgemäßen Abschluss.[64]

Für die meisten jüdischen Wissenschaftler war hingegen die sogenannte „Taufprämie" ein Ärgernis ersten Ranges. Bresslauers aufwendige Enquête, die der „Verband der deutschen Juden" in Auftrag gegeben hatte, sollte vor allem die unheilvollen Folgen des Konversionsdrucks nachweisen. In der Tat wurde es mit dem Übertritt zum Christentum spürbar leichter, eine Professur zu erhalten. Im Wintersemester 1909/10 waren zwar nur 37,6% der Privatdozenten und 37% der Extraordinarien jüdischer Herkunft getauft, aber 70% der Lehrstuhlinhaber.[65] Gleichwohl sollte die Tatsache nicht marginalisiert werden, dass die Berufungschancen für getaufte Juden immer noch schlechter waren als für Gelehrte aus einem christlichen Elternhaus. In den meisten Fakultäten registrierte man die Herkunft von Nachwuchswissenschaftlern genau und sperrte sich gegen zu viel „Fremdeinflüsse". Auch in den Kultusministerien schätzte man bei Berufungsangelegenheiten einen protestantischen Familienhintergrund mehr als alles andere.[66]

Das deutsche Judentum begegnete den Konvertiten mit unverhohlener Ablehnung. In Anbetracht des mühsamen Kampfes gegen staatliche Restriktionen und antisemitische Vorurteile betrachtete man ihr Verhalten als ehrlos und beschwor das Bild der „Fahnenflucht". Zu den entschiedensten Gegnern der Konversion zählte Hermann Cohen. In einem programmatischen Artikel für die „Allgemeine Zeitung des Judentums" vertrat er 1890 die Ansicht, dass nur das stolze Bekenntnis zum Judentum die Vorurteile der christlichen Umwelt zerstreuen könne.[67] Seine Ablehnung der Karriere getaufter Juden ging so weit, dass er von einem „Ring der Konvertiten" fest überzeugt war.[68] Dies war gewiss keine zutreffende Wiedergabe der universitären Wirklichkeit, doch zeigt die Aussage Cohens gerade mit ihren „verschwörungstheoretischen Implikationen", in welchem Ausmaß er das akademische Establishment als feindselig erlebte.

III.

Shulamit Volkovs Aussage, dass die Juden in den „deutschen Wissenschaftsbetrieb vollkommen integriert waren", lässt sich kaum aufrechterhalten.[69] Bereits die thematischen Schwerpunkte eines jüdischen Gelehrten entschieden in den Geisteswissenschaften über das Ausmaß seiner Akzeptanz. So waren die Vertreter der „Wissenschaft des Judentums" an keiner deutschen Universität professorabel. Dies führte schon früh zur Selbstorganisation jüdischer Forscher, deren vielleicht wichtigstes Ergebnis die 1872 eröffnete Berliner „Lehranstalt für die Wissenschaft des Judentums" war.[70] Zu den Zentralfiguren der Gründungsgeschichte gehörte Moritz Lazarus, der die Restriktionen der deutschen Bildungswelt am eigenen Leib erfahren hatte.

Der nach der gescheiterten Revolution von 1848/49 in die Emigration gezwungene Nationalökonom Bruno Hildebrandt hatte Lazarus 1859 einen Ruf nach Bern verschafft. Während seines Wirkens an der eidgenössischen Universität feierte der Völkerpsychologe bedeutende Erfolge.[71] Der Ordinarius für Philosophie galt als profunder Wissenschaftler, gewandter Organisator und glänzender Redner. 1864 bekleidete Lazarus sogar das prestigeträchtige Amt des Rektors. Dennoch zögerte er keinen Augenblick, als sich ihm 1866 die Möglichkeit zur Rückkehr nach Berlin bot. Zwei Jahre später trat er eine Stellung an der preußischen Kriegsakademie an, wo seine Vorlesungen abermals auf breite Resonanz stießen. Lazarus' prominentester Hörer war zugleich sein Förderer, der für seine liberalen Ansichten bekannte Kronprinz Friedrich Wilhelm. Als dieser jedoch zu seiner Schwiegermutter, Königin Victoria, nach England reiste, nutzte der „christlich germanische" General von Ollech die Gelegenheit und strich die Philosophie aus der Offiziersausbildung.[72] In der Folgezeit gehörte Lazarus zwar zu den Schlüsselfiguren des jüdischen Lebens in Berlin, ja Deutschland, für einen Lehrstuhl kam er jedoch nicht in Frage. Seine Erfolge als Honorarprofessor an der Friedrich-Wilhelms-Universität ließen sich allerdings nicht vollends übersehen, und

1896 erhielt er, bereits 70-jährig, den begehrten Titel eines Geheimen Regierungsrats verliehen.

Nur wenige jüdische Geisteswissenschaftler gelangten zur ersehnten Professur. In der Regel handelte es sich dabei nicht um einen Lehrstuhl, sondern um eine andere Form der Anstellung, mit der sich kaum Reputation verband. So erhielt Jacob Bernays, dem die Klassische Philologie die bis heute instruktivste Deutung der Aristotelischen Katharsis-Theorie verdankt, auf seine alten Tage den Titel „Professor". Bei Licht besehen handelte es sich jedoch lediglich um eine Oberbibliothekarsstelle an der Bonner Universität, die keinerlei wissenschaftspolitischen Einfluss versprach. Den übte sein Kollege Hermann Usener aus, dessen berühmtester Schüler, Friedrich Nietzsche, in seiner „Geburt der Tragödie aus dem Geist der Musik" an Gedanken Bernays anknüpfte.[73]

Nicht selten blieb die Kluft zwischen gelehrter Leistung und der Position im deutschen Wissenschaftsgefüge gewaltig. Felix Liebermann, der Bruder des berühmten Malers, zählte zu den besten Kennern der englischen Rechtsquellen. Er gab im Auftrag der Savigny-Gesellschaft die „Gesetzbücher der Angelsachsen" heraus und erwarb sich beträchtliche Reputation in der *scientific community*. Er wurde als Ehrenmitglied der Britischen Historischen Gesellschaft kooptiert und erhielt die Ehrendoktorwürde der Universitäten Oxford und Cambridge. Bei den „Monumenta Germaniae Historica" kam er hingegen über die Stellung eines „Gehilfen" nicht hinaus.[74] Wenig besser erging es dem angesehenen Berliner Literaturwissenschaftler Richard Moritz Meyer, der nicht nur 1895 eine preisgekrönte Goethebiographie veröffentlichte, sondern auch eine umfassende „Geschichte der deutschen Literatur im 19. Jahrhundert" verfasste, die 1923 die siebte Auflage erreichte. Er blieb als Titularprofessor an der FriedrichWilhelms-Universität eine randständige Gestalt und entschloss sich zur Taufe seiner Kinder, denen er ähnliche Erfahrungen ersparen wollte.[75] Der vielleicht berühmteste Fall ist Georg Simmel, dessen Vorlesungen in Berlin als öffentliche Ereignisse betrachtet wurden. Obwohl er die Unterstützung von tonangebenden Gelehrten wie

Max Weber und Heinrich Rickert genoss, war er noch nicht einmal im liberalen Baden professorabel. Erst 1914 erhielt der 56-jährige einen Ruf an die Straßburger Reichsuniversität, wo er vier Jahre später verstarb.[76]

Ausnahmefiguren wie Harry Bresslau oder Hermann Cohen dienten über Jahrzehnte zur Illustration der fragwürdigen Theorie von der gelungenen Integration jüdischer Geisteswissenschaftler, die nicht selten von einem harmonisierenden Bild „deutsch-jüdischer Kultursymbiose" begleitet war. Ein genaues Quellenstudium führt freilich zu einer anderen Deutung ihrer Lebenserfahrungen. Bresslau blieb ungeachtet seiner imponierenden wissenschaftlichen Leistungen in mancher Hinsicht ein Außenseiter der Historikerzunft. Zwar galt sein 1889 erstmals erschienenes „Handbuch der Urkundenlehre" rasch als Standardwerk der Diplomatik, doch ein Berliner Ordinariat verschaffte es ihm nicht. Stattdessen wirkte er an der Straßburger Hochschule, wohin es so manchen hoch begabten jüdischen Wissenschaftler verschlug.[77]

Bresslau wurde an der Reichsuniversität sichtlich geschätzt, amtierte 1904 als Rektor und wurde zwei Jahre später zum Vorsitzenden der „Straßburger Wissenschaftlichen Gesellschaft" gewählt.[78] Die Geschicke seines Faches konnte er jedoch nicht nachhaltig beeinflussen. Das Zeitalter der beginnenden wissenschaftlichen Großforschung bedeutete zugleich einen institutionellen Zentralisierungsprozess, der dazu führte, dass beinahe alle relevanten Fragen in Berlin entschieden wurden. Dies traf für Natur- und Geisteswissenschaften gleichermaßen zu. Von Wilhelm Dilthey über Adolf Harnack bis Theodor Mommsen lehrten an der FriedrichWilhelms-Universität die renommiertesten Gestalten des deutschen Wissenschaftssystems, die zugleich seine einflussreichsten Funktionäre waren.[79] Ein Ruf nach Berlin galt als Karrierehöhepunkt und wurde nur in seltenen Fällen ausgeschlagen. Für jüdische Gelehrte war eine derartige Position so gut wie unerreichbar: In der Regel standen sie vor der Wahl zwischen einer Außenseiterstellung in Berlin oder der Etablierung in der Provinz.

Selbst Hermann Cohen, der einzige jüdische Ordinarius für Philosophie und wortmächtige Intellektuelle, konnte die Organisation seines Fachs nicht nennenswert prägen. Beispielsweise wurde das Prestigeprojekt der „Königlich Preußischen Akademie der Wissenschaften", die umfassende Edition der Werke, Briefe und Vorlesungen Kants sowie des handschriftlichen Nachlasses, von Dilthey organisiert. Bei Personalentscheidungen galt er als wichtigster Vertrauter Althoffs, der der preußischen Kultuspolitik zwischen 1882 und 1907 seinen Stempel aufdrückte. Für die Philosophie bevorzugte der Ministerialdirektor schneidige junge Männer, die im Ausland den Gedankenreichtum des deutschen Idealismus priesen, aber keine weltabgewandten Grübler oder politisierenden Staatskritiker.[80] Die liberalen Werte der „Ära Falk", denen sich viele jüdische Geisteswissenschaftler verpflichtet fühlten, gehörten weitgehend der Vergangenheit an. So passte Cohens Rekurs auf den ethischen Universalismus der Aufklärung schwerlich in ein technikgläubiges und militarisiertes Zeitalter, das die Wissenschaft nach ihrem nationalen Nutzen taxierte.[81] Dennoch war der Neukantianer politisch alles andere als passiv oder gar desinteressiert. Dem Linksliberalismus nahe stehend, verfasste er eine Vielzahl engagierter Artikel, die von der Ablehnung des preußischen Dreiklassenwahlrechts bis zur Abschaffung der Todesstrafe reichten.[82] In welchem Ausmaß jüdische Gelehrte sich politisch zu äußern bereit waren, hatte 1879/80 bereits der „Berliner Antisemitismusstreit" gezeigt.

Heinrich von Treitschkes Kritik an der – von ihm maßlos übertriebenen – Einwanderung osteuropäischer Juden, die mit einem generellen Angriff auf die Resultate des Emanzipationszeitalters verbunden war, provozierte reichsweit heftige Diskussionen. Besonders energisch trat Harry Bresslau in der öffentlichen Debatte auf. Er monierte nicht nur die inhaltlichen Fehler, sondern auch die ideologischen Hintergedanken des wortgewaltigen Publizisten, den er als Historiker lange bewundert hatte. Bresslau konstatierte nüchtern, dass die Juden als „Sündenböcke" für ungeliebte politische Entwicklungen dienen mussten.[83] Zugleich betonte er, dass Treitschkes auf innere

Homogenisierung zielender Nationsbegriff die Wahrung jüdischer Eigenart ausschloss. Überdies wies er auf den projektiven Charakter der zeitgenössischen Judenbilder hin und gab den Rat, „den Begriff Jude aus den Merkmalen zusammenzusetzen, welche diese Mittelklasse aufweist, ohne sich durch jene Ausnahmen nach oben und nach unten beeinflussen zu lassen".[84] Bezeichnenderweise zog Bresslaus Erklärung eine Vielzahl antisemitischer Invektiven auf sich, die es als unbillig ansahen, dass er Treitschkes volltönende Rhetorik einer ideologiekritischen Analyse unterzogen hatte.

Das Engagement für jüdische Belange besaß für Bresslau jedoch nicht Priorität. Zwar wirkte er an der Erforschung der jüdischen Geschichte in Deutschland maßgeblich mit, doch störte ihn der „dilettantische Zug" dieses Unternehmens, das sich seines Erachtens allzu oft in lokal- und regionalgeschichtlichen Quisquilien verlor. Als langjähriger Mitarbeiter bei den „Monumenta Germaniae Historica" vermisste Bresslau überdies die sorgfältige Anwendung wissenschaftlicher Quellenkritik. Heinrich Graetz elfbändige „Geschichte der Juden" beurteilte er als voreilige und deshalb missglückte Universalhistorie. Im Gegenzug nannte ihn Graetz einen „teutomanischen Juden".[85] Die Standpunkte waren nicht vermittelbar, und gegen Ende seines Lebens bereute es Bresslau, dass er einst so große Hoffnungen in eine eigenständige jüdische Geschichtswissenschaft gesetzt hatte. Seine drei Kinder ließ er taufen, um ihnen die Integration in die deutsche Gesellschaft zu erleichtern.

Das Leben Hermann Cohens nahm die entgegengesetzte Entwicklung. Sein Versuch, im „Berliner Antisemitismusstreit" zu vermitteln, hatte ihn noch zwischen die streitenden Fronten gebracht und zu seiner temporären Isolation im liberalen Judentum geführt. Insbesondere hatte sich sein ehemaliger Lehrer Heymann Steinthal von ihm abgewandt, der ihm mangelnde Solidarität mit dem jüdischen Volk vorwarf.[86] Unter dem Eindruck des erstarkenden Antisemitismus radikalisierte sich jedoch Cohens politisches Weltbild, der alsbald zu den energischsten Verteidigern jüdischer Rechte gehörte. Vor Gericht stritt er etwa 1888 mit Paul de Lagarde um den ethischen

Gehalt des Talmuds und kritisierte scharf die antisemitischen Ausführungen des Göttinger Orientalisten.[87] An der Marburger Hochschule hatte freilich der Einsatz für jüdische Werte die weitgehende Isolation Cohens zur Folge. Der Neukantianer wurde weder zum Dekan der Philosophischen Fakultät noch zum Rektor gewählt, obwohl sein wissenschaftliches Prestige dies nahe gelegt hätte. Das Ausmaß seiner universitären Isolation lässt sich aus der Tatsache ersehen, dass für gewöhnlich seine Kollegen den Raum verließen, wenn er das Professorenzimmer betrat.[88]

Weder Bresslau noch Cohen waren zeit ihres Lebens vollständig in die deutsche Wissenschaftswelt integriert. Betrachtet man sie als „etablierte Außenseiter", so muss der Akzent wohl auf dem zweiten Wort liegen, insbesondere wenn man in Rechnung stellt, wie gering ihre fachinternen Einflussmöglichkeiten letztlich blieben. Ihr Alltag war so sehr mit Arbeit angefüllt, dass Fragen des bürgerlichen Lebensstils nur eine nachgeordnete Bedeutung zukam. Gewiss, vor allem Bresslau erfüllte die Anforderungen, welche die deutsche Gelehrtenwelt an ihre Siegelbewahrer stellte. Er nannte eine repräsentative Bibliothek sein Eigen, besuchte regelmäßig die Oper und pries den Wert von Bildungsreisen. Selbstverständlich erhielten seine Kinder eine standesgemäße Erziehung, und besonders freute es ihn, dass seine Tochter Helene mit dem Privatdozenten für Evangelische Theologie, Albert Schweitzer, eine „gute Partie" gemacht hatte. Allein, neben seinem wissenschaftlichen Ethos erscheint all dies nebensächlich. Es ist wohl kein Zufall, dass in der stilisierten Selbstdarstellung des 78-jährigen Gelehrten die Schlusszeilen am persönlichsten wirken, in denen er seiner Hoffnung Ausdruck verleiht, „neben dem fünften Diplomataband noch meine Urkundenlehre zum Abschluß zu bringen".[89]

Auch Hermann Cohen lebte primär für seine wissenschaftliche Arbeit und empfand es als tiefe Kränkung, dass er seinem begabtesten Schüler Ernst Cassirer keine Professur verschaffen konnte. Beide litten nicht nur unter ihrer Herkunft, sondern auch unter ihrem politischen Engagement. In der mehrheitlich national-konservativ gesinnten Hochschullehrerschaft galt das

Plädoyer für aufklärerische Werte und eine „Ethisierung des Klassenkampfs“[90] als politisch unzuverlässig, ja staatsgefährdend. Im Unterschied zu vielen anderen Professoren hat Cohen das Marburger Kulturleben kaum geprägt: Seine Vorträge fanden nur selten im städtischen Rahmen statt, und seine Bemühungen um eine Verbesserung des Konzertbetriebs blieben Episode.

Hingegen setzte sich Cohen mit großem Engagement für die Belange der jüdischen Gemeinde ein. Obwohl selbst dem Reformjudentum zugewandt, begrüßte er eine rituelle Lebensweise seiner Studenten. Er wirkte im Marburger Zweigverein zur Abwehr des Antisemitismus, engagierte sich für eine Intensivierung der jüdischen Lehrlingsausbildung und gehörte zu den angesehensten Gemeindemitgliedern. In welchem Ausmaß sich Cohen dem Judentum verpflichtet fühlte, belegt das erst kürzlich gefundene Testament des Philosophen. Der nicht unvermögende Professor spendete beinahe all sein Geld für jüdische Einrichtungen. Lediglich ein Stipendium, das den Namen seines Amtsvorgängers Friedrich Albert Lange tragen sollte, wies in eine andere Einrichtung. Es galt der Förderung der systematischen Philosophie und erinnerte damit an jene liberale Ära preußischer Berufungspolitik, der Cohen sein universitäres Amt und die Möglichkeit zu öffentlicher Wirksamkeit verdankte.[91]

IV.

Nicht nur im Hause Warburg oder Cassirer existierte jener „Bildungshunger“, ohne den sich die deutsch-jüdische Kultur des Kaiserreichs nicht charakterisieren lässt. Die erfolgreichen jüdischen Geisteswissenschaftler stammten keineswegs nur aus Bankierskreisen oder begüterten Kaufmannsfamilien. Vielmehr war der Bedeutungsüberschuss von Bildung auch im Kleinbürgertum so hoch, dass viele Familien ihre finanziellen Ressourcen auf den begabtesten Sohn konzentrierten, dem man den Besuch von Gymnasium und Universität ermöglichte. Generell ist in Rechnung zu stellen, dass die im Reichsgründungsjahrzehnt berufenen Gelehrten bereits in der Formierungsphase des jüdischen Bürgertums nach 1848 sozialisiert wurden. Hier liegt eine zentrale Ursache für den liberalen Grundzug ihres Weltbilds, die in der Forschung bislang kaum berücksichtigt wurde.

Zu den signifikanten Merkmalen der behandelten jüdischen Gelehrten gehört ihr ausgeprägtes wissenschaftliches Ethos. Schon im Elternhaus wurden jene charakterlichen Dispositionen und intellektuellen Überzeugungen gefördert, die sie zu den idealen Paladinen des deutschen Universitätssystems werden ließen. Am Ideal voraussetzungsloser Wissenschaft zu zweifeln, kam den herausragenden jüdischen Forschern nicht in den Sinn. Gerade im Rekurs auf die unbedingte Allgemeingültigkeit wissenschaftlicher Aussagen fühlten sie sich ihren protestantischen Kollegen verbunden. Tatsächlich bestätigten sie mit ihrem aufklärerischen Wissenschaftsverständnis in einer zunehmend nationalistischen Welt ihre Außenseiterrolle, wodurch es zu dem von Michael A. Meyer bemerkten Paradoxon kam, dass sie „in der Hingabe an den Universalismus…ihre Besonderheit bewahrten".[92]

Jüdische Geisteswissenschaftler orientierten sich am geltenden Bildungskanon und bevorzugten „klassische Themen". Erinnert sei nur an ihre herausragende Rolle in der Goethe-Forschung oder in der Geschichte des Neukantianismus. Freilich verlor ihr Wissenschaftsverständnis in einer Ära rascher Spezialisierung sukzessiv an Bedeutung. Damit nahmen sie Teil an jenem umfassenden Prozess, dem sich auch die protestantische Hochschullehrerschaft nicht entziehen konnte. Das humboldtsche Universitätsideal, zu dessen Konstitutionsmerkmalen der Glaube an die Orientierungsfunktion von Bildung gehörte, ließ sich mit der rasanten Wissensakkumulation eines spezialisierten Forschungsbetriebs immer schwieriger in Einklang bringen.[93] Allerdings sollte man das Ausmaß, in dem jüdische Gelehrte die Werte des universitären Mandarinentums vertraten, nicht überbetonen. Ihre Marginalisierung führte auch in den Geisteswissenschaften zu einem Verdrängungsprozess in „kreative Nischen", dem etwa entscheidende Bedeutung für die Frühgeschichte der universitären Soziologie und Psychologie zukommt. Gewiss sind ganz unterschiedliche Reaktionen auf die Zugehörigkeit zu einer Randgruppe möglich, und es wäre naiv, Gestalten wie Sigmund Freud oder Georg Simmel vorbehaltlos für „repräsentativ" zu erklären.[94] Doch gehört auch der Blick auf die Außenseiter zu einer Gesamtbeurteilung der Universitätswelt vor 1914, die durch scharfe Exklusionsmuster charakterisiert wurde und gerade die begabtesten jüdischen Wissenschaftler alles andere als gerecht behandelte. Im Herzen des preußischen Hochschulsystems, an der Friedrich-Wilhelms-Universität in Berlin, blieb ihr Einfluss marginal. Und selbst Professoren vom Rang Harry Bresslaus oder Hermann Cohens müssen rückblickend wohl als Gelehrte gelten, die ihren Außenseiterstatus nie vollständig abzulegen vermochten.

Gleichwohl bejahten die meisten jüdischen Geisteswissenschaftler den bürgerlichen Wertekosmos, ohne dass dies notwendigerweise auf eine bürgerliche Herkunft verweist. In vielen Fällen haben wir es mit „Aufsteigergeschichten" zu tun, die erst in der versöhnenden Perspektive der Erinnerung innere Stimmigkeit und milden Glanz erhalten.[95] Ein dezidiert quellenkritischer Zugriff belegt allerdings nicht nur, wie verschlungen und mühsam die meisten Lebensläufe waren, er verdeutlicht auch, welche institutionellen Rahmenbedingungen und soziologischen Mechanismen das jüdische Bildungsstreben begünstigten. Das Zusammenspiel von individueller Ermutigung und kollektiver Diskriminierung scheint den Leistungswillen von Juden in Schule und Universität besonders gefördert zu haben. Der strenge bürgerlich-wissenschaftliche Ehrenkodex ließ es jedoch kaum zu, dass jüdische Gelehrte öffentlich über erlittene Benachteiligungen und Kränkungen berichteten. Gerade deshalb bedarf es intensivierter Quellensuche und vermehrter hermeneutischer Anstrengungen, wenn man ein schattierungsreiches und realistisches Bild vom Selbstverständnis jüdischer Geisteswissenschaftler gewinnen will. Der Preis, den sie für ihren Erfolg zu entrichten hatten, lässt sich beim gegenwärtigen Kenntnisstand nur erahnen.

Fanatismus in gelehrtem Gewand

Der Talmud vor Gericht.
Die ideengeschichtliche Bedeutung des Marburger Antisemitismusprozesses

Marburg ist ein idyllischer Ort, der eine große theologische und philosophische Tradition besitzt. Neben herausragenden Gelehrten wie Christian Wolff und Martin Heidegger, Rudolf Bultmann und Rudolf Otto dürfte vor allem die Marburger Schule des Neukantianismus international bekannt sein. Ihr wichtigster Repräsentant, der jüdische Philosoph Hermann Cohen, lockte um die Jahrhundertwende Studenten aus vielen europäischen Ländern in die Lahnstadt. Unter ihnen befanden sich nachmals so berühmte Intellektuelle wie Nicolai Hartmann, José Ortega y Gasset oder Boris Pasternak. Vollkommen zu Recht nannte der renommierte Historiker Thomas Nipperdey das Marburg des Fin de Siècle ein „Mekka kontinentaler Philosophie“.[1]

Politisch orientierte sich der Marburger Neukantianismus an linksliberalen Werten. Zu seinen vorrangigen politischen Zielen zählte die Abschaffung der Todesstrafe und die Reform des ungerechten preußischen Dreiklassenwahlrechts.[2] Cohen vertrat einen „ethischen Sozialismus“, der die Rechtsgleichheit der Bürger als unveräußerliches Gut betrachtete. Als Antwort auf die drängenden Probleme der Sozialen Frage wies er darauf hin, dass der Mensch niemals nur als Mittel angesehen werden dürfe, sondern stets als Zweck an sich selbst zu betrachten sei. Gerade diese strenge Lesart des Kategorischen Imperativs war es, die von Kurt Eisner bis Ernst Reuter viele junge Idealisten für Cohens politische Philosophie begeisterte.[3]

Gleichzeitig besaß Marburg unrühmliche Bekanntheit als Zentrum des oberhessischen Antisemitismus. Hier gewann diese Ideologie politische Breitenwirksamkeit, hier wurde mit Otto Böckel der erste antisemitische Politiker in den Reichstag gewählt. Der Agitator verband judenfeindliche und nationalistische Rhetorik in neuartiger Weise miteinander und bediente geschickt den entstehenden politischen Massenmarkt. In den Wahlkampf des Jahres 1887 zogen die Antisemiten mit einem Slogan, der sich bis heute auf der nationalistischen Rechten großer Beliebtheit erfreut: „Deutschland den Deutschen". Ihre wichtigste Zielgruppe bestand in der nordhessischen Landbevölkerung, die unter einer schweren Agrarkrise litt. Dabei vertraute Böckel auf seine Rednergabe sowie die Wirkung von Flugblättern und Plakaten, während seine Gefolgsleute immer häufiger Gewalt als Mittel der politischen Auseinandersetzung einsetzten.[4]

1888 trafen beide Welten, das liberale und das antisemitische Marburg, bei einem vielbeachteten Prozess aufeinander. Verhandelt wurden die Äußerungen des Lehrers Ferdinand Fenner, der zu Böckels leidenschaftlichen Parteigängern zählte. Auf einer Wahlkampfveranstaltung der Antisemiten hatte er nachdrücklich die ethische Substanz des Talmuds bestritten.[5] Dies war keine Quisquilie, stand damit doch die Dignität einer zentralen jüdischen Religionsquelle zur Debatte. Implizit ging es um die Frage, in welchem Ausmaß der Staat das Judentum als religiöse Minderheit zu verteidigen bereit war. Dementsprechend groß war das öffentliche Interesse an dem Prozess, das sich in einer regen Presseberichterstattung niederschlug.

Beide Seiten konnten herausragende Gelehrte zur Beurteilung des Talmuds gewinnen. Für die Antisemiten votierte der Göttinger Orientalist Paul de Lagarde, während der Marburger Philosoph Hermann Cohen die Sache des Judentums verfocht. Dies ist schon insofern bemerkenswert, als damit zwei prominente Intellektuelle des Bismarck-Reichs in unmittelbarem Disput aufeinander trafen. Ihre ausführlichen Gutachten beschäftigen sich mit der Frage, ob der Talmud eine universalistische oder eine exklusive Ethik vertrete. Stellt man in Rechnung, welche Bedeutung dieses Problem für die Geschichte der modernen Judenfeindschaft hat, scheint es durchaus angebracht, den „Marburger Antisemitismusprozeß" erneut ins Bewusstsein zu rücken.[6]

Ich gehe in folgender Weise vor. Zuerst wird die Situation in Nordhessen Ende der 1880er Jahre skizziert, um einen Eindruck von der Vehemenz des Böckelschen Antisemitismus zu vermitteln (I). Alsdann schildere ich die Protagonisten des

Konflikts, deren Gutachten dem Gerichtsverfahren seine ideengeschichtliche Bedeutung geben (II). Der dritte Teil ist dem eigentlichen Prozess gewidmet und analysiert die Stellungnahmen Cohens und Lagardes über den Talmud (III). Das bilanzierende Fazit bemüht sich um eine Einordnung des Geschehens in die Geschichte des politischen Antisemitismus (IV).

I. Die Böckel-Bewegung

Seit der Reichsgründung gewann der Antisemitismus in Deutschland rasch an Bedeutung. Dies galt insbesondere für Berlin, wo die Folgen des „Gründerkrachs" 1873 besonders drastisch waren und zahlreiche Aktiengesellschaften und Banken bankrott gingen. Indem die Antisemiten auf die angebliche jüdische Affinität zu Börsengeschäften verwiesen, bedienten sie erfolgreich das Verlangen nach einem „Sündenbock". Wenig später wurde die Einwanderung osteuropäischer Juden, die von nationalistischen Kreisen als Ausdruck „jüdischer Überfremdung" bekämpft wurde, zum Politikum. Zudem stieg die Popularität des Antisemitismus in jenen ländlichen Regionen, die eine Anpassungskrise an den Weltmarkt durchmachten und unter dem Preisdruck amerikanischer Importe litten.[7] Im notorisch armen Nordhessen stieß die Botschaft der Antisemiten, die den „jüdischen Zwischenhandel" für die Krisenphänomene verantwortlich machten, auf offene Ohren. Ihre politische Leitfigur war der Marburger Bibliothekar Otto Böckel, der nach gescheiterter akademischer Karriere in der Politik ein neues Betätigungsfeld gefunden hatte und sich gern als „Rächer der Enterbten" präsentierte.

Böckel baute bei seinem ersten Reichstagswahlkampf 1887 nicht allein auf die Schlagkraft judenfeindlicher Topoi, um die verarmte nordhessische Landbevölkerung zu gewinnen, er führte auch einen neuen Stil der politischen Auseinandersetzung in die bis dahin eher verschlafene Region ein. Weil die konservative „Oberhessische Zeitung" ihm keine Möglichkeit zu annoncieren gewährte, gründete er einen Monat vor dem

Wahltermin ein eigenes Kampfblatt, den „Reichsherold“, den er zu einem äußerst niedrigen Preis verteilen ließ.[8] Auf volkstümlich organisierten Wahlkampfveranstaltungen glänzte der rhetorisch begabte Antisemit als Vortragsredner. Schon bald umgab den gerade einmal 27jährigen, der sich als „hessischer Bauernkönig“ stilisierte, die Aura großer Volksnähe.[9]

An der Philipps-Universität zählten zahlreiche Studenten zu Böckels Anhängern, die sich von dem Agitator eine einfache Lösung der drängenden Gegenwartsfragen erhofften. Sie klebten Plakate und verbreiteten auch in abgelegenen Ortschaften Böckels Programm. Sein ressentimentgeladenes Pamphlet „Die Juden, die Könige unserer Zeit“ wurde zu einem ungewöhnlichen Bestseller, dessen Inhalt überall in Oberhessen bekannt war.[10] Hierin argumentierte Böckel bereits konsequent rassistisch und stellte in Abrede, dass der „Judenfrage“ die geringste religiöse Dimension eigen sei.[11] Zugleich behauptete er mit Hilfe abenteuerlicher Zahlenspielereien, die Integration der Juden führe zwangsläufig zum Untergang des deutschen Volkes.

Als Pseudonym wählte Böckel zumeist mit „Dr. Capistrano“ einen engstirnigen Franziskanermönch, der in den Hussitenkriegen „als Judenverfolger in Schlesien gewütet“ und allein in Breslau vierzig Juden dem Scheiterhaufen überantwortet hatte.[12] Gleichzeitig trat er als Agrarreformer auf, der mit zinsfreien Krediten und „judenfreien Viehmärkten“ die Notlage der verarmten Landbevölkerung beseitigen könne. Seine wichtigsten Gegner verortete Böckel auf der politischen Rechten. So schrieb er am 29. November 1886 seinem antisemitischen Mitstreiter Johann Karl Kreiß:

> „Die Konservativen als Partei stehen uns feindselig gegenüber [...] mit der ganzen konservativen Gesellschaft kein Erbarmen. Diese Rotte hasse ich mehr als alle Juden und Sozialdemokraten zusammen“.[13]

Äußerungen wie diese charakterisieren jedoch weniger Böckels Weltbild im ganzen, als dass sie zeigen, wen er politisch beerben wollte.

Antisemitismus war der Kern von Böckels Botschaft, und in der Rücknahme der Emanzipationsgesetze lag sein wichtigstes Ziel. Er denunzierte Frankfurt konsequent als „Neu-Jerusalem" und betrachtete den unheilvollen Einfluss der Juden als zentrale Ursache für die bäuerliche Armut. Zugleich lässt sich eine krude Mischung antisemitischer und antikapitalistischer Motive feststellen, wobei das verbindende Element im Kampf gegen den „jüdischen Wucher" gelegen haben dürfte.[14] Böckels Rassebegriff blieb inhaltlich eigentümlich unscharf, konnte aber gerade deshalb eine argumentative Doppelfunktion erfüllen. Er diente zum einen als Passepartout für die gesellschaftlichen und wirtschaftlichen Probleme der Zeit sowie zum anderen als Angriffswaffe gegen den Liberalismus mit seiner „Überschätzung von Humanität und Bildung".

Das politische Establishment hatte der Agitation Böckels, die von Berliner Antisemitenzirkeln finanziell unterstützt wurde, wenig entgegenzusetzen. Bei einer von 49% auf 75% signifikant gestiegenen Wahlbeteiligung siegte Böckel im Februar 1887 im Landkreis Marburg überlegen. Gegen ein Bündnis von Nationalliberalen, Freikonservativen und Konservativen erreichte er nicht weniger als 56,6% der Stimmen und damit das erstrebte Reichstagsmandat.[15] Die aufgeladene Atmosphäre hatte sich während des Wahlkampfs in Gewaltaktionen entladen, die zu einer Vielzahl von Gerichtsverfahren führten. Das größte öffentliche Interesse erregte der Antisemitismusprozess vor dem Marburger Königlichen Landgericht im Jahre 1888.

Verhandelt wurde die Angelegenheit des Volksschullehrers Ferdinand Fenner, der durch antisemitische Aufhetzung seiner Schüler bereits einschlägig bekannt war. Konkret wurde ihm zur Last gelegt, er habe im Dezember 1886 bei einer Wahlkampfveranstaltung der Böckelbewegung die jüdische Religion herabgesetzt. Insbesondere ging es um Fenners Äußerung, der Talmud fordere die Juden zum Betrug an den Christen auf. Hiergegen beschwerte sich der Marburger Rabbiner Leo Munk, der zu den erklärten Gegnern Böckels gehörte, bei der städtischen Schuldeputation. Der Orthodoxie zugehörig und verantwortlich für die oberhessische Region, sah er eine seiner zentralen Aufgaben in der Bekämpfung der antisemitischen Propaganda.[16]

Die im weiteren Verlauf eingeschaltete Staatsanwaltschaft ging der Sache nach und erhob Anklage gegen Fenner wegen Beschimpfung einer staatlich anerkannten Religionsgemeinschaft. Das Marburger Landgericht entschied sich für die Bestellung wissenschaftlicher Gutachter, damit Staatsanwaltschaft und Verteidigung ihre Position untermauern könnten. Da Munk wegen Befangenheit abgelehnt wurde, benannte die Anklagevertretung den Philosophen Hermann Cohen als Sachverständigen. Seitens der Böckel-Fraktion entschied man sich für den Göttinger Orientalisten und notorischen Judenfeind Paul de Lagarde, dessen Nominierung das Gericht nicht beanstandete. Für die öffentliche Verhandlung wurde der 25. April 1888 anberaumt. Wer waren die beiden Gutachter, die vor Gericht für den Antisemitismus bzw. für die Werte des Judentums Partei ergriffen?

II. Die Gutachter

Der 1827 in Berlin in einem pietistischen Elternhaus geborene Paul Anton Bötticher hatte eine schwere Kindheit.[17] Die Mutter starb kurz nach der Geburt, der gefühlskalte Vater behandelte den Sohn mit feindseliger Strenge. Schon früh trat dessen ungewöhnliche Sprachbegabung zutage, die ihm ein Reisestipendium nach London eintrug und in die Nähe einer Professur führte. Dennoch eröffnete sich für den einzelgängerischen Gelehrten die ersehnte akademische Karriere zunächst nicht. Zwölf lange Jahre verdiente er sein Geld als preußischer Gymnasiallehrer und arbeitete in der karg bemessenen freien Zeit an seinen zahlreichen wissenschaftlichen Projekten. Bezeichnenderweise hatte er mittlerweile nach einer Großtante den Namen „de Lagarde“ angenommen, womit sich die öffentliche Distanzierung vom ungeliebten Vater verband.

Aufgrund direkter Förderung durch den preußischen König erhielt Lagarde 1866 ein dreijähriges Forschungsstipendium und 1869 den prestigeträchtigen Lehrstuhl für orientalische Sprachen in Göttingen. Der streitbare Essayist zählte alsbald zu den schärfsten Kulturkritikern der Bismarck-Zeit. Lagarde wurde vom jungen Nietzsche wegen seiner Ablehnung des Christentums bewundert und von der protestantischen Kirche erbittert bekämpft.[18] Gleichzeitig genoss der Schüler von Jacob Grimm und Friedrich Rückert als Philologe internationale Reputation. Er publizierte in nicht weniger als zwölf Sprachen, und selbst zahlreiche Gegner zollten seiner Gelehrsamkeit Respekt.

Einen großen Bekanntheitsgrad erwarb sich Lagarde durch seine 1878 erstmals erschienenen „Deutschen Schriften“, mit denen er eine „nationale Religion“ als Antwort auf die Sinnkrise der Gegenwart forderte.[19] Er artikulierte ein weitverbreitetes Unbehagen an der Moderne, bekämpfte Industrialisierung, Urbanisierung und Bürokratie, und forderte die rigorose Trennung von Kirche und Staat. Zugleich propagierte Lagarde die Bekämpfung des Liberalismus, den er für die Glaubensferne der Zeitgenossen und die Auswüchse des Kapitalismus verantwortlich machte. Die „Deutschen Schriften“ wirkten nachhaltig auf die im Entstehen befindliche völkische Bewegung.[20] Antisemiten wie Wilhelm Foerster oder Theodor Fritsch lasen Lagarde mit Begeisterung, und der junge Julius Langbehn pilgerte nach Göttingen, um sich in seinem Weltbild bestätigen zu lassen.

Lagardes Kernvorwurf an das Judentum lautete, es sei zutiefst unmoralisch, weil es sich nicht entschieden habe, ob es eine Rasse oder eine Religion sei. In diesem Sinne schrieb er am 8. März 1884 an den katholischen Antisemiten August Rohling:

> „Die Perser nennen den Strauß wie die Griechen Sperlingskamel, und versichern, wenn man das Thier auffordere zu fliegen, sage es Ich bin ein Kamel, wenn zu laufen, berufe es sich auf seine Vogelschaft. Aehnlich ist es mit den Juden. Sie sind Rasse oder Religionsgemeinschaft wie es Ihnen stimmt mit dem was sie vorhaben“.[21]

So freundlich dieses Gleichnis daherkommt, ist es doch von unnachgiebiger Härte. Denn es verurteilte die Mehrdimensionalität jüdischer Existenz als unmoralisch und forderte als Preis der Integration in den Nationalstaat die vollständige Aufgabe kollektiver Identität.

Lagarde verschmolz auf aggressive Art nationalistische und judenfeindliche Ideologeme zu einer neuen Weltanschauung. Sie wird durch einen Reinheitsfuror charakterisiert, der auf jede Gefährdung nationaler Homogenität mit Vernichtungsvorstellungen reagiert. In diesem Kontext ist Lagardes Sprache von kaum zu überbietender Brutalität:

> „Jeder fremde Körper in einem lebendigen andern erzeugt Unbehagen, Krankheit, oft sogar Eiterung und den Tod. Dabei kann der fremde Körper ein Edelstein sein: die Wirkung wäre dieselbe, wie wenn es ein Stück faulendes Holz wäre. Die Juden sind als Juden in jedem europäischen Staate Fremde, und als Fremde nichts anderes als Träger der Verwesung."[22]

Es dürfte schwerlich zufällig sein, dass Lagarde zum Gewährsmann völkischer Antisemiten wurde. Denn er bot ihnen vielfältige Anknüpfungsmöglichkeiten an die vornehme Gedankenwelt des deutschen Idealismus und rechtfertigte zugleich die schroffe Ausgrenzung alles „Fremden".

Hermann Cohen, Lagardes Widerpart vor dem Marburger Landgericht, besaß als einziger jüdischer Ordinarius für Philosophie im Deutschen Kaiserreich ein beträchtliches Ansehen.[23] Der Meisterdenker stammte aus einem ebenso unscheinbaren wie gelehrten Haus. Am 4. Juli 1842 wurde er im anhaltinischen Coswig als Sohn des dortigen Kantors Gerson Cohen und seiner Frau Friederike geboren. Die Mutter sorgte mit einem kleinen Hutgeschäft für das finanzielle Auskommen der Familie, der Vater, ein umfassend gebildeter und mit der religiösen Tradition vertrauter Mann, wies ihn schon mit drei Jahren in die Anfangsgründe des Hebräischen ein.[24] Trotz aller finanziellen Sorgen stand nie in Zweifel, dass der junge Hermann Cohen eine gediegene Ausbildung erhalten solle. Im nahen Dessau besuchte er das Gymnasium und wechselte im Alter von nur 16 Jahren auf die vor kurzem ins Leben gerufene Jüdisch-Theologische Hochschule in Breslau. Der Wissensdurst des angehenden Gelehrten wurde durch die vornehmlich religiöse Ausbildung am Rabbinerseminar jedoch noch nicht gestillt.

Cohens Leidenschaft galt der Philosophie, die den Mittelpunkt seiner Studien an den Universitäten Breslau und Berlin bildete. 1865 reichte er in Halle seine Doktorarbeit ein, die sich – noch in lateinischer Sprache abgefaßt – mit dem Verhältnis von Zufall und Notwendigkeit auseinandersetzte.[25] In den folgenden Jahren bewegte sich Cohen im Umfeld von Moritz Lazarus und Heymann Steinthal, deren „Zeitschrift für Völkerpsychologie“ dem jungen Gelehrten wichtige Beiträge verdankte. Während die Tätigkeit als Hauslehrer für ein karges Auskommen sorgte, vertiefte Cohen sich in die Kantische Philosophie. Als Frucht mehrjähriger Arbeit erschien 1871 ein Buch, das alsbald für Aufsehen sorgte: „Kants Theorie der Erfahrung“. Es beinhaltete eine neuartige Deutung der „Kritik der reinen Vernunft“, die sich strikt gegen jede Form des Naturalismus verwahrte. Vielmehr werde der Gegenstand der wissenschaftlichen Erfahrung durch die mathematisch vorgehende Naturwissenschaft konstituiert.[26] Der Marburger Philosoph Friedrich Albert Lange war von dem Werk so beeindruckt, dass er in Cohen seinen potentiellen Nachfolger erblickte. Gegen judenfeindliche Widerstände setzte er 1873 dessen Habilitation an der kernprotestantischen Philipps-Universität durch.[27] Bereits vom Schatten des Todes gezeichnet, regelte der krebskranke Lange die Nachfolgefrage noch in seinem Sinne. Unmittelbar nach seinem Tod berief das preußische Kultusministerium 1876 Cohen auf den vakanten Lehrstuhl, den er mit zunehmender Resonanz bis zu seiner Emeritierung 1912 bekleidete.

Im Prozessjahr 1888 befand sich Cohen zwar noch nicht im Zenit seines Ruhms, aber er galt bereits als Kantforscher von Rang und scharfsinniger Erkenntnistheoretiker. Im deutschen Judentum war er politisch nicht ganz unumstritten. Denn seine Entgegnung auf die Invektiven des Historikers Heinrich von

Treitschke im sogenannten Berliner Antisemitismusstreit 1880 beurteilte manch einer als zu zahm. Der Philosoph verstand sein „Bekenntnis in der Judenfrage", mit dem er Treitschke geantwortet hatte, jedoch als unmissverständliche „Confessio". Für ihn bestand keine Kluft zwischen seinen universalistischen wissenschaftlichen Überzeugungen und seiner Treue zum „Glauben der Väter".[28] Dementsprechend selbstsicher agierte er im Marburger Prozess, dem wir uns nun zuwenden wollen.

III. Der Prozess

Die große öffentliche Aufmerksamkeit zeigte sich ebenso im überfüllten Gerichtssaal wie in der Anwesenheit zahlreicher Journalisten, die sogar den weiten Weg aus Berlin nicht gescheut hatten, um über das Ereignis in der hessischen Provinz zu berichten.[29] Das allgemeine Interesse war kaum überraschend, handelte es sich doch um die erste Verteidigung der jüdischen Religion in einem ordentlichen Gerichtsverfahren. Nachdrücklich betonte der als Zeuge geladene Böckel, dass seine Partei die Juden aus rassischen und nicht aus religiösen Gründen bekämpfe. Auf dieser Linie habe auch Fenners Rede vom 5. Dezember 1886 gelegen. Als getreuer Gefolgsmann der Antisemiten habe Fenner gewiß nicht die jüdische Religion beleidigen wollen, und deshalb müsse seine Äußerung über den Talmud hypothetisch formuliert gewesen sein.[30]

Ähnlich Argumente finden sich auch im Votum Lagardes, das wegen Abwesenheit des menschenscheuen Gelehrten verlesen werden musste. Wie Cohen waren ihm zwei Fragen vorgelegt worden: zum einen, ob die Vorschriften des Talmuds für alle Juden rechtlich bindend seien, zum anderen, ob das mosaische Gesetz die Juden zum Betrug an den Christen auffordere. Ausführlich stellte Lagarde heraus, dass er nicht im strengen Wortsinne als Sachverständiger gelten könne, weil er nur gelegentlich, aber keineswegs systematisch den Talmud studiert habe.[31] Gleichwohl zweifelte der Orientalist nicht an seiner gutachterlichen Kompetenz, weil er im Unterschied zu jüdischen Gelehrten über die zur Geschichtsforschung notwendigen Charakterzüge verfüge. Hierunter verstand er heroische Eigenschaften, wie „geistige Nüchternheit, Bescheidenheit, ruhiges Blut, und die Fähigkeit auch unangenehme Wahrheit zu ertragen", die dem deutschen Professor zeitgenössisch gern attestiert wurden.[32]

Aufgrund seines hochgestimmten Selbstbildes fühlte sich Lagarde bei der Beantwortung der ersten Frage zu kühnen Verallgemeinerungen berechtigt. So charakterisierte er den Talmud abfällig als „Wust, in dem neben Weisheitssprüchen Albernheiten ersten Ranges, neben trostlos armseligen Geschichten tiefsinnige, oder doch zu deutende Sagen stehn".[33] In der Konsequenz dieser Behauptung sprach er dem Talmud jede normative Verbindlichkeit ab, könne aus ihm doch „alles Mögliche herausgelesen werden".

Bei der Begründung seines Urteils schöpfte Lagarde aus trüben Quellen. So stützte er sich auf August Rohlings berüchtigtes Pamphlet „Der Talmudjude", das den Ritualmordvorwurf zu Beginn der 1870er Jahre erneut popularisiert hatte.[34] Hiervon divergierende Werke benutzte er lediglich als Zitatsteinbruch, um die religiöse und ethische Dignität des Talmuds zu erschüttern. Dementsprechend abwertend fiel sein Gesamturteil aus, wonach der Talmud allenfalls mit den Tischreden Luthers verglichen werden könne. Eine Äußerung, die man nur dann zur Gänze versteht, wenn man bedenkt, dass Lagarde den Reformator als engstirnigen Eiferer ohne geistige Horizonte verachtete.[35]

Bei der Erörterung der zweiten Frage zeigte sich Lagarde vorsichtiger, ohne indes auf antisemitische Stereotypen gänzlich zu verzichten. Strenggenommen sei es zwar falsch, dass die jüdische Glaubenslehre zum Betrug der Christen auffordere, doch habe sich hierüber die Öffentlichkeit längst eine eigene Meinung gebildet. Man gehe davon aus, dass sich die Juden als eine überlegene Rasse betrachteten, die sich gegenüber den Christen alles erlauben dürfe.[36] Dies war keine wissenschaftliche, sondern eine politische Aussage, die aus den grassierenden zeitgenössischen Vorurteilen eine despektierliche Beurteilung der jüdischen Religion ableitete. Dem entsprach auch Lagardes

Diktion, welche die Deutschen unter der „Judenplage" leiden sah und dem Talmud herablassend attestierte, dass er „[g]elegentlich trieft [...] von Humanität".[37]

Diese Werturteile resultierten nicht nur aus einem massiven Judenhass, sondern auch aus einer äußerst fragwürdigen Geschichtskonzeption. Lagarde ging davon aus, dass durch die Entstehung des Christentums „Israel jede Existenzberechtigung verloren hat und nur noch als Schlacke, werthlos, und darum störend und widerwärtig umherliegt".[38] Überdies wirke die Perspektivlosigkeit des Judentums auf die „Völker, in denen es zur Macht gelangt", geradezu endemisch, wie an dem Schicksal Spaniens oder Polens abgelesen werden könne.[39] Die Implikationen dieses Geschichtsbildes lagen auf der Hand und standen in direktem Widerspruch zur religiösen und rechtlichen Gleichstellung der jüdischen Minderheit.

Cohen verteidigte vor Gericht seine umfangreiche schriftliche Stellungnahme, in der die Empörung des jüdischen Professors über seinen christlichen Kollegen deutlich zum Ausdruck kam.[40] Nachdrücklich konstatierte er, dass es keinerlei Zweifel an der religiösen Bedeutung des Talmuds gebe. Zwar besitze nicht jede Aussage des Talmuds normative Verbindlichkeit, doch gelte er allgemein „als die ‚mündliche Lehre', die ‚dem Mose auf Sinai offenbarte Gesetze' enthalte".[41] Mithin sei die Dignität des Talmuds für alle Juden unstrittig, die seine Beschimpfung notwendigerweise als Verunglimpfung ihrer Religion betrachten müssten.

Ferner hob Cohen hervor, dass das Judentum eine doppelte Moral in der Behandlung der „Fremden" nicht kenne. Vielmehr werde es als Religion durch „die Grundform der monotheistischen Sittlichkeit: die *Nächstenliebe*" charakterisiert.[42] Gerade die rabbinische Auslegung des Talmuds fasse den Fremden als Nachkommen Noahs auf, der unter dem Schutz der Noachidischen Gebote stehe. Deren Reichweite erstrecke sich auf alle Menschen und verbiete die Ungleichbehandlung von Nichtjuden. Und hieraus ergebe sich zwingend, dass der Talmud eine universale und keineswegs eine exklusive Ethik vertrete.[43]

Im letzten Teil des Gutachtens rechnete Cohen mit dem Votum Lagardes ab. Insbesondere bemängelte er das fehlerhafte Zitieren aus Talmud-Übersetzungen, ohne die hebräischen Originalquellen zu konsultieren. Den dahinter stehenden Mangel an intellektueller Redlichkeit hielt der Philosoph, der in der Ideologisierung des Denkens eine allgemeine Zeitkrankheit erblickte, für unverzeihlich. Die Schlussworte des Textes bringen dies anschaulich zum Ausdruck:

> „Wo Rassenhaß und Verleumdung toben, herrscht die Phrase. Phrase und Vorurteil wirken epidemisch und stecken unversehens auch die strenge Arbeit der Wissenschaft an. Der Wissenschaft und dem Leben tut dasselbe not: Ehrfurcht vor der Wahrheit."[44]

Nachdem die Staatsanwaltschaft eine Strafe von sechs Wochen Gefängnis beantragt und die Verteidigung auf Freispruch plädiert hatte, wurde der Prozess vertagt.

Das am 2. Mai 1888 verkündete, auf zwei Wochen Gefängnis und Übernahme der Prozesskosten lautende Urteil stellte beide Parteien nicht zufrieden. Gegenüber dem befreundeten Philosophen August Stadler äußerte sich Cohen enttäuscht, dass das Gericht „*in keiner Weise über die innere Glaubwürdigkeit der beiden Gutachten*" entschieden habe.[45] Auf antisemitischer Seite vertrieb man hingegen eine gedruckte Fassung des Gerichtsurteils, die Fenner zum Märtyrer stilisieren und judenfeindliche Ressentiments schüren sollte. Als Reaktion hierauf entschied sich Cohen für die Veröffentlichung seines Gutachtens, das in der überregionalen Presse einige Beachtung fand, aber für den politischen Tageskampf wohl nur bedingt geeignet war.[46]

IV. Historische Einordnung des Marburger Antisemitismusprozesses

Was hatte sich nun eigentlich in Marburg ereignet? Auf den ersten Blick war Cohen als Sieger aus dem Konflikt hervorgegangen; denn das Gericht zeigte sich von der konstitutiven Bedeutung des Talmuds für das Judentum überzeugt. Fenner wurde rechtskräftig verurteilt, und insbesondere die Höhe der Prozesskosten bereitete ihm Verdruss. Nicht zufällig erwog Lagarde in seiner Enttäuschung, rechtliche Schritte gegen den beteiligten Staatsanwalt zu unternehmen. Und nur ein letzter Rest Realitätssinn ließ ihn von diesem aussichtslosen Unterfangen Abstand nehmen.[47]

Bei näherem Hinsehen relativiert sich Cohens Erfolg allerdings beträchtlich. Der Prozess brachte ans Tageslicht, wie salonfähig antisemitische Argumente Ende der 1880er Jahre bereits waren. So wies der Verteidiger Fenners in seinem Plädoyer ausdrücklich auf die „judenfeindlichen Aussprüche eines Herder, Kant, Fichte" hin.[48] Und es ist nicht überliefert, dass gegen diese Instrumentalisierung des deutschen Idealismus irgendein Protest laut wurde. Schließlich sollte nicht übersehen werden, dass in der Urteilsbegründung Cohens Einschätzung des Talmuds keine Rolle spielte.

Vielleicht noch gravierender war etwas anderes. Der Marburger Antisemitismusprozess verdeutlichte, in welchem Ausmaß wissenschaftliche Urteile von der politischen Positionierung ihrer Autoren abhingen. Im Rahmen der normativen Vorstellungen, wie sie im protestantisch-deutschen Universitätssystem üblich waren, ließ sich die ideologische „Aufladung" wissenschaftlicher Positionen nicht hinreichend kritisch erörtern.[49] Cohen, der mit großer Selbstverständlichkeit von der Redlichkeit aller Forscher ausging, stand den Aporien des zeitgenössischen Wissenschaftsglaubens vergleichsweise hilflos gegenüber. Statt auf die Einführung verbindlicher Regeln setzte er auf die Kraft moralischer Appelle und die Vernunft des Geschichtsprozesses.

Für Cohen spielte es nur eine nachgeordnete Rolle, dass die jüdische Minderheit unter einem besonderen Diskursdruck stand und angesichts vorhandener Ressentiments ihre öffentlichen Äußerungen sorgsam wägen musste. Vielmehr betrachtete er den Antisemitismus als mittelalterliches Relikt, dessen Tage schon allein aufgrund seiner Irrationalität gezählt seien. Diese Einschätzung speiste sich nicht nur aus einem liberalen Fortschrittsoptimismus, sondern auch aus der aufklärerischen Vorstellung, dass jede Weltanschauung vor dem Forum der Vernunft gerechtfertigt werden müsse. Erst vor diesem Hintergrund erklärt sich Cohens prononcierte Beurteilung des Antisemitismus als „nackte Dummheit – die sich selbst vernichten muß"[50], die so schlecht zu seiner aufmerksamen Beobachtung der Gegenwart passte.

Gewiß gehörte Hermann Cohen zu den unbestechlichen Kritikern und unverdrossenen Reformdenkern des Deutschen Kaiserreichs. Doch zeigte sich gerade in der Konfrontation mit dem Antisemitismus, dass sein ethischer Universalismus nur wenig werbende Wirkung entfaltete. In der Diskussion um religiöse Minderheiten wird die politische Reichweite aufklärerischer Argumente bis heute überschätzt.

Die Sakralisierung der Nation: Paul de Lagardes „Deutsche Schriften“

Das glanzvoll im Spiegelsaal von Versailles proklamierte Deutsche Reich stand bald nach seiner Gründung vor einer Fülle von Problemen. Die außenpolitische Lage war gespannt und von tiefgreifendem Misstrauen gegen die neue europäische Großmacht geprägt. Nach innen kennzeichneten den protestantisch-preußisch dominierten Staat starke regionale und konfessionelle Bruchlinien, was letztlich zu einer höheren Bedeutung der Religion, ja zu einer „verstärkte[n] Theologisierung des deutschen Nationalismus“ führte.[1] Der von Bismarck forcierte „Kulturkampf“ war nicht nur innenpolitisches Kalkül und Ausdruck antipolnischer Feindbilder, sondern auch eine indirekte Konsequenz protestantischer Suprematieansprüche.

Hinzu traten wirtschaftliche Probleme als Folge des „Gründerkrachs“ sowie die ungelöste „Soziale Frage“, deren Bedeutung sich daran ablesen lässt, dass die Sozialdemokratie als politischer Kräftefaktor im Kaiserreich ständig an Bedeutung gewann. Wie schon beim „Kulturkampf“ unterschätzte die Bismarcksche Konfliktpolitik die Stärke des Gegners. Dementsprechend hoch war der Preis für ihre kurzfristig integrierenden Effekte: es kam zu einer „Versäulung“ der kulturell-weltanschaulichen Milieus, deren Folgen bis weit in das 20. Jahrhundert hinein reichen.[2] Konfliktüberwölbend wirkte hingegen der Glaube an den Wert der deutschen Nation. Ihn hegte man nicht zuletzt an den preußischen Universitäten, die im Reichsgründungsjahrzehnt eine massive staatliche Förderung erfuhren.

Vor allem protestantische Gelehrte stellten sich in den Dienst der neuen Aufgabe und bemühten sich um nationale Sinngebung. So hat Hedda Gramley hervorgehoben, in welchem Ausmaß Angehörige unterschiedlicher Fächer an der Entwicklung eines staatstragenden Nationalismus beteiligt waren.[3] Eine Zentralfigur des nationalistischen Diskurses, der Göttinger Gelehrte und Kulturkritiker Paul de Lagarde, wird von ihr jedoch gänzlich missachtet. Die Bielefelder Historikerin steht damit in einer langen Tradition, die unmittelbar nach Lagardes Tod beginnt. Denn ironischerweise lag eine entscheidende Vorbedingung seiner Popularität im Fin de Siècle darin, dass die eigentlichen Kontexte seines kulturkritischen, politischen und theologischen Denkens in Vergessenheit geraten waren.

Galionsfiguren der Lebensreformbewegung knüpften an Lagarde an und betonten ebenso wortgewaltig wie einseitig dessen energische Ablehnung der „selbstzufriedenen Gründerzeit". Beispielsweise trat der „Rembrandtdeutsche" August Julius Langbehn als „wahrer Erbe" des Göttinger Orientalisten auf, für dessen Ideen die Zeit einfach noch nicht reif gewesen sei. Und der gleichermaßen geschäftstüchtige wie lautere Kulturverleger Eugen Diederichs stellte sein Verlagsprogramm in den Dienst Lagardescher Ideen. Ihm imponierte die Radikalität von Lagardes Zeitkritik, die jedem Kompromiss aus dem Weg ging und die Geburt einer neuen Religion erst nach innerer Einkehr erwartete. Auf der Weltausstellung für Buch und Graphik 1914 in Leipzig präsentierte er sogar eine Lagarde-Kapelle als nationale Weihestätte.[4]

Antisemitische Gruppierungen stilisierten den Göttinger Gelehrten zum „Propheten des Deutschtums", und insbesondere im „Bayreuther Kreis" – den Lagarde bei Lebzeiten nicht sonderlich geschätzt hatte – wurde die Radikalität seines nationalen Religionsverständnisses gepriesen. Seine Witwe bemühte sich nach Kräften, die Mythenbildung zu unterstützen: sie scharte potentielle Anhänger seiner Ideen um sich und legte Lagardes Nachlass wie eine Art Vermächtnis an, wobei sie es nicht versäumte, unliebsame Schriftstücke zu vernichten.[5] Kern der Legenden, die sich um Lagardes Leben rankten, ist die Vorstellung heroischer Einsamkeit.

Tatsächlich war Lagarde bereits bei Lebzeiten eine öffentliche Figur. In seinem Göttinger Nachlass befinden sich zahlreiche Dokumente, die zeigen, wie geschickt der Göttinger Orientalist die öffentliche Wahrnehmung seiner Person beeinflusste. Auch Fritz Stern ist in seiner bis heute maßgeblichen Darstellung der Selbststilisierung Lagardes als wissenschaftlicher Einzelgänger und politischer Desperado gefolgt.[6] Dabei hätte ihn weite Teile des Lagarde-Nachlasses eines Besseren belehren können. Sorgsam sammelte der politisierende Gelehrte Besprechungen seiner Werke, die das Ausmaß ihrer Rezeption belegen. Während Lagarde beständig hervorhob, von den Zeitgenossen „totgeschwiegen“ zu werden, verfügte er tatsächlich über eine vielleicht nicht allzu große, aber sorgsam gepflegte und stetig wachsende Anhängerschar. Als er 1891 starb, erfreuten sich seine antisemitischen, deutschnationalen und kulturkritischen Ideen bereits beträchtlicher Beliebtheit.

Aus wirkungsgeschichtlicher Perspektive ist Lagarde der „Mann eines Buches“. Es sind die 1878 erschienenen und immer wieder aufgelegten „Deutschen Schriften“, in denen sich seine zentralen politischen Gedanken finden. Das Werk selbst ist eine Aufsatzsammlung, die Texte aus verschiedenen Lebensphasen enthält, die in leicht divergierender Form zum Druck gebracht wurden. Im Folgenden wird allerdings auf quellenkritische Detailfragen nicht näher eingegangen, sondern eine Analyse von Lagardes politischer Weltsicht versucht. Dabei zitiere ich ausführlich aus den Originaltexten; denn bei einem Denker wie Lagarde, der sich als „Prophet der Deutschen“ stilisierte und von seinen Anhängern als solcher betrachtet wurde, gehört der Ton unweigerlich zur Sache.[7] Überdies hilft die Analyse von Lagardes Sprache, seine Wirksamkeit zu verstehen; denn die neoromantische Wiederverzauberung der Welt, die seine Leser in den Bann zog, erfolgte vornehmlich über ästhetische Kategorien.

Ich gehe in vier Schritten vor. Zuerst schildere ich das Leben Paul de Lagardes und biete eine Deutung seiner „Außenseiterexistenz“ an (I). Sodann frage ich nach den Gründen für seine zeitgenössische Wirkung und analysiere die romantischen Ursprünge seines Weltbildes (II). Anschließend wird Lagardes einflußreiche Verschmelzung antisemitischer und antiliberaler Feindbilder betrachtet (III). Schließlich steht Lagardes Umgang mit Geschichte zur Debatte, der sein nationalistisches Weltbild bezeugen und zugleich seinen philologischen Entdeckungen eine eigene Weihe geben sollte (IV).

I. Leben

Für gewöhnlich wird Lagardes Vita als heroisches Scheitern und Musterbeispiel menschlicher Verbitterung erzählt[8] – und daran ist gewiss manches richtig. Der 1827 in Berlin geborene Paul Anton Bötticher hatte eine schwere Kindheit. Seine Mutter starb kurz nach Geburt, und der Vater, ein im Gymnasialdienst tätiger pietistischer Theologe, machte ihm deshalb heftige Vorwürfe, drangsalierte und demütigte ihn. Beim Tod des Vaters 1850 soll Paul Bötticher keinerlei Schmerz empfunden haben, was ihm nachträglich starke Schuldgefühle bereitet habe. Vier Jahre später heiratete er die Offizierstochter Anna Berger und nahm – vermutlich auch als Ausdruck bewussten Neuanfangs – nach einer Großtante mütterlicherseits den Namen „de Lagarde" an.

Nach allgemeiner Einschätzung verfügte Lagarde über ein außergewöhnliches philologisches Talent und eine immense Arbeitsenergie. Schon früh sei ihm eine glanzvolle Karriere prognostiziert worden, und sein wissenschaftlicher Lebenslauf habe dementsprechend stürmisch begonnen. 1849 wurde er mit einer Studie zur arabischen Farbenlehre in Berlin promoviert, zwei Jahre später erfolgte die Habilitation für Orientalistik in Halle. 1852 brach er zu einem anderthalbjährigen Forschungsaufenthalt nach London auf, den der dortige preußische Gesandte, Freiherr von Bunsen, vermittelt hatte.[9]

Nach seiner Rückkehr sei Lagarde jedoch aufgrund professoraler Missgunst von keiner Universität berufen worden und musste zwölf lange Jahre Gymnasiallehrer bleiben. Lagarde hätte gute Gründe gehabt, im Schulalltag zu resignieren, aber arbeitete mit großer Zähigkeit an seinen wissenschaftlichen Projekten weiter. Mit seinen ehrgeizigen Studien zur griechischen Überlieferung des Alten Testaments, der sogenannten Septuaginta, habe er sogar den preußischen König beeindruckt, der ihm 1866 ein dreijähriges Forschungsstipendium verlieh. 1869 wurde Lagarde zum Professor in Göttingen ernannt, wo es den politisch missliebigen Orientalisten Heinrich Ewald zu ersetzen galt, der aus Loyalität zum untergegangenen Königreich Hannover den Eid auf die preußische Krone verweigerte.[10]

Die Erinnerung an frühere Enttäuschungen habe freilich einer friedlichen Ausübung des Ordinariats im Weg gestanden. Lagarde verwickelte sich in grimmige Fehden mit seinen Kollegen und hatte bald zahlreiche Feinde an der Göttinger Universität. Ausführlich habe Lagarde das preußische Kultusministerium über Göttinger Unregelmäßigkeiten in Kenntnis gesetzt und drastische Worte nicht gescheut, seinerseits indes große Empfindlichkeit gegen Kritik an den Tag gelegt. Wissenschaftlich isoliert und ohne politische Wirkung sei er vereinsamt gestorben, und erst die „Völkische Bewegung" der wilhelminischen Zeit habe seinen Namen in weite Kreise getragen.

Meiner Ansicht nach sollten die zeittypischen Elemente in Lagardes Leben stärker betont werden.[11] Gewiss sind die Gründe für seinen mühsamen akademischen Werdegang nicht leicht anzugeben, doch dürften sie weniger spektakulär gewesen sein, als der Familienroman berichtet. Lagarde galt auch im konservativen Lager als Einzelgänger, ihm fehlten prominente Fürsprecher und der hohe Spezialisierungsgrad seiner Forschungen stand einer Berufung an kleineren Universitäten entgegen. Hinzu trat ein streitbares Naturell, das Lagarde schon früh in unerquickliche persönliche Fehden verstrickte. Gleichzeitig sollte man sich verdeutlichen, wie wenig Lehrstühle für Orientalistik in Preußen existierten und wie groß der Andrang der Bewerber war.

Im Übrigen wusste Lagarde durchaus um die Schwierigkeit, als Semitist in Preußen wissenschaftlich zu reüssieren. So pflegte er vor seiner Berufung mehr als zwanzig Jahre einen vertraulichen Kontakt mit Heinrich Ewald, der als Philologe und Mitglied der „Göttinger Sieben" über beträchtliches Ansehen verfügte.[12] Dabei vermied Lagarde sorgfältig jede politische Diskussion, die unweigerlich zum Dissens mit dem entschiedenen Liberalen hätte führen müssen. Stattdessen wählte er eine unterwürfige Diktion, die peinlich genau illustriert, wie realistisch er seine persönliche Abhängigkeit einschätzte. Nach seiner Ernennung zum Nachfolger Ewalds tat Lagarde sein Möglichstes, um auf eigenen Füßen zu stehen. Er brach den persönlichen Umgang mit seinem Amtsvorgänger schroff ab und schob ihm die Schuld dafür in die Schuhe, ohne seinen Kollegen einen überzeugenden Grund für die menschliche Entzweiung anzubieten. Neben politischen und weltanschaulichen Divergenzen dürfte eine zentrale Rolle gespielt haben, dass Lagarde sich keineswegs in die Tradition Ewalds einordnete, sondern sich als wissenschaftlicher Originaldenker verstand und als ein solcher gelten wollte.

Seit seiner Ernennung zum Ordinarius für orientalische Sprachen an der Georgia Augusta im Jahre 1869 war Lagarde ein „etablierter Außenseiter". Die Betonung des Syntagmas liegt dabei eindeutig auf dem ersten Wort. Denn im Unterschied zu jenen jüdischen Gelehrten, die noch auf dem Höhepunkt ihres wissenschaftlichen Erfolgs von der protestantisch dominierten Universitätswelt nicht vollends akzeptiert wurden,[13] verfügte Lagarde über nicht unbeträchtlichen fachinternen Einfluss. Er stand in beständigem Austausch mit dem preußischen Kultusministerium, regte die Neuorganisation der Göttinger Akademie der Wissenschaften mit an und wurde in Berufungsfragen immer wieder um seine Einschätzung gebeten. Die ihm besonders am Herzen liegenden Septuaginta-Studien sollte sein Lieblingsschüler Alfred Rahlfs fortführen.

Gleichwohl lag es für den in Amt und Würden angekommenen Lagarde nahe, sich weiterhin als verfemten Einzelgänger zu stilisieren, um auf das „moralische Kapital" des heroischen Wissenschaftlers nicht zu verzichten. Sein Renommee als Lehrstuhlinhaber an einer bekannten Universität nutzte Lagarde vor allem für politisches Engagement. In vehementen Streitschriften attackierte er die Glaubensferne der protestantischen Kirche, die Sinnlosigkeit des „Kulturkampfs" oder die „Meinungsdiktatur" der Liberalen.

Lagarde versorgte Auslandsdeutsche mit seinen politischen Traktaten und stand vor allem mit österreichischen Antisemiten in engem Kontakt. Der Sache nach hatte er nur Stückwerk anzubieten: einzelne, gelegentlich ältere Texte, deren innere Konsistenz sich zwar behaupten ließ, aber bei näherer Prüfung keineswegs einleuchtend war. Vor diesem Hintergrund war es eine notwendige Erfolgsbedingung für Lagardes Wirksamkeit, dass die Stilisierung der „Deutschen Schriften" als monolithischer Weltdeutungsentwurf gelang. Der Göttinger „Menschenfänger" hat dies nicht dem Zufall überlassen und seine Leser immer wieder darauf hingewiesen, wie sein Hauptwerk zu verstehen sei.

Lagardes umfassende Korrespondenz enthält viele Dokumente sorgfältiger Leserlenkung, und nicht wenige Briefpartner beeilten sich, den Vorlieben des herrischen Gelehrten entgegenzukommen. Exemplarisch für die gewünschte Rezeption sei ein Schreiben des jüdischen Wagnerianers Max Koch an Lagarde vom 4. Juli 1884 wiedergegeben: „Gegenüber der schablone, wie sie allüberall in der gegewart uns entgegentritt, fühlte ich hier eine grosse in sich geschlossene natur. […] Losgelöst von den fesseln der konventionellen lüge, die unser ganzes dasein zu ersticken droht, echt deutscher wahrheits- und freiheitsdrang: das weht aus Ihren worten erquickend wie lebhaft entgegen."[14] Kaum weniger enthusiastisch reagierte Ferdinand Tönnies, der seine Hoffnungen für eine Reform Deutschlands in eine „Gemeinde" treuer Lagardianer setzte. Und auch der Pädagoge Friedrich Paulsen, der schon in jungen Jahren zu den einflussreichsten Berliner Gelehrten gehörte, zollte Lagardes Zeitkritik Respekt.[15]

Der Göttinger Professor, der seine Ansichten meist beherzt aussprach, schlug auch im persönlichen Gespräch Menschen in seinen Bann. Dabei waren Privatkontakte auf Augenhöhe für Lagarde unvorstellbar, der mit Vorliebe verunsicherten jungen Menschen väterlichen Rat erteilte. Seine wissenschaftlichen Schüler von Ludwig Schemann bis Alfred Rahlfs bewahrten ihm lebenslang eine rühmende Erinnerung. In deren Mittelpunkt stand genau jenes Bild innerer Geschlossenheit, das Lagarde so schätzte. „Wir erleben heute selten einen Menschen zu sehen, der das hat, was vor 50 Jahren Jedermann zu besitzen meinte: eine Weltanschauung. Sie sind einer der wenigen von denen ich den Eindruck in vollstem Maße erhalte, dass der Theil das Ganze und das Ganze der Theil sind." Das teilte der Philologe Alfred Schöne den vom ihm verehrten Lagarde am 19. Dezember 1875 brieflich mit und dürfte damit genau den richtigen Ton getroffen haben.[16]

II. Politisches Weltbild

Stellt man die ungewöhnliche Resonanz von Lagarde in Rechnung, so liegt die Frage nahe, womit er eigentlich zu faszinieren verstand. Meine These ist, dass Lagarde nicht nur den Theologiebedarf des neuen Nationalismus erkannte und in einer zeitgemäßen Sprache auszudrücken verstand. Sondern er schaffte es auch, seine kühnen Weltdeutungsentwürfe mit wissenschaftlicher Autorität vorzutragen. Mithin bot er genau jene geschichtsphilosophisch unterlegte religiöse Sinngebung, die in einem positivistisch arbeitenden und erkenntniskritisch geschulten Zeitalter ihr akademisches Bürgerrecht verloren zu haben schien. Damit kam Lagarde jenem Sinnbedarf entgegen, der nach dem Zusammenbruch der großen philosophischen Systeme im Bildungsbürgertum Konjunktur besaß.[17] Schon im Bismarck-Reich und nicht erst in Wilhelminischer Zeit bestand ein beträchtlicher Hunger nach neureligiöser Weltanschauung, mit deren Hilfe sich die gesellschaftlichen und insbesondere konfessionellen Zerklüftungen transzendieren ließen. Die politischen Ideen, die Lagarde präsentierte, hatte er sich bereits in seiner Jugend angeeignet. Sie stammten zu großen Teilen aus der Zeit vor 1848.

Lagarde war ein Herzenskonservativer. Er teilte Ideen der Politischen Romantik und transponierte sie in die zweite Hälfte des 19. Jahrhunderts.[18] Dazu gehörten der Respekt vor Sitte und Herkommen, ein organisches Volksverständnis sowie der Glauben an einen „guten König“. Gleichzeitig betrachtete er den Adel als die am stärksten der Zukunft zugewandte Kraft des deutschen Volkes. In der Revolution von 1848 stand Lagarde, was für einen jungen Mann mit bürgerlicher Herkunft nicht selbstverständlich war, auf Seiten der Monarchie. Doch das Preußen, das er bewunderte, war nicht von dieser Welt, sondern ein staatliches Idealgebilde, das erst Wirklichkeit werden musste.

Für Lagarde lag der Wert Deutschlands entscheidend in der Wissenschaft begründet. Doch hegte er beträchtliche Zweifel, ob die Philologie seit den Tagen Jacob Grimms an Bedeutung gewonnen habe. Insbesondere vermisste er bei seinen Kollegen das Verständnis dafür, dass Wissenschaft eine nationale Sache und keineswegs kosmopolitisch sei. Ähnlich wie Fichte attestierte er dem deutschen Volk ein besonderes Verständnis für Sprache, das aus seiner religiösen Tiefe resultiere. In diesem Sinne äußerte Lagarde anlässlich der Czernowitzer Universitätsgründung am 4. Oktober 1875 pathetisch: „Die Vorsehung hat – wer wollte es leugnen? – dem Deutschen den Drang nach Wahrheit und Wissenschaft in die Wiege gelegt."[19] Und aus dieser geschichtsphilosophischen Annahme folgerte er kühn, Deutschland sei überall dort beliebt, „wo die Wissenschaft Freunde hat".

Auch der Konservatismus stellte für Lagarde eher eine normative Vorstellung als eine realpolitische Gegebenheit dar. Dementsprechend trennte er sich von den dominierenden Zirkeln des preußischen Neo-Pietismus, als sie in der Reaktionsära ihre politische Macht zu Willkürmaßnahmen nutzten. Angesichts der Korruption, die im Waldeck-Prozess zu Tage trat, brach Lagarde mit seinem Lehrer Ernst Wilhelm Hengstenberg und entfernte die schwarz-weiße Kokarde von seinem Hut. Die kryptohegelianische Geschichtssicht borussischer Historiker, wonach der Gang der deutschen Geschichte auf sein preußisches Telos zulaufe, beurteilte er als moralischen Kotau vor der politischen Macht.[20] Gleichwohl galten die Sympathien Lagardes Preußen, dessen aggressive Außenpolitik er als notwendige Bedingung einer tiefgreifenden Erneuerung der deutschen Kultur ansah: „Der Staat Preußen ist mithin konservativ, wenn er mit allen Kräften und Mitteln strebt, das zu erreichen, was sein Ziel war, als er entstand: deutsches Leben zu pflegen, in Deutschland zu retten, was an Deutschland noch rettbar ist. Das ist keine Arbeit des Friedens, und wer Eier essen will, darf Eierschalen zu zerschlagen sich nicht scheuen"[21] – eine kühne Metapher, die ein Jahrhundert später Mao Zedong zu weltweiter Bekanntheit verhelfen sollte. Bei Lagarde bildete sie eine Reaktion auf die „Sumpfluft der fünfziger Jahre" (Friedrich Nietzsche),[22] als im Zeichen der neu entdeckten Realpolitik politische Visionen als obsolet galten.

Mit der gescheiterten Märzrevolution hatten Nahzielutopien ihre Glaubwürdigkeit verloren. Stattdessen gewannen politische Texte wie das „Kommunistische Manifest" an Bedeutung, die das Heil der Menschheit erst in ferner Zukunft erwarteten.[23] Lagardes auf den ersten Blick wirklichkeitsferne Vorstellungen bildeten ihr konservatives Pendant, deren Wert zum einen darin bestand, dass sie durch die politischen Entwicklungen nicht in Frage gestellt werden konnten. Zum anderen boten sie Raum für die Verherrlichung deutscher Kultur und gestatteten zugleich eine scharfe Kritik der jeweils aktuellen gesellschaftlichen Zustände. Auch Lagardes wirtschaftspolitische Ideen lassen sich als rückwärtsgewandte Utopie charakterisieren, deren zentrale Funktion in der Abwertung der Gegenwart lag. Bezeichnend für sein Weltbild sind apodiktische Aussagen wie „Nur der Ackerbau, die Viehzucht und der Handel können Deutschland reich machen, nicht die Industrie."[24] Genuin ökonomisches Denken lag Lagarde hingegen fern, statt dessen überwog ein ethischer Imperativ in seinen Äußerungen, deren illusionärer Zug unverkennbar ist. Jeder deutsche Mann solle sich vom Schuldenmachen, Nikotin und Alkohol fernhalten; und ein eigenes Haus sei die unerlässliche Voraussetzung für sittlich verantwortungsbewusstes Handeln. Der polare Gegensatz zu dieser patriarchalischen Idyllik lag in der Ablehnung der Moderne und ihrer politischen Exponenten.

III. Antiliberalismus und Antisemitismus

Die Liberalen bildeten das vielleicht wichtigste Feindbild Lagardes. Leidenschaftlich machte er sie für die Fehlentwicklungen der Gegenwart verantwortlich und unterstellte ihnen alles, was er hasste. Die liberale „Toleranz" erschien Lagarde besonders verwerflich. Sie untergrabe „Gehorsam" und „Demut", auf die jede „echte Religion" angewiesen sei, und führe notwendig zu einer tiefgreifenden Entchristlichung. Als Haupttriebkräfte des Liberalismus betrachtete er – vergleichsweise unspektakulär – „Bequemlichkeit und de[n] Wunsch zu scheinen".[25] In eigentümlichen Kontrast dazu stand Lagardes Szenario einer liberalen Weltverschwörung, die er einprägsam als „Graue Internationale" titulierte.

Die Kritik am Liberalismus verband Lagarde mit scharfen Angriffen auf das Bildungssystem. Insbesondere kritisierte er die Sinnlosigkeit allzu umfangreichen historischen Wissens: „Drei Dinge sind der Ertrag unsrer Bildung: schlechte Augen, gähnender Ekel vor allem was war, und die Unfähigkeit zur Zukunft".[26] Dies waren kulturkritische und gegenwartsskeptische Töne, wie sie zeitgenössisch weit verbreitet waren. Erinnert sei nur an Jacob Burckhardt oder den jungen Friedrich Nietzsche, der übrigens Lagarde eingehend studierte.[27] Worin sich Lagarde von vielen Kritikern des – auf die Antike konzentrierten und extrem lernintensiven – Bildungssystems unterschied, war seine Identifizierung der „Bildung" mit dem „Liberalismus", den er seinerseits als stark jüdisch geprägte Weltanschauung auffasste.

Lagardes Einstellung zum Judentum war schon früh von großen Ambivalenzen getragen. Verbreiteten Topoi folgend, kritisierte er die Sterilität talmudischer Gelehrsamkeit, bekundete aber zugleich seinen Respekt vor den edlen Charaktereigenschaften des sephardischen Judentums. Seine Antrittsvorlesung in Halle galt 1851 dem jüdischen Arzt und Religionsphilosophen Jehuda Halevi und fiel derart bewundernd aus, dass sich sein Jugendfreund Max Karow zu dezidierter Kritik veranlasst sah.[28] Diese schwärmerische Begeisterung hielt jedoch nicht lange, und schon bald neigte Lagarde der Auffassung zu, dass die rückwärtsgewandte Haltung des Judentums wirklicher Gelehrsamkeit im Wege stehe. Insbesondere polemisierte er gegen Leopold Zunz und die erwachende Wissenschaft des Judentums, die er als ungebührliche Konkurrenz auf dem Gebiet der „hebräischen Altertümer" ansah.[29]

Während seines gesamten Lebens war Lagarde der Überzeugung, dass das Judentum nicht materialistisch als „Rasse" verstanden werden dürfe. Sein vielleicht berühmtester Satz lautete: „Das Deutschthum liegt nicht im Geblüte, sondern im Gemüthe."[30] Er bekundete damit den idealistischen Kern seiner Weltanschauung, für den ein starker Voluntarismus charakteristisch war. Dies passte in eine Zeit, die virile Tugenden verherrlichte und den Menschen als Schöpfer seines eigenen Schicksals ansah. Nicht zufällig galten Fichte und Treitschke in Preußen als Musterbeispiele patriotischer Pflichterfüllung, anständiger Gesinnung und selbstbestimmten Lebens. Im Unterschied zu beiden hätte Lagarde seine Ablehnung des Judentums aus der intimen Kenntnis semitischer Quellen legitimieren können. Er tat dies jedoch nur äußerst selten und entschied sich statt dessen für eine genuin nationalistische Argumentation.

Lagardes Kernvorwurf an das Judentum lautete, es sei zutiefst unmoralisch, weil es sich nicht entschieden habe, ob es eine Rasse oder eine Religion sei. In diesem Sinne schrieb er am 8. März 1884 an den katholischen Antisemiten August Rohling: „Die Perser nennen den Strauß wie die Griechen Sperlingskamel, und versichern, wenn man das Thier aufforderе zu fliegen, sage es Ich bin ein Kamel, wenn zu laufen, berufe es sich auf seine Vogelschaft. Aehnlich ist es mit den Juden. Sie sind Rasse oder Religionsgemeinschaft wie es Ihnen stimmt mit dem was sie vorhaben."[31] So freundlich dieses Gleichnis daherkommt, ist es doch von unnachgiebiger Härte. Denn es verurteilte die Mehrdimensionalität jüdischer Existenz als unmoralisch und forderte als Preis der Integration in den Nationalstaat die vollständige Aufgabe kollektiver Identität.

Lagarde war fest davon überzeugt, dass die Juden einen Staat im Staate bildeten und deshalb für das anvisierte großdeutsche Reich untragbar seien. So hoffte er auf umfangreiche Umsiedlungsaktionen aus den Weichsel- und Donauländern nach Palästina und formulierte apodiktisch: „Es ist unmöglich eine Nation in der Nation zu dulden."[32] Als 1885 Frankreich in Madagaskar ein Protektorat errichtete, spielte Lagarde sogar mit der Idee, die osteuropäischen Juden auf die Insel im Indischen Ozean zu deportieren. Er knüpfte damit an konservative Utopien an, wie sie der Neuphilologe und kirchenpolitische Schriftsteller Victor Aimé Huber zur Lösung der „Sozialen Frage" bereits vor der Reichsgründung entwickelt hatte.[33] Doch besaß das Konzept homogener Nationalität im Ausgang des neunzehnten Jahrhunderts eine ganz andere politische und ideologische Brisanz. Dies zeigt sich schon an Lagardes eigener Einschätzung, beurteilte er doch die in Aussicht genommene Politik als „etwas assyrisch", aber unvermeidlich.[34]

Unter den Schlüsselfiguren der deutschen Kolonialbewegung gehörte Bernhard Förster zu den Bewunderern Lagardes. Bevor er zur Gründung seiner Kolonie nach Paraguay aufbrach, korrespondierte der Finanzjongleur noch einmal mit dem Göttinger Professor über sein Unternehmen. Bezeichnenderweise erbat er sich ein Exemplar der „Deutschen Schriften", damit er in der Neuen Welt den geistigen Beistand nicht missen müsste. Nach der ersten Lektüre teilte Foerster begeistert mit, dass er mit den Gedanken Lagardes vollständig übereinstimme. Lediglich den für das Deutsche Reich vorgesehenen Goldstandard wollte er durch eine „Doppelwährung" ersetzt wissen.[35]

Lagarde verschmolz auf aggressive Art nationalistische und judenfeindliche Ideologeme zu einer neuen Weltanschauung. Sie wird durch einen Reinheitsfuror charakterisiert, der auf jede Gefährdung nationaler Homogenität mit Vernichtungsvorstellungen reagiert. In diesem Kontext ist Lagardes Sprache von kaum noch zu überbietender Brutalität: „Jeder fremde Körper in einem lebendigen andern erzeugt Unbehagen, Krankheit, oft sogar Eiterung und den Tod. Dabei kann der fremde Körper ein Edelstein sein: die Wirkung wäre dieselbe, wie wenn er ein Stück faulendes Holz wäre. Die Juden sind als Juden in jedem europäischen Staate Fremde, und als Fremde nichts anderes als Träger der Verwesung."[36]

Hinter Lagardes drastischen Aussagen verbarg sich eine äußerst skeptische Einschätzung des zeitgenössischen religiösen Lebens. Der Orientalist hielt die religiöse Kraft der christlichen Konfessionen für erschöpft, weil sie zu viel „historischen Ballast" mit sich führten. Dies verbinde sie mit dem Judentum, das nur noch „Schlacke einer längst ausgebrannten Zeit" sei.[37] Doch zeige das Studium der Religionsgeschichte, dass „wirklicher Glaube" stets der Gegenwart entspringe und nur im Kollektiv erfahrbar sei. Als Ausweg aus der Sinnkrise des Deutschen Reichs empfahl Lagarde die Schaffung einer „nationalen Religion". Es ist mithin nicht zufällig, dass Lagarde zum Gewährsmann völkischer Antisemiten wurde. Denn er bot ihnen vielfältige Anknüpfungsmöglichkeiten an die vornehme Gedankenwelt des deutschen Idealismus mit ihrer Sakralisierung der eigenen Nation und rechtfertigte zugleich die schroffe Ausgrenzung alles „Fremden".

IV. Geschichte als Akklamationsinstanz

Lagardes zentrale politische Vorstellung war die Rückgewinnung der nationalen Einheit. Er forderte die Überwindung der innenpolitischen Konflikte und insbesondere die Beilegung der konfessionellen Auseinandersetzungen. Zugleich schien es ihm selbstverständlich, dass der oberste Zweck des Staates im Dienst an der Nation bestehe. Zu einem „Polytheismus der Werte" wie manch anderer Nationalist neigte Lagarde freilich nicht, weil für ihn einzig und allein die deutsche Nation und seine wissenschaftliche Forschung zählten. So bat er seinen politischen Hoffnungsträger, Ludwig II. von Bayern, am 4. September 1870 darum, er möge doch alles in seiner Macht stehende tun, damit nicht nur das Elsass, sondern auch Lothringen und Luxemburg in deutsche Hände gelangten. Dabei berief sich Lagarde auf die „allgemeine Stimme des Volkes" und fragwürdige historische Kontinuitäten, die bis zu Gottfried von Bouillon und Heinrich den IV. reichten. Letztlich glaubte er jedoch, dass die militärische Macht Deutschlands zur Legitimierung der Okkupation genüge; „denn der große Haufe geht in Luxemburg, wie überall sonst, andern nach".[38]

Gleichzeitig verband sich mit Lagardes hochgestimmtem Nationalismus ein massiver wissenschaftlicher Egoismus.[39] Beispielsweise wollte er im Auftrag des preußischen Kultusministers von Mühler kurz nach der Schlacht von Sedan nach Paris fahren, um die für seine Septuaginta-Ausgabe notwendigen Handschriften zu requirieren. Der ehrgeizige Professor dachte an nicht weniger als fünfhundert Manuskripte, die zu seiner alleinigen Benutzung in Göttingen zu deponieren seien. Gegenüber dem befreundeten Theologen Adolf Hilgenfeld hielt er Anfang 1871 die vollständige Zerstörung von Paris für gerechtfertigt, wenn nur die Bibliothèque Impériale mit ihren wertvollen Beständen erhalten bliebe.

Als Septuaginta-Forscher war Lagarde ein penibler Philologe, der sich spekulative Aussagen nur selten gestattete. Allerdings trug er in seinen politischen Schriften immer wieder Thesen vor, die nur bedingt mit einem differenzierten wissenschaftlichen Weltbild in Einklang zu bringen waren. So verherrlichte er Assyrien als Ausdruck ungehemmter Machtstaatlichkeit oder sah schon im klassischen Griechenland unheilvolle liberale Kräfte am Werk. Um innere Stimmigkeit war es Lagarde dabei nicht zu tun, sondern er wollte die Radikalität seiner kulturpessimistischen Weltanschauung unterstreichen. Zugleich verlangte die rigide Ausrichtung seines Geschichtsbildes auf eine ideale Zukunftsreligion, die erst nach dem Untergang der verderbten Gegenwart erreichbar sein, ein zyklisches Zeitverständnis.[40] Dies erleichterte die Aktivierung nationaler Mythenbestände, die von der Verherrlichung der zünftigen Wissenschaft des Mittelalters bis zur Erhebung des deutschen Volkes in den Befreiungskriegen reichte. Es ließ Geschichte aber auch zur bloßen Beschwörungsformel degenerieren, deren Zweck einzig und allein darin bestand, die Entstehung einer deutschen Religion vorzubereiten.

Lagardes Idealvorstellung nationaler Religion ist der Gegenentwurf zu einer als gottlos und sinnentleert empfundenen Gegenwart. In apokalyptischer Sprache geißelte der Göttinger Professor die Fehlentwicklungen seiner Zeit: „Nur ganz individuelles, ganz persönliches Leben kann uns aus dem Schlamme erretten, in welchen wir durch die Ueberbürdung der Geschichte mit Kulturballast und Civilisationsquarke, durch die Schablonisierung der Empfindungen und der Urtheile, durch den Despotismus der vielen kleinen und großen Selbstsuchten von Tage zu Tage tiefer versinken."[41] Gerade das Studium der Religionsgeschichte lehre, „wirkliche Religion" sei nur im Kollektiv erfahrbar, und so hoffte Lagarde auf einen neuen nationalen Glauben, um die Widersprüche der Gegenwart zu überwinden.

In diesem Zusammenhang ist es aufschlussreich, dass sich Lagarde als Theologe und nicht als Orientalist verstand. Über kaum ein Ereignis in seinem Leben hat er sich so sehr gefreut wie über die Verleihung des theologischen Ehrendoktors seitens der Universität Halle im September 1868. Die Auszeichnung war durchaus ungewöhnlich, bekleidete Lagarde zu diesem Zeitpunkt doch noch keine Professur. Sie galt seiner Genesis-Ausgabe, die als verheißungsvoller Beginn der Septuaginta-Edition betrachtet wurde.[42] In seinem Dankesbrief rühmte Lagarde die Hallesche Tradition und äußerte feierlich: „Ich bitte überzeugt zu sein, dass ich mit Gottes Hülfe, so lange die Kräfte reichen, fortfahren werde der Theologie […] meinen Fleiß zu widmen und bitte zu glauben, dass die mir gewordene Auszeichnung […] mir ein Trost gewesen ist und bleiben wird."[43] Obwohl Lagarde durch die Denomination seiner Göttinger Professur und seine gelehrte Kompetenz auf die morgenländischen Sprachen verwiesen wurde, betrachtete er sie doch nicht als seine eigentliche Aufgabe. Vielmehr bewertete er die Philologie als Hilfswissenschaft der Theologie, der sie zu einem wahren Fundament verhelfen sollte. Sogar wissenschaftliche Entdeckungen, etwa im Bereich des Koptischen, hatten zurückzutreten, wenn sie nicht in unmittelbarer Verbindung mit der Arbeit an der Septuaginta standen.[44]

Lagarde wollte nicht nur Religion als nationales Projekt legitimieren, sondern ihr auch ein unbezweifelbares wissenschaftliches Fundament verschaffen. Dabei stand für ihn, hierin ganz Kind seines positivistischen Zeitalters, unumstößlich fest, dass die Theologie auf einer historischen Basis beruhen müsse. Mit innerer Überzeugung schrieb er dem katholischen Theologen Gustav Bickell in Innsbruck: „Ich will und wollte Alles thun, die Theologie zu einer exacten Wissenschaft zu machen, die Methode hätte und bewiese, nicht von vorgefassten Meinungen abhängig wäre. Theologie ist mir Geschichte der Religion."[45] Hier liegt ein wichtiger Grund für Lagardes Ablehnung von Albrecht Ritschl. Dessen philosophische Herleitung der Theologie betrachtete er als haltlose Spekulation, die überdies echten religiösen Gefühlen abträglich sei. Noch in seiner letzten Streitschrift gegen den verhassten Göttinger Kollegen heißt es drastisch: „Ritschl ist in dem Augenblick beseitigt, in dem eine historische Schule der Theologie in das Dasein tritt.“[46] Lagardes wissenschaftliches Lebenswerk, das in einer Fülle von „trockenen“ Editionen auf die Nachwelt gekommen ist, war nachhaltig durch religiöse Motive inspiriert.

Mit immenser Energie arbeitete Lagarde an seinen Septuaginta-Studien, und seine Korrespondenz belegt, wie wichtig es ihm war, jede einzelne Minute für diese Aufgabe zu reservieren.[47] Im Kern ging es um nicht weniger als die erste zuverlässige Ausgabe des Alten Testaments, wie sie aus den erhaltenen griechischen Fassungen zu ermitteln war. Dies war natürlich nicht nur aus arbeitsökonomischen Gesichtspunkten für einen Einzelnen ein tollkühnes Unterfangen, sondern auch der Sache nach unmöglich. Denn je genauer die griechischen Ausgaben des Alten Testaments betrachtet wurden, um so mehr musste die Brüchigkeit ihrer Überlieferung hervortreten. Friedrich Nietzsche hatte den inneren Widerspruch in Lagardes positivistischer Religionsbegründung schon früh erkannt: „Gelehrte wie Paul de Lagarde meinen, die Thatsachen des religiösen Bewusstseins müsse man vermöge der Wissenschaft festhalten.“ Doch sei die Wissenschaft, so heißt es in kulturpessimistischer Diktion, „der Tod aller Religionen vielleicht auch einmal der Künste“.[48]

Über Sätze dieser philosophischen Reichweite lässt sich gewiss trefflich streiten. In seinen letzten Jahren scheint Lagarde die Fragilität seines Lebensentwurfs geahnt zu haben. Jedenfalls mehren sich die Äußerungen, wonach er das unmittelbare religiöse Empfinden, etwa beim Hören einer Bach-Kantate, höher schätzte als seine wissenschaftliche Kärrnertätigkeit für die Septuaginta.[49] Gleichwohl hielt er am einmal eingeschlagenen Lebensweg fest und arbeitete bis kurz vor seinem Tod mit einer für heutige Verhältnisse kaum glaubhaften Intensität. In gewisser Hinsicht wurde er auch zum Opfer seiner Selbststilisierung als Prophet der „neuen Religion“, für den nur wichtig war, das „gelobte Land“ zu schauen, nicht es zu betreten.

Die „Religion der Zukunft“, die Lagarde mittels exakter Philologie zu begründen hoffte, blieb freilich eine Chimäre.

Seine Äußerungen zum völkischen Charakter „echter Religion" prädestinierten ihn zum Vordenker einer Zeit, die der Nation „Letztwertcharakter" beimaß.[50] Es ist nicht ohne Ironie, dass seine Theologie an den eigenen Aporien scheiterte und sein universalistisches Wissenschaftsverständnis in einem nationalistisch verengten Christentum mündete. In welchem Ausmaß sich Lagarde der Brüchigkeit des eigenen Weltbildes bewusst war, ist nicht leicht zu ermessen. Dessen innere Geschlossenheit gehört jedenfalls ins Reich jener Fabeln, welche die Geschichte des Nationalismus charakterisieren und einen Teil seiner ästhetischen Faszination ausmachen.

Ein Prophet nationaler Religion.
Paul de Lagarde und die völkische Bewegung

Kaum eine Figur der deutschen Geistesgeschichte besitzt einen so schlechten Ruf wie Paul de Lagarde. Er gilt als fanatischer Judenhasser, Vordenker der völkischen Bewegung und Wegbereiter des Nationalsozialismus. Die eindeutige Bewertung lähmte freilich die intellektuelle Neugier und führte zu eher bescheidenen Erträgen der Lagarde-Forschung. Nach wie vor wird die in Fritz Sterns Werk „The Politics of Cultural Despair" vorgetragene Deutung als maßgeblich betrachtet, obwohl sie bereits über vierzig Jahre alt ist und sich methodisch wie inhaltlich nur noch schwer in eine moderne Sicht des Deutschen Kaiserreichs integrieren lässt.[1] Das mangelnde Interesse schlägt sich in schrumpfenden Wissenshorizonten nieder. So spielt in Heinrich August Winklers Darstellung „Der lange Weg nach Westen" Lagarde zwar eine gewisse Rolle als Stichwortgeber des Antisemitismus, doch firmiert er unter einem falschen Geburtsnamen, ohne dass dies ein Rezensent moniert hätte.[2]

Zu den inhaltlichen Fehlern und unergiebigen Gemeinplätzen tritt ein methodisches Problem. Für gewöhnlich versteht man Ideen- und Wissenschaftsgeschichte als Entfaltung von Begriffen. Dies führt zu jenem Primat des Erfolgs, der menschlichen Außenseitern und sperrigen geistigen Konzepten nur selten gerecht wird.[3] Überdies handelt es sich im Falle Lagardes um eine ausgeprägte „Verlustgeschichte". Zu den notwendigen Bedingungen seiner Resonanz im Fin de Siècle gehört der Umstand, dass die ursprünglichen Kontexte seines Denkens weitgehend in Vergessenheit geraten waren. Seine Schriften wurden massiv gekürzt und für den Zeitgeschmack wieder aufbereitet, weshalb Lagarde mehr als manch anderer Autor einem größeren Publikum lediglich als Urheber markanter Sinnsprüche bekannt war.[4] Um so schwieriger ist es deshalb zu erklären, dass Lagarde herausragende Intellektuelle ganz unterschiedlicher weltanschaulicher Orientierung in den Bann schlug.

In Anbetracht der Komplexität des Themas kann es nur um eine erste Kartierung des ideengeschichtlichen Geländes gehen. Dabei soll zumindest ansatzweise erörtert werden, worin die Gründe für Lagardes ebenso breite wie intensive Wirkung lagen. Der Essay skizziert zuerst das Ausmaß der Lagarde-Rezeption in wilhelminischer Zeit (I), und bietet alsdann eine Einordnung des streitbaren Kulturkritikers in die völkische Bewegung (II). Eine Fallstudie zu einem prominenten Leser erörtert einige Motive für die ungewöhnliche Faszination Lagardes (III). Das bilanzierende Fazit fragt schließlich nach dem Ort Lagardes in der deutschen Geschichte und nach seiner Bedeutung für die Durchsetzung eines radikalen Nationalismus (IV).

I.

Schon bei Lebzeiten war Paul de Lagarde weithin bekannt. Der Göttinger Orientalist betrieb mit der Septuaginta-Edition, die eine sichere Textgrundlage für das Neue Testament ermitteln sollte, eines der ehrgeizigsten Forschungsprojekte seiner Epoche. Schon früh beeindruckt durch Thomas Carlyle und Ernest Renan, kritisierte er vehement die religiöse und moralische Substanzlosigkeit des Bismarck-Reichs. Lagardes 1878 erstmals veröffentlichen „Deutschen Schriften“ wurden zu einem Schlüsselwerk radikalkonservativer Kulturkritik, das ihm ein rasch wachsende Anhängerschar eintrug. Gleichwohl fühlte sich der vereinsamte und durch die lange Wartezeit auf eine Professur verbitterte Gelehrte als einsamer Prediger in der Wüste. Er verstrickte sich in eine Vielzahl gelehrter Fehden, in denen sein Judenhass und seine Ablehnung der bürgerlichen Welt immer deutlicher wurden.[5]

Lagardes überraschender Tod im Dezember 1891 brachte an den Tag, dass der Orientalist trotz seines schwierigen Charakters über zahlreiche Bewunderer in der Wissenschaftswelt verfügte. In einer Vielzahl von Nachrufen gedachte man des Verstorbenen und rühmte vor allem seine weit ausgreifenden Sprachkenntnisse. Bereits 1892 wurde eine Stiftung ins Leben gerufen, die das Andenken des Göttinger Professors bewahren sollte. Das Gründungsdokument pries die Vielseitigkeit Lagardes, der „durch seine ‚Deutschen Schriften' gezeigt (hat), wie die gelehrteste Einzelforschung mit den Forderungen und Fragen des Lebens aufs innigste zusammenhängt". Der Aufruf wurde von 120 Gelehrten unterzeichnet und verwies stolz auf das breite ausländische Interesse.[6]

Ein eigenständiges Gewicht besaß die theologische Lagarde-Rezeption. Sie beschränkte sich nicht auf eine einzige wissenschaftliche Richtung, auch wenn die Ansichten des schroffen Kirchenkritikers alles andere als leicht integrierbar waren. Doch musste man an den Universitäten und in den evangelischen Landeskirchen bedenken, dass Lagarde je länger, je mehr zu den Lieblingsautoren des protestantisch geprägten Bildungsbürgertums zählte. Rein wissenschaftlich wirkte Lagarde mit seiner Verbindung von philologischer Exaktheit und komparativer Methodik vor allem auf die „Religionsgeschichtliche Schule". Als Septuaginta-Forscher und ausgezeichneter Kenner des Koptischen lenkte er die wissenschaftliche Aufmerksamkeit auf manches vernachlässigte Thema.[7] Allerdings sind gerade unter den jüngeren Gelehrten nicht unerhebliche Reserven spürbar. Beispielsweise trug die Grabrede seines Nachfolgers Julius Wellhausen, aus der zumeist die rühmenden Passagen zitiert werden, Züge energischer Abgrenzung. Von hoher Warte hieß es über Lagardes spekulative Urteilsbildung: „Religiös ist er befangen in der Orthodoxie Friedrich Wilhelms IV., einer kirchlichen Abart der Romantik. Wissenschaftlich ist er beherrscht von der damals üblichen comparativen Methode, einer etwas wilden Vergleicherei. Im Uebrigen darf man ihn als Autodidakten bezeichnen".[8]

Die Tatsache, dass Ernst Troeltsch den zweiten Band seiner „Gesammelten Schriften" 1913 Lagarde widmete, sollte gleichfalls nicht überbetont werden. Hierin bereits einen aussagekräftigen Beleg für Troeltschs Nähe zum Antisemitismus zu sehen[9], hat mehr mit gegenwärtigen Idiosynkrasien als mit einem ausgewogenen historischen Urteil zu tun. Denn am Vorabend des Ersten Weltkrieges galt Lagarde den bildungsbürgerlichen Lesern Troeltschs als Idealist, dessen Weltanschauung gerade über dem tagespolitisch motivierten Streit der Parteien stehe. Vermutlich war die Widmung primär ein Ausdruck der Pietät gegenüber dem eigenen akademischen Lehrer, dessen gewaltige Sprachkenntnisse und skeptischer Positivismus den jungen Theologen einst beeindruckt hatten.[10] Strikt lehnte Troeltsch hingegen das verächtliche Luther-Bild Lagardes ab, und die Vorstellung einer national geprägten Zukunftsreligion betrachtete er schon aus methodischen Gründen als unhaltbar.[11]

Wie Johannes Heinßen genau herausgearbeitet hat, besaß Lagarde eine beträchtliche Bedeutung für die Diskussion der Bildungsidee im ausgehenden 19. Jahrhundert.[12] So äußerte sich der Schriftsteller Hermann Bahr, der ein erklärter Gegner des Antisemitismus war, sehr anerkennend über Lagarde. Insbesondere teilte er die Kritik an einem überregulierten und erdrückend faktenintensiven Schul- und Universitätsunterricht. In der Abgeschiedenheit seines Tagebuchs hielt Bahr fest, ihn habe die erste Lagarde-Lektüre darüber belehrt, „wie völlig persönlich wahre Bildung ist“.[13] Der Schulreformer und Philosoph Friedrich Paulsen zählte ebenso zu den Anhängern der Lagardeschen Kulturkritik wie der Soziologe Ferdinand Tönnies. Und der Archäologe Ludwig Curtius beschrieb die Beschäftigung mit Lagardes Gedankenwelt rückblickend sogar als Erweckungserlebnis.[14]

Der erfolgreichste Promoter Lagardes um die Jahrhundertwende war der Jenaer Kulturverleger Eugen Diederichs. Er wählte Lagardes Formulierung vom „heimlich offenen Bund“, die später dem George-Kreis als Selbstkennzeichnung dienen sollte, als Verlagsmotto.[15] Auch in seiner beruflichen Korrespondenz wies Diederichs immer wieder auf Lagarde hin. So ließ er den Neukantianer Paul Natorp 1914 wissen, dass die auf breite Wirkung berechnete „Sammlung Diederichs“ mit dem Band „Deutscher Glaube, Deutsches Vaterland, Deutsche Bildung“ trefflich begonnen habe. Allein „ein pommerscher Grossgrundbesitzer (hat) 1000 Exemplare“ der reich bebilderten Lagardeausgabe „zur Verteilung an höheren Schulen angekauft“.[16]

Neben dem gleichfalls geschickt vermarkteten Nietzsche wurde Lagarde zur zentralen Referenzgröße der Reformbewegungen. Exemplarisch sei an den Mitbegründer des Wandervogels Karl Fischer erinnert, der mit Vorliebe die innere Folgerichtigkeit des Lagardeschen Idealismus betonte.[17] Auch ein so experimentierfreudiger Schriftsteller wie Christian Morgenstern ließ sich von Lagardes düsterer Prosa beeindrucken. Er verfasste ein Gedicht, das von der Vision getragen wurde, einst die Worte „Lest Lagarde!" auf den eigenen Grabstein gesetzt zu wissen. Im Ersten Weltkrieg mit seinen tiefgreifenden ideologischen Verwerfungen zeigte sich Thomas Mann überzeugt, dass Lagarde neben Nietzsche und Wagner zu „den Grossen" des deutschen Volkes gerechnet werden müsse.[18]

Vielleicht am wichtigsten für Lagardes Wertschätzung im Bildungsbürgertum war seine inhaltliche Attraktivität für die Autoren der Fichte-Renaissance. Sein Werk war durchzogen von Motiven, die eine zeitgemäße Erneuerung der Nation forderten und weltanschaulich legitimierten. Dabei verwandte Lagarde eine appellative religiöse Sprache, die auch schwierige Vorstellungen Fichtes, wie die Bejahung des Johanneischen Christentums, als Gebot der Stunde erscheinen ließen.[19] Nicht nur unter den christlichen Befürwortern einer stark national geprägten Kultur, sondern auch unter den jüngeren Zionisten kam es zu einer intensiven Beschäftigung mit den „Deutschen Schriften". So studierten Martin Bubers studentische Anhänger im Prager „Bar Kochba" eingehend Lagardes Ideen. Von ihnen versprach man sich eine Legitimation des jüdischen Kulturaufbruchs, der sich gegen die „saturierte Generation der Gründerzeit" richtete.[20] Wie selbstverständlich konnte der zionistische Politiker Nachum Goldmann im Ersten Weltkrieg Lagarde als „Klassiker des deutschen Nationalgedankens" bezeichnen.[21] Dies lässt auf eine hohe Akzeptanz der Lagardeschen Ideen im politischen Feld schließen, dem wir uns im Folgenden zuwenden wollen.

II.

Die Nachrufe zeigen, welche Bedeutung man Lagarde innerhalb der entstehenden völkischen Bewegung zumaß. Insbesondere schätzte man es, dass mit seinem leidenschaftlichen Nationalismus keine konkrete politische Positionierung verbunden war. Lagardes schicksalsschwere Sprache drückte ein tiefes Unbehagen an der Moderne aus und gab seinen Lesern das Gefühl großer Radikalität, ohne sie zu direktem Engagement zu verpflichten. Dementsprechend vage lobte Paul Cauer die Unangepasstheit des Lagardeschen Denkens und verglich es mit einem „Sauerteig, der Gährung hervorruft".[22] Symptomatisch für die Bewunderung, die man Lagarde entgegenbrachte, war die Reaktion der organisierten Studentenschaft. Im Verbandsorgan der Vereine deutscher Studenten nannte man Lagarde „eine[n] der größten Gelehrten unseres Volkes" und verherrlichte ihn zugleich als den Apostel einer „neuen nationalen Religion".[23] Schon reservierter war die Reaktion des nationalistisch eingestellten Germanisten Gustav Roethe in der „Vossischen Zeitung". Nachdrücklich betonte er den Ernst der Lagardeschen Weltanschauung, die mit den kühnen Verallgemeinerungen eines Langbehn nichts zu tun habe. Aber auch Roethe geriet ins Schwärmen, wenn er die innere Einheit von Leben und Werk Lagardes und dessen deutsche Gesinnung herausstellte.[24]

Die verschiedenen Lager des politischen Antisemitismus bemühten sich darum, Lagardes Ansehen als Wissenschaftler und sprachgewaltiger Essayist für ihre Zwecke zu nutzen. Besonders hervor tat sich Theodor Fritsch, der in einer Vielzahl von Artikeln den Orientalisten zum Vordenker der antisemitischen Bewegung stilisierte.[25] Fritsch eskamotierte die intellektuellen Skrupel, die Lagarde zumindest gelegentlich gegenüber antisemitischen Verallgemeinerungen gehegt hatte. Statt dessen konzentrierte er sich darauf, eine organische Verbindung zwischen dem spätromantisch gefärbten Denken Lagardes und dem aufkommenden Rassismus der 1890er Jahre herzustellen.

Wichtige Schrittmacherdienste für Lagardes Resonanz leistete zudem sein Biograph Ludwig Schemann. Mit guten

Kontakten zu den „Bayreuther Blättern“ ausgestattet, verfügte der Begründer der Gobineau-Vereinigung über eine erstklassige Möglichkeit, seine Ansichten zu verbreiten. Schemann entschied sich bei der Anpreisung Lagardes für eine mittlere Tonlage. Zwar hob er die heroischen Züge des vereinsamten Zeitkritikers gebührend hervor, doch daneben stellte er den pflichtbewussten Göttinger Gelehrten, der sich um sein Ansehen keine Sorgen machen musste.[26] Die Glättung von Lagardes Vergangenheit erfüllte eine zentrale Funktion, verlieh sie ihm doch jene Respektabilität, ohne die ein Erfolg seiner Ideen im Bürgertum schwerlich vorstellbar war.

Vermutlich entscheidend für Lagardes langfristige Rolle in der völkischen Bewegung war der Schwiegersohn Richard Wagners, Houston Stewart Chamberlain, dessen Breitenwirksamkeit immer noch unterschätzt wird. Seine „Kriegsaufsätze“ erreichten weit mehr Leser als Sombarts „Händler und Helden“ und zählten zu den wirkmächtigsten deutschen Veröffentlichungen im Ersten Weltkrieg. Inhaltlich verbreiteten sie eine antiwestliche Ideologie, deren Subtext markant judenfeindliche Züge trug.[27] Chamberlain sorgte dafür, dass der Name Lagarde dauerhaft mit dem Wagners verbunden wurde, obwohl der Orientalist dessen Musik keineswegs geschätzt hatte. In seinem 1899 erschienenen Hauptwerk „Die Grundlagen des neunzehnten Jahrhunderts“, das in Preußen zu den Bestandteilen der Lehrerausbildung gehörte, stellte der ehrgeizige Autodidakt manche Beziehung zu Lagardes Œuvre her.[28]

Chamberlain stützte sich vor allem auf jene Aussagen, die eine inhaltliche Scheidung von Judentum und Christentum begünstigten. In diesem Licht wird Jahwe zum „Prototyp des edlen und dabei doch zank- und rachsüchtigen Juden“.[29] Selbst den Ausdruck „Messias“ war Chamberlain nicht bereit, als Teil der jüdischen Tradition anzuerkennen. Statt dessen betonte er unter Bezugnahme auf Lagardes Forschungen, dass es sich um ein Wort aus „Assyrien oder Babylonien“ handle.[30] Keinerlei Probleme hatte Chamberlain hingegen mit der idealistischen Grundierung des Lagardeschen Weltbildes. Er unterstrich, dass ein „echt germanische[r] Mann“ seinem Gemüt bei der Ablehnung des Judentums vertrauen dürfe und keine ideologische Hilfe durch die Rassenlehre benötige.[31] Besondere Sympathien hegte Chamberlain für Lagardes präsentisches Religionsverständnis, das er im Kern für mystisch hielt. Nur in einem Punkt lehnte er die Ansichten des Göttinger Gelehrten scharf ab. Dieser habe ein Zerrbild Luthers verfochten, weil er den ebenso revolutionären wie nationalen Charakter der Reformation nicht erkannt habe.[32]

Nach der desillusionierenden Weltkriegsniederlage wurde Lagarde im völkischen Lager als Verkünder „nationaler Wiedergeburt“ angesehen. Seine Ideen, die z.T. aus der Reaktionszeit der 1850er Jahre stammten und die Erfüllung konservativer Sehnsüchte in eine ferne Zukunft verlegten, wirkten nun eigentümlich aktuell.[33] Hinzu trat, dass sich Lagarde stets als Verfechter eines gefährdeten Deutschtums verstanden hatte und nun als verschmähter Prophet darstellen ließ. Dementsprechend pathetisch fielen die Reden zu seinem hundertsten Geburtstag 1927 aus. Selbst ein überzeugter Linksliberaler wie der Historiker Wilhelm Mommsen akzentuierte die ethische Lauterkeit des Lagardeschen Nationalismus.[34] Im Kern bemühte sich Mommsen allerdings um die historische Einordnung von Lagardes Mitteleuropaplänen, die er als utopischen Kontrapunkt zur Bismarckschen Realpolitik interpretierte. Hans Rothfels wiederum unterstrich in seinem Jubiläumsartikel für die Unterhaltungsbeilage der „Königsberger Allgemeinen Zeitung“ die Nähe des Lagardeschen „Generationsgefühls“ zur Gegenwart, gab aber auch der inneren Zerrissenheit des Gelehrten breiten Raum.[35] Mit derlei Subtilitäten pflegte sich Alfred Rosenberg nicht zu plagen, als er in seinem 1930 erstmals erschienenen „Mythus des 20. Jahrhunderts“ Lagarde als Vorläufer der nationalsozialistischen Bewegung darstellte.

Gleich Chamberlain berief sich Rosenberg in seiner „Wertung der seelisch-geistigen Gestaltungskämpfe unserer Zeit“ auf Lagarde, wenn es galt, alttestamentliche Bestandteile der Evangelien als „unchristlich“ zu denunzieren.[36] Neben Wagner verherrlichte er Lagarde als heroischen Kämpfer „gegen die ganze bürgerlich-kapitalisierte Welt der Alberiche“.[37] Die

Überhöhung ging so weit, dass der Göttinger Philologe wie Meister Eckhart als Inbegriff deutschen Seelenadels vorgestellt wurde.[38] Lagardes Konzept einer nationalen Religion hatte mittlerweile eine solche Selbstverständlichkeit gewonnen, dass die Ablehnung Luthers eher zweitrangig war. Bei Rosenberg wuchs Lagarde, wie einst Friedrich Barbarossa, zur mythischen Figur, die ihrer „Auferstehung harrt".[39] Mit der historischen Gestalt des ebenso selbstherrlich auftrumpfenden wie von Selbstzweifeln geplagten Gelehrten hatte dies schlechterdings nichts mehr tun. Erstaunlicherweise blieb das hochgradig ideologisierte Lagarde-Bild Rosenbergs – mit einigen Modifikationen – auch nach 1945 nicht ohne Wirksamkeit.[40]

So unstrittig es ist, dass Lagardes eigentümliche Melange aus national-religiöser Sinngebung und positivistischem Wissenschaftsverständnis in ganz unterschiedlichen historischen Kontexten rezipiert wurde, so wenig wissen wir über die Ursachen dieses Phänomens. Dabei scheint es offenkundig, dass Lagardes neoromantische Wiederverzauberung der Welt vornehmlich über ästhetische Kategorien erfolgte.[41] An einem herausgehobenen Beispiel soll nun den Gründen für die ungewöhnliche Faszination nachgegangen werden, die Lagardes Texte entfalteten. Die Rede ist von Adolf Hitler, der bis dato eher selten mit dem Göttinger Orientalisten in Verbindung gebracht wurde.

III.

Die Quellen von Hitlers Weltanschauung sind schon häufiger untersucht worden, ohne dass ein besonderes Augenmerk auf die Rolle Lagardes gefallen wäre. Zwar wurde gelegentlich die Vermutung geäußert, dass er zu den Ideengebern Hitlers gehöre, doch fehlte es bislang an empirischem Material, um von einer tiefergehenden Beeinflussung sprechen zu können. Generell sind die Lektüreerlebnisse des Autodidakten nicht leicht zu ermitteln. Von der Sorge um die eigene Originalität geplagt, verwischte der leidenschaftliche Leser Hitler nach Möglichkeit die Spuren seiner geistigen Aneignung.[42] Immerhin wissen wir von einem intensiven Kontakt zu dem ihn bewundernden Chamberlain, den Hitler während seiner Landsberger Haft studierte. Gleichzeitig las er während der Arbeit an „Mein Kampf“ ideenhistorische Klassiker wie Marx, Nietzsche, Ranke oder Treitschke. Generell wird jedoch die Bedeutung dieser Lektüre nicht allzu hoch veranschlagt, weil Hitlers hermetische Weltanschauung keine echte Beeinflussung zugelassen und seine ideologischen Bekenntnisse sich primär an den Erfordernissen der politischen Großwetterlage orientiert hätten.[43]

In der einzigen Rede, in der Hitler direkt auf Lagarde Bezug nimmt, diente der Kulturkritiker als Legitimationsinstanz. Es handelt sich um die Ansprache „Die soziale Sendung des Nationalsozialismus“, mit der Hitler nach seiner Landsberger Haft eine inhaltliche Bestimmung der völkischen Bewegung vornahm. In diesem Zusammenhang rekurrierte er auf jene Denker, die eine „innere Umwandlung“ des deutschen Volkes gefordert hätten, und nennt Lagarde neben „Turnvater Jahn“, Fichte und Richard Wagner.[44] Die Forschung hat dem allerdings keine sonderliche Bedeutung zugemessen, weil Hitler zugleich prononciert darauf hinwies, dass alle völkischen Theoretiker daran gescheitert seien, „den Sieg der anderen Seite zu verhindern“. Dies lag auf einer Linie mit der in „Mein Kampf“ geäußerten Verachtung gegenüber den „deutschvölkischen Wanderscholaren“ und ließ eine nähere Beschäftigung Hitlers mit Lagarde unwahrscheinlich erscheinen.[45] Nun ist eine Quelle aufgetaucht, die zur Revision dieser Ansicht nötigt.

Der Fundort ist die heute in Washington befindliche Privatbibliothek Hitlers, die zwölfhundert Bände, vermutlich ca. ein Zehntel ihrer ursprünglichen Größe, umfaßt. Sie stammen aus einem Salzbergwerk in der Nähe von Berchtesgaden und dürften in ihrer überwiegenden Zahl in Hitlers Privatresidenz, dem Berghof, Platz gefunden haben. In manchen Büchern finden sich Anstreichungen des Diktators, die ihn als gewissenhaften und nicht selten engagierten Leser ausweisen.[46] Bereits in „Mein Kampf“ hatte Hitler erklärt, welche Bedeutung systematische Lektüre für die Schaffung eines Weltbilds besitze.

Sie habe primär das „Wertvolle vom Wertlosen zu sondern", um „das eine dann im Kopfe zu behalten für immer", das andere umgehend zu vergessen.[47]

Hitlers Privatbibliothek enthält gleich zwei Exemplare der im November 1934 vom Münchener Lehmanns Verlag erneut aufgelegten „Deutschen Schriften".[48] Während ein Band ungelesen wirkt, enthält der andere auf 77 von insgesamt 482 Seiten mit dickem Blaustift und dünnem Bleistift vorgenommene An- und Unterstreichungen. Letztere sind meist recht präzis; häufig werden nicht nur ganze Sätze, sondern auch einzelne Satzteile markiert. In der Regel scheinen die energischen Striche Übereinstimmung zu signalisieren, nur ganz selten verweisen Fragezeichen auf sachliche Vorbehalte. Hitler verwendete ein hierarchisches System, das von der einfachen Unterstreichung über den ein- bis dreifachen Seitenstrich bis hin zu Ausrufezeichen und Kreuzen am Seitenrand reicht und Schlüsse auf die inhaltlichen Akzente seiner Hervorhebungen zulässt. Die Mehrzahl der Anstreichungen liegt in der ersten Hälfte der „Deutschen Schriften", wodurch die kulturkritischen und religiösen Überlegungen des frühen Lagarde ein besonderes Gewicht erhalten.

Verhältnismäßig zahlreich sind die biographischen Bezüge. Der Anhänger abstinenter Lebensführung hebt die verhängnisvolle Wirkung von Nikotin und anderen Rauschgiften hervor, der in Wien politisch geprägte Nationalist goutiert Ausführungen zur geistigen Dürftigkeit der Magyaren.[49] Generell zustimmungsfähig scheint Hitler die Gefahr, dass die deutsche Jugend „am Ende ihrer Schulzeit vor Langeweile stirbt" (Lagarde, *Deutsche Schriften*, 360). Offenkundig ist Hitlers Vorliebe für heroische Gesten und die Bejahung des Führertums. Mit zwei Seitenstrichen markiert er Lagardes Auffassung aus dem Jahr 1853, dass Deutschland ein Cromwell fehle (vgl. ebd., 21). Ähnlich energisch ist der Satz angestrichen: „Große Männer sind unbequem, weil sie kleine Menschen zwingen, sie anzuerkennen (welche Anerkennung durch Hass ebenso füglich bezeugt wird wie durch Liebe)" (ebd., 72). Dem korrespondiert das Festhalten der Lagardeschen Aussage, dass der Fortschritt in der

Geschichte stets abhängig vom „einzelne[n] Mensch[en]“ sei (ebd., 138). Schließlich zeigt sich Hitler von der Formulierung beeindruckt, „[n]ur eines Mannes großer, fester, reiner Wille“ (ebd., 286) könne Deutschland aus der Verderbnis führen. Der Kult der bedeutenden Persönlichkeit ist eingebettet in ein tragisches Geschichtsverständnis: „[G]roße Ereignisse“, so heißt es in theatralischer Diktion, „halten auf gute Gesellschaft: mit so kleinen Menschen wie die jetzt lebenden lassen sie sich nicht ein. Die Elektrizität in der Weltgeschichte wird nur von Höhen angezogen: Maulwurfshaufen sind vor jeder Art Blitz sicher“ (ebd., 24). Beträchtliches Interesse legt Hitler gegenüber Lagardes prognostischen Fähigkeiten an den Tag. Im Licht späterer Entwicklungen erscheint vor allem ein Satz bemerkenswert, der mit einem dicken Kreuz am Seitenrand hervorgehoben ist: „Gegenwärtig treiben wir nun einem Kriege zwischen Rußland einer-, England und Frankreich andererseits zu“ (ebd., 38).[50] Allein, so wichtig Hitler die politischen Ausführungen Lagardes auch nimmt, weit mehr setzt er sich mit dem Thema „Religion“ auseinander.

Es ist kaum verwunderlich, dass Hitler in den „Deutschen Schriften“, deren Neuauflage zeitlich mit der Verschlechterung der Beziehungen zum Vatikan zusammenfiel, Passagen mit antikatholischer Tendenz angestrichen hat. Er hält fest, dass der Papst von je her das Prinzip der „Nationalität“ (ebd., 58) marginalisiert und statt dessen die eigene Unfehlbarkeit verkündet habe. Mit doppelter Seitenanstreichung bekundet Hitler seine Zustimmung zur Lagardeschen Kritik der katholischen Doppelmoral: „[E]s[51] mutet der Welt zu, sowohl Clemens XIV., der den Jesuitenorden aufhob, als Pius VII., der ihn wiederherstellte, für unfehlbar zu halten. Natürlich ist, wo solch ein Janustempel offen steht, der Krieg niemals zu Ende“ (ebd., 61) Generell scheint sich Hitler von Erörterungen angezogen zu fühlen, mit denen Lagarde die Aggressivität der päpstlichen Politik kritisiert. Diese habe im Mittelalter dazu geführt, dass der deutsche König von der Kurie als „Vasall“ (ebd., 62) betrachtet worden sei. Die schroffe Dichotomie zwischen Deutschland und dem Papst diente bei Lagarde der Legitimation des eigenen nationalen Religionsverständnisses. Hitler interessiert sich besonders für jene Wendungen, welche die Ausweglosigkeit und Härte des Konflikts zwischen Kirche und Nation unterstreichen. So erscheint ihm die Äußerung bemerkenswert: „Will man den Romanismus unschädlich machen, so muß man Rom besiegen, und um Rom besiegen zu können, muß man Krieg mit ihm führen" (ebd., 113). Erstaunlich ist, dass Hitler selbst Lagardes Ablehnung des Kulturkampfs positive Seiten abzugewinnen versteht. Mit einem Ausrufezeichen markiert er eine Textstelle, in der bezweifelt wird, dass der Katholizismus erfolgreich mit juristischen Mitteln bekämpft werden könne. Denn jede Art von gesetzgeberischer Gewalt, so heißt es dort in kühner Metaphorik, „treibe die Krankheit nur auf die inneren, edleren Organe" (ebd.). Die Kritik zielt auf das rein utilitaristische Politikverständnis der katholischen Kirche, das mit dem Rechtsempfinden des deutschen Volkes nicht zu vereinbaren sei. Und in einem ohnehin bereits markierten Absatz wird die lakonische Feststellung, „[d]ie Kurie liebt nie ein Land als wann sie es brauchen kann" (ebd., 159), noch einmal eigens durch Unterstreichung hervorgehoben. Ähnlich großes Interesse wie an antikatholischer Polemik zeigt Hitler an den antiprotestantischen Invektiven des Orientalisten.

Während der Katholizismus in den von Hitler angestrichenen Passagen als machtvolle Institution erscheint, treten beim Protestantismus primär die „zersetzenden Elemente" hervor. Bereits dessen „Aufhebung des Zölibats" habe unheilvoll gewirkt, weil es dadurch den „Söhnen guter Familien" unmöglich geworden sei, eine Stelle als Geistlicher anzunehmen (ebd., 16). Ob dies allerdings zu einer generellen Ablehnung des Kirchendienstes bei „feineren Gemütern" (ebd.) geführt hat, scheint Hitler nicht für ausgemacht zu halten; denn er kommentiert die entsprechende Stelle mit einem seiner seltenen Fragezeichen. Unzweifelhaft ist hingegen Hitlers Sympathie für Lagardes drastische Schelte protestantischer Unaufrichtigkeit. Dessen Geistliche seien „nichts als theologisch angefärbte Projektionen politischer Velleitäten: Maden, welche die Farbe der sie fütternden Frucht annehmen" (ebd., 18). Angesichts des verheerenden

Urteils über die Theologie ist es nicht überraschend, dass ihre Fakultäten gleich welcher Konfession geschlossen werden sollen. Ja, Hitler hält mit Lagarde den offenen Kampf gegen Katholizismus und Protestantismus für unausweichlich, der auch gegen die Sozialdemokratie notwendig sei (vgl. ebd., 78 u. 371). Die Einschätzung entbehrt nicht der Konsequenz, wenn man bedenkt, dass die christliche Religion wegen ihrer jüdischen Bestandteile ohnehin „dem Untergange geweiht" sei (ebd., 267).

Immer wieder fällt Hitlers Blick auf jene Ausführungen, welche die Nähe des Protestantismus zum Judentum betonen. In dieser Perspektive wird die Paulinische Lehre zum „Reflex eines Reflexes des Evangeliums in einer energischen und edlen, aber zweifellos durch und durch jüdischen Seele" (ebd., 18). Mit Verve kontrastiert der Orientalist die „plundrigen Lumpen des heutigen Protestantismus" (ebd., 30) mit der „altmodische[n], aber derbe[n] und warme[n] Kleidung" der Juden. Vor diesem Hintergrund erscheint die Idee christlicher Judenmission als hybrid, und dementsprechend wird Lagardes Feststellung markant hervorgehoben: „[J]ede Religion, sogar Fetischismus, ist besser, als der Mischmasch aus fader, feiger Sentimentalität und den abgestandenen, angefaulten Resten des Christentumes, den wir heutzutage Protestantismus nennen" (ebd.). Dies heißt natürlich nicht, dass Hitler an den wenigen halbwegs ausgewogenen Passagen Lagardes zum Thema „Judentum" interessiert war. Vielmehr bekundet gerade seine intensive Lektüre genuin wissenschaftlicher Erörterungen den Willen, sich bei einem ausgewiesenen Sachkenner gegen das Judentum zu munitionieren.

Lagardes puristischer Positivismus hatte den Quellenwert der Paulinischen Berichte energisch in Zweifel gezogen, die seiner Ansicht nach „gar keine Gewähr der Zuverlässigkeit" (ebd., 67) böten. Hitler hebt nicht nur diese Passage hervor, sondern scheut auch vor Lagardes radikaler Konsequenz nicht zurück, „daß die christliche Theologie eine Unterabteilung der Geschichtswissenschaft ist" (ebd., 172). Hitlers Interesse geht so weit, dass er selbst eine Liste angeblich unsittlicher Textstellen im Alten Testament anstreicht (vgl. ebd., 214). Gleichzeitig und in deutlichem Kontrast zu diesen eher fachlichen

Erörterungen werden Ausführungen zum „überzeitlichen Charakter“ der Juden festgehalten. Mit einem Ausrufezeichen kommentiert Hitler den inhaltsschweren Satz: „Verderbt sind also die Juden durch die Geschichte nicht, nur in ihrer Natur erhalten“ (ebd., 28). Den Kommentator der „Frankfurter Allgemeinen Sonntagszeitung“ irritierte diese Annotation so sehr, dass er Lagardes Äußerung schlicht als „Irrsinn“ bezeichnete.[52] Tatsächlich handelt es sich um eine judenfeindliche Wesenszuschreibung, wie sie im deutschen Idealismus keineswegs selten vorkam. Insbesondere Fichte, dessen Nationsbegriff mit radikalen Homogenitätsvorstellungen einher ging, vertrat schroff judenfeindliche Auffassungen.[53] Bei Lagarde tritt zu diesem rigiden Nationsverständnis eine eigentümliche Kombination geschichtsphilosophischer und physiognomischer Überlegungen. Sie gipfeln in der von Hitler hervorgehobenen Aussage, das jüdische Aussehen habe sich seit den Patriarchen nicht verändert (vgl. ebd., 28). Dies stimmt mit der eigentümlichen Volkstumsmetaphysik überein, wonach die Deutschen ein viel zu weiches Material seien, um mit den Juden zusammenzuleben. Bezeichnend für die Verschärfung der Perspektive ist allerdings die Tatsache, dass Hitler den Lagardeschen Wunsch, die Religion möge die Juden mit der deutschen Nation „zusammenschmelzen“, mit einem Fragezeichen quittiert (ebd., 31).

Mit Vorliebe werden Ausführungen, welche die kulturhistorische Bedeutung der Juden herabsetzen, durch Hitler festgehalten. So sei ihnen die „Grundlage aller Zivilisation, die Monogamie“ (ebd., 28), derart fremd, dass sie erst „um das Jahr 1000 unserer Zeitrechnung“ (ebd.) akzeptiert wurde. Auch der Glaube an einen einzigen Gott sollte nicht als jüdische Leistung verbucht werden. Mit An- und Unterstreichung betont Hitler Lagardes polemische Aussage: „Der Monotheismus ist nichts spezifisch Jüdisches: Chinesen, Inder, Griechen, vermutlich auch Ägypter haben ihn gehabt: er ist das notwendige Ergebnis des Denkens und an sich ohne jeden ethischen Wert. Monotheismus ist so wenig Religion, wie das Wissen um die Einwohnerzahl Deutschlands deutscher Patriotismus ist“ (ebd., 29). Generell herrscht an der Hervorhebung despektierlicher Äußerungen zur jüdischen Religion kein Mangel. Dies gilt ebenso für die Schmähung Jahwes als „Götze aus Papiermaché" (ebd., 29) wie für die Charakterisierung des Judentums als primitive Religion, in der die Wahrsagerei eine entscheidende Rolle spiele (vgl. ebd., 258). Mit zwei dicken Buntstiftstrichen bezieht sich Hitler auf Lagardes Vorstellung, dass die Juden die Verantwortung für den Kreuzestod Jesu tragen. Und er unterstreicht jene Aussage, die einst Friedrich Nietzsche beeindruckt hatte und bei der Entstehung des „Antichrist" eine wichtige Rolle spielte:[54] „Kein Volk schlägt sein Ideal an das Kreuz" (ebd., 64). Dem korrespondiert das Interesse an Lagardes These, das Evangelium sei durch Paulus systematisch verfälscht worden, der als „völlig Unberufener" niemals „Einfluß auf die Kirche" hätte gewinnen dürfen (ebd., 67).

Äußerungen Lagardes über die Juden, die sich auf die Gegenwart übertragen lassen, finden beinahe stets Hitlers Aufmerksamkeit. Dies trifft etwa für die Aussage zu, dass „die Verpflanzung der polnischen und österreichischen Juden nach Palästina" noch „schwere Arbeit" (ebd., 41) bedeute. Ähnliches gilt für die Forderung nach einer nationalen Religion ohne jüdische Traditionselemente, die vom Appell zu einer grundlegenden Damnatio memoriae begleitet wird: „Wollt ihr die orthodoxen Satzungen und Anschauungen nicht, ihr deutschen Väter, so schafft euch zunächst die biblische Geschichte des Alten Testaments vom Halse, aber so gründlich, daß ihre Namen in Gegenwart eurer Kinder nie genannt werden dürfen" (ebd., 213). Damit verband sich die Zustimmung zu Lagardes Ansicht, dass die „Judenfrage" nicht durch staatliche Stellen, sondern „nur durch das deutsche Volk" (ebd., 370) ihrer Erledigung zugeführt werden könne.

Lagardes politisches Denken wurde von der Überzeugung getragen, dass die innere Reichseinigung mit den Krönungsfeierlichkeiten von Versailles noch keineswegs beendet sei. Vielmehr hätten die Deutschen ihre eigentliche Aufgabe, zur wahren Religion zu finden, noch vor sich. Aus der normativen Überhöhung des Nationsbegriffs resultiert die Forderung nach einer idealen Politik, die von Hitler mit drei Buntstiftstrichen auf beiden Seitenrändern nachdrücklich hervorgehoben wird: „Möge Deutschland nie glauben, daß man in eine neue Periode des Lebens treten könne ohne ein neues Ideal. Möge es bedenken, daß wirkliches Leben von unten auf, nicht von oben her wächst, daß es erworben, nicht gegeben wird" (ebd., 193). Der utopischen Zukunftsverklärung entspricht die Verachtung der Tagespolitik, der die Menschen „erbärmlich tatenlos" (ebd., 194) zusähen. In einer keinen Widerspruch duldenden Sprache wird Deutschland als „die Gesamtheit aller deutsch empfindenden, deutsch denkenden, deutsch wollenden Deutschen" (ebd.) definiert. Und in binärer Logik, deren drastische Konsequenzen an den Nationalsozialismus erinnern, heißt es weiter: „[J]eder einzelne von uns [ist] ein Landesverräter, wenn er nicht in dieser Einsicht sich für die Existenz, das Glück, die Zukunft des Vaterlandes in jedem Augenblicke seines Lebens persönlich verantwortlich erachtet, jeder einzelne ein Held und ein Befreier, wenn er es tut" (ebd.).

Beträchtliche Sympathien zeigt Hitler für die antiuniversalistische Stoßrichtung der Lagardeschen Weltanschauung. Mit zwei Buntstiftstrichen und einem Ausrufezeichen bewertet er die Aussage, „daß eine einzelne Nation höher steht als die Menschheit" (ebd., 164). Genau so wichtig wird Lagardes These eingeschätzt, dass Katholizismus und Liberalismus trotz aller öffentlichen Auseinandersetzung in ihrer Vorliebe für humanitär universalistische Ideale konvergierten. Letztlich handle es sich nur um den „Brotneid zweier Konkurrenten, welche alle beide zum Hause hinaus gewiesen werden müssen" (ebd.). Zugleich findet sich in Lagardes Argumentation ein stark antibürgerlicher Affekt, der sich in der von Hitler hervorgehobenen Aussage, „die Religion wächst nicht auf Reformbanketten" (ebd., 165), widerspiegelt. Das Endziel der „germanischen Völker" müsse eine Vielzahl „nationale[r] Religionen" sein, die allerdings nur gegen den energischen Widerstand des „Jesuitismus" ins Leben treten könnten (ebd., 270).[55]

Ein apokalyptisches Geschichtsdenken bildet die zentrale Voraussetzung für die Vielzahl drastischer Werturteile. Der Untergang der maroden Gegenwart ist notwendige Vorbedingung für den Anbruch einer besseren Zeit. Bezeichnend für die Aggressivität der Lagardeschen Auffassung ist das antiintellektualistische Feindbild: „Auf der Oberfläche des neuen Deutschen Reiches schwimmt der Literat, und zwar der offen und der heimlich von irgend einem Parteihaupte geleitete Literat. Diese Wasserpest muß aus unseren Flüssen und Seen ausgerottet, das politische System muß vernichtet werden, welches ohne sie nicht existieren kann" (ebd., 276). Kaum weniger bezeichnend ist allerdings die sentimentale Diktion, mit der Lagarde anschließend die Neugeburt der deutschen Nation ausdrückt: „[D]er reine Himmel wird alle Blumen des Ufers und alle Sterne des Himmels zurückstrahlen, die alten Götter werden aus den Fluten tauchen, und niemand wird uns weiter gram sein" (ebd.). Hitler, für den rasche Stimmungsschwankungen und ein sentimentales Verhältnis zur eigenen Brutalität charakteristisch waren, entschied sich für die gleichmäßige Hervorhebung des gesamten Zitats. Letztlich dürfte er auch Lagardes eschatologische Perspektive geteilt haben, der von einer gewaltigen Umwälzung das Ende der heillosen Gegenwart erhoffte.

IV.

Was lässt sich aus der wechselvollen Geschichte der Lagarde-Rezeption lernen? In wilhelminischer Zeit profitierte der Göttinger Gelehrte von der Selbststilisierung als akademischer Außenseiter, die ihm vor allem aus den Reformbewegungen zahlreiche Leser zuführte. Seine Bildungskritik traf ebenso den Ton der Zeit wie seine Aktualisierung des Fichteschen Nationsbegriffs. In eindrucksvoller Sprache artikulierte Lagarde das weitverbreitete Unbehagen an der Moderne und präsentierte drastische Feindbilder, ohne zu einer grundlegenden Gesellschaftsveränderung aufzufordern. Überdies fand er mit Eugen Diederichs einen geschäftstüchtigen Verleger, der um den Sinnbedarf seiner Zeitgenossen wusste. Diederichs reduzierte die Komplexität der Lagardeschen Texte erheblich und setzte für die Breitenwirkung auf eine Kombination aus religiöser Semantik und plakativ formulierter Kulturkritik. Im harten Konkurrenzkampf um eine zeitgemäße Form des Nationalismus erwies sich die Stilisierung Lagardes zum „Propheten des Deutschtums" als kluge Strategie.

In der antisemitischen Bewegung schätzte man besonders die Respektabilität, die der Lagardesche Professorentitel verbreitete. Chamberlain benutzte den verstorbenen Orientalisten als Referenzgröße, wenn es galt, die eigenen judenfeindlichen Ansichten wissenschaftlich zu untermauern. Nach dem Ersten Weltkrieg wurde Lagarde zum „Verkünder völkischer Wiedergeburt" stilisiert, der Enttäuschte unterschiedlicher Couleur faszinierte. Den Endpunkt der gezielten Instrumentalisierung markierte Alfred Rosenberg, dessen Lagarde-Kult den streitbaren Positivisten zur mythischen Figur überhöhte, die im „Dritten Reich" der Beglaubigung einer „deutschen Religion" diente.

Hans-Ulrich Wehler hat den Nationalsozialismus als „radikalnationalistische Massenbewegung" gedeutet.[56] Sollte sich diese Sichtweise als tragfähig erweisen, so spräche einiges dafür, die Rolle Lagardes als „Prophet nationaler Religion" höher zu gewichten. An der Bedeutung nationalistischer und völkischer Ideologeme für das Geschichtsbild im „Dritten Reich" besteht ohnehin kein Zweifel. Beispielsweise genoss Heinrich von Treitschke in der Partei großes Ansehen, und seine Büste war nicht zufällig im Vorraum des Frankschen Reichsinstituts aufgestellt.[57] Sie bekundet den Legitimationsbedarf eines politischen Systems, das sich nicht auf althergebrachte Traditionen stützen konnte. Gleichzeitig verband sich mit dem radikalen Nationalismus der neuen Herrscher jenes starke Vertrauen in eine bessere Zukunft, das schon im Fin de Siècle zumeist in religiöser Sprache ausgedrückt worden war.[58]

Über biographische Bezüge zwischen Lagarde und Hitler lässt sich trefflich spekulieren. Sie reichen vom nie verarbeiteten Tod der Mutter, über das spannungsgeladene Verhältnis zum herrischen Vater bis zur Selbststilisierung als unabhängiger Autodidakt, ja Revolutionär. Beide Außenseiter einte der Hass auf die bürgerliche Welt und eine eigentümliche Kombination aus Sentimentalität und Gewaltphantasien, die von einem notorisch guten Gewissen begleitet waren. Lagarde blieb jedoch ein „Täter in Gedanken", und die Unterschiede zwischen dem peniblen Philologen und dem selbstherrlichen Agitator sind so offenkundig, dass sie nicht ignoriert werden sollten. Als Grundlage für weitreichende psychologische Interpretationen dürften Hitlers Markierungen in den „Deutschen Schriften" nicht ausreichen. In ideengeschichtlicher Perspektive sind die Washingtoner Funde indes alles andere als nebensächlich.

Hitlers Leseverhalten wirft erneut die Frage nach den Quellen seiner Weltanschauung auf. Die Akribie, mit der Hitler die „Deutschen Schriften" Lagardes studierte, verrät beträchtliches Interesse. Hitler munitionierte sich mit dem orientalistischen Spezialwissen eines anerkannten Gelehrten, dessen politische Ansichten für ihn in mancher Hinsicht anschlussfähig waren. Die Wichtigkeit der Nation „[a]ls Handlungseinheit und Loyalitätspol, als Integrationszentrum und Lebenssinn", von der Wehler mit Bezug auf Hitler spricht,[59] lässt sich schon für Lagarde konstatieren. Bemerkenswerte Übereinstimmungen liegen ferner in der rückhaltlosen Bejahung der Macht und in den ideologischen Feindbildern. Vehement negieren Lagarde und Hitler die bürgerliche Welt, dessen liberalen Wertekanon sie als „jüdische Herrschaftsstrategie" interpretieren und zugleich delegitimieren.

Immer dringlicher wird die Frage, welchen Stellenwert die Religion für Hitlers Weltdeutung besitzt.[60] Die Überzeugungsfestigkeit religiöser Menschen scheint er uneingeschränkt positiv beurteilt zu haben. Exemplarisch sei auf die Markierung einer Textstelle verwiesen, die Lagardes Abgrenzung von religiös indifferenten Gelehrten beinhaltet: „Wer eine Weltanschauung sein nennt, besitzt sie entweder als ein Geschenk der Religion seiner Kindheit oder als einen Erwerb der harten Kämpfe, welche er als Mann um einen neuen Glauben geführt hat. Jede Weltanschauung ist religiös" (ebd., 363). Es dürfte schwerlich zufällig sein, dass Hitler in der Auseinandersetzung mit den christlichen Konfessionen auch jene Passagen anstreicht, welche die soziale Prägekraft und politische Bedeutung der Religion untermauern. Als „historische Potenz" (Jacob Burckhardt) hat er sie gewiss nicht unterschätzt.[61]

Natürlich sind mit den hier vorgestellten Befunden nicht alle Argumente für die hermetische Geschlossenheit und Unveränderbarkeit des Hitlerschen Weltbildes entkräftet. In seiner Hitler-Biographie äußerte Joachim Fest pointiert: „[S]ein Verstand [...], produzierte kaum Gedanken, wohl aber große Kraft. Sie verengte und härtete das Ideengemenge und gab ihm eine glaziale Ungerührtheit".[62] Ähnliches lässt sich vielleicht über Lagarde sagen, dessen Kernaussagen nicht selten im Prophetenton formuliert sind und aus weiter Ferne zu kommen scheinen. Allein, auch für Lagarde und Hitler gilt Heraklits Erkenntnis, dass man nicht zweimal in denselben Fluss steigt. Der Göttinger Orientalist hatte in seinen „Deutschen Schriften" Veröffentlichungen ganz unterschiedlicher Lebensphasen aus ihren ursprünglichen Kontexten gerissen und in das Bild einer einheitlichen Weltanschauung gezwungen. Und so spiegelt ihre intensive Aneignung eher den Facettenreichtum der völkischen Bewegung als die ursprünglichen Entstehungszusammenhänge im Preußen Friedrich Wilhelms IV. und Wilhelms I.

Die Anstreichungen belegen Hitlers Vorliebe für plakative Formulierungen und apodiktische Gedanken. Sie berühren ideologisch zentrale Probleme, wie die Rolle der Kirchen, die Verdammung des Judentums und die massive Überhöhung der deutschen Nation. Häufig lassen sich Beziehungen zum Inhalt von „Mein Kampf" feststellen, aber in vielem scheint Hitler auch aktuelle Ereignisse vor Augen zu haben. Überdies legte seine Machtfülle als Diktator prinzipielle Gedanken zur Rolle der Religion im Staat und zur Konfrontation der Ideologien nahe. Hervorstechend ist das Interesse an nationalistisch-religiösen Argumentationsfiguren, die sich gegen das Judentum richten lassen. In welchem Ausmaß die Lagarde-Lektüre Hitlers Weltbild generell prägte, wird weitere Untersuchung erfordern.

Die Macht ideologisierter Wissenschaft

„Sanft in der Form, hart in der Sache“. Die Bedeutung Elisabeth Förster-Nietzsches für die universitäre Etablierung ihres Bruders

Am Ende des 19. Jahrhunderts herrschten an Deutschlands Universitäten beträchtliche Vorbehalte gegenüber Friedrich Nietzsche. Weithin galt er nicht als ernst zu nehmender Denker, sondern als Dichter, der fehlende gedankliche Kohärenz durch kühne Bilder ersetzte. Der Vorwurf war keine Petitesse, denn die akademische Welt stand zu dieser Zeit noch ganz im Zeichen systematischer Wissenschaft. Gewiss wussten auch Universitätsphilosophen um die rasante Entwicklung der Naturwissenschaften oder ahnten die epistemologischen Konsequenzen radikaler Sprachkritik. Doch noch hoffte man, die dynamischen Veränderungen, die nicht zuletzt Konsequenzen einer umfassenden Globalisierung waren, in ein – zumeist hierarchisch gefügtes – philosophisches System integrieren zu können.[1]

In den Zentren der akademischen Gelehrsamkeit waren die Reserven gegenüber Nietzsche besonders hoch. Beispielsweise reichte in Marburg die bloße Erwähnung seines Namens, um das Haupt des dortigen Neukantianismus Hermann Cohen in Rage zu versetzen. Seinen wissenschaftlichen Schüler, den Wormser Gymnasialprofessor Hermann Staudinger, veranlasste Cohen zu einer Streitschrift, welche die philosophische Haltlosigkeit der Vorstellungen Nietzsches und den *Zarathustra* als sprachliches Blendwerk erweisen sollte. Angesichts der stilistischen Fähigkeiten Staudingers war dieses Vorhaben allzu anspruchsvoll und gelegentlich unfreiwillig komisch. Gleichwohl machte es deutlich, dass philosophische Aussagen im Marburger Neukantianismus nach ihrer erkenntnistheoretischen Stimmigkeit und ihrem ethischen Gehalt beurteilt wurden. Studenten, die sich näher mit Nietzsches ‚Gefühlsphilosophie‘ befassen wollten, hatten sich eine andere Alma Mater zu suchen.[2]

Selbst unter Nietzsches wenigen Anhängern im Fach Philosophie war das Urteil zwiespältig. Der zu einer ›realistischen‹

Erkenntnistheorie tendierende Neukantianer Alois Riehl verfasste 1897 eine Monografie über Nietzsche als Künstler und Denker, die werbende Züge trug und bald auf breites Interesse stieß. Der Kieler Professor betonte den persönlichen Charakter von Nietzsches Schriften und unterstrich deren ästhetische Dimension. Es handle sich um „Gedanken als Erlebnisse", mit denen Nietzsche die Herzen seiner Leser erobert habe. Besonders faszinierend sei der „Rhythmus der beweglichen Rede, de[r] Klang der fürs Ohr geschriebenen Worte".[3] Aber auch bei Riehl finden sich Urteile von hoher Doppeldeutigkeit. So warnte er davor, Nietzsche könne mit seiner rhetorischen Brillanz wie ein „Vogelsteller für unvorsichtige Seelen" wirken.[4] Offenkundig war der sprachgewaltige Denker, der individuelle Selbstentfaltung verkündete und ganz unterschiedliche Töne anzuschlagen wusste, der Universitätswelt nicht geheuer.

Es bedurfte großer Anstrengungen, um Nietzsche akademisch salonfähig zu machen. Dabei handelte es sich um einen vielschichtigen Prozess, an dem zahlreiche Personen und weltanschauliche Richtungen beteiligt waren. Hier stehen nur das Weimarer Nietzsche-Archiv und die Rolle Elisabeth Förster-Nietzsches zur Debatte. In der Schwerpunktsetzung spiegelt sich ein wissenschaftlicher Nachholbedarf. Allzu häufig wird die ehrgeizige Schwester aufgrund ihrer fragwürdigen Editionen beim Thema ‚Nietzsche und die Universitäten' vernachlässigt. Allein, wie fatal auch immer ihre Fälschungen und geschönten Erzählungen die Rezeption Nietzsches beeinflusst haben, ein umfassendes Bild seiner akademischen Resonanz ist ohne ihre intensive Berücksichtigung kaum möglich. Schließlich prägte sie jahrzehntelang die Vorstellung von Nietzsche als ‚heroischem Genie', die auch an den Universitäten ihre Anhänger hatte und für seine Durchsetzung alles andere als nachrangig ist.[5]

Das komplexe Thema ist von mehreren Seiten einzukreisen. Zunächst gilt es, die Bedeutung Weimars für die Nietzsche-Rezeption der Jahrhundertwende herauszuarbeiten (I). Alsdann ist das akademische Netzwerk zu betrachten, das sich energisch für die Anerkennung von Nietzsches Philosophie einsetzte. Die Unterschiedlichkeit der daran mitwirkenden Gelehrten spricht für den Ehrgeiz, aber auch für die Menschenkenntnis der Archivleiterin. Neben dem erfolgreichen Wissenschaftsfunktionär, aber persönlich recht unsicheren Hallenser Professor Hans Vaihinger (II) stand der vor Selbstvertrauen nur so strotzende Jenaer Ordinarius und Literaturnobelpreisträger Rudolf Eucken (III). Gleichzeitig konnte Elisabeth Förster-Nietzsche in ihrem Umfeld auf Mitarbeiter wie den Leipziger Privatdozenten Max Brahn zählen, die ungeachtet politischer und philosophischer Divergenzen der Sache des Nietzsche-Archivs treu ergeben blieben (IV). Mit unkonventionellen Mitteln schaffte sie es, ihr persönliches Nietzsche-Bild in der akademischen Welt zu verankern, obwohl an kritischen Stimmen kein Mangel herrschte (V).

I.

Weimar kam bei der Anerkennung Nietzsches eine zentrale Rolle zu. Elisabeth Förster-Nietzsche hatte sich diesen Ort ausgesucht, um ihren Bruder neben Goethe als Klassiker zu etablieren. Für ihre Strategie spielte es keine Rolle, dass Nietzsche Weimar als geistig gesunder Mensch nie betreten hatte. Stattdessen setzte sie in zahlreichen Publikationen auf die suggestive Kraft des Vergleichs zwischen Goethe und Nietzsche. Beide Ausnahmebegabungen hätten geistige Interessen wie die Liebe zur Kunst oder zur Antike gemeinsam, ja seien sich sogar äußerlich ähnlich gewesen. Ihre Gelassenheit habe sie weit über die Sorgen des Durchschnittsmenschen erhoben. Und so ist denn auch die Verherrlichung der ‚Universalgenies' Goethe und Nietzsche eines der Hauptmotive ihrer umfangreichen Nietzsche-Biografie, mit der sie um 1900 das bürgerliche Lesepublikum gewann.[6]

Mit ihrer Mischung aus plaudernder Harmlosigkeit und stolzer Heldenverehrung traf Elisabeth Förster-Nietzsche den Ton der Stunde. Aus allen Generationen meldeten sich Stimmen zu Wort, die das Leben des Bruders als vorbildhaft und inspirierend verstanden. Welches Ausmaß die Bewunderung in kürzester Zeit annahm, zeigte Ferdinand Tönnies, der ein umsichtiges Buch über den „Nietzsche-Kult" seiner Epoche schrieb. Allzu fasziniert von der neuartigen Diktion, mit der die Bedeutung individuellen Erlebens gepriesen werde, habe man die nüchterne Analyse des philosophischen Gehalts vernachlässigt. Schaue man hingegen nur auf die Wirkung seiner Texte, lasse sich kaum bestreiten, dass Nietzsche ein „Weltereignis" sei.[7]

Elisabeth Förster-Nietzsche nutzte bei ihrer Glorifizierung des Bruders nicht nur die Tradition Weimars, sondern setzte auch auf kulturelle Erneuerung. Henry van de Velde kleidete die an der Ilm herrschende Einstellung rückblickend in die pointierten Worte, man habe mit Nietzsche „[e]ine neue Goldader [...] in dem Augenblick entdeckt [...], als die Mediokrität der ‚Goethe-Priester' den Goethe-Kult zu entwerten drohte".[8] Vermutlich handelt es sich um eine zutreffende Einschätzung, gleichwohl sollte man in Rechnung stellen, dass der belgische Künstler auch voreingenommen war. Zusammen mit seinem Freund Harry Graf Kessler ging er im Nietzsche-Archiv ein und aus, was ansonsten nur wenigen Menschen vergönnt war.

Die Schlüsselfiguren der Weimarer Kulturgeschichte des Fin de Siècle standen in engem Kontakt zueinander.[9] Tief beeindruckt vom Zarathustra hatte der junge Kessler im Herbst 1895 Förster-Nietzsche kennengelernt und schätzte vor allem ihre Mitteilungen aus Nietzsches Leben. Ihr hingegen dürfte die souveräne Eleganz des jungen Adeligen imponiert haben. Jedenfalls übernachtete er im August 1897 als erster Gast in der Villa Silberblick, wo das Nietzsche-Archiv eine dauerhafte, ausgesprochen noble Unterbringung gefunden hatte. Wenige Monate später traf Kessler in Berlin Henry van der Velde, mit dem er nicht nur künstlerische Reformvorstellungen, sondern auch die Begeisterung für Nietzsche teilte. Der belgische Künstler lernte wiederum im Berliner Salon Cornelia Richters, der weltläufigen Tochter des Komponisten Giacomo Meyerbeer, Elisabeth Förster-Nietzsche kennen.

Zwischen der Archivherrin, Kessler und van de Velde entwickelte sich ein reger Austausch. Alle drei einte der Wunsch nach einer Modernisierung des Weimarer Kulturlebens, mit der sich an berühmte Vorbilder anknüpfen ließ. So war Förster-Nietzsche entscheidend dafür verantwortlich, dass van de Velde als „Berater für Kunstgewerbe und Industrie“ im Großherzogtum Sachsen-Weimar berufen wurde.[10] Kessler, der über einen großen Bekanntenkreis verfügte, kümmerte sich hingegen um die für den Erfolg des Neuen Weimar notwendigen internationalen Kontakte. Dies bestärkte Förster-Nietzsche darin, den Bruder ebenso als ‚guten Europäer‘ wie als herausragenden Denker zu präsentieren. Dementsprechend hoch waren die Erwartungen hinsichtlich der ersten Gesamtdeutung Nietzsches aus der Perspektive des Archivs. Als Autor entschied man sich in der Villa Silberblick für den französischen Germanisten Henri Lichtenberger.

Der junge Wissenschaftler wusste, was er zu tun hatte, und stellte die Bedeutung Elisabeth Förster-Nietzsches gebührend heraus. Ohne sich mit philologischen oder hermeneutischen Bedenken zu plagen, vertrat er die Auffassung, Nietzsches Philosophie lasse sich unmittelbar aus den Gedanken in *Also sprach Zarathustra* ableiten. Gleichsam natürlich verband sich damit die Vorstellung, Nietzsches berühmtestes Werk enthalte ein klar strukturiertes System.[11] Angesichts der sprachlichen Gestalt des *Zarathustra* mit seinen ironischen Brechungen, intellektuellen Volten und virtuos eingesetzten Perspektivwechseln erscheint diese Interpretation ausgesprochen gewagt. In Weimar aber war man begeistert. Lichtenberger hatte dem Archiv gegeben, was man dort am meisten wünschte: die Darstellung eines überragenden Menschheitsgenies, dessen Gedankenwelt genau zu den herrschenden akademischen Überzeugungen passte. Elisabeth Förster-Nietzsche unterstrich den offiziellen Charakter der Monografie Lichtenbergers, indem sie eine umfangreiche Einführung beisteuerte. Der Text zeigte das Ausmaß ihres Ehrgeizes, denn sie beanspruchte nicht weniger als eine überzeugende Periodisierung von Nietzsches Schaffen. Zur Begründung ihrer Zweiteilung von Nietzsches Œuvre verwies sie in erster Linie auf ihren persönlichen Erfahrungshintergrund.[12] Dies war weder sachlich überzeugend noch seriös überprüfbar; ihrem Weimarer Ansehen schadete dies jedoch nicht. Am 7. Mai 1899 teilte ihr Harry Graf Kessler geradezu euphorisch mit, nur sie habe eine so intime Einleitung verfassen können, „und es ist unendlich schade, daß wir etwas Ähnliches bei fast keinem andren Schöpfer haben".[13] Anscheinend galten nicht nur für Nietzsche, sondern auch für seine Schwester besondere Maßstäbe.

Dies hieß freilich nicht, dass in Weimar wissenschaftliche Normen gänzlich ignoriert wurden. Elisabeth Förster-Nietzsche wusste nur zu gut, dass langfristig keine Institution so wichtig für die akademische Nobilitierung ihres Bruders war wie die Universität. Überdies stand die deutsche Wissenschaft um 1900 im Zenit ihres Ansehens und zog zahlreiche ausländische Studenten an.[14] Doch nicht nur sie trugen die Botschaft deutscher Hochschulen in die Welt hinaus. Noch mehr galt dies für junge Wissenschaftler, die sich für Humboldts Idee voraussetzungsloser Forschung begeisterten und dieses Konzept in ihre Heimatländer mitnahmen. In den Geisteswissenschaften existierten freilich auch recht konventionelle Vorstellungen. So betonten Philosophen im Zeichen Kants den universalen Charakter wissenschaftlicher Erkenntnis und hielten zugleich an der privilegierten eigenen Bedeutung fest. Nicht selten erhoben sie den Anspruch, über den Wert anderer Disziplinen befinden zu können.[15]

Elisabeth Förster-Nietzsche war das hohe Selbstverständnis der Philosophieprofessoren recht. Ihr schien es gänzlich unstrittig, dass der Bruder vor allem in diesem Fach Anerkennung erstrebt habe. Gleichzeitig betrachtete sie Philosophie als Ausdruck menschlicher Weisheit, die weit über dem wissenschaftlichen Alltagsgeschäft stehe. Energisch kämpfte sie für Nietzsches Aufnahme in den bildungsbürgerlichen Kanon. Schon bald trafen sich in der durch van der Velde aufwendig umgestalteten Villa Silberblick höchst „unterschiedliche kulturinteressierte Persönlichkeiten".[16] Der Kreis der Berühmtheiten, die vom Nietzsche-Archiv einen Eindruck gewinnen wollten, reichte von Richard Dehmel bis Stefan Zweig. Eine für alle Besucher zutreffende Charakterisierung wird sich kaum finden lassen, doch irrt man vermutlich nicht, wenn man den meisten eine positive Einstellung zum Geniegedanken attestiert. Sie stand in bemerkenswertem Kontrast zu der heimeligen Atmosphäre, um die sich Förster-Nietzsche auf dem Silberblick bemühte. Doch dürfte gerade in der braven und vermeintlich privaten Präsentation des Außergewöhnlichen eines ihrer Erfolgsgeheimnisse gelegen haben.[17]

Für die irdische Verewigung ihres Bruders setzte sich Förster-Nietzsche mit aller Energie ein. Dies bedeutete nicht zuletzt, universitäre Vorbehalte gegenüber seinem ‚sprunghaften Denken‘ auszuräumen. Dabei scheint der langfristig planenden Schwester von Beginn an klar gewesen zu sein, dass sie ohne Hilfe anderer Menschen in genuin akademischen Zusammenhängen nichts erreichen würde. Schon bald hatte sie eine Gruppe einflussreicher Gelehrter um sich geschart, die sich für die Ziele des Nietzsche-Archivs einsetzte. Ihr vermutlich wichtigster Unterstützer war Hans Vaihinger, der um 1900 als philologische Koryphäe galt und die Kant-Ausgabe bei der Preußischen Akademie der Wissenschaften organisierte. Trotz seines Renommees identifizierte er sich kaum mit der Universitätswelt. Die Gründe für seine Haltung lagen in der eigenen Vergangenheit.

II.

Hans Vaihingers Karriere war alles andere als reibungslos verlaufen. Bereits im Alter von 24 Jahren hatte er ein kritisches Werk über die Lage der Philosophie in Preußen veröffentlicht. Zwar wurde die 1884 erschienene Studie positiv aufgenommen, doch hatte er sich angreifbarer gemacht, als es für einen jungen Wissenschaftler ratsam war.[18] Als im selben Jahr eine Kieler Professur vakant wurde, hintertrieb der erzkonservative Neukantianer Otto Liebmann Vaihingers Berufung, indem er das Kultusministerium über dessen angebliche politische Unzuverlässigkeit informierte. Fast ein Jahrzehnt musste der talentierte Philosoph auf eine Professur warten, sicher auch, weil der im Ministerium ungemein einflussreiche Personalreferent Friedrich Althoff ihn nicht unterstützte. Am Ende entschied sich Vaihinger für eine ungewöhnliche Form der Anpassung. Er fertigte 1893 ein Dossier „über die philosophischen Universitätsdocenten Deutschlands" an, das Althoff als Grundlage für seine Personalpolitik gut gebrauchen konnte. Der Rapport über den ‚wissenschaftlichen Nachwuchs', der auch über private und politische Überzeugungen informierte, wurde belohnt. Nur ein Jahr später erhielt Vaihinger ein Ordinariat in Halle. Er konnte indes schwerlich der Auffassung sein, dass er diese Position allein der Güte seines wissenschaftlichen Œuvres verdankte.[19]

Obwohl Vaihinger als Kant-Philologe großen Respekt genoss, hegte er für den Außenseiter Nietzsche starke Sympathien. Über die Gründe hierfür schweigen die Quellen. Vielleicht faszinierte ihn Nietzsches Sprachgewalt, vielleicht wollte er, wie manch anderer Ordinarius, mehr und anderes sein als nur ein Universitätsgelehrter. Jedenfalls hielt Vaihinger am 29. Juni 1899 in Halle einen Vortrag über *Nietzsche als Philosoph*, den er umgehend zu einem Buch ausbaute. Es belegt eindrucksvoll, wie sehr Vaihinger von der Wichtigkeit, der Aktualität und dem systematischen Charakter der Gedanken Nietzsches überzeugt war. Auf beträchtliche Resonanz stießen die sieben „Tendenzen" Nietzsches: „die antimoralistische, die antisozialistische, die antidemokratische, die antifeministische, die antiintellektualistische, die antipessimistische, die antireligiöse".[20] Förster-Nietzsche dürfte es gefallen haben, wie energisch sich Vaihinger gegen das Verdikt wandte, bei ihrem Bruder handle es sich um einen ‚Modeschriftsteller' oder gar einen Geisteskranken. Vielmehr betonte der Hallenser Professor Nietzsches systematische Ausrichtung und seine philosophische Ernsthaftigkeit. Ähnlich wie Riehl thematisierte er Nietzsches inneres Schwanken, fand dafür aber eher positive Worte.[21]

Auch als Hochschullehrer setzte sich Vaihinger für Nietzsches Ideen ein. So regte er in Halle mehrere Dissertationen über dessen Philosophie an. Förster-Nietzsches Cousin Richard Oehler verfasste beispielsweise eine Studie *Friedrich Nietzsche und die Vorsokratiker*. Im Geiste der Archivherrin hieß es darin, Nietzsche sei „nicht zum Aphorismus prädestiniert", sondern in „alle[n] seine[n] Äußerungen“ zeige sich „im Grunde ein einheitliche[r] Zug“.[22] Dies war zwar gedanklich ähnlich unscharf wie Oehlers Überzeugung, Nietzsches Einstellung zur Antike sei ein Leben lang unverändert positiv geblieben, rief aber keine Kritik hervor. Vaihingers Motive lassen sich rückblickend nur schwer klären, doch dass er Förster-Nietzsche schätzte, ist gewiss. Er half ihr bei der Suche nach Manuskripten des Bruders und unterstützte mit seinem wissenschaftlichen Ansehen ihre Tätigkeit als Herausgeberin.

Nachdem Vaihinger 1904 wegen einer schweren Augenkrankheit emeritiert worden war, setzte er sich verstärkt für die Belange des Weimarer Archivs ein. So gehörte er zu den Vorstandsmitgliedern der Nietzsche-Stiftung, die für das Erschließen neuer Geldmittel erhebliche Bedeutung hatte. In Vaihingers Engagement spiegelte sich ebenso philosophischer Ehrgeiz wie die gewünschte Nähe zum Hause Nietzsche. Als 1911 sein Hauptwerk *Die Philosophie des Als ob* erschien, erinnerte er Förster-Nietzsche mit einigem Stolz an das „erste Zusammentreffen“ zehn Jahre zuvor im Leipziger Palmengarten. Bei dieser Begegnung habe er sie auf die »selbstständig[e]« Entdeckung wichtiger Gedanken Nietzsches hingewiesen, nun liege das Resultat seiner philosophischen Anstrengungen vor.[23] Offenkundig wurde in derartigen Äußerungen allerdings auch, wie sehr er auf ihr Lob erpicht war.

Im Sommer 1907 unternahm Vaihinger zusammen mit Alois Riehl und dem Leipziger Philosophiehistoriker Max Heinze den Versuch, Elisabeth Förster-Nietzsche den Nobelpreis für Literatur zu verschaffen. Alle drei zählten zum Beirat des Nietzsche-Archivs und waren als Lehrstuhlinhaber einer deutschen Universität antragsberechtigt. Die Initiative ging jedoch fraglos von Vaihinger aus. In Anbetracht von Förster-Nietzsches begrenzten schriftstellerischen Fähigkeiten konnte das Ansinnen schwerlich verfangen. Bezeichnenderweise brachte man bei der Bewerbung neben der Nietzsche-Biografie vor allem ihre organisatorischen Leistungen in Anschlag.[24] In die nähere Auswahl kam die Archivherrin damit nicht, gleichwohl konnte sie mit dem Stockholmer Geschehen zufrieden sein. Zum einen bekundete bereits die Aufnahme in den gerade einmal 16 Namen umfassenden Kandidatenkreis Förster-Nietzsches internationales Ansehen. Zum anderen ging der Preis im Folgejahr an einen Bekannten, den Neoidealisten Rudolf Eucken, mit dem sie seit Langem in Verbindung stand.

III.

Der 1846 im ostfriesischen Aurich geborene Eucken verfügte über beachtliche Talente und ein immenses Wissen.[25] Schon früh galt er als vorzüglicher Kenner des Aristoteles, mit gerade einmal zwanzig Jahren wurde er in Göttingen promoviert. 1871 erhielt er jene Baseler Professur für Philosophie, auf die Nietzsche gern von der Klassischen Philologie gewechselt wäre. Nach kurzer gemeinsamer Tätigkeit in der Schweiz trennten sich ihre Wege. Während Nietzsche ein zurückgezogenes Leben als intellektueller Einzelgänger führte, wurde Eucken nach Jena berufen und genoss allgemeine Anerkennung auf Fichtes berühmtem Katheder. Mit der Zeit schwand jedoch sein Interesse an fachphilosophischen Fragen, und insbesondere die entsagungsvolle begriffshistorische Arbeit wurde ihm fremd.[26]

Gegen Ende des 19. Jahrhunderts hatte Eucken den Eindruck, die wissenschaftliche Philosophie habe den unter Entfremdung und Glaubensverlust leidenden Menschen nur noch wenig zu sagen. Er gewöhnte sich daran, seine Gedanken für ein breites Publikum zu formulieren und nutzte die expandierende Feuilleton-Kultur. Angesichts der dort zu verdienenden Summen war dies naheliegend, doch musste ihn die steigende Popularität von seinen Kollegen entfremden. Mittelfristig konnte Eucken das Reflexionsniveau nicht halten und entwickelte sich vom abwägenden Gelehrten zum allgemeinen Sinngebungsexperten.[27] Die damit im Fach einhergehenden Probleme störten ihn nicht sonderlich. Schließlich hatte er ein Anliegen und war es gewohnt, den eigenen Ideen zu folgen. Zu Nietzsches Philosophie hatte Eucken mittlerweile ein recht kritisches Verhältnis. Ihn störte, in welchem Ausmaß Nietzsche das individuelle Erleben feierte. Eucken bezweifelte, dass die radikale Freisetzung menschlicher Wünsche auf die Dauer segensreiche Folgen haben werde. Stattdessen vertraute er für die Fundierung menschlichen Zusammenlebens auf den kulturprotestantischen Bildungskanon, zu dem Luther, Kant und Fichte zählten. Insbesondere hoffte er auf eine neue, in echter Gemeinschaft sich gründende Moral, um einen Ausweg aus der zeitgenössischen Sinnkrise zu finden.[28] Gleichzeitig beschwor er mit ausdrücklichem Bezug auf Goethe die harmonische Entfaltung der menschlichen Persönlichkeit.

Euckens Umgang mit Bildungswerten war in viele Richtungen anschlussfähig. Dem konzilianten Denker ging es nicht um das Ausschärfen von Konfliktlinien, sondern um mögliche Synthesen. Ausgesprochen freundlich ging er mit Elisabeth Förster-Nietzsche um, deren Einsatz für den tragisch gescheiterten Bruder ihm Respekt abnötigte. Sie schätzte hingegen Euckens kulturpessimistisch getönte Kritik an der oberflächlichen Gegenwart. Ihre Korrespondenz zeigt, dass sie sich in wichtigen Fragen einig waren. Zudem hatten beide attraktives ‚symbolisches Kapital‘ anzubieten: Förster-Nietzsche als Schwester eines immer berühmter werdenden Philosophen, Eucken als Jenaer Großordinarius, der wertvolle Einblicke in die Universitätswelt ermöglichte.

Der Gewinn des Nobelpreises verstärkte das harmonische Verhältnis zwischen Jena und Weimar. Eucken, der an der amerikanischen Ostküste mit Ehrendoktortiteln überhäuft wurde, hatte nun das Gefühl, in einer anderen Liga als seine Kollegen zu spielen. Nietzsches Nimbus blieb für ihn aber weiter interessant. Dementsprechend vertraulich war sein Umgang mit Förster-Nietzsche, die er sogar in akademische Interna einweihte.[29] Nietzsches Schwester wiederum goutierte es, wie freundlich sich mit Eucken über die Vergangenheit plaudern ließ. Die beiden 1846 Geborenen waren längst übereingekommen, dass sie einem Jahrgang angehörten, der keinen Vergleich mit den folgenden Generationen scheuen müsse. Doch bei aller Selbstgefälligkeit behielt Förster-Nietzsche einen Sinn für die anstehenden Probleme. Schon früh hatte sie gelernt, wie hilfreich ein milder Blick in die Vergangenheit sein konnte, um Brücken in die Zukunft zu schlagen.

IV.

Leipzig war für Nietzsche einst ungemein wichtig gewesen. Hier hatte er die Sympathie Friedrich Ritschls gefunden, der ihm mit gerade einmal 24 Jahren die Baseler Professur für Klassische Philologie verschaffte. Hier hatte er Schopenhauers *Die Welt als Wille und Vorstellung* studiert und war vom philosophischen Eros ergriffen worden. Und nicht zuletzt hatte er hier Richard Wagner kennengelernt, der für ihn bei aller Kritik der Inbegriff eines Genies blieb. All dies ist nicht wirklich strittig, auch wenn aussagekräftige Quellen immer wieder zu Neudeutungen inspirieren.[30] Der Stellenwert Leipzigs in der akademischen Nietzsche-Rezeption dürfte hingegen weniger bekannt sein. An der dortigen Universität lehrte Max Heinze, der Nietzsche bereits seit frühesten Tagen kannte und nach dessen Zusammenbruch die Vormundschaft für ihn übernommen hatte. Mit den Angelegenheiten des Weimarer Archivs war er durch seine Tätigkeit im Beirat bestens vertraut. Gleichzeitig wirkte in Leipzig Raoul Richter, der Sohn der bereits erwähnten Salonière Cornelia Richter. Der Privatdozent hielt im Wintersemester 1901/1902 erstmals Vorlesungen über Nietzsche, die auf reges Interesse stießen. Gut ein Jahr später erschienen sie als umfassendes Buch.[31]

Raoul Richter wandte sich vor allem gegen die Unzahl dilettantischer Veröffentlichungen. Ausführlich schilderte er Nietzsches Entwicklungsgang und bemühte sich, dessen Motive besser zu verstehen. Dies war vielleicht unspektakulär, aber sicher ein Anfang, um dem Philosophen näherzukommen. Inhaltlich betonte er, Nietzsche habe sich von einem Positivisten immer mehr zu einem Idealisten gewandelt. Damit einher ging die Überzeugung, sein Denken lasse sich angemessen als ‚Wertphilosophie' charakterisieren.[32] Richters Interpretation passte in eine Zeit, die nach verbindlichen Maßstäben für eine zunehmend unübersichtliche Welt suchte. Man kann aber nicht sagen, dass seine Deutungsperspektive Nietzsches Ideen vollkommen fremd gewesen wäre. Als 1909 und 1912 Max Heinze und Raoul Richter starben, betrachtete man dies im Nietzsche-Archiv als mittelschwere Katastrophe. Überraschenderweise stand an der Leipziger Universität schon hoch motivierter Ersatz bereit.

Mit Max Brahn setzte ein junger Schüler von Raoul Richter dessen Nietzsche-Vorlesungen fort. Er besaß einen jüdischen Hintergrund, war von Arthur Schopenhauer begeistert und hatte einen wachen Blick für politische Probleme. Recht bald geriet er in den Bann von Nietzsches Schwester, für die er manche Aufgabe erledigte. Nicht zuletzt beriet er sie bei persönlich diffizilen Fragen und insbesondere bei ihren Streitigkeiten mit Verlegern. Trotz seiner Hand- und Spanndienste blieb Brahn ein unabhängiger Kopf, der sich traute, Förster-Nietzsche die Wahrheit zu sagen. Sie scheint die intellektuelle Unabhängigkeit durchaus geschätzt zu haben, erfuhr sie von ihm doch manches, was ihr sonst verborgen geblieben wäre. In jedem Fall hatte sie mit Brahn einen Wissenschaftler für das Archiv gewonnen, den man angesichts seiner Loyalität ruhig an der langen Leine laufen lassen konnte.[33]

Auf die Dauer konnte jedoch das enge Arbeitsverhältnis zwischen Brahn und Elisabeth Förster-Nietzsche nicht gut gehen, dafür war sie einfach zu dominant. Überdies gewannen die politischen Divergenzen immer mehr an Bedeutung. Als Nietzsche im Ersten Weltkrieg nationaldeutsch angestrichen wurde, arbeitete Brahn noch mit. Für das Archiv legte er eine Kompilation von Nietzsches politischen Ansichten und eine Kriegsausgabe des *Willen zur Macht* vor.[34] Der zunehmende Antisemitismus in der Kriegsgesellschaft stellte Brahn jedoch seit Herbst 1916 vor Probleme neuer Qualität. Denn die treue Anhängerin Paul von Hindenburgs setzte sich nun für einen exklusiven Nationalismus ein, in dem die Juden als ‚Fremde‘ betrachtet wurden. Als sie den schroffen Antisemitismus Bruno Bauchs unterstützte, war für Brahn eine Grenze überschritten. Unmissverständlich teilte er der Archivleiterin mit, er sei durchaus bereit, in dieser Angelegenheit „ein Tänzlein zu wagen".[35] Der Konflikt wurde noch einmal eingehegt; aber als der in der USPD aktive Brahn im Juni 1920 in das Berliner Arbeitsministerium berufen wurde, kehrte er dem Nietzsche-Archiv endgültig den Rücken. Vermutlich hatte er sich längst ein Bild von Förster-Nietzsches berechnendem Umgang mit weltanschaulichen Fragen gemacht. Für die breite Öffentlichkeit stand ohnehin außer Frage, dass der Weg zu Nietzsches Vermächtnis nur über die Schwester führte.

V.

Die Gründe für Elisabeth Förster-Nietzsches Erfolg sind nicht leicht zu bestimmen. So soll sie über einen bestrickenden Charme verfügt haben, der sich in den Quellen jedoch nur selten fassen lässt. Ähnliches trifft für ihre äußere Erscheinung zu, die zwischen mondänem Glanz und biederer Häuslichkeit changierte und ganz unterschiedlich kommentiert wurde. Unstrittig ist hingegen ihr souveräner Umgang mit Honoratioren. Gern spielte sie vor, dass sie ohne Ehemann und Bruder nahezu schutzlos sei. Wie sie tatsächlich über das ‚starke Geschlecht' dachte, machte sie privat unmissverständlich deutlich. Die Frauenrechtlerin Meta von Salis, die beim Erwerb der Villa Silberblick eine entscheidende Rolle gespielt hatte, ließ sie etwa wissen, wie sie ihr beim „Triumph über all die Männer und Männlein" fehle.[36] Dabei gilt es allerdings zu bedenken, dass Meta von Salis alsbald auf das geplante Zusammenleben mit Nietzsches Schwester verzichtete, weil sie mit deren rücksichtsloser Eigenmächtigkeit nichts zu tun haben wollte.[37]

Andere Stimmen kamen gegen Förster-Nietzsches geschickte Selbstvermarktung nicht an. Ob ein renommierter Journalist wie Alfred Kerr sie als „Übermenschin"[38] verspottete oder Nietzsches Freund Franz Overbeck auf gravierende Schwächen ihrer Textausgaben hinwies[39], Breitenwirkung erzielte das nur für kurze Zeit. Dies macht nicht nur deutlich, wie schwer dem Nietzsche-Mythos mit Vernunftgründen beizukommen war, es spiegelt auch die Machtstellung der Schwester wider. Jeder, der aus den Dokumenten der Villa Silberblick zitieren wollte, hatte sie um Erlaubnis zu fragen und musste sich ihren Entscheidungen fügen. So lernte sie rasch, mit unterschiedlichen Menschen zu kommunizieren und dabei die eigenen Interessen fest im Blick zu haben.

Bedenkt man Förster-Nietzsches strenge Erziehung und ihre Bildungsbeflissenheit, ist ihr Umgang mit Professoren besonders erstaunlich. Angesehene Gelehrte wie Eucken oder Vaihinger, die sich nach Nähe zu einem ‚Jahrhundertgenie‘ sehnten, wickelte sie meist um den Finger. Dabei handelte sie häufig nach Gutdünken. So teilte sie ihrem Rechtsanwalt Fritz Böckel am 4. Dezember 1907 mit, wie positiv die Philosophieprofessoren Heinze, Riehl und Vaihinger in Privatbriefen an sie über ihre Nietzsche-Biografie geurteilt hätten. Drei Tage später finden sich diese Namen im offiziellen Strafantrag gegen den Verleger Eugen Diederichs, durch den sie sich beleidigt wähnte.[40]

Mit ‚kleineren Kalibern‘ der Gelehrtenzunft hatte Nietzsches Schwester erst recht keine Probleme. So freundlich sie sich gab, so virtuos sie zu schmeicheln verstand, ihre Interessen wahrte sie energisch. Offenherzig erklärte sie mitten im Ersten Weltkrieg Max Brahn: Es habe „eiserne Standfestigkeit“ und hohe Sachkompetenz erfordert, das eigene Nietzsche-Bild gegen eine ignorante Öffentlichkeit durchzusetzen.[41] Glücklicherweise könne sie stets auf ihre Unterschätzung bauen. Insbesondere bei ihrer entsagungsvollen Tätigkeit als Herausgeberin erleichtere dies das Erreichen eigener Ziele entscheidend.[42]

Freilich war sich Förster-Nietzsche auch für härtere Gangarten nicht zu schade. Sollte es erforderlich sein, machte sie von Drohungen Gebrauch und scheute vor gerichtlichen Auseinandersetzungen nicht zurück. Dabei half es sehr, dass sie mit Ernest Thiel einen großzügigen Förderer in Stockholm gewonnen hatte, der die anfallenden Gerichtskosten bereitwillig übernahm.[43] Ihre Maxime „Suaviter in modo, fortiter in re“ stammte noch aus der Auseinandersetzung mit dem als erstickend empfundenen Naumburger Milieu. Doch handelte es sich dabei nicht, wie sie annahm, um eine antike Weisheit, sondern um einen Gedanken des Jesuitengenerals Claudio Aquaviva. Sein Vorschlag, „sanft in der Form, hart in der Sache" zu sein, passte ausgezeichnet in die robuste Welt am Ausgang des 19. Jahrhunderts, als sie mittellos aus Südamerika zurückkehrte und sich anschickte, ein Nietzsche-Imperium aufzubauen.[44]

In jedem Fall besaß Förster-Nietzsche als ‚treusorgende Schwester' einen gewaltigen Vertrauensvorschuss. Nach Kräften sorgte sie dafür, dass dieses idyllische Bild in der Öffentlichkeit nicht beschädigt wurde. So schaffte sie es, aufmerksame Beobachter wie Harry Graf Kessler und Henry van de Velde von ihrem Idealismus zu überzeugen. Trotz der Skepsis, die beide gegenüber ihrem politischen Weltbild hegten, bezweifelten sie nicht ihre Loyalität zum Bruder.

Van de Velde glaubte selbst nach der Offenlegung ihrer Fälschungen in den 1950er-Jahren, dass Nietzsche „[s]eine Blicke […] ihr noch aufgeprägt" habe.[45] Der sich darin spiegelnde Geniekult dürfte zu den wichtigsten Gründen dafür gehören, dass seine Anhänger die Schwester immer wieder von Kritik ausnahmen. Die Gegner des Nietzsche-Archivs ahnten hingegen selten, mit wem sie es eigentlich zu tun hatten.

Elisabeth Förster-Nietzsche, die so gern bürgerliche Umgangsformen pflegte und für Gäste der Villa Silberblick stets ein freundliches Wort hatte, war tatsächlich ausgesprochen ‚streetwise'. Die harten Jahre in Paraguay, als sie das marode Kolonialunternehmen ihres Mannes gegen Kritik verteidigen musste, hatten sie darüber belehrt, wie erfolgreich sich Lügen im Umgang mit gutgläubigen Menschen einsetzen ließen. Prinzipiell habe man ohnehin nur die Wahl, „Hammer oder Amboß" zu sein[46], und da sei es klar, wofür sie sich entscheide. Das teilte sie der Mutter im Juni 1890 mit, als sie gerade erst anfing, den Zusammenbruch Nietzsches und den Tod ihres Mannes zu verarbeiten.[47] Unstrittig war für sie freilich auch, dass ihr eigenes Leben nur von nachrangiger Bedeutung sei. In diesem Sinne äußerte sie viele Jahre später kategorisch gegenüber ihrem Rechtsanwalt Fritz Böckel, „ihre ganze Arbeit gehöre dem Werk ihres Bruders".[48]

Bei Licht besehen veränderten sich die Verhaltensmuster Elisabeth Förster-Nietzsches erstaunlich wenig. Sie schmeichelte, wo sie konnte, und schlug, wenn notwendig, unbarmherzig zu. Dass sie damit in unterschiedlichen Perioden deutscher Geschichte auch in der akademischen Welt ungemein erfolgreich war, hat etwas Irritierendes. Zur Erklärung ihrer Wirkung dürfte allerdings der Hinweis auf professorale Eitelkeiten und intellektuelle Idiosynkrasien nicht ausreichen. Mit dem exklusiven Zugriff auf Nietzsches Nachlass verfügte sie jahrzehntelang über Bedingungen, die ihresgleichen suchen. Zudem war sie eine begnadete Erzählerin, die den Menschen ihre Wünsche erfüllte und die eigenen Geschichten mit wenigen Strichen veränderten Situationen anzupassen verstand. Vermutlich führt in puncto Nietzsche kein Weg an der Erkenntnis vorbei, dass die Blütezeit deutscher Universitäten um 1900 auch eine Ära erfolgreicher Mythenbildung war.

Strukturwandel der Wissenschaft im Nationalsozialismus

Die konkrete Gestalt des nationalsozialistischen Wissenschaftssystems blieb lange wie hinter dichtem Nebel verborgen. Schuld daran war nicht allein das ‚Schweigekartell' der Beteiligten, dessen Ausmaß erst in jüngster Zeit deutlich geworden ist.[1] Mindestens ebenso verhängnisvoll wirkte sich die Dämonisierung des Nationalsozialismus aus, die es unmöglich erscheinen ließ, dass ein großer Teil der akademischen Intelligenz die politischen Ziele und ideologischen Vorgaben der ‚braunen Machthaber' geteilt haben sollte. Genau dies war jedoch der Fall.

Rückblickend lässt sich eine erstaunliche Überzeugungskraft apologetischer Denkfiguren feststellen, welche die wissenschaftsgeschichtliche Erforschung des Nationalsozialismus jahrzehntelang behindert hat. Vier Fehlentwicklungen sind festzuhalten:

1) Die Wissenschaftsfeindlichkeit der NSDAP galt als unstrittige Tatsache, so dass die Zielgerichtetheit ihrer Wissenschaftspolitik und das Ausmaß der Wissenschaftsförderung nicht erkannt werden konnte.
2) Eine Wissenschaftstheorie und eine geschlossene Ideologie des Nationalsozialismus wurden so sehr vermisst, dass man die schleichende Veränderung des Wissenschaftsverständnisses nicht bemerkte.[2]
3) Die gescheiterten Pläne der Nationalsozialisten wurden fokussiert, während die erfolgreiche Umsetzung von Vorhaben kaum in den Blick geriet.
4) Man unterschied apodiktisch zwischen NS-affinem Denken und ‚reiner Forschung' und unterschätzte deshalb, dass sich gerade jene Wissenschaftler durchsetzten, welche die Nützlichkeit ihrer Forschungen unter Beweis stellen konnten. Denn die „Übereinstimmung mit den nicht immer konsistenten weltanschaulichen Zielsetzungen" der Nationalsozialisten war weniger wichtig als der Wille, diese Ziele rücksichtslos in die Tat umzusetzen.[3]

Hinzu kam seit Ende der 1960er Jahre der moralische Maximalismus einer Geschichtsschreibung, der das Verständnis für die Lebensbedingungen und Handlungsspielräume in einer Diktatur weitgehend fehlte. Durch den Verlust adäquater Interpretationshorizonte wurde die ohnehin schwierige Historisierung des Nationalsozialismus vollends unmöglich. Dies führte unfreiwillig zu einer Marginalisierung der Kontinuitätslinien zwischen dem nationalsozialistischen und dem bundesrepublikanischen Wissenschaftssystem.[4] Der Historikerstreit brachte an den Tag, wie sehr sich die Einschätzung des Dritten Reichs gewandelt hatte. Eine linksliberale Gelehrtengeneration, die einst im Zeichen der Aufklärung ihre Arbeit begonnen hatte, verteidigte nun die ‚Einzigartigkeit' der nationalsozialistischen Schreckensherrschaft wie eine überzeitlich gültige Erkenntnis.

Erst die Veränderung der politischen Situation und das Ende archivrechtlicher Beschränkungen führten seit Beginn der 1990 er Jahre zu einem intensiven Studium der Originalquellen. Diese belegen eindeutig, wie intensiv die Wissenschaft mit dem nationalsozialistischen Herrschaftssystem verwoben war. Langsam, aber sicher tritt die handlungsleitende Funktion institutioneller Zusammenhänge und fächerübergreifender Netzwerke in den Vordergrund. Die oft beschworene ‚integrale Wissenschaftsgeschichte' zeichnet sich freilich noch nicht ab. Statt dessen feiert im Rahmen der intensivierten ‚Täterforschung' ein massiver Positivismus fröhliche Urständ, der den Blick auf strukturelle Zusammenhänge erneut zu verstellen droht.[5]

Im Folgenden möchte ich mich den Eigenarten des nationalsozialistischen Wissenschaftssystems zuwenden. Wie lässt sich der Strukturwandel der Wissenschaft im Nationalsozialismus konzeptionell fassen, und worin bestand die spezifische Signatur ‚Deutscher Wissenschaft', so lauten die Leitfragen. Ich beginne mit den verheerenden Folgen der nationalsozialistischen Ausgrenzungs- und Vertreibungspolitik an den Hochschulen. Anschließend wird die Wissenschaftsorganisation und ihre zunehmende Ausrichtung am Kriterium der ‚Kriegswichtigkeit' analysiert. Der zweite Teil des Essays beschäftigt sich mit den inhaltlichen Konsequenzen der nationalsozialistischen

Wissenschaftspolitik. Im Mittelpunkt steht die Philosophische Fakultät und hier wiederum die geisteswissenschaftlichen Disziplinen. Das bilanzierende Fazit fragt schließlich nach den bleibenden Folgen der NS-Zeit für die Wissenschaftsgeschichte und berührt damit Probleme, die ihre Aktualität bis heute bewahrt haben.

I. Strukturelle Veränderungen des Wissenschaftssystems im Nationalsozialismus

Jede Beschäftigung mit dem nationalsozialistischen Wissenschaftssystem hat sich mit den Folgen der erzwungenen Emigration auseinanderzusetzen. Das am 7. April 1933 in Kraft getretene ‚Gesetz zur Wiederherstellung des Berufsbeamtentums' wurde an den Universitäten gezielt angewendet. Ohne nennenswerten Widerspruch akzeptierte der überwiegende Teil deutscher Wissenschaftler die Entrechtung ihrer Kollegen. Die zahlenmäßige Größenordnung der Auswanderung lag bei 15–20% der knapp 6.000 aktiven Hochschullehrer.[6] 1938 war es bereits ein Drittel der Professoren, die von den Nationalsozialisten ins Amt gesetzt worden waren. Etwa 50% der Professoren gehörten zum selben Zeitpunkt der Partei an: ein Wert, der sich bis 1945 nicht wesentlich ändern sollte und im krassen Widerspruch zur Legende von der parteifernen Hochschullehrerschaft steht.[7]

Für viele Nachwuchswissenschaftler öffneten sich 1933 glänzende Perspektiven. Die frei gewordenen Stellen versprachen einen raschen beruflichen Aufstieg und sorgten für ein hohes Maß an Loyalität unter den Jungakademikern. Dies gilt insbesondere für jene Fächer, die im Mittelpunkt der nationalsozialistischen Wissenschaftsförderung standen. Von den Biologen, die 1933 jünger als 40 Jahre waren, traten beispielsweise über 70% in die NSDAP ein.[8] An der Begünstigung von Parteimitgliedern bestand in den ersten Jahren der NS-Herrschaft kein Zweifel. Wie allenthalben in der Gesellschaft stiftete der Antisemitismus auch im Hochschulbereich eine Art ‚Minimalkonsens' unter den Profiteuren. Das Einverständnis bestand so lange, wie es genug zu verteilen gab.[9]

Die innerakademische Unzufriedenheit entzündete sich nicht – wie man rückblickend wünschen wollte – am Unrechtscharakter der NS-Hochschulpolitik. Schon eher war die bisweilen plakativ zur Schau gestellte Intellektuellenfeindschaft Hitlers ein Ärgernis. So ließ sich der ‚Führer' am 10. November 1938 vor vierhundert Journalisten und Verlegern zu den Worten hinreißen: „Wenn ich die intellektuellen Schichten bei uns ansehe – leider, man braucht sie ja, sonst könnte man sie eines Tages ja, ich weiß nicht, ausrotten oder so was."[10] Bestimmend für die gewalttätige Diktion war die Sorge um die politische Zuverlässigkeit der Intellektuellen: Seit der Machtübernahme warte das „Hühnervolk" der Gebildeten auf einen Misserfolg des Reichs, um es mit Kritik zu überschütten, und stehe einer „kraftvollen" Außenpolitik feindlich gegenüber.[11]

Selbst wenn diese Rede nicht veröffentlicht wurde und Hitler sein Weltbild gelegentlich durch professorale Ansichten bestätigt sah, bestand an der antiakademischen Stoßrichtung seines Denkens kein Zweifel. Generell herrschten in der NSDAP starke Vorbehalte hinsichtlich der politischen Zuverlässigkeit von Intellektuellen. Es dürfte kaum zufällig sein, dass es keinem Gelehrten auf die Dauer gelang, als Vordenker des Nationalsozialismus akzeptiert zu werden. Trotz allen Anpassungswillens hielten sich so unterschiedliche Temperamente wie Carl Schmitt, Ernst Krieck, Philipp Lenard oder Martin Heidegger nur kurze Zeit in der Nähe der Macht, und ihr stolzes Selbstverständnis als maßgebliche Deuter der nationalsozialistischen Weltanschauung gehörte zu den Bedingungen ihres politischen Scheiterns. Stattdessen dominierten technokratische Sozialplaner und Experten, deren anwendungsorientiertes Wissen insbesondere seit Kriegsbeginn auf reges Interesse bei Militär und Verwaltung stieß.[12]

Der antiintellektuelle Grundzug des Nationalsozialismus beeinträchtigte das Ansehen der Universitäten in der Bevölkerung. Nicht zuletzt war es der rasante Reputationsverlust universitärer Bildung, der zusammen mit den Gesetzen gegen eine vermeintliche ‚Überfüllung' der Hochschulen zu einem spürbaren akademischen Nachwuchsmangel beitrug. Von den 18.000 Schülern des Abiturjahrgangs 1937 gaben nicht weniger als 10.000 der Offizierslaufbahn den Vorrang.[13] Hinzu kamen Klagen aus Kreisen der Industrie über die mangelnde Berufstüchtigkeit der Hochschulabsolventen. Hier wirkte sich die Abschaffung der gymnasialen Oberprima und die Verkürzung des Studiums auf sieben Semester ebenso aus wie der hektische Aktivismus zahlreicher NS-Organisationen, die an der Universität Einfluss zu nehmen versuchten.[14]

Vielleicht am deutlichsten werden die Konsequenzen der Hochschulpolitik im Bereich der Theoretischen Physik, für die das Dritte Reich eine Wasserscheide darstellt.[15] Doch auch in den Altertumswissenschaften, der Kunstgeschichte, der Mathematik und der Psychologie dürfte die Bedeutung der Zwangsmaßnahmen ausgesprochen hoch zu veranschlagen sein. Die Entrechtung politisch missliebiger Gelehrter und die Kontingentierung der Studentenzahlen veränderten das deutsche Wissenschaftssystem nachhaltig. Mit den vertriebenen Wissenschaftlern verloren die meisten Disziplinen den ‚kreativen Stachel', ohne den innovative Forschung nicht ins Werk zu setzen ist. Fortan fehlte der ‚heilsame Zwang' zur Auseinandersetzung mit ungeliebten Außenseitern und unkonventionellen Ideen. Eine Homogenisierung der wissenschaftlichen Diskurse war die Folge, die wenigen Paradigmen zur Vorherrschaft verhalf. Diejenigen, die nach 1933 an Forschungsgelder kamen, konnten sich häufig so ungestört entfalten, dass ihr Sinn für Selbstkritik darunter litt. Häufig bemerkten sie nicht einmal, wenn sie den Anschluss an internationale Entwicklungen verloren hatten.[16] Damit soll die NS-Machtergreifung nicht zum absoluten Bruch wissenschaftlicher Kontinuitäten stilisiert werden. So besteht weitgehend Einigkeit darüber, in welchem Ausmaß das eugenische und rassenhygienische Paradigma bereits in den 1920er Jahren international akzeptiert wurde. Die deutsche Psychiatrie konnte nach 1933 viele ihrer Traditionen fortführen und fühlte sich keineswegs zu einem prinzipiellen Umdenken aufgefordert. Allerdings erreichten Rassenhygieniker eine „weitgehende Monopolstellung“ in der Psychiatrie, die zur Marginalisierung anderer Auffassungen führte und eine menschenverachtende Praxis vorbereiten half.[17] Sie verdankte sich nicht zuletzt der sozialutopischen Vorstellung, mit Hilfe eugenischer Maßnahmen könne das Erbgut des deutschen Volkes dauerhaft verbessert werden.

Während die Hochschulen in die Krise gerieten, prosperierte die außeruniversitäre Großforschung. Zwischen 1935 und 1938 verdoppelte das Reichswissenschaftsministerium seinen Etat auf 22 Millionen RM, bis 1942 stieg sein Aufwand auf 97 Millionen RM. Bereits 1935 gab das Reichsministerium des Innern ca. 43 Millionen RM aus, der Höhepunkt seiner Wissenschaftsförderung war im Jahre 1942 mit 131 Millionen RM erreicht.[18] Es wird kaum verwundern, dass die Naturwissenschaften hier eine besondere Rolle spielten. Das meiste Geld ging in die politisch leicht instrumentalisierbare biologische Forschung. Die Chemie florierte nach 1933 und galt als Musterbeispiel anwendungsorientierter Wissenschaft. Ihre Wirtschaftsnähe zeigt sich in der Tatsache, dass die IG-Farben ca. zwei Drittel der anfallenden Forschungskosten übernahm.[19] Und die Physik, deren Wichtigkeit für den militärisch-industriellen Komplex außer Frage stand, wurde durch eine Allianz von Regierung, Industrie und Wehrmacht unterstützt.[20] Die naturwissenschaftliche Forschung richtete sich ihrerseits an den staatlichen Vorgaben aus. So konzentrierte sich die Luftfahrtforschung auf militärisch wichtige Gebiete, die von der Ballistik und Raketentechnik über die Funknavigation bis zur Hochgeschwindigkeitsaerodynamik reichten. Die Höhe der Subventionen bedeutete freilich auch, dass staatliche Stellen im genuinen Forschungsfeld zunehmend an Einfluss gewannen.[21]

Lange Zeit verdeckte eine einseitig verabsolutierte Vorstellung von der ‚Polykratie der Ressorts‘, wie vergleichsweise reibungslos die Wissenschaftsverwaltung im Nationalsozialismus funktionierte. Die Stärke des Reichserziehungsministeriums lag in der Eingespieltheit seiner Bürokratie, selbst wenn keine „maßgeblichen Anstöße“ von Bernhard Rust ausgegangen sein sollten.[22] Es ist ein bezeichnender Befund, dass die Auftragsstudie von Notker Hammerstein die wissenschaftliche Planungsbürokratie nicht entlastet hat. Vielmehr wissen wir nun sehr viel genauer, in welchem Ausmaß politische Zielsetzungen die Förderpraxis der DFG beeinflusst haben.[23] Die Universitäten wiederum orientierten sich an den ministeriellen Vorgaben, weil sie an konfliktfreien Berufungsverfahren und staatlicher Mittelzuwendung interessiert waren.

Die Bürokratisierung führte rasch zu steigenden Kosten in der Wissenschaftsverwaltung. Im Oktober 1936 benötigte die Geschäftsstelle der DFG mehr als 200.000 RM, was unbedingt geändert werden sollte. Dennoch stiegen die Kosten während des Kriegs auf 350.000 bis 360.000 RM an. Dies bedeutete eine grundlegende Abkehr vom Prinzip des ‚organisatorischen Minimums‘, dem die preußische Kultusverwaltung in ihrer erfolgreichsten Zeit unter Friedrich Althoff verpflichtet war.[24] Gleichzeitig verzichtete die DFG seit 1934 auf das System der Peer-Reviews und die kontinuierliche Berücksichtigung der Fachausschüsse.[25] Als langfristig entscheidend erwies sich die Intensivierung des Wechselspiels zwischen Wissenschaft und Politik.

Die Ausrichtung der Wissenschaft auf den Krieg führte zu einem Aufschwung der Technischen Universitäten. In Berlin wurde sogar eine fünfte, wehrtechnische Fakultät gegründet, die zuletzt nicht weniger als 14 Lehrstühle umfasste.[26] Seit der Verkündigung des Vierjahresplans am 9. September 1936 überwogen in der Wissenschaftsförderung militärisch ausgerichtete Nützlichkeitskalküle. Auch die Politik des Reichsforschungsrats, in dessen Zuständigkeit seit März 1937 Technik und Naturwissenschaften fielen, begünstigte anwendungsorientierte Vorhaben.[27] Methodisch anspruchsvolle Grundlagenforschung galt hingegen als obsolet. Mit Kriegsbeginn erfolgte eine Ausrichtung des gesamten Wissenschaftsbetriebs auf den ‚Endsieg‘, die von einer drastischen Verkürzung der Planungshorizonte begleitet war. Nach dem erfolgreichen Frankreichfeldzug genehmigte Hitler nur noch Forschungen, deren Erfolg binnen eines Jahres in Aussicht stand.[28]

Auch die Rüstungsindustrie zeigte an Grundlagenforschung kein echtes Interesse. Sie konzentrierte sich, so Hans Mommsen, auf die Waffenendfertigung und ließ Fragen der technischen Modernisierung beiseite. In der letzten Kriegsphase setzten die Nationalsozialisten ihre Hoffnungen auf militärische ‚Wunderwaffen', an deren serielle Fertigung nicht ernsthaft zu denken war.[29] Der im Juni 1944 von Hitler verkündete „Totaleinsatz der Forschung" war nur noch eine Farce. Allerdings sollte das Scheitern der Technikförderung unter den Bedingungen des Krieges nicht den Blick darauf verstellen, wie umfassend die inhaltlichen Konsequenzen des wissenschaftlichen Strukturwandels nach 1933 waren.

II. Wissenschaftspolitik und Forschungspraxis im Dritten Reich

Die Erfolglosigkeit nationalsozialistischer Wissenschaftspolitik pflegt man gern mit Hilfe der sogenannten ‚Deutschen Physik' zu illustrieren. Weder ihre Ablehnung der „jüdischen Relativitätstheorie" noch die Bekämpfung der Heisenbergschen Unschärferelation seien jemals mehrheitsfähig gewesen. Dies belegt allerdings nur, dass die Physik bereits über sichere Prinzipien und Methoden verfügte, die für ideologische Veränderungen nicht offen waren, sagt aber noch wenig über das Weltbild deutscher Physiker oder ihre Funktion im Herrschaftsgefüge des Nationalsozialismus aus. Der ehemalige Nobelpreisträger und unberechenbare Querkopf Johannes Stark muss mächtige Fürsprecher gehabt haben, sonst wäre er wohl kaum Präsident der ‚Notgemeinschaft der Deutschen Wissenschaft' geworden. Seinen Kampf gegen ‚weiße Juden' in der Wissenschaft führte er mit Unterstützung maßgeblicher SS-Kreise.[30] Auch wenn Stark letztlich nicht erfolgreich war, sollte man die Bedeutung seiner Kampagnen nicht unterschätzen. Eine ihrer zentralen Funktionen lag in der Disziplinierung jener Wissenschaftler, die als ideologisch unzuverlässig galten – eine Methode, die auch seine Widersacher nicht scheuten. So ermahnte Starks

Nachfolger als Präsident der Notgemeinschaft Rudolf Mentzel noch im Mai 1943 den berühmten Physiker Max von der Laue, sich bei seinen öffentlichen Vorträgen von der Relativitätstheorie zu distanzieren.[31]

Generell sollte sich die Wissenschaftsgeschichtsschreibung vor einer leichtfertigen Ironisierung ihres Gegenstands hüten. Dies gilt selbst für die aufwendigen Versuche des Marburger Psychologen Erich Jaensch, der aus den Verhaltensweisen „nordischer" und „südischer" Hühner fast umstandslos auf menschliche Verhaltensmuster schloss. Seine Schriften fanden zeitgenössisch einige Beachtung, weil sie jener biologischen Fundierung der Psychologie dienten, die in Parteikreisen als erstrebenswertes Ziel galt.[32] Das Ausmaß seiner Macht lässt sich daran ablesen, dass er gleichzeitig Präsident der ‚Deutschen Gesellschaft für Psychologie' war und die traditionsreiche *Deutsche Zeitschrift für Psychologie* herausgab. Mit seiner scharfen Polemik gegen „westliche Einflüsse" schlug Jaensch jene Töne an, die auch die Anhänger der ‚Deutschen Physik' in ihrem Kampf gegen Wettbewerb, Publikationsdruck und „wissenschaftliche Zersplitterung" bevorzugten.[33] Dabei war die antiwestliche Rhetorik durchaus kompatibel mit den Hauptzielen des Fachverbandes: die akademische Etablierung der Psychologie und die Schaffung eines eigenen Berufsstands. Sein Erfolg lässt sich darin ablesen, dass die psychologische Eignungsdiagnostik für die Offiziersrekrutierung obligat wurde und an den Universitäten die Einführung einer Diplom-Prüfungsordnung gelang.[34] Dies dürfte auch das Resultat sorgfältiger Selbstdarstellung gewesen sein. Während der Verband intern bei Militär, Ministerien und Partei die Nützlichkeit der eigenen Disziplin hervorhob, befriedigte er öffentlich die ideologischen Bedürfnisse des NS-Regimes.

Unmittelbar nachdem Jaensch im Herbst 1936 die Leitung der ‚Deutschen Gesellschaft für Psychologie' übernommen hatte, versprach er der DFG, „[s]ein Fach geschlossen und ganz entschieden in den Dienst der neuen Aufgabe zu stellen".[35] Dementsprechend konzipierte er sein psychologisches Hauptwerk *Der Gegentypus* als Letztbegründung „Deutscher Wissenschaft" durch einen gemeinsamen Feind. Jaensch war sich sicher, dass Stark seine Ansichten teilte. Am 15. Oktober 1936 teilte er dem Jenaer Historiker Karl Griewank mit, „die Geistesart, die sich uns entgegenstemmte, ist dieselbe, mit der [Stark] im Bereich der Physik zu kämpfen hatte". Zu Jaenschs entschiedenen Befürwortern zählte der Leiter des ‚Rassenpolitischen Amts' der NSDAP, Walter Groß, der sich auch als völkischer Rassentheoretiker einen Namen gemacht hatte. Nicht zuletzt seinem Einfluß dürfte es zuzuschreiben sein, dass die Lehre vom ‚Gegentypus' erhebliche Verbreitung fand.[36] Einen wichtigen Anhänger besaß Jaensch in dem Mathematiker Ludwig Bieberbach. Ihm diente die Typenlehre des Marburger Psychologen als Begründung einer „arteigenen" Mathematik, welche sich die Aufwertung der „germanischen Geometrie" zum Ziel gesetzt hatte und Algebra wie Zahlentheorie für einen „jüdischen Irrweg" hielt. Gerade in der Themenwahl zeige sich die Bedeutung von „Volk und Rasse", wie Bieberbach als Herausgeber der Zeitschrift *Deutsche Mathematik* nicht müde wurde zu betonen.[37] In diesem Sinne stilisierte er Galilei zum Ahnherrn nationalsozialistischer Weltanschauung und verfasste damit eine der erfolgreichsten wissenschaftshistorischen Schriften seit der ‚Machtergreifung'. Sein 1938 veröffentlichtes Buch *Galilei und die Inquisition*, das sich ursprünglich gegen die Enzyklika *Mit brennender Sorge* richtete, stieß auch im Krieg auf großes Interesse. Mit Unterstützung Rosenbergs wurden allein von der dritten Auflage, die zum 300. Todestag des italienischen Gelehrten 1942 erschien, fast 24.000 Exemplare verkauft, ehe die zunehmende Papierknappheit ihren Tribut forderte.[38] Selbst die Vertreter der ‚Deutschen Chemie', deren holistische Denkansätze sogar vom ‚Amt Rosenberg' als wirklichkeitsfremd eingeschätzt wurden, blieben nicht gänzlich ohne Einfluss. Ihre völkischen Umdeutungen der Disziplingeschichte schlugen sich vor allem in Lehrbüchern und popularisierenden Darstellungen nieder, deren Inhalt sich primär gegen ein westlich-rationalistisches Wissenschaftsverständnis richtete.[39]

Es ist ein Euphemismus, wenn man im Zusammenhang mit der sogenannten Deutschen Wissenschaft lediglich von der

Senkung wissenschaftlicher Standards spricht. Vielmehr entstanden intellektuelle Produkte, die sich gegen jede Überprüfung sperrten und unverhüllt ideologischer Natur waren. Der Wahn hatte indes Methode. Gerade im Bereich der sogenannten ‚Gegnerforschung' waren typologische Zuordnungsmuster durchaus probat, und Konzepte, die uns heutzutage paranoid oder absurd erscheinen, dienten der Vorbereitung konkreter Verfolgungs- und Vernichtungsmaßnahmen.[40] Es war nicht nur pure Peinlichkeit, die nach 1945 dafür sorgte, dass die drastischen Formen der ‚Gegnerforschung' in Vergessenheit gerieten. Vielmehr hätte ihre genauere Kenntnis für manche Wissenschaftler unmittelbare strafrechtliche Konsequenzen gehabt.

Bei einer Gesamtbewertung der DFG im Nationalsozialismus darf nicht außer Acht gelassen werden, dass sie zahlreiche Unternehmungen der SS finanzierte. Insbesondere das 1935 gegründete ‚Ahnenerbe' erfreute sich steter Unterstützung. Hier ging Himmlers Kalkül auf, der die riesige Organisation stets als Verein führte, um bei der DFG antragsberechtigt zu sein. In den Geisteswissenschaften erhielt keine andere Einrichtung so viel Geld wie das ‚Ahnenerbe'.[41] Man finanzierte Expeditionen nach Tibet und aufwendige Ausgrabungen, deren wissenschaftlicher Wert aus heutiger Perspektive zumindest strittig ist. Spektakuläre Missgriffe wie die ‚Moorgoldforschung' zogen keine ernsthaften Konsequenzen nach sich. Und ein Phantast wie Hermann Wirth, der den Geheimnissen der „arischen Urreligion" nachspürte, blieb bis 1940 unterstützungswürdig.[42] Es scheint, als ob die staatliche Förderung der SS-nahen Wissenschaft noch eingehend untersucht werden müsste.

Die Senkung wissenschaftlicher Standards lässt sich anhand der editorischen Großvorhaben demonstrieren. Ihnen galt die besondere Aufmerksamkeit der Partei, die gerade über die Klassikerausgaben in den Philologien Fuß fasste. Die Gründe für den wissenschaftlichen Niveauverlust sind häufig unspektakulär. So verlor die Akademie-Ausgabe Kants nach 1933 einige ihrer besten Bearbeiter, die als hochgradig qualifizierte und spezialisierte Experten nicht zu ersetzen waren. Ferner fehlte den Verantwortlichen das Verständnis für die Tatsache, dass solide Wissenschaft stets ihre Zeit braucht. Die Machtstellung des Philosophiehistorikers Gerhard Lehmann bei der Berliner Akademie tat ein Übriges für die Akzeptanz fragwürdiger Editionskriterien. Am Ende unterstellte man einen Kantischen ‚Urtext' selbst dort, wo es um die Kenntlichmachung unterschiedlicher Entwürfe gegangen wäre.[43]

Wieder anders lagen die Dinge bei jenen Volksausgaben, die sich an eine breite Leserschaft richteten. Sie wurden von der DFG zumeist mit großer Kraft, aber mit höchst fragwürdigen Prämissen vorangetrieben. Die volkstümliche Meister Eckhart-Edition betrachtete man als Projekt von nationaler Bedeutung. Der Vorsitzende der Eckhart-Kommission Erich Seeberg warb für sein Unternehmen mit dem Slogan: „Halb so teuer und doppelt so deutsch", was sich gegen die ältere, von Raymond Klibansky ins Werk gesetzte Ausgabe richtete.[44] Der Theologiestudent Ernst Reffke, der für die rasche Fertigstellung zuständig war, konnte sich beinahe jeder Vergünstigung sicher sein.[45] Inhaltlich zielte die Ausgabe Seebergs auf die Betonung der mystischen Seite Meister Eckharts und ihrer „germanischen Wurzeln". Zum besseren Verständnis der Predigten und Traktate des mittelalterlichen Denkers trug diese Sichtweise freilich nichts bei.

Für das Verständnis der Geisteswissenschaften im Nationalsozialismus besitzt die Kategorie ‚Volk' eine schlüsselhafte Bedeutung. Es gab nicht nur umfassende Netzwerke ‚völkischer Wissenschaftler', sondern auch eine Vielzahl völkischer Wissenschaftstheorien. Spätestens seit dem Frankfurter Historikertag 1998 steht dieser Themenkomplex im Zentrum der Selbstvergewisserung unseres Faches. Die Frage nach den volkshistorischen Wurzeln der Sozialgeschichte ist jedoch zu komplex, als dass sie hier in Kürze beantwortet werden könnte. Lediglich eine methodische Anmerkung sei gestattet. Es war im Dritten Reich keineswegs ausgemacht, was unter ‚Volk' zu verstehen sei. Vielmehr handelte es sich um ein bedeutungsschweres Wort, das jede wissenschaftliche Schule oder politische Gruppierung für sich reklamierte. Überdies betrachteten die meisten Parteistellen eine präzise wissenschaftliche Diktion nicht als wünschenswert. Beispielsweise reagierte die ‚Reichsstelle zur Förderung des Deutschen Schrifttums' ausgesprochen skeptisch auf ein Werk des Geographen Emil Meynen, das „Sprachgebrauch und Begriffswesenheit des Wortes Deutschland" klären wollte. Am 18. Februar 1936 urteilte sie über das Kompendium, das die ‚Zentralkommisssion für wissenschaftliche Landeskunde' in Auftrag gegeben hatte: „Jedenfalls halten wir es für vollkommen abwegig, die geheimsten Gedanken deutscher Volkspolitik nun in begrifflichen Unterscheidungen festzulegen und diese dem täglichen Sprachgebrauch der Welt in doktrinärer Verbohrtheit aufzwingen zu wollen." Für „professorale Gründlichkeit" hatte man bei der Zensurstelle kein Verständnis – und dies galt selbst für einen Gelehrten wie Meynen, der als Redakteur des *Handwörterbuches des Grenz- und Auslanddeutschtums* und Koordinator der sechs ‚Volksdeutschen Forschungsgemeinschaften' über vielfältige Kontakte sowie beträchtlichen Einfluß verfügte.[46]

Auch in den Geisteswissenschaften entstanden riesige Forschungsnetzwerke, die sich an den politischen Zielen der Nationalsozialisten orientierten. Der Mitarbeiterstab der ‚Volksdeutschen Forschungsgemeinschaften' umfasste Ende der 1930er Jahre ca. 1.000 Personen. Allein am *Handwörterbuch des Grenz- und Auslanddeutschtums* wirkten nicht weniger als 800 Wissenschaftler in 46 Teilredaktionen mit.[47] Viele Netzwerke dienten der Politikberatung und sind ohne ihre Nähe zum Militär nicht zu verstehen. Der von Albert Brackmann geleiteten ‚Nord- und Ostdeutschen Forschungsgemeinschaft' gehörten beispielsweise 150 wissenschaftliche Experten an, die am ‚Generalplan Ost' tatkräftig mitarbeiteten.[48] Seit Kriegsausbruch fürchteten viele Gelehrte, ihre Ideen könnten von den zuständigen militärischen Stellen übersehen werden. Eindringlicher als mancher Vertreter der ‚Kriegsjugendgeneration' formulierte der 54-jährige großdeutsch gesonnene Historiker Hermann Aubin die Losung der Stunde: „Die Wissenschaft kann nicht einfach warten, bis sie gefragt wird. Sie muß sich selbst zu Worte melden."[49] Gemeint war damit die geplante Neuordnung Osteuropas nach volkstumspolitischen Gesichtspunkten, die auch Theodor Schieder zu seiner Denkschrift veranlasste, mit der weitreichende Umsiedlungsaktionen für die jüdische Bevölkerung Polens vorbereitet werden sollten.

Seit 1939 stellten Hochschullehrer vermehrt ihre Nützlichkeit für die Propaganda unter Beweis, verfassten legitimatorische Schriften über Deutschlands Politik oder Lehrbriefe für die ‚Frontsoldaten'. Daneben beteiligten sich Geisteswissenschaftler am ‚Raub von Kulturgütern'.[50] Selbst Gelehrte mit langer demokratischer Vergangenheit, wie der Marburger Kunsthistoriker Richard Hamann, konnten sich der „Faszination des Machbaren" nicht entziehen. Im Krieg nahm er Geld aus der Privatkasse Hitlers entgegen und baute die Fotosammlung seines Instituts zu einem „fast ganz Europa umspannende[n] Archiv" auf, dem er einen besonderen Wert für die „Pressepropaganda" zumaß.[51] Hamanns Assistentin arbeitete als Fotografin für den Prähistoriker Herbert Jankuhn, der es sich zum Ziel gesetzt hatte, die germanischen Elemente im Teppich von Bayeux herauszuarbeiten. Die intensiven Studien zielten auf die Revision des hergebrachten Geschichtsbildes. Ähnlich wie Himmler wertete Jankuhn die wikingische Staatsgründung auf und betrachtete die mittelalterliche Christianisierung Europas als eine tiefgreifende Fehlentwicklung.[52]

Auch der „Kriegseinsatz der Geisteswissenschaften", der von der DFG finanziert und durch den Kieler Juristen Paul Ritterbusch organisiert wurde, war großdimensional angelegt. Rund 500 Gelehrte und zwanzig Fächer wirkten an diesem prestigeträchtigen Unternehmen mit. Es entstanden umfangreiche Übersichtswerke, deren öffentliche Resonanz sorgfältig geplant wurde. Bislang sind mehr als 200 zumeist „lobhudelnd[e]" Besprechungen bekannt geworden.[53] Der Kriegsverlauf verhinderte zwar die breite Rezeption des sogenannten Gemeinschaftswerks, doch sollte man seine wissenschaftsgeschichtliche Bedeutung nicht unterschätzen. Es belegt, wie bereitwillig die Professorenschaft an propagandistischen Aufgaben mitwirkte und wie leicht Interdisziplinarität fiel, wenn sie im Dienst einer – angeblich – höheren Idee stand. Namhafte Gelehrte, wie der Mediävist und Marburger Rektor Theodor Mayer, waren begeistert. Am 24. Februar 1942 urteilte Hermann Heimpel in einem Privatbrief, Mayer sei endlich „am Ziel [seines] Ehrgeizes angelangt: Kriegseinsatz!“ [54]

Unter den Naturwissenschaften erfreute sich die Biologie besonderer Wertschätzung. Das Fördervolumen der DFG stieg zwischen 1932 und 1939 um das Zehnfache und hielt sich dann auf diesem Niveau. Von dieser Unterstützung profitierten vor allem die Kaiser-Wilhelm-Institute, deren wissenschaftliches Niveau für die Zeitgenossen außer Frage stand.[55] Biologistische Argumente prägten die medizinischen und bevölkerungswissenschaftlichen Diskurse entscheidend. So glaubte die Mehrzahl der Eugeniker, gesellschaftliche Probleme „mit den Mitteln der Biologie erklären und lösen [zu] können“.[56] Biologistische Kategorien galten als ebenso zeitgemäß wie erfolgversprechend und wurden in vielen Disziplinen mit Eifer angewendet. Nicht zufällig avancierte Hans F. K. Günther zum Star des NS-Wissenschaftssystems. Seine Rassenlehre war zwar ausgesprochen holzschnittartig, aber gerade deshalb für Festtagsreden und wissenschaftspolitische Bekenntnisse besonders geeignet. Bei keinem anderen Gelehrten unternahm man solche Anstrengungen, um ihn für die Marburger Universität zu gewinnen. Als 1939 bekannt wurde, dass ‚Rassen-Günther‘ einen Ruf nach Freiburg angenommen hatte, führte dies in Nordhessen zu erheblichen hochschulpolitischen Verwerfungen.[57]

Ebenso wie die Agrarwissenschaften stand die Biologie im Dienste des Autarkiegedankens. ‚Angewandte Botanik‘ und Heilpflanzenforschung erfreuten sich besonderer Unterstützung, nicht zuletzt weil der ‚Führer‘ als Anhänger naturgemäßen Lebens galt.[58] Die Molekulargenetik geriet hingegen seit 1933 entscheidend ins Hintertreffen. Sie litt nicht nur unter dem geringen Austausch mit ausländischen Wissenschaftlern. Die Akzeptanz rassentheoretischer Prämissen führte auch zur Fehlsteuerung und ‚Vernutzung‘[59] eines Großteils der zur Verfügung stehenden Ressourcen. Gleichzeitig favorisierten deutsche Biologen holistische Denkansätze und hielten an ihrer Skepsis gegenüber statistischen Methoden fest. Allenfalls unverbesserliche Optimisten konnten bei Ende des Dritten Reichs noch von der ‚Weltgeltung‘ deutscher Wissenschaft sprechen.

III. Der ‚lange Schatten' des Nationalsozialismus

Die wissenschaftsgeschichtlichen Folgen des Nationalsozialismus sind bislang kaum ausgelotet, und hinsichtlich umfassender Verallgemeinerungen ist einige Skepsis angebracht. Gleichwohl lassen sich bereits erste Feststellungen treffen. Kaum strittig dürfte der Bedeutungsverlust der Geisteswissenschaften sein. Ende der 1920er Jahre erhielten sie noch ca. 30% der aufgewandten DFG-Gelder, im Rechnungsjahr 1943/44 waren es nicht einmal mehr 15%.[60] Überdies gerieten sie in den Sog simpler Kosten-Nutzen-Kalküle, die mit dem Ideal ‚voraussetzungsfreier Erkenntnis' nicht zu vereinbaren waren. Spätestens im Zuge der Kriegsvorbereitung dominierte der ‚handfeste Erfolg'. Exemplarisch sei auf die Zurückdrängung hermeneutischer Ansätze in der Psychologie verwiesen, weil sie für die Lösung militärischer Aufgaben ungeeignet waren. Erhebliche Bedeutung für die Veränderung des wissenschaftlichen Selbstverständnisses besaß die von den Nationalsozialisten gezielt betriebene Verjüngung des universitären Lehrkörpers. Sie verhalf der ‚Generation der Sachlichkeit', die den nüchternen ‚Experten' höher achtete als den umfassend gebildeten ‚Gelehrten', zu beträchtlichem Einfluß auch nach1945.[61]

Bereits im Dritten Reich entstand die ‚Assistenten-Universität', die viele für ein Ergebnis der ‚68-Revolution' halten. Im „Käfig der eigenen Ressourcen", so Ulrich Wengenroth, trat die schrittweise technische Verbesserung bereits gemachter Erfindungen an die Stelle der Grundlagenforschung.[62] Das Kriterium der ‚Machbarkeit' dominierte die Innovationskultur. Begabte Nachwuchswissenschaftler konnten keine eigenen Forschungsgelder einwerben und arbeiteten für den Ruhm ‚ihres' Professors oder Institutsdirektors. Dies bedeutete eine Zementierung hierarchischer Machtstrukturen mit bedenklichen Folgen für die auf Teamarbeit angewiesenen Naturwissenschaften und für das wissenschaftliche Ethos in allen Fächern. Die wissenschaftliche Praxis stand erst im Dienst nationalsozialistischer Autarkievorstellungen und später des ‚Endsiegs'.

Der Verlust des internationalen Gedankenaustauschs wurde von vielen Wissenschaftlern als Quisquilie betrachtet. 1939 war die deutsche mathematische Fachwelt fest überzeugt, dass eine in den USA gegründete internationale Zeitschrift für Mathematik notwendigerweise scheitern müsse. Im April 1942 verbot ein Erlass Goebbels' die „Verwendung und den Ankauf ausländischer Fachliteratur".[63] Die zahlenmäßig geringe Reemigration nach 1945 brachte zwar wichtige Impulse, änderte jedoch die nationale ‚Abschottung' deutscher Wissenschaft nicht grundlegend. Dominierend blieb für die meisten Professoren die Kontinuität mit dem wissenschaftlichen Weltbild der Weimarer Jahre und der Wertewelt eines ‚erträumten Kaiserreichs'.

In neu gegründeten Forschungseinrichtungen wie dem Marburger Herder-Institut, der Lüneburger Akademie oder der Ranke-Gesellschaft kam es zur Etablierung ‚alter Seilschaften'. Mit welcher Zielstrebigkeit bei der Integration belasteter Kollegen vorgegangen wurde, verdeutlicht der Fall des Staatsrechtlers Ernst Rudolf Huber. Während seine Quellensammlung zur deutschen Verfassungsgeschichte 1949 noch anonym erscheinen musste, erhielt er 1952 seinen ersten Lehrauftrag und galt vier Jahre später wieder als professorabel. Zu seinen Fürsprechern zählten bekannte Juristen wie Werner Weber und Franz Wieacker, und mit Hermann Heimpel fand sich eine prominente Figur der frühen Bundesrepublik zur Unterstützung bereit. Entscheidend für Hubers endgültige Etablierung war jedoch etwas anderes. Sein Förderer, der Wilhelmshavener Rektor Siegfried Wendt, konnte auf ein Netzwerk von Verbindungen zurückgreifen, die noch aus der Jugendbewegung der 1920 er Jahre stammten und von der Redaktion des *Spiegel* bis in das niedersächsische Kultusministerium reichten.[64]

Gleichzeitig begann nach 1945 die Suche nach den ‚Sündenböcken'. Nicht selten wurden dabei jene wissenschaftlichen Schulen für den Nationalsozialismus verantwortlich gemacht, die zu dessen Hauptleidtragenden gehört hatten. So warf man dem Rechtspositivismus vor, er habe mit seiner Methodik das natürliche Rechtsempfinden untergraben und damit den Boden für die NS-Verbrechen bereitet. Am Neukantianismus oder der

,Liberalen Theologie' bemängelte man ein ,formalistisches Ethikverständnis', das zu einer Vernachlässigung der politischen Wirklichkeit geführt habe. Wie die Marginalisierung des vorgeblich ,jüdischen Neukantianismus' zeigt, blieben nationalsozialistische Topoi bis in die 1960 er Jahre gültig und prägten die Maßstäbe einschlägiger Handbücher und Überblicksdarstellungen. Gleichzeitig pflegte man ein stark positivistisches Verständnis geisteswissenschaftlicher Tätigkeit, das für problemhistorische Fragen blind war und das bereits um 1900 erreichte Reflexionsniveau deutlich unterschritt.[65]

Der Verlust ,moralischen Kapitals' und die eigene Provinzialität wurden von deutschen Professoren nur selten reflektiert. Statt dessen sah man sich als Opfer einer durch die Nationalsozialisten politisierten Wissenschaft. Die gravierenden Folgen des Dritten Reichs für das deutsche Wissenschaftssystem blieben unerörtert. Kaum einer gestand sich ehrlich ein, dass die Humboldtsche Universität mit der Vertreibung jüdischer Gelehrter ihre treuesten Paladine verloren hatte. Erst recht fehlte ein Verständnis dafür, dass jedes Wissenschaftssystem auf das Vertrauen in universale Prinzipien angewiesen ist. Die 68er attackierten hingegen die ,bürgerliche Wissenschaft', ohne auch nur zu überlegen, wer einst die bürgerliche Kultur in Deutschland getragen hatte. Gerade im Rückblick auf ihren Reformeifer wird deutlich, wie schwer es ist, aus dem Schatten des Nationalsozialismus herauszutreten.

„Deutsche Wissenschaft" und Neukantianismus. Die Geschichte einer Diffamierung

Um 1900 reichte der Ruhm Marburger Philosophie weit über die Lahnstadt hinaus. Studenten kamen von weither, um bei Paul Natorp und vor allem Hermann Cohen zu hören, der als Gelehrter von ungewöhnlicher Originalität und Denkstärke galt. Zu ihnen zählten nachmals so berühmte Intellektuelle wie der spanische Philosoph José Ortega y Gasset oder der russische Dichter Boris Pasternak. Wichtige politische Strömungen wie der sozialdemokratische Revisionismus eines Eduard Bernstein oder der ethische Sozialismus eines Kurt Eisner speisten sich aus neukantianischen Quellen und wirkten in die Gesellschaft hinein. Auch wenn der preußischen Regierung nicht immer genehm, galt Marburg als „Mekka der kontinentalen Philosophie"[1], dessen Attraktivität nur noch vom badischen Heidelberg übertroffen wurde. Freilich hielt sich der Ruhm des Marburger Neukantianismus nicht allzu lange, und nach dem Zweiten Weltkrieg erinnerte vor Ort kein Straßenschild und keine Hinweistafel an seine wichtigsten Vertreter.

An der Marburger Philipps-Universität stand man lange Jahre im Bann der rigiden Kantinterpretation von Julius Ebbinghaus und Klaus Reich. Ungeachtet der Erfolge Gadamerscher Hermeneutik beharrten sie darauf, dass es eine richtige Interpretation philosophischer Texte gebe, die sich an der Intention des Autors und den systematischen Begründungszusammenhängen orientieren müsse. Ebbinghaus verfasste einschlägige Essays und Lexikonartikel über Cohen, die einer dezidierten Aburteilung nahekamen. Dessen idealistische Eliminierung des ‚Dinges an sich' sei eine Verfälschung von Kants Intention, die sich nur aus fragwürdigen Aktualisierungsabsichten erklären lasse.[2] Noch Mitte der achtziger Jahre hat Klaus Christian Köhnke diese Sicht übernommen und in seiner Entstehungsgeschichte des Neukantianismus Cohens allzu kühnen Umgang mit den Kantischen Originaltexten gerügt. Der Berliner Philosophiehistoriker zog in seiner an sich gründlichen Studie sogar die radikale Konsequenz, die Geschichte des Neukantianismus exakt in dem Moment abzubrechen, wo sich seine Vertreter durch eine ‚idealistische Wende' von ihren besseren Ursprüngen entfernt haben sollen.[3]

In der bundesrepublikanischen Geisteslandschaft dürften freilich die Nachwirkungen der ‚68-Revolution' stärker gewesen sein als diese seltsam puristischen Kantdeutungen. In Unkenntnis der problemhistorischen Zusammenhänge wiederholte man die Mär vom Neukantianismus als ‚reiner Kathederphilosophie' und überschätzte die Bedeutung des Hegelianismus für die Kultur des Kaiserreichs. Dies gilt auch für Hans-Ulrich Wehler, der mittlerweile zu den energischsten Befürwortern jenes relationalen Konstruktivismus zählt, den Max Weber einst unter dem Einfluss neukantianischer Konzepte entwickelte.[4] In seinem viel gelesenen *Deutschen Kaiserreich* hatte Wehler den Hegelianismus noch zur preußischen ‚Staatsideologie' erhoben und dessen politische Wirksamkeit herausgestrichen.[5] All dies ist inzwischen Geschichte und die philosophiehistorische Aneignung des Neukantianismus eine Selbstverständlichkeit. Weitgehend ungeklärt präsentiert sich jedoch die Frage, wie es zu einer so lang anhaltenden Diffamierung wichtiger philosophischer Positionen hatte kommen können.

Die Abhandlung beginnt mit einer Skizze des intellektuellen Klimas im Fin de Siècle und führt die wichtigsten Argumente vor, die im Zeichen grassierender Kulturkritik gegen den Neukantianismus vorgebracht wurden (I). Anschließend schildere ich die ‚geistige Mobilmachung' im Ersten Weltkrieg und analysiere ihre Bedeutung für die Existentialisierung der philosophischen Diskurse (II). Sodann werden die Debattenlinien der Weimarer Republik knapp umrissen, wobei der Schwerpunkt auf der sagenumwobenen ‚Selbstauflösung' des Neukantianismus und seiner steigenden Wichtigkeit als Feindbild liegt (III). Im Mittelpunkt der Ausführungen über den Nationalsozialismus steht das Netzwerk ‚Deutscher Wissenschaft', dessen Vertreter mit Vehemenz gegen jede Form neukantianischen Philosophierens vorgingen (IV). Hernach wird die abwertende Haltung der Nachkriegsphilosophie zum Neukantianismus beschrieben und analysiert (V). Das bilanzierende Fazit fragt schließlich danach, warum ausgerechnet der Neukantianismus in ganz unterschiedlichen Epochen der deutschen Geschichte heftig attackiert wurde (VI).

Natürlich kann es sich hier angesichts der Komplexität des Themas und der Vielzahl schwieriger Fragen nur um einen ersten Problemaufriss handeln. Singuläre Belege müssen die umfassende Materialdurchdringung und Gedankenexperimente die systematische Argumentation weitgehend ersetzen. Da jedoch die Persistenz von wissenschaftlichen Werturteilen und Feindbildern im 20. Jahrhundert noch kaum erforscht ist, dürfte auch eine vorläufige Kartierung dieses unübersichtlichen Geländes eine lohnende Aufgabe sein. Gerade wenn man bedenkt, wie viele einflussreiche Professoren der Bundesrepublik ihre intellektuelle Prägephase in der Weimarer Republik oder noch davor erlebten, leuchtet die Bedeutung einer epochenübergreifenden Wissenschaftsgeschichte unmittelbar ein.

I. Der Hunger nach Sinngebung und die Krise konstruktivistischer Wissenschaftsbegründungen vor 1914

Um die Jahrhundertwende stand der Neukantianismus im Zenit seiner Anerkennung. Es lagen große philosophische Systementwürfe und eine Vielzahl fruchtbarer Forschungsarbeiten vor. Zu den wichtigsten Werken gehörte Hermann Cohens *Logik der reinen Erkenntnis* aus dem Jahr 1902, in der Wissenschaft als offenes Kategoriensystem konzipiert wurde.[6] Paul Natorp verfasste 1903 seine Schrift *Platos Ideenlehre*, die bis auf den heutigen Tag als Inbegriff systematischer Philosophiegeschichtsschreibung kontrovers diskutiert wird.[7] Und Ernst Cassirer publizierte 1910 seine Studie *Substanzbegriff und Funktionsbegriff*, welche die strikte Trennung von Natur- und Geisteswissenschaften mit gewichtigen erkenntnistheoretischen Argumenten bestritt.[8] Das Haupt der ‚Südwestdeutschen Schule', Wilhelm Windelband, praktizierte eine neue Form der Problemgeschichte, und Heinrich Rickert unterstrich die Bedeutung des Wertbegriffs für den Erkenntnisprozess.[9] Die unterschiedlichen philosophischen Konzepte, die unter dem Etikett ‚Neukantianismus' firmierten, stimmten in ihrem konstruktivistischen Wirklichkeitsverständnis überein. Erst im Lichte theoretischer Annahmen, die prinzipiell und jederzeit revidierbar sein müssen, so das neukantianische Credo, sei ein gleichermaßen wissenschaftliches wie schattierungsreiches Verständnis der Welt möglich. Einen pointierten Ausdruck fand diese methodenzentrierte und ergebnisoffene Epistemologie in Natorps Aussage, dass „das ‚Faktum' der Wissenschaft nur als ‚Fieri' verstanden werden (darf)".[10]

In vielen Disziplinen kam es zur Übernahme neukantianischer Theoreme. Am berühmtesten wurde Max Webers 1904 veröffentlichte Abhandlung über *Die „Objektivität" sozialwissenschaftlicher und sozialpolitischer Erkenntnis*. Nachdrücklich betonte Weber den Konstruktionscharakter jeder wissenschaftlichen Erkenntnis: „Nicht die sachlichen Zusammenhänge der Dinge, sondern die gedanklichen Zusammenhänge der Probleme liegen den Auffassungen der Wissenschaften zugrunde."[11] Zu erinnern wäre ferner an neukantianische Motive bei Georg Simmel oder an Rudolf Stammlers *Lehre von dem richtigen Rechte*, die zu heftigen Grundsatzdebatten in der Jurisprudenz führte. Und die diversen Versuche zur Entwicklung einer rekonstruktiven Psychologie speisten sich nicht zuletzt aus neukantianischen Vorannahmen.[12]

Freilich regte sich bereits in der Blütezeit des Neukantianismus Kritik an seinen epistemologischen Vorannahmen. Sie war zum einen innerphilosophisch und hatte durchaus gute Gründe auf ihrer Seite. Zu nennen wäre etwa Edmund Husserl, der in seiner Phänomenologie die philosophische Unterbestimmung der (Erkenntnis-)Gegenstände durch den Neukantianismus monierte. Die logischen Empiristen verwiesen auf die fehlende Sprachkritik im Neukantianismus und bemängelten seine geringe Operationalisierbarkeit. Innerhalb der ‚Marburger Schule' stand primär die mangelnde Integration jener Naturwissenschaften zur Debatte, die sich wie die Biologie nur äußerst schwierig formalisieren ließen.[13]

Historisch folgenreicher waren vermutlich die panreligiösen Suchbewegungen, die zu Beginn des 20. Jahrhunderts die Frage nach dem Sinn des Lebens neu entfachten. Im Schatten Nietzsches gedieh eine vitalistische Wissenschaftskritik, die in mancher Hinsicht irrationale Züge trug. Exemplarisch sei der ‚Monistenbund' erwähnt, der in beinahe jeder deutschen Großstadt eine Dependance besaß. Sein Vordenker, der Biologe und Philosoph Ernst Haeckel, bot dem wissbegierigen Publikum nicht nur eine popularisierte Version Darwins, sondern auch eine ‚Lösung der Welträtsel' und den Weg zu einem erfüllten Leben an.[14]

Allerdings sollte man die akademische Bedeutung des kulturellen Krisenbewusstseins im Fin de Siècle nicht übertreiben. Es war primär eine Angelegenheit universitätsferner Intellektueller, die mit kühnen Entwürfen gegen ihre wissenschaftliche und gesellschaftliche Marginalisierung anschrieben.[15] Inneruniversitär dominierte eine Kombination von positivistischer Forschungspraxis und vollmundiger Bildungsrhetorik, die sich wenig um epistemologische Feinheiten scherte. Gerade in der Geschichtswissenschaft betrachtete man erkenntnistheoretische Begründungszusammenhänge mit ähnlicher Gelassenheit wie das Kräuseln des Meers bei einem Strandspaziergang.[16] Zu den integralen Bestandteilen des eigenen Wissenschaftsglaubens zählte hingegen ein robuster Nationalismus, in dem sich die Hochachtung vor der eigenen philosophischen Tradition mit ehrgeizigen politischen Zielen verband.

II. Die Bedeutung des Ersten Weltkriegs für die Existentialisierung der Diskurse

Die ‚geistige Mobilmachung', die zur Signatur des Ersten Weltkriegs gehörte, erfolgte über die Aufwertung völkisch-nationalistischer Kategorien. Ein Großteil der Hochschullehrer beschwor die Überlegenheit ‚deutscher Werte' über den ‚Westen' und kontrastierte scharf ‚Gemeinschaft' mit ‚Gesellschaft'.[17] Spätestens seit 1916 wurde der extreme Nationalismus durch eine völkische Sprache geprägt, die sich vehement gegen den ‚inneren Feind' richtete. Innerphilosophisch kam es zu einer ‚Existentialisierung der Diskurse', von der kaum ein Denker unberührt blieb.[18] Während sich die kulturkritischen Motive nicht substantiell von der Vorkriegszeit unterschieden, wandelte sich die geistige Welt grundlegend.

Trotz der Verkündung des ‚Burgfriedens' und recht strenger Zensurbestimmungen besaßen alle großen Kriegsdebatten in Deutschland eine judenfeindliche Dimension. Bisweilen erreichten antisemitische Vorstellungen eine solche Akzeptanz, dass sie die Diskurse entscheidend bestimmten. Dies gilt beispielsweise für die Frage, ob ein ‚kerndeutscher' Denker wie Fichte von Juden adäquat verstanden werden könne. Hierbei handelt es sich nicht um ein ideengeschichtliches Randproblem; denn liberale Juden und Zionisten bewunderten Fichte gleichermaßen, der im Ersten Weltkrieg zu den am häufigsten beschworenen Philosophen zählte. Zudem gehörte die Vertreibung der Juden aus dem ‚Haus der deutschen Kultur' seit dem Fin de Siècle zu den erklärten Zielen völkischer Antisemiten.[19]

Die Auseinandersetzung begann im Juli 1916 mit dem Teilabdruck eines Artikels in der alldeutschen Zeitung *Der Panther*. Er trug den Titel *Zum Begriff der Nation* und stammte von Bruno Bauch, der als Jenaer Professor und Redakteur der *Kant-Studien* über beträchtliches Ansehen in der wissenschaftlichen Welt verfügte.[20] Von gelehrter Zurückhaltung ist jedoch in der Abhandlung, die sich mit Fichtes Vorstellung von Nation beschäftigen soll, nur wenig zu spüren. Tatsächlich handelt es sich um einen Angriff auf die ‚Marburger Schule' und deren vorgeblich ‚formalistische Art' des Philosophierens, welche für die Erkenntnis ‚völkischer Wesenheiten' keinen Raum lasse. Generell wird der jüdische Beitrag zur deutschen Geistesgeschichte herabgesetzt und mit dem Etikett ‚ausländisch' versehen, was auf dem Höhepunkt des ‚Kriegs der Geister' gewiss keine Marginalie war.[21]

Die öffentlichen Reaktionen entsprachen der Schärfe von Bauchs Polemik. Es hagelte Proteste in der ‚Kant-Gesellschaft', und viele Mitglieder erklärten ihren Austritt aus der zeitgenössisch größten philosophischen Organisation der Welt. Die linksliberalen Zeitungen kritisierten Bauchs Artikel als Gefährdung des inneren Friedens und als menschliche Entgleisung. Für die ‚Marburger Schule' verfasste Cohens Meisterschüler Ernst Cassirer eine Replik, die nachdrücklich den transzendentalen Grundzug der Fichteschen Philosophie herausstellte. Völkisch-antisemitische Prämissen hätten in der Wissenschaft kein Heimatrecht, da sie universalisierbare Aussagen verhinderten. So führe die Unterscheidung zwischen ‚jüdischer' und ‚deutscher' Logik unweigerlich zu absurden Konsequenzen.[22] Wieviel Kraft Cassirer seine in der Sache harte, aber im Ton durchaus zivile Antwort gekostet hatte, lässt schon die äußere Gestalt des Textes erkennen. Nicht weniger als vier Fassungen hatte er angefertigt, während er für gewöhnlich bereits abgeschlossene Artikel nicht revidierte.[23]

Vergebens bemühte sich der Leiter der ‚Kant-Gesellschaft', Hans Vaihinger, die Konflikte beizulegen. Seine Vermittlungsversuche scheiterten primär an Bauchs Halsstarrigkeit, der lieber auf die Leitung der Redaktionsgeschäfte verzichtete als sich öffentlich zu entschuldigen. Dabei plagte Bauch kein schlechtes Gewissen. Vielmehr ließ er den berühmten Jenaer Neoidealisten Rudolf Eucken am 29. Juli 1917 wissen, dass er ein Opfer jüdischer Intrigen geworden sei. Zudem äußerte er die Befürchtung, auch seine Rücktrittserklärung werde die Gegner nicht besänftigen.[24] Tatsächlich sorgte Bauch selbst für die Dauerwirkung der Auseinandersetzung. Den Marburger Neukantianismus denunzierte er als „jüdische Oberzensurbehörde" – ein Wort, das von antisemitischen Kreisen rasch aufgegriffen und verbreitet wurde.[25]

Pfingsten 1917 gründete Bauch zusammen mit dem Neoidealisten Max Wundt die ‚Deutsche Philosophische Gesellschaft'. Sie bekämpfte die jüdische ‚Überfremdung' der Kultur und betonte die Wichtigkeit der nationalen Tradition bei der Lösung der drängenden Gegenwartsprobleme.[26] Seit der Kriegsniederlage gewann die ‚Deutsche Philosophische Gesellschaft' beträchtlich an Bedeutung. Sie vereinte Gelehrte, welche die Weimarer Kultur radikal kritisierten und doch die schützende Hülle einer gemeinsamen philosophischen Tradition nicht entbehren wollten. In kulturpessimistischer Diktion formulierten sie jenes Unbehagen an westlichen Werten, das bereits den ‚Ideen von 1914' ihr Gepräge gegeben hatte.[27]

III. Debattenlinien in der Weimarer Republik

Der Neukantianismus mit seinem inhärenten Fortschritts- und Wissenschaftsglauben galt nach der Katastrophe des Ersten Weltkrieges weithin als antiquiert. Führende Neukantianer wie Paul Natorp wandten sich neuen philosophischen Aufgaben zu, die unverkennbar metaphysischen Zuschnitt trugen. Nicht zuletzt ging es angesichts der enttäuschten Siegeshoffnungen und der tristen Nachkriegsrealität um historische Sinngebung. Als 1924 der 200. Geburtstag Kants gefeiert wurde, gab es kaum einen Philosophen, der Kant nicht als nationalen Heros und tiefgründigen Metaphysiker ehrte. Der überwiegende Teil der Jubiläumsliteratur betrachtete den Neukantianismus als Relikt der Vergangenheit, weil er sich angeblich den drängenden Gegenwartsfragen verweigere, und ebenso nebulös wie kategorisch sprach man von seiner ‚Selbstauflösung'.[28]

Die Sehnsucht nach ‚Ganzheit' erfreute sich nicht nur in vielen wissenschaftlichen Disziplinen, sondern auch in der politischen Programmatik großer Beliebtheit. Im Umfeld jener Bewegung, die man trotz Stefan Breuers prononcierter Kritik in Ermangelung einer echten Alternative immer noch ‚Konservative Revolution' nennt, standen vage Allgemeinbegriffe in Blüte.[29] Mit einem differenzierten Methodenbewusstsein und intellektueller Bescheidenheit ließen sich ‚wissenschaftliches Führertum' oder der Kult von ‚Gemeinschaft' und ‚Leben' schwerlich in Einklang bringen. Und so verwundert es nicht, dass vom ‚Neukantianismus' zunehmend pejorativ gesprochen wurde. Während diese Bezeichnung im Kaiserreich angesichts der vertrauten Schulzuordnungen nur eine begrenzte Verbreitung gefunden hatte, gewann sie als Feindbild nun eine geradezu ubiquitäre Präsenz.[30]

Auch ein so unabhängiger Kopf wie der Wiener Essayist und Kulturkritiker Egon Friedell geriet in den Sog der zeitgenössischen Stereotypen. In seiner *Kulturgeschichte der Neuzeit* schilderte er den Marburger Neukantianismus 1931 als Inbegriff weltfremder Professorenphilosophie, die von „seichtem Verstandeshochmut“ zeuge.[31] Insbesondere Cohens Umbildung der Kantischen Erkenntniskritik zu einem logischen Idealismus beurteilte Friedell als prinzipiell verfehlt. Statt philosophischer Argumente brachte er aber lediglich grobe Unterstellungen vor. Ohne jedes Verständnis für die systematischen Begründungszusammenhänge denunzierte er Cohens Hauptwerke als „Gebrauchsanweisungen zur dialektischen Falschspielerei, deren Gaunersprache nur engen Metiergenossen zugänglich ist“. Gewiss steckte in diesen Urteilen auch der schroffe Bekenntnisernst eines zum Protestantismus konvertierten Juden, der sich mit Macht von seiner Vergangenheit lösen wollte. Allein Friedells Zerrbild des Marburger Neukantianismus, der über vielfältige Kontakte zum liberalen Protestantismus verfügte, dürfte sich primär zeitüblichen Vorurteilen zu Beginn der 1930er Jahre verdanken.[32] Bereits in der Wirtschaftskrise hatte sich gezeigt, wie weit die weltanschaulichen Verwerfungen an der Universität reichen konnten. So hielt der philosophierende Soziologe Othmar Spann im Februar 1929 in München einen Vortrag über *Die Kulturkrise der Gegenwart*, bei dem auch Adolf Hitler anwesend war. Dezidiert betonte der Wiener Hochschullehrer, der sich als Vordenker des Ständestaats einen Namen gemacht hatte, man möge Hermann Cohen und Ernst Cassirer als ‚Fremde‘ betrachten und sich von ihrer einseitig ‚metaphysikfeindlichen‘ Kantinterpretation lösen.[33] Viele große Zeitungen berichteten über Spanns Rede und sorgten dafür, dass ihr antisemitischer Inhalt, der sich unmittelbar gegen den Marburger Neukantianismus richtete, einem breiteren Publikum bekannt wurde. Alfred Rosenberg, der für die Organisation der Münchner Veranstaltung verantwortlich zeichnete, wollte da nicht zurückstehen. In seinem Hausorgan, den *Mitteilungen des Kampfbundes für deutsche Kultur*, erschien ein vollständiger Abdruck jenes Vortrags, dessen Inhalt prächtig zu einem genuin völkischen Verständnis Kants passte.[34]

Wenige Tage später wurde bei den Davoser Hochschulwochen offenkundig, wie stark sich die philosophischen Vorlieben gewandelt hatten.[35] Cassirer stand in der öffentlichen Diskussion über die Kantische Philosophie gegenüber Heidegger, der insbesondere die jüngere Generation in seinen Bann schlug, auf verlorenem Posten. Der Freiburger Denker faszinierte durch sein kämpferisches Auftreten und das eigentümliche Pathos der Entscheidung, mit dem er seine Fundamentalontologie präsentierte. Die urbane Weitläufigkeit Cassirers mit ihrem ausgeprägten Respekt vor dem Erbe der Aufklärung galt hingegen als Aufweis fehlender philosophischer Ernsthaftigkeit. Vergebens mahnte Cohens Meisterschüler eine Historisierung des Neukantianismus an, dessen Blütezeit vor dem Ersten Weltkrieg gelegen hatte, während er gegenwärtig als „Sündenbock der neueren Philosophie" betrachtet werde.[36] Selbst der jüdische Religionsphilosoph Franz Rosenzweig, der einst im Bann des Marburger Schulhauptes gestanden hatte, hielt es nun für erwiesen, dass Heidegger die zentralen Fragen der Metaphysik einer tieferen Beantwortung zuführte als es dem Erkenntnistheoretiker Cassirer möglich war.[37]

Vermutlich hätte Rosenzweig sein Urteil noch einmal überdacht, wenn ihm Heideggers Brief an Victor Schwoerer vom 2. Oktober 1929 bekannt geworden wäre. Während Heidegger im öffentlichen Auftreten akademische Höflichkeit übte und sich mit jüdischen Schülern umgab, war er subkutan ein rabiater Antisemit. In besagtem Brief forderte er den Vizepräsidenten der ‚Notgemeinschaft' auf, jüdischen Wissenschaftlern keine weiteren Stipendien zu gewähren, um der „wachsenden Verjudung" entgegenzutreten.[38] Vielmehr sei es notwendig, so betonte Heidegger in völkischer Diktion, „unserem deutschen Geistesleben wieder echte bodenständige Kräfte und Erzieher zuzuführen". Dies waren ebenso ehrgeizige wie rücksichtslose Vorstellungen, für die sich 1929 noch keine Realisierungsmöglichkeit bot. Keine vier Jahre später hatte sich die Situation an den deutschen Hochschulen grundlegend gewandelt.

IV. Rufmord unter den Bedingungen der Diktatur

Die nationalsozialistische ‚Machtergreifung' führte zu einem massiven Emigrationsverlust an den deutschen Universitäten. Das gezielt angewendete ‚Gesetz zur Wiederherstellung des Berufsbeamtentums' veranlasste zahlreiche Gelehrte zur Auswanderung, vornehmlich in die angelsächsische Welt. Insgesamt verließen zwischen 15 und 20% der knapp 6000 aktiven Hochschullehrer das Deutsche Reich.[39] Die Philosophie gehörte aus rassischen und politischen Gründen zu den besonders betroffenen Disziplinen. Hier emigrierte genau ein Drittel der 180 habilitierten Hochschullehrer, und vordem als innovationsfreudig und weltoffen geltende Institute wie Frankfurt am Main oder Hamburg verwaisten.[40]

Auch die Geschichte des Neukantianismus an deutschen Universitäten fand 1933 ein abruptes Ende. Seine herausragenden Vertreter Ernst Cassirer, Jonas Cohn, Richard Hönigswald und Siegfried Marck verloren aufgrund des Berufsbeamtengesetzes ihre Lehrstühle und mussten emigrieren. Der Neukantianismus wurde als Ausdruck eines jüdisch beherrschten Wissenschaftssystems betrachtet und wegen seiner ‚liberalistischen Konsequenzen' erbittert bekämpft.[41] Gelegentlich reichte die persönliche Bekanntschaft mit einem neukantianischen Denker, um die akademische Karriere zu ruinieren. In Gießen entzog man etwa dem Sozialdemokraten Walter Kinkel die Venia legendi, der zu den letzten Schülern und treuesten Anhängern Hermann Cohens gehört hatte.[42]

Auch im Bereich der stärker philologisch ausgerichteten Kant-Forschung kam es zu personellen Konsequenzen, die sich direkt gegen den Einfluss neukantianischen Gedankenguts richteten. Arthur Liebert wurde als Vorsitzender der ‚Kant-Gesellschaft' abgelöst und musste emigrieren.[43] Bis 1935 verlor die philosophische Organisation mehr als zwei Drittel ihrer Mitglieder. Tonangebend wurden nun jene Angehörigen der ‚Deutschen Philosophischen Gesellschaft', die wie Bruno Bauch, Hermann Schwarz oder Max Wundt auf eine völkisch-nationalistische Vergangenheit und dementsprechende Überzeugungen verweisen konnten.[44] Dies führte auch zum Niedergang der philologisch exakten Kant-Edition, deren Folgen bis heute spürbar sind. Vor allem gilt dies für die Annahme verbindlicher ‚Urtexte' im Kantischen Spätwerk, welche die Bewertung divergierender Manuskriptentwürfe lange erschwert hat.[45]

Zu den grimmigsten Gegnern des Neukantianismus gehörten mit Martin Heidegger und Carl Schmitt zwei Gelehrte, die 1933 die Gunst der Stunde nutzten und politischen Einfluss anstrebten. Heidegger verfasste im Juni 1933 für das bayerische Kultusministerium ein vernichtendes Urteil über Hönigswald, mit dem er die Entlassung des jüdischen Philosophen forcieren wollte. In kaum zu überbietender Schärfe heißt es:

> „Hönigswald kommt aus der Schule des Neukantianismus, der eine Philosophie vertreten hat, die dem Liberalismus auf den Leib zugeschnitten ist. Das Wesen des Menschen wurde da aufgelöst in ein freischwebendes Bewußtsein überhaupt und dieses schließlich verdünnt zu einer allgemein logischen Weltvernunft."[46]

Mit kaum verhüllter Antipathie monierte Heidegger weiter, dass „gerade Hönigswald die Gedanken des Neukantianismus mit einem besonders gefährlichen Scharfsinn und einer leerlaufenden Dialektik verficht". Im Hintergrund standen handfeste persönliche Interessen, rechnete Heidegger doch mit einem Ruf auf den verwaisten Münchner Lehrstuhl.[47]

Carl Schmitt veranstaltete im Herbst 1936 eine Tagung über das Thema *Das Judentum in der Rechtswissenschaft*, auf der er nicht nur die Kenntlichmachung jüdischer Autoren, sondern auch die konsequente ‚Säuberung der Bibliotheken' forderte. Sein programmatischer Vortrag *Die deutsche Rechtswissenschaft im Kampf gegen den jüdischen Geist* enthielt eine Abrechnung mit dem Einfluss neukantianischer Vorstellungen in der Jurisprudenz.[48] Namentlich erwähnte er Hans Kelsen, dessen *Reine Rechtslehre* ein Musterbeispiel verfehlter Wissenschaftlichkeit sei. Dies richtete sich nicht zuletzt gegen Kelsens universalistisches Weltbild, das Schmitt als natürlichen Feind seines ‚konkreten Ordnungsdenkens' betrachtete.

Bis auf den heutigen Tag wird die Bedeutung der sogenannten ‚Deutschen Wissenschaft' im Nationalsozialismus unterschätzt. Zwar ist es richtig, dass sich Johannes Stark mit seiner Vorstellung von ‚Deutscher Physik' nicht dauerhaft durchsetzen konnte. Doch sollte man deshalb die Anhänger ‚Deutscher Wissenschaft' nicht notwendig für einflusslos halten. Sie gehörten zu vielen Disziplinen, von der Chemie über die Mathematik bis hin zur Psychologie und Soziologie, und hatten nicht selten wichtige Funktionärsposten inne. Mit der Zeit entstand ein informelles Netzwerk, das über die Fächergrenzen hinweg miteinander kooperierte und auch in der Semantik für die markante Aufwertung eines nationalistischen Wissenschaftsverständnisses stritt.[49]

Einer der einflussreichsten Funktionäre war der Marburger Psychologe Erich Rudolf Jaensch, der über beträchtliche Forschungsgelder verfügte und die traditionsreiche *Deutsche Zeitschrift für Psychologie* herausgab.[50] Im Herbst 1936 übernahm er die Leitung der wichtigsten Fachorganisation, der *Deutschen Gesellschaft für Psychologie*, die er im nationalsozialistischen Sinne zu führen versprach.[51] Zwei Jahre später erschien sein Hauptwerk *Der Gegentypus*, dessen zentrale Kategorie sich nach Belieben gegen die weltanschaulichen Feinde des Nationalsozialismus richten ließ. Zu Jaenschs wichtigsten wissenschaftlichen Ansprechpartnern zählte der Mathematiker Ludwig Bieberbach, der gleichfalls an den genuin deutschen Charakter ‚echter Wissenschaft' glaubte. Mit Hilfe von Jaenschs Typenlehre forderte er die Abkehr von Algebra und Zahlentheorie und plädierte für eine nachhaltige Aufwertung der ‚germanischen Geometrie'.[52]

Mit Vehemenz bekämpfte Jaensch den Neukantianismus, den er als Ausdruck jüdischer Dekadenz und als Resultat eines ‚intellektualistisch verengten' Wissenschaftsverständnisses betrachtete. Der Psychologe beglich damit auch eine alte Rechnung, hatten doch 1912 nicht weniger als 106 Professoren öffentlich protestiert, als man ihn auf den angesehenen Lehrstuhl

Hermann Cohens berief.[53] Nun kritisierte Jaensch den „talmudischen Charakter" neukantianischer Epistemologie. Cohens Denken sei Ausdruck einer „schrankenlose[n] Nuancierungssucht", die aus einem gestörten Wirklichkeitssinn resultiere und letztlich pathologischer Natur sei.[54]

Dies lag auf einer Linie mit jener ressentimenterfüllten Ablehnung des Neukantianismus, die Raymund Schmidt 1938 in der 42. Auflage des *Handbuchs der Judenfrage* publizierte. Nachdrücklich betonte der Mitarbeiter des Sicherheitsdienstes der SS, dass mit der ‚Marburger Schule' Cohens und Cassirers die Juden erstmals dauerhaft in die akademische Philosophie eingedrungen seien.[55] In verschwörungstheoretischer Sprache hieß es, „die deutsche Philosophie (sei) im Namen Kants zu einem jüdischen Geschäftsunternehmen von internationalem Ausmaß" geworden. Und nicht ohne Bigotterie hob Schmidt hervor, wie weit sich die *Kant-Studien* für neukantianische und phänomenologische Autoren geöffnet hätten, „ohne daß mit dieser literarischen Geschäftigkeit die ‚deutsche' Philosophie als Ausdruck des arischen Menschentums, als Weltanschauungshilfe auch nur um einen Deut gefördert wurde".[56]

Bösartige Unterstellungen waren in den wissenschaftspolitischen Auseinandersetzungen des ‚Dritten Reichs' an der Tagesordnung. So erbat Max Wundt 1937 von dem Marburger Rektor Leopold Zimmerl die Personalakte Hermann Cohens, um zu überprüfen, ob bei dessen Berufung alles mit rechten Dingen zugegangen sei.[57] Drei Jahre später stand die Herkunft von Paul Natorp zur Debatte. Auf Anfrage des Reichserziehungsministeriums erklärte Universitätskurator Ernst von Hülsen, dass die Familie Natorp vermutlich eine „rein arische Abstammung bis zum Jahre 1800" besitze.[58]

Ein Fanatiker wie der Münchner Professor Hans Alfred Grunsky schilderte 1938 in den Schriften der ‚Deutschen Hochschule für Politik' den ‚Einbruch des Judentums in die Philosophie'. Er dedizierte sein Machwerk dem Theologen Gerhard Kittel, der seinerseits zu den leidenschaftlichsten Antisemiten unter den ‚Deutschen Christen' gehörte.[59] Gerhard Lehmann, der Berliner Mitherausgeber der Akademie-Ausgabe Kants, denunzierte 1940 die französische Gegenwartsphilosophie als ‚verjudet'. Drei Jahre später zeigte seine parteiamtliche Überblicksdarstellung des deutschen Geisteslebens, wie es um das Ansehen des Marburger Neukantianismus bestellt war. Sie schilderte Paul Natorp als irregeleiteten christlichen Mystiker, während Hermann Cohen als Unperson abgestempelt und lediglich einmal erwähnt wurde.[60]

Es sollte hervorgehoben werden, dass sich die Rufmordversuche seitens der ‚Deutschen Wissenschaft' nahezu ausschließlich gegen den Neukantianismus richteten. Kant selbst wurde zum Ahnherrn germanischen Philosophierens erklärt und sein kategorischer Imperativ ideologischen Zwecken dienstbar gemacht. Bereits 1920 hatte der umtriebige Hans F. K. Günther jene völkisch-rassische Schwundstufe des Sittengesetzes formuliert, die sich nun allgemeiner Beliebtheit erfreute: „Handle so, daß Du die Richtung deines Willens jederzeit als Grundrichtung einer nordrassischen Gesetzgebung denken könntest".[61] Und in Max Wundts Sammlung deutscher Philosophenporträts firmierte Kant mit seiner hohen Stirn als Musterbeispiel einer edlen nordischen Rassenmischung.[62]

Versuche, die Kantische Philosophie wegen ihres Universalismus zu diskreditieren, besaßen nur geringe Erfolgschancen, wie mit Ernst Krieck einer der umtriebigsten Wissenschaftsreformer des ‚Dritten Reichs' erfahren musste. 1940 verfasste er einen Artikel, der Kant in die Nähe zu aufklärerischen Geheimorden und philosemitischem Gedankengut rückte.[63] Umgehend wurde Krieck vom Reichspropagandaministerium wegen seiner ahistorischen Argumentation getadelt, welche die unliebsamsten politischen Konsequenzen habe; denn an Kant die Maßstäbe der modernen Rassenlehre anzulegen, „könne ‚nur zersetzend wirken'". Die ‚Deutsche Philosophische Gesellschaft' mit ihrem traditionell ausgerichteten Programm wurde auch im Krieg durch das Reichserziehungsministerium unterstützt. Und das ‚Amt Rosenberg' veranlasste noch 1942 eine Wiederbelebung der *Kant-Studien*, die aufgrund nachlassenden öffentlichen Interesses und persönlicher Querelen 1937 ihr Erscheinen eingestellt hatten.[64] Ungeachtet der heftigen ideologischen und wissenschaftspolitischen Konflikte existierte im ‚Dritten Reich' ein Kanon philosophischer Klassiker, der nicht zuletzt der nationalen Identitätsstiftung diente. Die Neukantianer hatten dort freilich keine Aufnahme gefunden.

V. Dezidierte Werturteile in positivistischem Gewand. Zum intellektuellen Klima der 50er Jahre

Nach dem Zusammenbruch der nationalsozialistischen Diktatur standen für die meisten deutschen Professoren zuerst drängende Alltagssorgen im Vordergrund. Da man in den Geisteswissenschaften keinen Grund besaß, auf das eigene Verhalten in den vergangenen zwölf Jahren stolz zu sein, beschwieg man es nach Kräften. Intellektuelle Auseinandersetzungen fanden allenfalls in kleinen gelehrten Zirkeln statt, und gerade hier hielten sich völkische Ideen besonders lange.[65] An der Mehrzahl der Universitäten herrschte eine provinzielle geistige Atmosphäre, in der die Rückkehr von Emigranten argwöhnisch beobachtet und nicht selten berhindert wurde. Dies gilt in hohem Maße für die Universitätsphilosophie, die neben dem Neukantianismus auch andere ‚denkerische Großmächte' wie die analytische Philosophie und den Marxismus ins Exil getrieben hatte.[66] Jenseits methodischer Grundlagendiskussionen pflegte man in den Geisteswissenschaften ein Selbstverständnis, in dem der Glaube an die ‚Faktizität' wissenschaftlicher Befunde und das Vertrauen in klassische Bildungswerte untrennbar miteinander verbunden waren.

Zu den tonangebenden Gelehrten der 50er Jahre gehörte der Freiburger Historiker Gerhard Ritter. Sein bekennendes Christentum und seine Verbindungen zum ‚Kreis des 20. Juli' verschafften ihm ein moralisches Kapital, über das nur wenige Gelehrte verfügten. Methodisch glaubte er an eine Wiedergeburt des Historismus aus dem Geiste strenger Quellenkritik, was sich sinnfällig in seinem Motto ‚Vorwärts zu Ranke' spiegelte.[67] Jeder erkenntnistheoretische Konstruktivismus führte nach Ritter unweigerlich zu ethisch relativierenden Konsequenzen. In bekenntnishaftem Ton hatte er bereits am 1. Oktober 1936 Nicolai Hartmann geschrieben: „Welche Erlösung: von dem bloß Methodologischen wieder loszukommen, die innere Struktur der geschichtlichen Phänomene selbst durchschauen zu lernen!"[68] Ein halbes Jahr später wurde Ritter noch deutlicher. Als sein „Hauptanliegen" bezeichnete er nun „die Rettung vor der Relativierung aller Werte – das Historismusproblem also in seinen verschiedenen Abwandlungen".[69] Eine Verbindung philosophisch-systematischer und historischer Fragen lehnte Ritter kategorisch ab. Nicht ohne gehässigen Unterton schilderte er Heidegger als ‚Natorp redivivus', der alle Philosophiegeschichte in die eigene Lehre münden lasse.

In den 50er Jahren zählte ein anderer Gegner des Neukantianismus zu Ritters philosophischen Ideengebern: Heinz Heimsoeth, der am Vorabend des Ersten Weltkrieges äußerst kritische Briefe über den konstruktivistischen Grundzug des erkenntnistheoretischen Idealismus mit Nicolai Hartmann ausgetauscht hatte. Sein erfolgreichstes Werk *Die sechs großen Themen der abendländischen Metaphysik und der Ausgang des Mittelalters* war 1922 nach dem Zusammenbruch des alten Europa erschienen und behauptete einen einheitlichen Problembestand, an dem sich die neuzeitliche Philosophie abzuarbeiten habe. Im ‚Dritten Reich' gehörte Heimsoeth zu den energischen Parteigängern nationalsozialistischen Philosophierens. So versuchte er 1937, den schwedischen Leiter des ‚Institut International de Collaboration Philosophique' zu überzeugen, er möge dem Einfluss des Judentums energisch entgegentreten.[70] Gleichwohl rechnete man Heimsoeth nach 1945 zu jenen Denkern, die eine bessere Tradition der deutschen Universität verkörpern sollten.

Als man Heimsoeth 1947 an der Kölner Hochschule seine nationalsozialistische Vergangenheit vorwarf, stellte Ritter ihm umgehend ein wohlwollendes Gutachten aus. Er verwies auf die Ferne Heimsoeths von „dem Geist des Hitlertums" und auf die Sachlichkeit seiner Nietzsche-Interpretation, die jede Verbeugung vor dem Zeitgeist vermieden habe. In gravitätischer Diktion beschwor Ritter, dass der Verlust Heimsoeths „bei dem heutigen Stand deutscher Wissenschaft ein schwer zu ertragender Ausfall" sei.[71] 1965 erschienen die *Sechs großen Themen der abendländischen Metaphysik* bei der Wissenschaftlichen Buchgesellschaft bereits in fünfter Auflage. Im selben Jahr teilte Ritter Theodor Schieder mit, Heimsoeths Geschichtsphilosophie sei „das Gescheiteste, was ein Philosoph unserer Generation über Geschichte geschrieben hat".[72]

Es verwundert nicht, dass die Handbuchurteile über den Neukantianismus in den 50er Jahren alles andere als günstig ausfielen. Die Kritik am Formalismus der Neukantianer verband sich z.B. mit der Legende, dass der Widerstand gegen den Nationalsozialismus vom Gesetzespositivismus untergraben worden sei. Dies richtete sich nicht zuletzt gegen Hans Kelsens *Reine Rechtslehre*, die man auch nach 1945 als ‚artifiziell' und ‚wirklichkeitsfremd' diffamierte.[73] Eher eine Außenseiterposition markierte Carl Schmitt, der sich zwar unablässig mit seinem eigenen Schicksal im ‚Dritten Reich' beschäftigte, aber über apologetische Denkfiguren nur selten hinauskam. Am strikten Antiuniversalismus seines Weltbilds hielt er unverändert fest. In der Abgeschiedenheit seines Tagebuchs hieß es apodiktisch: „Der kategorische Imperativ ist in der Tat das Gesetz um des Gesetzes willen. Judentum post Chr".[74] Die Amalgamierung von Kritizismus und jüdischem Denken hatte mithin eine solche Intensität erreicht, dass Kant als der ‚Vater allen Unglücks' galt.

In den meisten Fällen von akademischem Antisemitismus sollte man sich jedoch vor einer Übertheoretisierung des Erkenntnisgegenstands hüten. Die judenfeindlichen Überzeugungen, die nach 1945 hinter vorgehaltener Hand gepflegt wurden, brauchten nicht notwendig die Stütze durch das philosophische Argument. Exemplarisch sei das Urteil des renommierten Historikers Johannes Haller über Hermann Cohen aus dem Jahre 1960 wiedergegeben. Nicht ohne Selbstgefälligkeit heißt es: „Sein Judentum hat mich nicht gestört, da ich niemals Antisemit war und er diese Seite seines Wesens im Verkehr mit Nichtjuden nicht herauskehrte".[75] Ähnliche Urteile haben freilich nur selten den Weg in die gedruckten Quellen gefunden.

Noch mehr als in anderen Epochen war der Antisemitismus nach 1945 eine Sache des ‚gesprochenen Wortes', und sind skeptische Vorbehalte gegenüber generalisierenden Aussagen angebracht.[76] Die bislang zu Tage getretenen Dokumente scheinen zu belegen, dass die Tabuisierung antisemitischer Feindbilder ihre untergründige Wirksamkeit nicht verhinderte.

VI. Fazit

Der Neukantianismus gefährdete zwei Lieblingsvorstellungen deutscher Mandarine. Zum einen bestritt er, dass es in der Wissenschaft pure Faktizität gebe. Schon in der Auswahl der Erkenntnisgegenstände und Vorgehensweise lägen Vorannahmen, die argumentativ begründet werden müssten und vom problemhistorischen Kontext abhängig seien. Zum anderen stellte der Neukantianismus die überzeitliche Gültigkeit wissenschaftlicher Aussagen in Frage. Beides bedeutete eine narzisstische Kränkung für jene Professoren, die es gewohnt waren, für ihre Behauptungen sowohl empirische Richtigkeit als auch weitreichende Geltung zu beanspruchen.

Vielleicht ist es kein Zufall, dass es auf dem Höhepunkt des Ersten Weltkrieges zu einer folgenschweren Amalgamierung der beiden Feindbilder ‚Neukantianismus' und ‚Judentum' kam. Fortan wussten all jene, welche einen ‚tieferen Zugang' zur philosophischen Welt für sich in Anspruch nahmen, wo der Feind stand. In der Logik dieses Denkens lag es, dass der Neukantianismus zu einem der wichtigsten symbolischen Gegner ‚Deutscher Wissenschaft' avancierte. Martin Heidegger wusste, was er tat, als er in Davos Cassirer als Exponenten des untergehenden Bürgertums attackierte. Seine weltanschauliche Wende mag sich in ihrem philosophischen Niveau von der ‚Deutschtumsmetaphysik' eines nationalistischen Hochschullehrers wie Max Wundt unterschieden haben. Ihr Antiliberalismus führte sie beide zur Ablehnung von ‚Humanität' und ‚Rationalismus' und zur Diffamierung neukantianischer Positionen. Besonderer Mut gehörte dazu nicht, galt es doch bald nach dem Krieg fachintern als ausgemacht, dass der fortschrittsoptimistische Neukantianismus durch eine realistische Weltsicht ersetzt werden müsse.[77]

Generell ließ sich der Neukantianismus nicht mit einer Wissenschaftsauffassung vereinbaren, für die ein emphatisches Verständnis von ‚Wirklichkeit' konstitutiv war. Psychologie, Soziologie und Philosophie bedienten sich vielfältig schillernder Allgemeinbegriffe wie „‚Gemeinschaft', ‚Ordnung', ‚Ganzheit', ‚Gestalt', ‚Einheit'"[78], die einen traditionellen Bezug suggerierten, sich aber in ganz unterschiedlicher Richtung forschungsstrategisch instrumentalisieren ließen. Generell sollte man sich von der bedeutungsschweren Sprache im Nationalsozialismus nicht auf falsche Fährten führen lassen. Sie diente zumeist der eigenen ideologischen Positionierung und verband sich nicht selten mit konkreten wissenschaftspolitischen Zielsetzungen. So verstand die Wehrmachtspsychologie unter dem ‚ganzen Menschen' nichts anderes als den „Typ des preußischen Offiziers in einer modernisierten Gestalt".[79]

Die Herrschaft der Nützlichkeitskalküle im ‚Dritten Reich' führte zu einer Legitimationskrise der Geisteswissenschaften. Sie reagierten darauf, indem sie neue Kompetenzen für die Politikberatung entwickelten und die Auseinandersetzung mit ideologischen Gegnern forcierten. Es ist mehr als eine Randnotiz der Ideengeschichte, dass das ‚Ahnenerbe' der SS der erfolgreichste geisteswissenschaftliche Antragsteller bei der Deutschen Forschungsgemeinschaft war. Schon ein flüchtiger Blick in die Förderakten zeigt, in welchem Ausmaß semantische Abgrenzungsstrategien zur ‚bürgerlichen Wissenschaft' der Untermauerung eigener Vorhaben dienten.[80] Gleichzeitig konnte es durchaus gefährlich sein, wenn einem das Etikett ‚Neukantianismus' angeheftet wurde. Stigmatisiert als Produkt ‚jüdisch-liberalistischen Auflösungsdenkens', entsprach diese Philosophie jenen verschwörungstheoretischen Feindbildern, die im Umfeld der sogenannten Gegnerforschung in Blüte standen.[81]

Die Kraft antisemitischer Stereotypen in der zweiten Nachkriegszeit erkennt man daran, mit welcher Selbstverständlichkeit der Neukantianismus als primär jüdisch geprägtes Phänomen der Geistesgeschichte betrachtet wurde. Dies ist gewiss eine Übertreibung, wie schon der Blick auf Namen wie Natorp, Rickert, Riehl oder Windelband zeigt. Ebensowenig zutreffend dürfte die Vorstellung sein, der Neukantianismus habe um 1900 die deutschen Universitätskatheder beherrscht. Die Vorliebe des preußischen Kultusministeriums galt beispielsweise Philosophen, die sich für eine Renaissance des deutschen Idealismus einsetzten. Insbesondere für die internationale Kulturpolitik wurden schneidige junge Männer gesucht, die eine Darstellung Kants oder Fichtes mit dem Loblied des wilhelminischen Kaiserreichs zu verbinden wussten.[82]

Nach 1945 hatten die Geisteswissenschaften nicht nur ihre traurige Vergangenheit im Nationalsozialismus zu verarbeiten, sie standen auch unter erheblichem Diskursdruck. Während Natur- und Ingenieurwissenschaften tagtäglich ihre Nützlichkeit demonstrierten, war das Vertrauen in den Wert der Bildung erheblich gesunken. Was lag da näher, als den Rückgriff auf einen apodiktisch formulierten Positivismus, der die Validität wissenschaftlicher Erkenntnis zu begründen schien, mit dem hohen Lied auf traditionelle Werte zu verbinden? Im Kaiserreich, so wie man sich es in den 50er Jahren erträumte, spielte der Neukantianismus lediglich eine marginale Rolle, doch in den aktuellen Debatten galt er nach wie vor als Sündenbock.

Zukunftshoffnungen

Realitätsferner Utopismus oder hellsichtige Gegenwartskritik? Zur politischen Philosophie des späten Natorp

Die politische Philosophie, die Paul Natorp in seinem letzten Lebensjahrzehnt entwickelte, hat einen schlechten Ruf. Immer wieder wird sie als Ausdruck von extremem Nationalismus und weltanschaulichem Irrationalismus kritisiert. Gleichzeitig gilt der Marburger Philosoph als typischer Vertreter universitären „Mandarinentums", dessen Gesellschaftsvorstellungen ein gleichermaßen elitärer wie rückwärtsgewandter Zug eigen gewesen sei.[1] Gelegentlich werden auch noch die ideologischen Schlachten der Vergangenheit geschlagen, und man stilisiert den reformbereiten Neukantianer zum Gegner der organisierten Arbeiterbewegung. Insbesondere der Pädagoge Natorp, der die sittigende Wirkung der Volksgemeinschaft herausstellte, stößt auf heftige Ablehnung. In einer Marburger Ansprache anlässlich des fünfzigjährigen Endes des Zweiten Weltkrieges rückte ihn ein Vertreter emanzipatorischer Pädagogik gar in die Nähe von Joseph Goebbels.[2]

Gleichwohl hat es an Ehrenrettungen für den späten Natorp nicht gefehlt. So betonte Helmut Holzhey die Loyalität Natorps gegenüber dem befreundeten Hermann Cohen, der seit 1914 zunehmend antisemitischen Attacken ausgesetzt war.[3] Allgemein bemühte man sich darum, den Marburger Gelehrten im Feld des ethischen Sozialismus zu verorten. Sein Biograph Norbert Jegelka ging so weit, Natorps nationalistische Weltkriegsschriften primär als „kritischen Pazifismus" zu deuten. Dahinter stand das ehrenwerte Motiv, Natorp deutlich vom Chauvinismus der deutschen Professorenschaft abzuheben, doch verhinderte gerade die apologetische Perspektive ein tieferes Verständnis seiner Anschauungen.[4]

Mittlerweile existiert eine differenzierte Literatur zur Ideengeschichte des Ersten Weltkrieges, die weniger drastische Methoden bevorzugt und die Komplexität der ideologischen Auseinandersetzungen unterstreicht. So betont die jüngere

Forschung die europäische Dimension im „Krieg der Geister" und lässt manches Urteil über einen ideologischen „Sonderweg" Deutschlands holzschnittartig erscheinen. Überdies hat die hermeneutisch einlässige Interpretation vieler Weltkriegstexte erstaunlich rational geführte innenpolitische Debatten zutage gefördert.[5] Gleichzeitig intensivierte sich die Beschäftigung mit ideen- und mentalitätsgeschichtlichen Problemen der frühen Weimarer Republik. Neuere Untersuchungen akzentuieren verstärkt die prägende Wirkung des „Großen Krieges", der zu den wichtigsten Entstehungsbedingungen des „philosophischen Extremismus" (Norbert Bolz) gerechnet wird.[6]

Die Bedingungen für eine differenzierte Deutung der politischen Philosophie des späten Natorp haben sich mithin spürbar verbessert, doch heißt dies nicht, dass drastische Fehlurteile über ihn nicht mehr gefällt werden. Exemplarisch sei auf die wichtige Studie Kurt Flaschs zur „geistigen Mobilmachung" verwiesen, die den Neukantianer im Rahmen der jüdischen Weltkriegsphilosophie behandelt.[7] Dabei ist Natorps Herkunft aus einer Pastorenfamilie ebenso bekannt wie die protestantische Prägung seines Denkens eigentlich unverkennbar. Freilich existiert eine Unmenge polemischer Quellen, die den Mitbegründer der „Marburger Schule" und philosophischen Weggefährten Cohens aus politischen wie ideologischen Gründen in ein schiefes Licht rücken.

Angesichts der Vielzahl von intellektuellen Kontexten, in denen der späte Natorp stand, kann es im Folgenden nur um die erste Annäherung an ein komplexes Thema gehen. Im Mittelpunkt des Beitrags steht die Frage nach der spezifischen Eigenheit von Natorps politischer Philosophie und deren Einordnung in das zeitgenössische Ideenspektrum. Gleichzeitig soll diskutiert werden, warum der konziliante Gelehrte so häufig zum Gegenstand ideologischer Anfeindungen wurde, die seine Beurteilung bis auf den heutigen Tag beeinflussen.

Ich gehe in fünf Schritten vor. Zuerst wird Natorps Haltung zum „Großen Krieg" analysiert, die er in einer Vielzahl von Schriften und Artikeln niedergelegt hat (I). Alsdann wende ich mich der zentralen Kriegsschrift „Deutscher Weltberuf" zu, die bei allem Vertrauen in die Überlegenheit der eigenen Kultur bereits die Möglichkeit der Niederlage miteinzubeziehen suchte (II). Natorps Haltung zur Weimarer Republik wird anhand der Schrift „Sozialidealismus" beleuchtet, deren rätedemokratische Ablehnung des Parlamentarismus in bemerkenswertem Kontrast zum linksliberalen Reformdenken der Vorkriegszeit steht (III). Hieran knüpft sich die Darstellung von Natorps Hofgeismarer Rede an, die 1923 zu einer Rufmordkampagne der völkischen Rechten führte (IV). Das bilanzierende Fazit fragt schließlich nach den einheitsstiftenden Elementen in Natorps politischem Weltbild und skizziert dessen philosophiehistorische Bedeutung (V).

I.

Über die Einschätzung des sogenannten „Augusterlebnisses" hat sich eine rege Debatte entwickelt. Lange Zeit ging man von einer überwältigenden Kriegsbegeisterung des deutschen Volks aus, das nach zermürbendem Warten die Kriegserklärungen als Erlösung empfunden habe.[8] Die mentalitätshistorische Forschung des letzten Jahrzehnts konnte allerdings nachweisen, dass die Kriegsfreiwilligenquote zeitgenössisch gezielt übertrieben worden war. Der „August 1914" trug Züge eines Propagandamythos, der von staatlichen Stellen geschickt instrumentalisiert wurde.[9] Die Berliner Friedensdemonstrationen, an denen Hunderttausende teilnahmen, sind hingegen bis auf den heutigen Tag nicht Teil der kollektiven Erinnerung an den Beginn des Ersten Weltkrieges.[10] Gleichwohl sollte das Ausmaß der Kriegsbejahung nach einer mehr als vierzigjährigen Friedensperiode nicht unterschätzt werden. Allgemein zustimmungsfähig war etwa die Auffassung, man verlasse eine bedrängte Nation nicht in der „Stunde der Not".[11] Im städtischen Bildungsbürgertum und insbesondere im Umfeld der Jugendbewegung kam es zu Überhöhungen des Krieges, die von der Bejahung der Volksgemeinschaft bis zum Lob des „gefährlichen Lebens" reichten. Unter den zahlreichen Gelehrten, die sich um historische Sinngebung bemühten, gehörte Paul Natorp zu den profiliertesten.

In einer Vielzahl von Publikationen hob der Marburger Professor die innere Gewalt hervor, mit der er vom Kriegserlebnis erfasst worden sei. Ausdrücklich begrüßte er die innere Einheit der Nation, die sich in der Zustimmung aller Parteien zu den Kriegskrediten kundgetan habe. So äußerte er im September 1914 zum „Burgfrieden" emphatisch: „Noch nie ist Deutschland, noch nie ist eine Nation so eins gewesen."[12] Gleichzeitig beeindruckte den Philosophen die rasche und reibungslose Mobilisierung der deutschen Armee. Gleichwohl sollte festgehalten werden, dass es sich bei Natorps bilderreichen Texten um öffentliche Positionierungen handelt. Private Quellen für eine überwältigende Kriegsbegeisterung des Philosophen existieren kaum. Marburg gehörte zu jenen Universitätsstädten, in denen eine euphorische Stimmung im August 1914 eigentlich nur in der Studentenschaft zu verzeichnen war und sich auch dort mit Zukunftsangst mischte. Ferner dürfte es keine Nebensächlichkeit gewesen sein, dass Natorps jüngerer Sohn Hans bereits in den ersten Wochen an der Westfront einen lebensgefährlichen Kopfschuss erlitt.[13]

Ähnlich wie Martin Buber neigte Natorp allerdings zu einem unbestimmten Dezisionismus und der Verherrlichung männlicher Werte. Mit großer innerer Beteiligung hielt er den Kontakt zu den Studenten an der Front aufrecht, die ihn wiederum in seinem Weltbild bestätigten. So ließ ihn der Marburger Philosophiestudent Willi Flemmich am 3. Oktober 1914 aus Spandau wissen: „[D]iese Stimmung hier miterlebt zu haben, das ist ein unverlierbarer Gewinn. Welch Unterschied gegen die dumpfig-gedrückte Atmosphäre in Marburg. Und dabei keine Spur von Radaustimmung: froher Ernst!"[14] Zwar blieb Nietzsche in der „Marburger Schule" weiterhin Persona disgrata, und auch Natorp bewahrte seine Reserven hinsichtlich jeder Form von „Gefühlsphilosophie". Seine jugendbewegte Überhöhung des Krieges unterschied sich indes kaum von den Ansichten eines überzeugten Nietzscheaners wie Martin Buber. Noch 1916, im Jahr der Massenschlachten an der Westfront, rief Natorp den Marburger Studenten im „Sonnenwendgruß" der Universität zu: „Im Angesicht des Todes, lebt ihr das höchste Leben."[15] Freilich sollte die metaphernreiche Weltkriegsrhetorik ihrerseits kontextualisiert werden. Natorps auf den ersten Blick martialisches Bekenntnis zur Schützengrabengemeinschaft spiegelte jedenfalls auch das schlechte Gewissen des Daheimgebliebenen und bekundete innere Anteilnahme am Los der jungen Soldaten.[16]

In vielen Punkten vertrat der Neukantianer im Bildungsbürgertum geläufige Ansichten. Er sah in Schiller den „nationalsten Dichter" und verherrlichte die Tiefe der deutschen Kultur, die er mit der oberflächlichen französischen Zivilisation und der materialistischen Gesinnung der Engländer kontrastierte.[17] Im Militarismus erblickte Natorp die notwendige Vorstufe der Volksgemeinschaft, zu der Deutschland im August 1914 angeblich geworden sei. Mit innerer Zustimmung sprach er vom „organischen Sozialismus" der Kriegsgesellschaft, zu dessen Vordenkern er Rousseau und Kant ebenso rechnete wie Pestalozzi und Fichte.[18] Damit einher ging eine Deutschtumsmetaphysik, die in der Mittellage der bedrohten Nation den Ursprung der unveräußerlichen Nationaltugenden erblickte. Der Philosoph scheute nicht davor zurück, im Sieg Deutschlands die entscheidende Bedingung für die Erlösung der Welt zu sehen. In plakativer Sprache hieß es zum Vorrang der Nation über die Interessen des einzelnen Menschen: „‚Deutschland muß leben, und wenn wir sterben müssen'".[19] Gut lutherisch sah Natorp sein Vaterland im Streit wider eine ‚Welt voll Teufel'. In diesem Sinne stilisierte er Bismarck zum nationalen Heros, der wie der Dürersche Ritter ohne Furcht vor Tod und Teufel seines Weges ziehe.[20]

In den politischen Diskussionen äußerte sich Natorp meist mit professoraler Selbstgewissheit. Er war von der Unschuld Deutschlands am Kriegsausbruch überzeugt, für den er vornehmlich den Konkurrenzneid der Engländer verantwortlich machte.[21] Nachdrücklich verteidigte er die Verletzung der belgischen Neutralität mit der Notwehrlage eines von Feinden umzingelten Landes. Wie die überwiegende Zahl der Kommentatoren verharmloste er das Vorgehen der deutschen Armee in Belgien, über deren Brutalität wir seit kurzem genau informiert sind.[22] In Martin Rades „Christlicher Welt", dem wohl wichtigsten Organ des freiheitlichen Protestantismus, stellte er sich sogar umstandslos hinter das Verhalten der Armeeführung in Löwen. Er verteidigte damit die Zerstörung der altehrwürdigen Universitätsbibliothek mit mehr als 230.000 Bänden und wertvollen Wiegendrucken, die international Bestürzung hervorgerufen hatte.[23] Der junge Karl Barth bewertete die Haltung Rades und Natorps als Bankrotterklärung des Kulturprotestantismus, und seine grundsatzethische Position war in der Forschung lange bestimmend. Barths Gedankenführung zielte freilich nicht auf ein schattierungsreiches Bild der zeitgenössischen Ideenlandschaft, sondern auf die Delegitimation des liberalen Protestantismus und sollte deshalb ihrerseits historisiert werden.[24]

Im Chor der Kriegsbefürworter brachte Natorp eine eher zivile Stimme zu Gehör. Kaum zufällig wurde er bereits im September 1914 wegen eines Artikels in der „Frankfurter Zeitung", dem Flaggschiff des politischen Linksliberalismus, attackiert. Der Unbekannte, der sich in seiner Postkarte stolz als „ein Patriot" bezeichnete, fand es gänzlich inakzeptabel, dass Natorp im Umgang mit den belgischen Freischärlern „Rache" ablehnte.[25] Auch mit der Verurteilung des Völkerhasses vertrat der Philosoph eine Minderheitenposition. Zu ihren engagierten Befürwortern gehörten linksliberale Journalisten wie Theodor Wolff, dessen „Berliner Tageblatt" von der Zensur argwöhnisch beobachtet wurde und zeitweilig das Erscheinen einstellen musste.[26] Natorp kritisierte vor allem den Englandhass, der bereits kurz nach Kriegsausbruch solche Ausmaße angenommen hatte, dass die Begrüßung „Gott strafe England" und die Antwort „Er strafe es" weit verbreitet waren. Sein nüchternes Argument gegen die Verunglimpfung des militärischen Gegners unterstrich in der Tradition des Marburger Neukantianismus die Wissenschaftlichkeit der Ethik. Da sittliche Verantwortung stets individuellen Charakter trage, sei die Annahme einer „Kollektivschuld" unhaltbar und widerstreite dem Universalismus moralischer Gebote.[27] Die Politizität seiner Gedankenführung hätte allerdings gewonnen, wenn er die Agenturen nationaler Mobilisierung näher in den Blick genommen hätte. Dies tat der streitbare Theologe Ernst Troeltsch, der in der „Frankfurter Zeitung" die Verhetzung deutscher Schulkinder und die moralische Laxheit der protestantischen Kirchen kritisierte. Mit dem Neukantianer verband ihn die Überzeugung, dass in jedem Krieg die Perspektive auf einen zukünftigen Frieden gewahrt bleiben müsse.[28]

Eine besondere Bedeutung besaß Natorp für die Richtungskämpfe innerhalb des Pazifismus. Wie sein Tokioer Teilnachlass zeigt, stand er mit dem „Bund Neues Vaterland" in Kontakt, dessen prominentestes Mitglied Albert Einstein war. Im April 1915 erhielt Natorp ein Zirkular, in dem darauf hingewiesen wurde, dass die Organisation ihre „patriotischen Mitteilungen" nicht weiter verschicken dürfe. Im Gegenzug hatte man sich in Berlin zu verstärkter Pressearbeit entschlossen.[29] Der Philosoph korrespondierte im Weltkrieg mit fast allen wichtigen Vertretern der Friedensbewegung, doch hinsichtlich des bevorzugten Syntagmas „wissenschaftlicher Pazifismus" legte er große Skepsis an den Tag.

Als Ort für seine kritische Auseinandersetzung mit dem Pazifismus wählte Natorp im Herbst 1915 die Reformzeitschrift „Kunstwart", die mit einer Auflagenhöhe von 21.000 Exemplaren eine ungewöhnlich große Leserschaft erreichte. Im Einklang mit den Prinzipien der „Marburger Schule" betonte er, dass keine Weltanschauung über eine Methode verfüge, welche die Wissenschaftlichkeit ihrer Ergebnisse verbürgen könne. „‚Pazifistische Wissenschaft'", so heißt es nachdrücklich, „ist ebenso ein Unding wie theistische oder atheistische, klassizistische oder modernistische, oder überhaupt irgendein -ismus als Wissenschaft."[30] Der Kern des Dissenses mit der international ausgerichteten Friedensbewegung war jedoch eher politischer als philosophischer Natur. Wie weite Teile des Bürgertums befürchtete Natorp, dass Deutschland bei einem frühzeitigen Friedensschluss unerträgliche Bedingungen zu erfüllen hätte. Sein eigener Begriff des „organischen Pazifismus" trug der ungeklärten Situation Rechnung, blieb aber inhaltlich ausgesprochen vage.

Natorp ging von der Prämisse aus, dass jedem Volk eine Individualität eigen sei, die es zu bewahren gelte. Mit einer gewagten Metapher definierte er Frieden als „Gesundheit [...] im großen Organismus der Menschheit“[31] und erwartete sein Auftreten erst in ferner Zukunft. Denn die unerlässliche Voraussetzung hierfür sei die tiefgreifende Veränderung der Nationen zu sozialethisch ausgerichteten Gemeinschaften. Für die Diskussion der aktuell anstehenden Probleme warf dies keinen Ertrag ab, und dementsprechend irritiert reagierten engagierte Pazifisten, wie der Friedensnobelpreisträger Alfred Hermann Fried, auf die Einlassungen des Marburger Gelehrten.[32] Angesichts des Problemdrucks war dies durchaus verständlich, aber es bekundete auch geringe Vertrautheit mit Natorps Œuvre. Schon vor dem Krieg hatte seine Beschäftigung mit kultur- und geschichtsphilosophischen Fragen zu einem sinkenden Interesse am politischen Tagesgeschäft geführt.

II.

Eine Schlüsselfigur für Natorps Entwicklung war der Kulturverleger Eugen Diederichs. Der ebenso idealistische wie umtriebige Geschäftsmann vertrat die Ansicht, dass eine grundsätzliche Neuorientierung der wilhelminischen Gesellschaft nur auf kulturellem Gebiet möglich sei. In seinem „Warenhaus der Weltanschauungen“ (Max Weber) verlegte er Autoren wie Fjedor Dostojewski, Sören Kierkegaard und Paul de Lagarde, die sich als Künder religiösen Neuanfangs besonders eigneten. Gleichzeitig hoffte der Veranstalter heidnischer Sonnenwendfeiern auf die Überwindung der Klassengesellschaft durch „echte Gemeinschaft“ und bot politischen Reformern wie Eduard Bernstein oder H. G. Wells ein Forum für ihre Gedanken. Dies alles verband sich mit dem Bekenntnis zu Schiller und Fichte, deren Renaissance Diederichs tatkräftig beförderte. Symbolträchtig hatte er den Verlagssitz an ihre einstige

Wirkungsstätte in Jena gelegt, das zum Zentrum eines neuen deutschen Idealismus werden sollte.[33]

Einen potentiell wichtigen Autor sah Diederichs in Natorp, der mit seinen pädagogischen und philosophischen Schriften nicht nur viel zur Popularität der „Marburger Schule" beigetragen hatte, sondern auch als Gesellschaftskritiker von Rang galt. Geradezu beschwörend schrieb Diederichs am 7. September 1911 dem Gelehrten: „[W]ir sind jetzt am Wendepunkte, wo wir über die Parteiphrase hinaus zu einem ernsthaften Interesse der Gebildeten an inneren politischen Fragen kommen müssen."[34] Eine Petitesse bestand darin, dass der 1891 verstorbene Göttinger Orientalist Paul de Lagarde zu den wichtigsten Verlagsautoren gehörte. Der leidenschaftliche Judenfeind war 1888 beim reichsweit beachteten Marburger Antisemitismusprozess mit Natorps Amtskollegen und Freund Hermann Cohen zusammengestoßen.[35] Natorp hat Zeit seines Lebens den Antisemitismus als menschenverachtende Ideologie angesehen und öffentlich bekämpft.[36] Andererseits war er als junger Gelehrter mit Lagarde in persönlichen Kontakt getreten und besaß durchaus Sympathien für dessen schroffe Kulturkritik. Jedenfalls schreckte es Natorp nicht, als ihm Diederichs im April 1914 anbot, eine „auf breiteste Wirkung berechnete Zusammenstellung" seiner Äußerungen herauszugeben, die sich an dem Lagarde-Band „Deutscher Glaube. Deutsches Vaterland. Deutsche Bildung" orientieren sollte. Der Philosoph und der Kulturverleger blieben miteinander im Gespräch, und 1918 vertraute Natorp dem Hause Diederichs sein wichtigstes Produkt der Weltkriegszeit an.[37]

Natorps Schrift umfasste zwei Bände und trug den stolzen Titel „Deutscher Weltberuf. Geschichtsphilosophische Richtlinien". Der erste Band beschäftigte sich mit den „Weltalter[n] des Geistes" und ging auf Vorträge im Herbst 1916 zurück. Geschichte fasste Natorp strikt idealistisch als „Bewußtsein des Bewußtseins" auf.[38] In erstaunlicher Nähe zu Hegel deutete er sie als Entwicklung von der Kindheit über die Jugend zum Mannesalter des Menschengeschlechts. Dezidiert wird hingegen Hegels Vorstellung vom „Ende der Geschichte" abgelehnt, da die Menschheit je nach Kulturkreis auf ganz unterschiedlichen Entwicklungsstufen stehe. Noch wichtiger war die Abkehr von jenem Fortschrittsoptimismus, der das Geschichtsverständnis der Marburger Neukantianer vor dem Weltkrieg geprägt hatte. Die Betonung der Individualität in der Renaissance interpretierte der Philosoph nun als Beginn eines verhängnisvollen Entchristlichungsprozesses. Angesichts des technisierten Massensterbens und der massiven ideologischen Auseinandersetzungen schien es ihm gewiss, dass für die europäische Zivilisation die Stunde der Entscheidung nahe. Die aktuelle Situation fasste er in die pathetischen Worte: „Das Leben von heute steht auf des Messers Schneide; die Krise ist da, gefährlich wie nie."[39] Von zentraler Wichtigkeit für Natorps Diagnose ist ihre religiöse Tiefendimension. Erst die Glaubensferne der Menschen habe den im Weltkrieg offenkundig gewordenen moralischen Verfall ermöglicht. Umgekehrt eröffne gerade die heillose Gegenwart die Chance zu religiösem Neubeginn.

Der zweite Band trug den Titel „Die Seele des Deutschen" und setzte sich mit der Bedeutung der eigenen Nation für die Kulturgeschichte der Menschheit auseinander. Natorp erinnerte an die reiche religiöse Tradition des deutschen Volks, bewegte sich aber stets im Kanon des liberal-protestantischen Geschichtsbilds. Neben Meister Eckhart waren es Luther und Kant, welche die Tiefe des deutschen religiösen Gemüts verbürgten. Dem „deutschen Sonderweg" in der Religions- und Philosophiegeschichte korrespondierte eine spezifische Staatsauffassung, jener seit den ersten Kriegstagen viel beschworene „deutsche Sozialismus", mit dessen Hilfe sich die entfremdeten westlichen „Gesellschaften" zu wirklichen „Gemeinschaften" vertiefen sollten.[40] Doch bei aller teleologischen Geschichtsdeutung war Natorp die Zukunftsgewissheit abhanden gekommen. Er vermochte lediglich, die historische Aufgabe des deutschen Geistes zu bestimmen, die Erfolgsaussichten schienen ihm hingegen sehr ungewiss. In radikaler Zuspitzung seiner Gedankenführung knüpfte er die Zukunft des Deutschen an das „Heil der kommenden Menschheit", das anzustreben seine oberste Aufgabe sei. Sollte er dieser Berufung untreu werden, „dann wäre es Zeit, daß sein Name von der Erde vertilgt würde".[41]

Eine wichtige Eigenart der Schrift „Deutscher Weltberuf" bestand darin, dass die in ihr enthaltene tragische Geschichtssicht zu ihrer Bestätigung nicht auf den militärischen Erfolg der Mittelmächte angewiesen war. Kaum zufällig erntete die Monographie nach vier Jahren erbittertem Krieg Zustimmung von vielen Seiten. Edmund Husserl glaubte sogar, sie biete als einzige „Weltsicht" in dieser „,grauenvollen Zeit'" die Möglichkeit für „,ein seeliges Leben'".[42] Zu den Erfolgsbedingungen des Werks gehörte die inhaltliche und terminologische Ferne vom Marburger Weltbild, dessen Wissenschaftsorientierung im Krieg ein Gutteil ihrer Attraktivität eingebüßt hatte. Etwas optimistisch, aber nicht gänzlich naiv hatte der Marburger Student Siegfried Berger bereits im Juli 1917 gehofft, dass von Natorps Geschichtsphilosophie „die beste Revision des unheimlichen Vorurteils über ‚Cohens Schule' ausgehen wird".[43]

Jedenfalls passte der „Deutsche Weltberuf" nicht nur in das erregte Klima des letzten Kriegsjahrs, sondern auch in die niedergedrückte Stimmung nach dem Zusammenbruch des Kaiserreichs. Natorps Geschichtsphilosophie bot die Möglichkeit zu einem trotzigen „Dennoch", mit dem sich der Tristesse der Gegenwart ein tieferer Sinn abgewinnen ließ. Genau dies unterstrichen nun die Rezensenten. So behauptete Oskar Maria Graf in der vielgelesenen Zeitschrift „Die Tat", Natorp sei es nie „um Ursächlichkeiten, Entwicklungen" gegangen, sondern stets „um ein letztes Entweder-Oder".[44] Der Kulturphilosoph Hermann Herrigel hielt ausdrücklich fest, wie wichtig Natorps Schrift in einer Zeit der Rückbesinnung sei. Für das deutsche Volk müsse der stolze Satz gelten: „Wir haben alles verloren, aber wir sind ungebrochen."[45] Natorps Deutschtumsmetaphysik, die nicht zuletzt der Positionierung im „Krieg der Geister" gedient hatte, bewies zu Beginn der Weimarer Republik ihr existentialistisches Potential. In kühner Metaphorik sah Herrigel die Bedeutung des Weltkrieges darin, die „metaphysische Seele unseres Volkes" gerettet zu haben.

Der Erfolg von Natorps Geschichtsphilosophie illustriert, wie hoch der Sinngebungsbedarf in Deutschland gegen Kriegsende und erst recht nach dem militärischen Zusammenbruch war. Die gewagte Vorstellung einer „vollkommen geistigen Volksgemeinschaft"[46] erwies sich nun als geeignet, die als enttäuschend empfundene Gegenwart zu transzendieren. Gleichzeitig beinhaltete die prononcierte Herausstellung der deutschen Kultur manche Kontinuität zu den „Ideen von 1914", die nicht nur auf nationale Mobilisierung, sondern auch auf gesamtgesellschaftliche Integration zielten. Für ein positives Verhältnis zum neuen Staat war dies keine günstige Ausgangsbedingung.

III.

Wie der überwiegende Teil des deutschen Bildungsbürgertums stand Natorp der Weimarer Republik fremd gegenüber. Von den raschen Veränderungen überfordert, beurteilte der Gelehrte, der jahrzehntelang die friedliche Reform des Kaiserreichs angemahnt hatte, den Parlamentarismus als formalistische Verfahrenstechnik, die den Deutschen wesensfremd sei. Stattdessen forderte er in der Kontinuität seiner Weltkriegsphilosophie eine Regierungsform, welche die Bedeutung der „Gemeinschaft" angemessen berücksichtige, und setzte sich für ein idealistisches Konzept der Rätedemokratie ein.[47] Politisch waren Natorps Vorstellungen schwerlich durchsetzbar, gleichwohl verfügte der Philosoph über beträchtliches „symbolisches Kapital". Unter Anspielung auf die Rückwärtsgewandtheit der Professorenschaft schrieb ihm Einstein am 11. Mai 1919: „Die meisten unter den Intelligentesten sind leider ausschließlich Hüter ihrer Sonder- bzw. Standesinteressen."[48] Als Natorp 1920 eine Weiterentwicklung seiner Sozialphilosophie präsentierte, konnte er auf einige Aufmerksamkeit rechnen.

Mit seiner Schrift „Sozialidealismus" forderte der Gelehrte nicht weniger als die vollständige Reorganisation des Staates. Bereits der Buchtitel war eine Programmerklärung. Er verwies auf die Wechselbeziehung zwischen „Idee“ und „Gemeinschaft“, die allein eine humane Lösung der Gegenwartsaufgaben ermögliche.[49] Das ideale Gemeinwesen werde durch zunehmende „Vergenossenschaftung“ erreicht, worunter Natorp eine human ausgerichtete Form der Sozialisierung verstand. Die leitende Funktion in der neuen Gemeinschaft solle ein „völlig autonomer Zentralrat der geistigen Arbeit“ übernehmen.[50] Einem Expertengremium vertraute der Philosoph mehr als jeder Form von Demokratie, in der die Entscheidung stets vom Urteil der sachunkundigen Mehrheit abhängig bleibe. Inhaltlich plädierte er für einen Sozialstaat, dessen vordringliche Aufgabe im Schutz der Schwachen gegen die Zumutungen des Kapitalismus liege.

Eine Schlüsselbedeutung für den Zustand des Gemeinwesens kam nach Natorp dem Bildungsbereich zu. Seine Unterstützung galt der „Sozialeinheitsschule“, die den Ausgleich der Klassenunterschiede und den vermehrten Zusammenhalt des Gemeinwesens bewirken solle. Doch mangelte es der Bildungsutopie an konkreten Hinweisen, wie sich das Schulsystem verbessern lasse. Gerade im fehlenden Praxisbezug unterschied sich das Werk von seiner „Sozialpädagogik“, die um die Jahrhundertwende eine breite Wirkung entfaltet hatte.[51] Eine zentrale Ursache hierfür lag darin, dass Natorp Probleme der geschichtsphilosophischen Sinngebung zu Beginn der Weimarer Republik intensiv beschäftigten.

In mancher Hinsicht steht die Schrift „Sozialidealismus“ in der Tradition der Natorpschen Weltkriegsphilosophie. Dies gilt zum einen für die teleologische Ausrichtung der Argumentation. Der deutsche Sozialstaat wird als bleibende Errungenschaft aufgefasst, welche die Keimzelle für weltumspannende Veränderungen darstelle.[52] Zum anderen verbindet sich die weit ausgreifende Zukunftsperspektive mit der Verklärung der deutschen Vergangenheit. Natorp erhebt die Not zum entscheidenden Charakteristikum der Nationalgeschichte, welche die *„urdeutsche Unbedingtheit“* hervorgerufen habe.[53] Selbst eine gigantische Hungerkatastrophe werde nicht verhindern, dass das deutsche Volk seinen eigenen Weg gehe, der ein *„Sozialis-*

mus der Erziehung" sei.[54] Dies war eine Beurteilung der Nachkriegszeit, die selbst angesichts vielfältiger Versorgungsengpässe weniger mit den anstehenden Problemen als mit prinzipiellen geschichtsphilosophischen Überlegungen zu tun hatte.

Freilich sollte die pathetische Deutschtumsmetaphysik das methodische Anliegen des Natorpschen Sozialidealismus nicht in den Hintergrund drängen. Der Neukantianer wehrte sich dagegen, ein hypostasiertes Verständnis von Realität als Maßstab von Politik und Erziehung anzuerkennen. Der an den faktischen Machtverhältnissen ausgerichtete Kapitalismus sei ebenso abzulehnen wie der Bolschewismus. Die kommunistische Herrschaft beurteilte er als besonders verhängnisvoll, weil sie auf die Vernichtung der individuellen Existenz ziele. Unter Bezugnahme auf Cohens Schüler Dimitry Gawronsky, der die Russische Revolution aus eigener Anschauung erlebt hatte, betrachtete Natorp die gewaltsame Durchsetzung des Kommunismus als „*psychische Erkrankung*", die nie zu einer gerechteren Gesellschaftsordnung führen könne.[55]

Wegen des Vorrangs normativer Maßstäbe gegenüber realpolitischen Interessen hatte der Erste Weltkrieg nach Ansicht Natorps keineswegs über die innere Berechtigung des deutschen Sozialstaats entschieden. Vielmehr sei die Niederlage als „an uns selbst vollzogene[s] *Gericht*", ja als „*Sieg*" und „*Freispruch*" zu interpretieren.[56] Dies war gewiss hochtrabend formuliert, zielte aber eher auf die Rechtfertigung des eigenen „Sozialidealismus" als auf die Legitimation nationaler Ansprüche. Allerdings baute Natorps genossenschaftliches Gemeinwesen auf ein hohes Maß von „Freiwilligkeit und Friedfertigkeit aller Individuen", wie Hermann Herrigel in seiner Besprechung anmerkte. Er ließ dabei offen, ob der Marburger Gelehrte von einer Annahme ausging, die eine politische Theorie mit wissenschaftlichem Anspruch erst zu erweisen habe.[57] Wie schwierig Natorps eigentümliche Amalgamierung politischer, pädagogischer und philosophischer Ideen zu verstehen war, zeigte sich drei Jahre später, als der „Ruhrkampf" die Gemüter in Deutschland erregte.

IV.

Der Einmarsch belgischer und französischer Truppen ins Ruhrgebiet im Januar 1923 stieß auf fast einhellige Ablehnung der Bevölkerung. Die Proteste gewannen noch an Intensität, als die Reichsregierung das deutsche Volk zu passivem Widerstand aufrief. Bis tief in die Arbeiterbewegung hinein betrachtete man die Besetzung des Ruhrgebiets als ungerechte Kriegsfolge und nationale Demütigung.[58] Für die Sozialdemokratie bestand die Schwierigkeit, dass sie vor 1914 – zumindest programmatisch – die internationale Organisation der Arbeiterbewegung nach vorn gespielt hatte und nun den Vorwurf fehlender Vaterlandsliebe fürchtete. Die Jungsozialisten hatten freilich schon vor Ausbruch des Weltkrieges vielfältige Kontakte zur Jugendbewegung unterhalten und mit ihr auch über den Begriff der Nation debattiert.

Allgemein betrachtete die Parteiführung die Jungsozialisten zwar als dogmatisch zu wenig gefestigt, doch bot ihre Experimentierfreude auch politische Optionen.[59] Insbesondere traf dies für die Erprobung von Themen zu, mit denen man das bürgerliche Wählerspektrum zu erschließen hoffte. Ostern 1923 luden die Jungsozialisten führende Intellektuelle nach Hofgeismar ein, um öffentlich über das Verhältnis von „Volk“ und „Staat“ zu diskutieren.[60] Unter den Gästen befanden sich parteinahe Denker wie der ehemalige Justizminister Gustav Radbruch, aber auch religiöse Sozialisten wie Eduard Heimann oder der Arbeiterdichter Karl Bröger. Natorp, der erst nachträglich eingeladen worden war, galt weniger als Kritiker des Parlamentarismus denn als Freund der Jugendbewegung und als Experte für die schwierige Frage nach dem Wesen der deutschen Nation.[61]

In metaphernreicher Sprache trug der Philosoph am Ostersonntag in Hofgeismar über das Thema „Volk und Menschheit“ vor.[62] Nachdrücklich betonte er die enge Wechselbeziehung, die zwischen Individuum, Volk und Menschheit herrschen solle. Dieses organische Ineinander sei gefährdet durch einen überbordenden Kapitalismus, der in seiner Profitgier nicht nur die Natur, sondern auch die menschlichen Beziehungen zu vernichten drohe. Deshalb sei die radikale Umkehr zu einem Leben erforderlich, in dessen Mittelpunkt die Gemeinschaft stehe. Zu Natorps Gewährsleuten zählten Buddha und Dostojewski, die beide davon überzeugt gewesen seien, dass erst nach einem „buchstäblichen Kriege aller gegen alle und damit gänzlicher, nicht mehr zu ertragender Vereinsamung und Verwaisung" der Mensch zu einem wirklichen Neuanfang bereit sei.[63] Natorp verband seine Aufforderung zu „grundsätzlicher Gewaltlosigkeit" mit der Ablehnung des Staats, sofern er irgendwelche Machtmittel einsetze. Seine Hoffnung auf ein friedliches Zusammenleben aller Nationen drückte er in Sätzen aus, in denen noch das Pathos seiner Weltkriegsphilosophie mitschwang: „Soll Deutschland das Opfer sein, mit dem dieser Sieg erkauft wird, dann sei es das Opfer. Vielleicht, dass es eben damit seinen Weltberuf erfüllt."[64] Zugleich hob der Philosoph aber auch die Mission des deutschen Volkes hervor, eine bessere Welt zu schaffen. Wie einst Fichte glaubte er, dass dieser welthistorische Auftrag die eigentliche Unsterblichkeit der deutschen Nation verbürge.[65]

Natorps Ausführungen über die Würde passiven Widerstands und den Wert der deutschen Nation stießen in Hofgeismar auf beträchtliche Resonanz. Seitens völkischer Kreise initiierte man jedoch eine Rufmordkampagne. Den Anfang machte am 1. Mai 1923 die der NSDAP nahestehende „Süddeutsche Zeitung". Unter dem plakativen Titel „Rotes Parteidurcheinander" kolportierte sie, Natorp wolle zum Heil der Menschheit das deutsche Volk untergehen lassen.[66] Einen Monat später forderte Ottokar Stauf von der March im „Völkischen Beobachter", dass Natorp die Lehrerlaubnis entzogen werden solle.[67] Am selben Tag veröffentlichte der Wiener Realschul-Professor Benno Imendörffer einen Artikel in der „Deutschen Hochschul-Zeitung", die u.a. als Nachrichtenblatt des Verbandes deutschvölkischer Akademiker für Mähren und Schlesien diente. Seine polemische Absicht ließ sich bereits dem reißerischen Titel „Natorp oder Mussolini" entnehmen.

Imendörffer kontrastierte die Hofgeismarer Tagung mit der faschistischen Einführung eines Nationalfeiertags am

1. Mai. Zwar könne man die patriotische Gesinnung der Jungsozialisten loben, doch sei auf die deutschen Gelehrten von jeher kein Verlass gewesen. Während in Italien oder England das Vaterland oberste Priorität besitze, würden deutsche Wissenschaftler ihre Zuflucht bei unverbindlichen universalistischen Werten suchen. Als Musterbeispiel für einen unpatriotischen Professor wird Paul Natorp präsentiert. In schroffer Diktion charakterisiert ihn Imendörffer als „einen Mann, der von einer utopischen Idee besessen, zum Verräter an seinem Volke wird".[68] Angesichts der Not des deutschen Volkes sei jedes Verständnis für den Philosophen ausgeschlossen, der die eigene Nation untergehen lassen wolle. Wer dies fordere, müsse „entweder ein gemeingefährlicher Wahnsinniger oder ein Volksverräter" sein. Bei der Wahl zwischen den Ideen Mussolinis und Natorps sei es gänzlich unstrittig, dass die Entscheidung für den Duce fallen müsse.

Empört wandte sich Natorp mit der Bitte um öffentliche Distanzierung an die „Deutsche Hochschul-Zeitung". Er erhielt jedoch keinen positiven Bescheid der Redaktion, und auch Imendörffer verhielt sich intransigent. Der Wiener Lehrer verwies in seinem Brief vom 4. Juli 1923 auf die Zuverlässigkeit der „Süddeutschen Zeitung" und die Solidität seiner Quellen. Seine Ausdrucksweise rechtfertigte er damit, dass er „den Pazifismus für das größte Unglück und seine Propagierung für das größte Verbrechen am deutschen Volke halte".[69] Nun riss dem Neukantianer der Geduldsfaden. Zum einen verfasste er einen geharnischten Brief an Imendörffer, dem er verantwortungslosen Umgang mit den Quellen und gehässiges Parteidenken vorwarf.[70] Zum anderen veröffentlichte er einen Artikel in der „Frankfurter Zeitung", der en détail den Hergang der Ereignisse darlegte. Natorp betonte, dass willentlich eine unzuverlässige Version seiner Rede aus dem „Jugend-Vorwärts" herangezogen worden sei.[71] Da er in Hofgeismar von niemandem missverstanden wurde, könne man nur eine mutwillige Verfälschung seiner Gedanken annehmen. Vor dem Hintergrund des Ruhrkampfes sei es ihm vor allem um den *„möglichen Sieg der Gewaltlosigkeit über die Gewalt"* gegangen.[72] Den Betroffenen sei diese Haltung durchaus verständlich, die anderen hielten sie lediglich für „Theater".

So engagiert und umsichtig Natorps Verteidigung auch war, im völkischen Lager stieß sie nur auf geringe Resonanz. Immerhin öffnete ihm Wilhelm Stapel die Zeitschrift „Deutsches Volkstum", damit er seine Position darlegen könne. Natorp nutzte die Gelegenheit und betonte abermals den Sollenscharakter der Nation. Die inkriminierte Aussage über die Unsterblichkeit des deutschen Volkes versah er nun mit dem Zusatz: „Wem Fichte vertraut ist, der müßte das verstehen können."[73] In seinem Kommentar verzichtete Stapel freilich auf eine Erörterung der philosophischen Fragen und äußerte sich auch nicht zum Hergang der Ereignisse. Statt dessen pointierte er, dass Natorp selbst von „pazifistischen Lesern" missverstanden worden sei.[74] Dies war gewiss nicht fair, berührte aber eine ebenso wichtige wie heikle Frage. Wie ist es zu erklären, dass ausgerechnet der friedfertige Marburger Gelehrte immer wieder heftige ideologische Attacken auf sich zog? Um das Problem einer Lösung zuzuführen, scheint es ratsam, die spezifischen Eigenarten seiner politischen Philosophie in den Blick zu nehmen.

V.

Zu den Charakteristika des Natorpschen Spätwerks gehört die große Bedeutung pädagogischer Denkfiguren. Unzufrieden mit dem kulturellen Klima und den politischen Partizipationsmöglichkeiten hatte sich der Philosoph am Vorabend des Ersten Weltkrieges der Jugendbewegung zugewandt. In ihrem Geiste interpretierte er den Krieg nicht nur als menschliche Bewährungsprobe, sondern auch als „Aufbruch zu neuen Ufern". Schon früh entwarf er eine geschichtsphilosophische Deutung des Geschehens, welche den Auftrag der eigenen Nation aus ihrem kulturellen Erbe herleitete. Seine „Deutschtumsmetaphysik" war nicht ohne aggressive Elemente, wie sich beispielhaft an seiner Kritik des „seelenlosen" englischen Kapitalismus ablesen lässt. Gleichzeitig hielt Natorp an sozialreformerischen

Gedanken der Vorkriegszeit fest, ja radikalisierte sie in Hinsicht auf eine idealistisch konzipierte Gemeinschaftsethik. Er gehörte damit in die Tradition eines linken Fichteanismus, der im Weltkrieg derart unter den Druck völkischer Vorstellungen geriet, dass viele seiner Vertreter von ihren emanzipatorischen Ideen abrückten.[75] Für den Marburger Gelehrten stand jedoch das Bekenntnis zu einem ethischen Universalismus neukantianischer Provenienz stets außer Frage.

Natorps engagierte Beteiligung an einer Vielzahl von Debatten hat übersehen lassen, in welchem Ausmaß es sich bei ihm um einen ideengeschichtlichen Solitär handelte. Seine Weltkriegsschriften lassen sich nicht in das Muster „Von der Hoffnung zur Enttäuschung" einordnen, das die bildungsbürgerliche Kriegsdeutung nachhaltig prägte. Statt dessen präsentierte Natorp eine geschichtsphilosophische Lesart des Kriegsgeschehens, welche die Möglichkeit der Niederlage bedachte und zugleich die Unvergänglichkeit der deutschen Nation herausstellte. Ohne expressis verbis mit dem neukantianischen Reformdenken zu brechen, betonte er im Krieg ausdrücklich die tragische Dimension der deutschen Geschichte. Sein „Deutscher Weltberuf" stieß zwar auf breite Resonanz, doch nach dem Zusammenbruch des Kaiserreichs hegte man heroische Verklärungen des deutschen Wesens vornehmlich auf der völkischen Rechten.

In der zerklüfteten politischen Kultur der frühen Weimarer Republik wurde hart um die Deutung der Vergangenheit gestritten. Gerade die radikale Rechte wusste, wie wichtig eine völkische Interpretation des „Kriegserlebnisses" war, um das maßlos enttäuschte Bürgertum für die eigene Weltsicht zu gewinnen.[76] Natorp, der unverdrossen und in plakativer Sprache seine sozialidealistischen Überzeugungen verfocht, bot sich als Feindbild des völkischen Lagers geradezu an. Hinzu kam, dass der Weggefährte Cohens aus seiner Ablehnung des Antisemitismus nie einen Hehl gemacht hatte[77] und in die jugendbewegten Jungsozialisten beträchtliche Hoffnungen setzte. Die Härte, mit der Natorp von Anhängern der NSDAP bekämpft wurde, belegt freilich nicht nur, wie zentral der „Große Krieg" für ihr politisches Weltbild war. Die heftige Auseinandersetzung des Jahres 1923 zeigt auch, dass ein demokratisch-universalistisches Nationsverständnis auf der Rechten als untragbar angesehen wurde.

Die ideengeschichtliche Bedeutung von Natorps politischer Philosophie lässt sich bislang kaum ermessen. Zu sehr waren seine Ansichten dem Streit der Meinungen unterworfen, zu wenig gesichert ist bis dato der empirische Faktenkranz. Der Natorp-Forschung stellen sich methodisch schwierige Aufgaben. Es gilt, intellektuelle Kontexte auszuloten, die sich nicht in gängige Links-Rechts-Schemata fügen und keinesfalls auf den universitären Raum beschränkt sind. Dabei umfasst das Spektrum der Ideengeber und argumentativen Widerparts Natorps so unterschiedliche Denker wie Rudolf Eucken und Ernst Troeltsch oder Einstein und Tagore. Gleichzeitig müssen die inhaltlichen Veränderungen eines Denkens herausgearbeitet werden, das ungeachtet eigener Kontinuitätsbehauptungen starke Wandlungstendenzen offenbart. Erst danach dürfte entscheidbar sein, ob die politische Philosophie des späten Natorp eher als realitätsferner Utopismus oder als hellsichtige Form der Gegenwartskritik einzuschätzen ist.

Anhang

Paul Natorp an Benno Imendörffer, Marburg den 16. Juli 1923[78]

Mein Herr!

Sie versuchen sich zu entlasten. Ich kann in dem, was Sie vorbringen, keine Entlastung sehen.[79]

Ein einzelner, Ihnen anstössiger Satz, den Sie in einem ausgesprochenen Kampfblatt Ihrer Parteifarbe finden[80], genügt Ihnen, gegen den, der ihn gesprochen haben soll, – einen Hochschullehrer von bekanntem Namen, in einer Hochschulzeitung – einen wütenden Angriff zu richten, ihn als entweder gemeingefährlichen Wahnsinnigen oder Verbrecher, Verräter am Volk, Mörder seiner Seele, fast Massenmörder zu brandmarken.[81] Sie nennen den fraglichen Satz mit allem Recht irrsinnig; lassen sich dadurch aber nicht veranlassen, erst einmal einwandfrei festzustellen, ob der besagte Professor diesen irrsinnigen Satz auch wirklich gesprochen hat, ob er ihn überhaupt hat sprechen können. Sich darüber zu unterrichten wäre leicht gewesen, da öffentliche Aeusserungen von ihm über die einschlägigen Fragen reichlich vorliegen, auch ein ausführlicher Bericht über die Tagung in Hofgeismar, mit genügenden Auszügen aus seiner dort gehaltenen Rede, in den Jungsozialistischen Blättern zu lesen steht.[82]

Ihnen genügt als einzige tatsächliche Unterlage der „Bericht" der Süddeutschen Zeitung. Aber das ist gar kein „Bericht", es sind Glossen über einen fremden Bericht, – des Vorwärts? – Nein, sondern des „Jugend-Vorwärts", „Diskussionsorgans der Arbeiterjugend und der Jungsozialisten"[83], für welches die Redaktion des Vorwärts „nur die pressgesetzliche Verantwortung trägt".[84] – Dieser Bericht, – in der Tat Bericht eines solchen, der dabei gewesen ist, – , der sich übrigens ausdrücklich „auf das Wesentliche beschränken", nur „die grosse Linie festhalten" will, – ist in dem, was Prof. Natorp betrifft, tatsächlich irrig.[85] Der Berichtende hat einen Satz, der wirklich ganz anders lautete, und in dem Zusammenhang, in dem er gesprochen wurde, fast das Gegenteil dessen was angegeben wird bedeutete, nur mit halbem Ohr gehört, nach seinen mitgebrachten Parteibegriffen sich zurechtgelegt und demgemäss wiedergegeben. Uebrigens nicht als wörtlich so von Prof. Natorp gesprochen, sondern nur, um, eben im Sinne der „grossen Linie" den Standpunkt zu bezeichnen, auf den dieser sich – nach seiner irrigen Meinung – gestellt habe. Auch die Süddeutsche Zeitung gibt den Satz nicht als wörtlich so in Hofgeismar von Prof. Natorp gesprochen, – die Anführungszeichen dort beziehen sich ja nur auf die wörtliche Herübernahme aus der Quelle, aus der auch die vorsichtige Wendung „stellte sich auf den Standpunkt" wörtlich übernommen ist. Dagegen erzählen Sie, ganz als ob Sie dabei gewesen wären, ... „Auch hier hörten wir ... kräftige Worte. Sie kamen aus dem Munde des Sozialdemokraten Osterroth[86] der ... sagte" ... (wörtliche Anführungszeichen wie in der S. Z.). „So sprach ein einfacher Mann unter dem Beifall sozialistischer Jugend. Da aber erhob sich ... Prof. Natorp goss Oel auf die Wogen der nationalen Begeisterung und sagte" ... (nun unter Anführungszeichen, der fragliche Satz).[87] – Für diese ganze epische Schilderung ist weder die S. Z. noch der J.V. verantwortlich, es ist allein Ihre freie Phantasie. Die Sache lag tatsächlich ganz anders. Osterroth sprach in der Diskussion, der vom Berichterstatter des J.V. missverstandene Satz dagegen fiel im Zusammenhang der fast einstündigen Rede des Prof. Natorp, die vor der Tagung daheim von diesem ausgearbeitet und genau niedergeschrieben war, aus der Niederschrift genau verlesen wurde und so auch im Druck erscheinen wird.[88] Da werden Sie, wenn Ihnen daran gelegen ist, sich überzeugen können, was Prof. Natorp wirklich gesagt, vielleicht auch dahinter kommen, wie er es gemeint hat. Einstweilen sei dafür auf die „Frankfurter Zeitung" verwiesen, wo die Sachlage, für den nächsten Zweck ausreichend, klargestellt ist.[89]

Aber vielleicht hat Prof. Natorp in der Diskussion anders gesprochen, – vielleicht, wie Sie andeuten, in der Hitze des Gefechts sich etwas entfahren lassen, was er eigentlich gar nicht hatte sagen wollen. – Nun, das hätten Sie zu beweisen, nicht er zu widerlegen. Genug, der Satz, auf dem Ihre Beschuldigung einzig fusst, ist durch dreifache Entstellung hervorgegangen aus etwas, was in der Rede gesagt war. In der Diskussion ist nichts dem ähnliches von Prof. Natorp gesprochen worden.

Mit der gleichen üppigen Phantasie, die Ihnen die Scene in Hofgeismar eingab, wissen Sie aus dem einen „irrsinnigen" Satz noch ein ganzes Gespinst ebenso irrsinniger Voraussetzungen und Folgerungen zu entwickeln, die Prof. Natorp zwar samt und sonders nicht anerkennen würde, von denen er vielmehr meist das Gegenteil vertreten hat, die er aber nach Ihrer Meinung logischerweise anerkennen muss. Tut er es nicht, um so schlimmer für ihn, denn dann bestätigt er durch diesen – bei einem Philosophieprofessor besonders auffallenden – Mangel an Logik nur die Vermutung des hoffnungslosen Irrsinns.[90]

Doch es ekelt einen nachgerade die Psychologie dieser Art politischen Kampfes, die leider typisch ist, noch weiter zu zergliedern. Die einzige Quelle dieser schöpferischen Phantasie, die mit der gleichen Spontaneität Tatsachen und Prinzipien, „synthetische Sätze a priori und a posteriori" konstruiert, ist – die Parteischablone. Für Sie gibt es offenbar nur eins von beidem: Einer schwört zu Ihrer Fahne und geht mit ihr durch Dick und Dünn, oder man darf ihm jeden Unsinn, jeden Wahnsinn, jedes Verbrechen zutrauen, ja, er macht sich desselben eben damit schuldig. Und dann gehen Sie her und versichern, Sie hätten noch nie „die Wahrheit verletzt"![91] –

Ein Gassenbube, der zu seinem Vergnügen auf belebter Strasse mit Steinen wirft und dabei einen an den Kopf trifft, wird auch beteuern, er habe ihn gar nicht verletzen wollen. So ungefähr gehen Sie mit der Wahrheit um. Dem Gassenbuben verzeiht man's, von einem Professor in einer Hochschulzeitung erwartet man etwas mehr Verantwortlichkeitsbewusstsein.

Paul Natorp
Prof.

Streit um Fahnenworte. Philosophie in der Weimarer Republik

Der Ideengeschichte wird für das Verständnis der Weimarer Republik eine erhebliche Bedeutung zuerkannt. Sie gilt als ebenso inhaltsreich wie innovativ und zieht seit mehr als fünfzig Jahren großes Interesse auf sich. Dabei herrscht an Themen und Methoden beträchtliche Vielfalt. Das Spektrum reicht von kulturhistorischen Interpretationen wie Peter Gays Deutung Weimars als „Republik der Außenseiter“[1] bis zu politikwissenschaftlichen Studien zum „antidemokratischen Denken“, die primär den Aufstieg des Nationalsozialismus erklären sollen.[2] Daneben stehen stärker verstehend ausgerichtete Werke zur „Konservativen Revolution“, die freilich viele Wissenschaftler lange Zeit als Chimäre ansahen. Dies war nicht zuletzt eine Folge des Erfolgs von Stefan Breuers soziologisch inspirierter Forschungsperspektive. Detailliert untersuchte er Texte der radikalen Rechten auf ihre Widersprüchlichkeit und beurteilte ideologische Produkte primär nach dem Ausmaß ihrer inneren Konsistenz.[3]

Mit der gestiegenen politischen Relevanz der extremen Rechten in der Gegenwart haben allerdings rein normative Ansätze ein Gutteil ihrer Überzeugungskraft verloren. Stattdessen wird die Frage nach den Möglichkeitsbedingungen für die Wirkung autoritärer Ordnungsvorstellungen auch in historischer Hinsicht zunehmend als dringlich empfunden.[4] Überdies wenden sich mittlerweile viele Studien dagegen, die Weimarer Kultur primär oder gar ausschließlich auf das Jahr 1933 zu beziehen. Dies ist nicht nur aus inhaltlichen, sondern auch aus prinzipiellen theoretischen Gründen begrüßenswert. Immerhin zählt es zu den zentralen Aufgaben des Historikers, der Vergangenheit statt einer teleologischen Bestimmung eine offene Zukunft zu geben, und daran hatte es die Geschichtsschreibung bei der angeblichen „Republik ohne Republikaner“ allzu lange missen lassen.[5]

Eine wichtige Ursache für die Themenkomplexität liegt in der Tatsache, dass die Ideen- und Philosophiegeschichte der

Weimarer Republik ungewöhnlich reich an „Meisterdenkern" war, deren Vorstellungen naturgemäß kaum auf eine einheitliche Formel zu bringen sind. Ob Walter Benjamin, Martin Heidegger oder Ludwig Wittgenstein – die Literatur ist immens und hat längst einen eigenen hohen Ton der Betrachtung hervorgebracht. Eine jüngere, sich an ein breites Publikum richtende Studie fasste das Jahrzehnt nach dem Ersten Weltkrieg sogar als „Zeit der Zauberer" auf.[6] Auf der anderen Seite haben stärker realhistorisch orientierte Historiker um den Bereich der Ideen gern einen Bogen geschlagen. Ein Musterbeispiel für diese Einstellung wäre Hans-Ulrich Wehler, der im Epilog zu seiner „Deutschen Gesellschaftsgeschichte" „den wirre[n] Wechsel in der politischen Ideenwelt" beklagte, der sich als erhebliche Belastung für die Zivilgesellschaft erwiesen habe.[7] Die politischen Auseinandersetzungen in der Weimarer Republik betrachtete er als eine Art „Hexenkessel".[8]

Zumeist drehten sich die Debatten um wenige Fahnenworte wie „Gemeinschaft", „Nation", „Ordnung", „Staat" oder „Volk", deren Deutungsrahmen sich durchaus bestimmen lässt. Ihr positiver Charakter stand ebenso außer Frage wie ihre Orientierung an einem überzeitlichen Bezugsrahmen.[9] Dabei haben insbesondere am historischen Kontext orientierte Studien an den Tag gebracht, worum es in den Kontroversen im Kern ging.[10] Woher stammt dann jedoch der Eindruck intellektueller Unübersichtlichkeit, den die Ideengeschichte der Weimarer Republik, immer noch hervorruft? Die „Verminung der Debattenfelder" kann dafür kaum verantwortlich sein; denn die schroffen ideologischen Oppositionen boten zeitgenössisch hinreichende Orientierung und lassen sich in der Rückschau leicht rekonstruieren.[11] Was begünstige also das bis heute zu Irritationen führende Schillern philosophischer Schlüsseltexte?

Der Essay geht dieser Frage anhand eines herausgehobenen Problems nach. Er skizziert die Bedeutung des Gemeinschaftsbegriffs für die politische Kultur der Weimarer Republik (I) und analysiert Helmuth Plessners Schrift „Grenzen der Gemeinschaft". Dabei soll der inhaltliche Reichtum eines Wortes aufgedeckt werden, das rückblickend gern umstandslos der politischen Rechten zugeordnet wird. Dass dies nicht so einfach ist, zeigt die eingehende Interpretation eines Textes, der von simplen Feindbildern nichts wissen will und primär methodisch argumentiert (II). Dem korrespondiert die Wirkungsgeschichte der „Grenzschrift", die illustriert, in welchem Ausmaß Plessners Ideen für ganz unterschiedliche politische und weltanschauliche Lager interessant waren (III). Das knappe Fazit skizziert, wie ein fruchtbarer Umgang mit der Weimarer Gedankenwelt aussehen könnte, die sich mit ihrer metaphernreichen Sprache gegen rationalistische Deutungen prima facie regelrecht zu sperren scheint (IV).

I.

Der Gemeinschaftsbegriff stand zu Beginn der Weimarer Republik schon einige Zeit im Zentrum engagiert geführter Debatten. Zwar hatte Ferdinand Tönnies' Schrift „Gemeinschaft und Gesellschaft" bei ihrem Erscheinen 1887 keineswegs so intensiv gezündet, wie eine dramatische Effekte liebende Geschichtsschreibung lange Zeit meinte[12], allein mit seiner ebenso normativen wie deskriptiven Herangehensweise an aktuelle Veränderungen hatte der eigenwillige Kieler Gelehrte doch ein fruchtbares Arbeitsgebiet eröffnet. Inhaltlich stellte er die Frage, woher in Anbetracht der dynamischen wirtschaftlichen, kulturellen und politischen Veränderungen die innere Kohärenz moderner Gesellschaften kommen solle.[13] Die Diskussion der damit zusammenhängenden Probleme blieb nicht auf die entstehenden Sozialwissenschaften beschränkt, sondern beschäftigte auch manchen Philosophen. Insbesondere erörterte man, wie ein Gemeinwesen beschaffen sein müsse, um in den rasanten Differenzierungsprozessen der Moderne den Menschen Halt zu geben. Exemplarisch sei auf den Neukantianer Paul Natorp verwiesen, der am Vorabend des Ersten Weltkriegs mit den erkenntniskritischen Differenzierungen Marburger Provenienz nicht mehr viel anfangen konnte und stattdessen nach den sozialen Voraussetzungen für ein sinnerfülltes Leben fragte. Neue Perspektiven suchte und fand er in der Jugendbewegung, die er wie der Jenaer Kulturverleger Eugen Diederichs als Garanten einer besseren Zukunft betrachtete.[14] Hinter ihren hochgestimmten Texten steckte allerdings auch die Angst, dass ohne Bewältigung der aktuellen Probleme und insbesondere ohne Lösung der Sozialen Frage alle Reformvorschläge nur ein Haschen nach Wind seien.

Der Erste Weltkrieg führte zu einer erheblichen Verschärfung der Debatten. Nicht zuletzt Akademiker betrachteten es als gewiss, dass die Deutschen für ihre traditionserfüllte Gemeinschaft gegen eine vom Kapitalismus beherrschte oder in dessen Diensten stehende Welt kämpfen mussten. Dabei verriet die gravitätische Diktion der deutschen Propaganda, wie schwer es fiel, dem Krieg einen tieferen Sinn zu verleihen. Die Tatsache, dass nur ein umfassender Sieg die immensen Opfer rechtfertigen konnte, begünstigte schon bald eine Petrifizierung der eigenen weltanschaulichen Positionen und eine Dramatisierung der Feindbilder.[15] Und die gewaltige Enttäuschung, die der für viele unerwartete Kriegsaus gang mit sich brachte, sorgte dafür, dass es so blieb.

In der Frühzeit der Weimarer Republik nahm der Diskurs über die „Volksgemeinschaft" geradezu ubiquitären Charakter an. Hatte diese Wortverknüpfung im Krieg den Sieg der deutschen Waffen begründen sollen[16], ging es nun um die geschichtsphilosophische Legitimation der deutschen Niederlage. Immer wieder wurde gerade auf der politischen Rechten ein trotziges „Dennoch!" beschworen und die Rechtfertigung der eigenen Ansprüche von einer nicht allzu fernen Zukunft erhofft. Nicht selten sollte eine aus der nationalen Katastrophe erwachsende Läuterung die glorreiche Zukunft bringen und möglichst dauerhaft verbürgen. Aber der Terminus „Volksgemeinschaft" war keineswegs der nationalistisch gesonnenen Rechten vorbehalten.

So belegt eine begriffsgeschichtliche Analyse der linksliberalen „Vossischen Zeitung" die steigende Bedeutung dieses Ausdrucks seit 1921, der in einer Vielzahl von Zusammenhängen gebraucht wurde. In der Mittelphase der Weimarer

Republik verbanden sich mit ihm vor allem sozial integrative Vorstellungen, die auf die Gesellschaft versöhnend wirkend sollten. 1924 entschied sich die DDP für den Wahlkampfslogan: „Demokratie heißt Überwindung des Klassenkampfgedankens durch Volksgemeinschaft."[17] Im Ton war die Parole vielleicht etwas vollmundig, aber sie war gewiss keine Ausnahme. Politiker hatten in hohem Maße die Hoffnungen der Menschen zu berücksichtigen, und allenthalben standen angeblich „authentische" Erfahrungen im Dienst utopischer Zukunftsvorstellungen.[18] Dementsprechend weit gespannt waren die Auffassungen von „Gemeinschaft", mit denen öffentliche Aufmerksamkeit erstrebt wurde.

Beinahe jede soziale Gruppierung entwickelte hehre Selbstbilder im Zeichen der „Gemeinschaft". Dies gilt auch für das deutsche Judentum, das spätestens seit Ende des neunzehnten Jahrhunderts auf der Suche nach einem neuen Selbstverständnis war. In der „Jüdischen Renaisance", welche die Weimarer Kultur nachhaltig prägte, finden sich Konzepte ganz unterschiedlicher Provenienz, die von zionistischen bis zu deutschnationalen Ideen reichen. Dem Phänomen als Ganzem wird man vermutlich erst dann gerecht, wenn man überwölbende ideologische Kräfte wie Nationalismus, Nietzscheanismus oder Sozialismus mit in den Blick nimmt. Schließlich war es keineswegs ausgemacht, was unter „Wiedergeburt des Judentums" zu verstehen sei.[19] Ähnlich stand es generell um die Deutungen der angeblich identitätsverbürgenden Gemeinschaft. Unter den Bedingungen einer zerklüfteten politischen Kultur drängte sich die Frage auf, wie sich der Gemeinschaftsbegriff präzis bestimmen ließ. Genau diesem Problem wandte sich 1924 der Kölner Privatdozent Helmuth Plessner in seiner Schrift „Grenzen der Gemeinschaft" zu.

II.

Der gerade einmal 32jährige Philosoph stammte aus dem gehobenen Bürgertum. Seine Eltern führten in Wiesbaden eine angesehene Privatklinik für „Nervenkranke", in der Helmuth Plessner schon früh Leute von Welt, aber auch die Bedeutung von Zurückhaltung und Takt kennenlernte. Vor diesem Hintergrund wollte es ihm nicht einleuchten, dass „Gemeinschaft" ein Letztwert sei, den es mit aller Energie anzustreben gelte. Vielmehr neigte er der Auffassung zu, dass sich der Mensch in seinen sozialen Bindungen und im spielerischen Umgang mit Konventionen verwirkliche. In welchem Ausmaß es eine Rolle spielte, dass sein Vater als konvertierter Jude und gutsituierter Bürger auf seinen Ruf zu achten hatte, lässt sich rückblickend schwer ermessen.[20] Dass sich Plessner um einen breiten intellektuellen Horizont bemühte und schon früh biologische, philosophische und soziologische Fragestellungen miteinander verknüpfte, ist gewiss.

Trotz ihrer klaren Diktion ist die „Grenzschrift" ein ungewöhnlich schwieriges Werk, das schon viele Interpretationen erfahren hat. Dies ist nicht zuletzt eine Folge von Plessners doppelter argumentativer Stoßrichtung: Der ehrgeizige junge Gelehrte wollte nicht nur die Eigenarten der zeitgenössischen politischen Kultur aufzeigen, sondern auch einen Beitrag zur Klärung des Gemeinschaftsbegriffs leisten. Dementsprechend ambivalent ist seine Haltung zu wichtigen intellektuellen Bezugsgrößen. So knüpft Plessner mit seiner binären Gegenüberstellung von „Wissenschaft" und „Leben" unmittelbar an Nietzsche an. Auch die Schilderung des aus politischer Einflusslosigkeit erwachsenden Ressentiments ist ohne Nietzsches Vorbild kaum denkbar. Insbesondere gilt dies für die pointierte Formulierung vom „dauernden Insuffienzbewusstsein" des Radikalen, die den Ausgangspunkt von Plessners Argumentation bildet.[21] Andererseits lehnte er Nietzsches Verherrlichung des „Erlebnisses" grundlegend ab. Plessner sah darin eine grobe Verzeichnung der menschlichen Natur, die sich erst in Orientierung auf den „Geist" entfalte.[22] Dies bedeutete freilich nicht, dass es ihm um idealistische Überhöhung ging. Vielmehr war Plessner, der sich schon während seines Heidelberger Studiums bei Hans Driesch mit der Wechselbeziehung zwischen philosophischen und biologischen Fragen befasst hatte, von der „tiefen Zweideutigkeit [...] aller Existenz" überzeugt. Wie sehr der Mensch auch geistige Freiheit erstrebe, stets bleibe er abhängig von seinen biologischen Konstitutionsbedingungen. Da der Mensch sich seines Verhaltens nie sicher sein könne, habe er sich vor jeder Maßlosigkeit zu hüten, und dies betreffe nicht zuletzt die „Überdehnung des Vernunftglaubens", die vielen Fehleinschätzungen zugrunde liege. Mit noch höherer Vehemenz zieht Plessner gegen die Überhöhung „authentischer Gefühle" zu Felde: „Große Emotionen verbrauchen den Menschen seelisch. Kommen sie häufig ohne entsprechenden Anlass, so verflacht der Ausbruch, die Äußerung und die innere Spannung lässt nach." Und daraus resultiere unerbittlich die Konsequenz: „Nicht nur die Umwelt wird gegen ihn, auch der Mensch wird gegen sich selbst abgestumpft, er verliert an Seele."[23]

Hinter dem drastischen Urteil steckten Kerngedanken von Plessners philosophischer Anthropologie, an der er in diesen Jahren intensiv arbeitete. Angeregt durch Max Scheler beschäftigte er sich mit der Bedeutung der Scham für menschliches Verhalten, die er als entscheidende Bedingung der Triebmodulierung und damit auch der Freiheit ansah. Dahinter stand die Überzeugung, dass nur verinnerlichte Gebote zu einer Zähmung der Sexualität und weniger Aggressionen führen könnten. Die Anstrengungen Plessners und Schelers, eine biologische Fundierung der Philosophie zu finden, welche die menschliche Natur als Kulturtatsache begriff[24], blieb den meisten Zeitgenossen unbekannt. Beide Gelehrte arbeiteten weitgehend im Verborgenen, und so fehlte es schlicht an einschlägigen Texten.

Als Plessner 1928 sein Werk „Die Stufen des Organischen und der Mensch" vorlegte, stand die Veröffentlichung unter einem ungünstigen Stern. Scheler bezichtigte ihn des Plagiats, und es bedurfte erheblicher Anstrengungen, damit seine Karriere nicht komplett Schiffbruch erlitt. Die hinter dem Konflikt stehenden Gründe konnten bis heute nicht wirklich aufgehellt werden. Es spricht aber einiges dafür, dass Scheler sich durch Plessner, der ihm zuvorgekommen war, hintergangen fühlte. Zudem dürfte Scheler die Nichterwähnung seines Ansatzes massiv gekränkt haben. Was Plessner davon abgehalten hat, dem hochangesehenen und mächtigen Kollegen seine Reverenz zu erweisen, können wir nur ahnen. Den „Begriff des Lebens", das „erlösende Wort" des zwanzigsten Jahrhunderts, reklamierte er jedenfalls für sich.[25] Die Zeitgenossen konnte er damit nicht überzeugen. Im Mai 1928 verstarb Scheler und aus seinem Nachlass erschien noch im selben Jahr mit „Die Stellung des Menschen im Kosmos" der Entwurf zu einer philosophischen Anthropologie. Dies gab seinen Vorwürfen, mit denen Plessner noch lange zu kämpfen hatte, eine gewisse Legitimität.[26] Bei all dem sollte nicht vergessen werden, dass der gewaltige Erfolg von Heideggers Fundamentalontologie nach der Veröffentlichung von „Sein und Zeit" 1927 viel zu einem verbitterten Klima in der deutschen Universitätsphilosophie beitrug. Es schien, als habe Husserls Meisterschüler den Stein der Weisen gefunden, der einen philosophischen Neunanfang jenseits aller verbrauchten Metaphysik gestattete.[27]

Doch wir haben vorgegriffen. Bei der Veröffentlichung der „Grenzschrift" im Jahre 1924 war die Entscheidung, wer der tonangebende philosophische Denker Deutschlands sein würde, noch keineswegs gefallen. Gerade in der jüngeren Generation machten sich viele Wissenschaftler Hoffnungen auf eine bestimmende Rolle. Angesichts der Bedeutung, welche die Kultuspolitik neuen Disziplinen wie Pädagogik, Psychologie und Soziologie zumaß, die sich vor allem über die Umwidmung philosophischer Professuren konstituierten[28], hieß dies, dass synthetische Ansätze wie der Plessners mit einigem Interesse rechnen konnten. Um die öffentliche Wahrnehmung nicht zu erschweren, hatte er in der „Grenzschrift" von vornherein auf alles „gelehrte Rankenwerk" (Max Weber) verzichtet.

III.

Plessners eleganter Essay stieß tatsächlich auf erhebliche Resonanz, die mangels Vertrautheit mit seinem Groninger Nachlass von der Forschung lange übersehen wurde. Dabei ist die Breite der Rezeption ebenso auffällig wie die Intensität der Wahrnehmung in studentischen und bürgerlichen Kreisen.[29] Ausdrücklich würdigte man das pädagogische Engagement, mit dem Plessner seine Leser zu nuancierter Begriffsbildung anhielt. Auch sein Einsatz für den Machtstaatsgedanken, der sich gegen die Weltfremdheit pazifistischer Vorstellungen richtete, stieß durchaus auf Interesse. Zur Akzeptanz von Plessners politischen Vorstellungen im konservativen Bürgertum passte es, dass auf der Linken sein „akademisches Kauderwelsch" und seine dünkelhafte Einstellung bemängelt wurden. In den entscheidenden Blättern aber überwogen die positiven Urteile. Siegfried Kracauer betonte in der „Frankfurter Zeitung" ausdrücklich die seismographische Qualität von Plessners Werk, das vor den Konsequenzen der „Gemeinschaftsgier" warne.

Die Reaktionen waren also beachtlich und nicht wenige nahmen genau „den sozialen Radikalismus" ins Visier, den Plessner im Untertitel seiner Streitschrift hervorgehoben hatte. Die erhoffte politische Wirkung blieb jedoch aus. Hierfür trug Plessner selbst die Verantwortung; denn die Abhandlung „Grenzen der Gemeinschaft" richtete sich gegen nicht weniger als drei weltanschauliche Gegner: den italienischen Faschismus, den Leninismus und die deutsche Jugendbewegung. Das verbindende Element aller drei Phänomene sah er in der Vermittlung starker „Affektwerte", die aus dem „Bewusstsein, keine Geheimnisse voreinander haben zu müssen", notwendig resultiere.[30] Philosophisch lässt sich über diesen Ansatz, der die gruppenpsychologische Eigenart menschlicher Gemeinschaftsbildung in den Blick nimmt, trefflich diskutieren, doch politisch war die Gegnerschaft viel zu breit gefächert, als dass sich eine stärkere Wirkung hätte einstellen können.

Nach den Gepflogenheiten der akademischen Welt musste die „Grenzschrift" in mehr als einer Hinsicht anmaßend wirken. In eigenwilliger Diktion hatte Plessner die Gemeinschaftssehnsucht seiner Epoche in Frage gestellt und ein Menschenbild entworfen, dessen Konturen sich erst ahnen ließen. Dementsprechend vorsichtig reagierten die wirklich einflussreichen Professoren. So lobte Ferdinand Tönnies in den „Kölner Vierteljahrsheften für Soziologie" zwar 1926 Plessners feinsinnige Begrifflichkeit und seine massive Kulturkritik, doch im Ganzen betrachtete er die Gedankenführung als unsoziologisch. Nach seiner Auffassung handelte es sich um eine ethische Argumentation, die „einen unmittelbaren pädagogischen Zweck" anstrebte.[31]

Für Plessner war diese Einschätzung bitter. Denn Tönnies hatte sich nach dem Erscheinen der „Grenzschrift" im Februar 1924 für Plessners Aufnahme in die Deutsche Soziologische Gesellschaft eingesetzt[32], und der junge Wissenschaftler rechnete vermutlich mit einer ausgesprochen wohlwollenden Besprechung. Ungeachtet der anerkennenden Töne konnte davon keine Rede sein. Eine Berufung rückte mit Tönnies' Urteil erst einmal in die Ferne, und Plessners Konflikt mit Scheler sorgte dafür, dass im Zusammenhang mit der philosophischen Anthropologie verstärkt über „Menschliches, allzu Menschliches" gesprochen wurde. Freilich sollte dies nicht den Blick dafür verstellen, dass hinter Tönnies' Reserve ernste systematische Differenzen standen. Dem großen alten Mann der deutschen Soziologie wollte es schlicht nicht einleuchten, dass die Entwicklung kultureller Verkehrsformen durch die „Gesellschaft" wichtig sein könne. Für das Schöpferische blieb in seiner Konzeption die „Gemeinschaft" zuständig.[33]

Plessner selbst hatte wohl am meisten mit dem Erfolg Heideggers zu kämpfen. In der umfassenden Wirkung der Fundamentalontologie sah Plessner die zentrale Ursache für die geringe Resonanz seines eigenen philosophischen Ansatzes. Noch im Vorwort zur zweiten Auflage seines Hauptwerkes „Die Grenzen des Organischen" wandte er sich 1965 ausdrücklich gegen Heidegger. Schon stilistisch habe „Sein und Zeit" mit seiner „Eigenwilligkeit und dunkle[n] Tönung der Sprache [...] sofort aufhorchen" lassen[34], inhaltlich aber habe das Buch ins

Schwarze getroffen. Heideggers „methodischer Atheismus" sei vortrefflich geeignet gewesen, um „die vom Krieg erschütterte Generation" für sich zu gewinnen. Dies war eine einfühlsame Sicht der Dinge und klang doch wie die rückblickende Rationalisierung eigenen Misserfolgs. Dass in Plessners Urteil der Generationenbegriff nicht geschärft ist, dürfte nachrangig sein. Sowohl die Kriegs- als auch die Kriegsjugendgeneration maßen dem welthistorischen Geschehen eine hohe, nachgerade existentielle Bedeutung zu.[35] Die Schwächen seiner Gedankenführung lagen an anderer Stelle.

Trotz allen Willens zu politischer Wirkung trat die aktuelle Lage der Weimarer Republik in Plessners Argumentation weit zurück. Dies konnte auch kaum anders sein, ging es ihm doch primär darum, die philosophische Anthropologie als Grundlagendisziplin zu etablieren. Da spielte es nur eine nachrangige Rolle, wie erbittert in den ideologischen Auseinandersetzungen um die Deutung weniger Fahnenworte gestritten wurde. Der Erfolg Heideggers und der missglückte Beginn der philosophischen Anthropologie lassen sich jedoch erst dann erklären, wenn die „kulturelle Großwetterlage" hinreichend beachtet wird. Plessner hatte sich in seinem Opus magnum dafür entschieden, die eigenen Reflexionen um die Schlüsselkategorie „Leben" zu gruppieren. Angesichts des Erfolgs von „Sein und Zeit" war dies schon 1928 ausgesprochen riskant. Als ein Jahr später die Weimarer Republik in die Krise geriet, wurde erst recht deutlich, wie hoch die Faszinationskraft des Todes in der Fundamentalontologie war.[36] Im Vergleich mit Heideggers Kritik am „uneigentlichen Leben" hatte Plessner den Zeitgenossen wenig zu bieten. Er hatte das kategoriale Abhängigkeitsverhältnis von „Gemeinschaft" und „Gesellschaft" analysiert und auf seine anthropologischen Konsequenzen hin befragt. Die dabei zutage tretende Natur menschlichen Verhaltens changierte zwischen „Geist" und „Leben" und forderte zu genauer Beobachtung wie einlässiger Beschreibung auf. In einer Ära schroffer ideologischer Auseinandersetzungen dürfte Plessners Philosophie nicht selten als allzu theoretisches Unterfangen beurteilt worden sein.

IV.

Die geringe Zahl von Fahnenworten hatte für die Weimar Republik erhebliche Konsequenzen. In einer vielfältig fraktionierten politischen Kultur begünstigte dies inhaltliche Missverständnisse und beförderte die weltanschauliche Polarisierung. Schließlich wollte jede Partei oder Bewegung die entscheidenden Ausdrücke nicht anderen Kräften überlassen, sondern in ihrem Sinne bestimmen. Zudem sorgte eine bedeutungsschwere Sprache auf die Dauer für eine verhängnisvolle Aufladung von Feindbildern. Das Zusammenziehen gutbekannter Worte machte die Problemlage nicht einfacher. So verdankte der Ausdruck „Volksgemeinschaft" ein Gutteil seiner Popularität der Tatsache, dass er sich höchst ambivalent betrachten ließ. Er konnte sowohl ein Versprechen auf klassenübergreifende Harmonie sein als auch der Ausgrenzung bestimmter Bevölkerungsgruppen dienen. Ungeachtet der vielfältigen Partizipationschancen hatte die Republik mit den Schatten der Vergangenheit und illusionären Zukunftserwartungen zu kämpfen. Es sollte jedenfalls zu denken geben, dass für die Weimarer Kultur auch ein bösartiger Antisemitismus konstitutiv war. Im deutschen Judentum hatte man ungeachtet der großen Identifikation mit dem neuen Gemeinwesen stets auch das Gefühl, dass ihm nicht vollständig zu trauen sei.[37]

Plessners Versuch, dem Gemeinschaftsbegriff wissenschaftliche Trennschärfe zu geben, war politisch naheliegend und methodisch gut begründet. Er verwies mit systematischer Strenge auf die komplementäre Ergänzung durch „Gesellschaft", für die ritualisierte Verhaltensformen wie Maskierung und Spiel grundlegend seien. Dies bot die Möglichkeit zu umsichtiger Distanzierung von Authentizitätserwartungen und öffnete zugleich einen Einblick in die Natur des Menschen, der als biologisches Mängelwesen auf den „Geist" zur Selbstentfaltung angewiesen sei. Dem zeitgenössischen Identitätsfuror war Plessners philosophische Anthropologie nicht gewachsen, aber sie lieferte Einsichten, an die später ein differenziertes Menschenbild anknüpfen konnte.

Es ist eine Naivität anzunehmen, dass sich eine um wenige Worte kreisende politische Kultur rückblickend leicht dechiffrieren lässt. Wie von allein erzeugen die weltanschaulichen Auseinandersetzungen nicht nur Missverständnisse, sondern auch Überbietungsstrategien und rhetorische Abschottung. Für die Zeitgenossen, die über vielfältiges Kontextwissen verfügten und zudem Gesten wie Stil der politischen Akteure kannten, warf dies keine unüberwindlichen Schwierigkeiten auf. Für den Historiker stellt sich der Umgang mit starken Metaphern und sich selbst bestätigenden Denkfiguren erheblich schwieriger dar. Genau hier zeigt sich die Brillanz von „Grenzen der Gemeinschaft". Plessner gelingt es, die beiden Schlüsselbegriffe in ihrem Recht zu belassen und sie gleichzeitig aufeinander zu beziehen. Dabei hilft ihm sein Sinn für die künstlerische Dimension von Politik, die in der Sphäre der Diplomatie durch eingespielte Verkehrsformen und umsichtiges Rollenverhalten charakterisiert werde. Für das Beschwören angeblich überzeitlicher Werte hatte er hingegen nur Verachtung übrig, weil ihr Herausstellen auf Nützlichkeitskalkülen beruhe, die mit „[w]ahrhafte[r] Güte" unvereinbar seien.[38]

Plessner besaß einen Sinn für die ästhetische Dimension von Politik, die ihn die Schattenseiten übertriebenen Rationalismus sehen und als „Aufklärerei" verspotten ließ. Carl Schmitts Lehre vom Ausnahmezustand erschien ihm allemal als bedenkenswert.[39] Dies hinderte ihn jedoch nicht daran, gut kantisch in der präzisen Bestimmung epistemologisch relevanter Grenzen eine zentrale philosophische Aufgabe zu sehen. Er tat dies, indem er die Voraussetzungen und Eigenarten gelingender philosophischer Kommunikation in den Blick nahm.[40]

Über die Jahre hat Plessners Philosophie an Anerkennung gewonnen und ist bestimmt kein „Geheimtipp" mehr, ihr Verständnis fällt jedoch nach wie vor schwer. Der Sinn für Ambiguitäten ist gegenwärtig nur schwach ausgeprägt; denn in einer durch raschen Konsum geprägten Welt wird Polysemie leicht zum überflüssigen Luxus.[41] Gelegentlich scheint es, als sei die für seriöse Wissenschaft unabdingbare intellektuelle Redlichkeit doppelt gefährdet. Mit der „Gleichgültigkeit" gegenüber dem „gleich Gültigen“ greift zunehmend Indifferenz um sich[42], während allzu simple Bedeutungszuschreibungen Eindimensionalität und Intoleranz befördern. Was ist zu tun? Einfache Antworten gibt es angesichts der verschränkten Problemlage und dem Erfolg binärer Oppositionen im Internetzeitalter schwerlich. Aber vielleicht hilft es, sich mit Plessner daran zu erinnern, dass die „Natur des Menschen“ stets auch eine Kulturtatsache ist. Zumindest die Sensibilität, mit der wir uns historischen Phänomenen nähern, dürfte dadurch gewinnen.

Anmerkungen

Bekenntnis zu nationalen und universalen Werten. Jüdische Philosophen im Deutschen Kaiserreich

1 Jürgen Habermas, *Der deutsche Idealismus der jüdischen Philosophen*, in: ders., *Philosophisch-politische Profile*, Frankfurt/M 1981, S. 39–64 (zuerst in: Thilo Koch [Hrsg.], *Porträts deutsch jüdischer Geistesgeschichte*, Köln 1961, S. 99–125). Zum wissenschafts- und philosophiehistorischen Kontext von Habermas' Argumentation: F. Werner Veauthier, *„Jüdisches" im Denken der Frankfurter Schule*, in: Reinhard Schneider (Hrsg.), *Juden in Deutschland. Lebenswelten und Einzelschicksale*, St. Ingbert 1994, S. 271–307, sowie allgemein Rolf Wiggershaus, *Die Frankfurter Schule. Geschichte, Theoretische Entwicklung, Politische Bedeutung*, 2. Aufl. München 1989.

2 George Mosse, *Jüdische Intellektuelle in Deutschland. Zwischen Religion und Nationalismus*, Frankfurt/M 1992, bes. S. 19–45.

3 Habermas, *Idealismus* (wie Anm. 1), S. 62.

4 Dies vergisst bisweilen Friedrich Niewöhner, *Vorüberlegungen zu einem Stichwort „Philosophie, jüdische"*, in: Archiv für Begriffsgeschichte 24, 1980, S. 195–218, dessen Ausführungen recht apodiktischen Charakter tragen. Hilfreich: Paul R. Mendes-Flohr, *Divided Passions. Jewish Intellectuals and the Experience of Modernity*, Detroit 1991, und Gilian Rose, *Judaism and Modernity. Philosophical Essays*, Oxford/Cambridge, Mass. 1993.

5 Shulamit Volkov, *Die Erfindung einer Tradition. Zur Entstehung des modernen Judentums in Deutschland*, in: Historische Zeitschrift 253, 1991, S. 603–628, bes. S. 616 f.

6 Statt vieler: Norbert Elias, *Ein Exkurs über Nationalismus*. in: ders., *Studien über die Deutschen. Machtkämpfe und* Habitusentwicklung *im 19. und 20. Jahrhundert*, Hrsg. v. Michael Schröter. 4. Aufl. Frankfurt/M 1990, S. 159–222, bes. S. 192–200.

7 So die Feststellung von Reinhart Koselleck in: ders. / Fritz Schnitzer / Bernd Schönemann / Karl Ferdinand Werner, Art. *Volk, Nation, Nationalismus, Masse*, in: Otto Brunner / Werner Conze / Reinhart Koselleck (Hrsg.), *Geschichtliche Grundbegriffe. Historisches Lexikon zur politisch-sozialen Sprache in Deutschland*. Bd. 1–7, Stuttgart 1972–1992, Bd. 7, S. 141–431, hier S. 399 f.

8 Die Frühgeschichte der Völkerpsychologie gehört zu den wenig erforschten Gebieten der Wissenschaftshistorie. Als Quellen-

sammlung einschlägig: Ingrid Belke (Hrsg.), *Moritz Lazarus und Heymann Steinthal. Die Begründer der Völkerpsychologie in ihren Briefen.* 2 Bde., Tübingen 1971–1986.

9 Hierzu umfassend: Klaus Christian Köhnke, *Entstehung und Aufstieg des Neukantianismus. Die deutsche Universitätsphilosophie zwischen Idealismus und Positivismus*, Frankfurt/M 1986.

10 Den prozesshaften Charakter dieses Vorgangs analysiert: Heinrich August Winkler, *Vom linken zum rechten Nationalismus: Der deutsche Liberalismus in der Krise von 1878/79*, in: ders., *Liberalismus und Antiliberalismus. Studien zur politischen Sozialgeschichte des 19. und 20. Jahrhunderts*, Göttingen 1979, S. 36–51, 294–300. Zur weltanschaulichen Ambivalenz und politischen Instrumentalisierung des modernen Nationalismus: Dieter Langewiesche, *Nationalismus im 19. und 20. Jahrhundert: Zwischen Partizipation und Aggression*, Bonn 1994.

11 Thomas Nipperdey / Reinhard Rürup, Art. *Antisemitismus*, in: Brunner / Conze / Koselleck (Hrsg.), *Geschichtliche Grundbegriffe* (wie Anm. 7), Bd. 1, S. 129–153. Zu Stoecker, der als Berliner Hof- und Domprediger sowie Gründer der „Christlich-sozialen Partei" zeitweilig über immense Breitenwirksamkeit verfügte: Günter Brakelmann / Martin Greschat / Werner Jochmann, *Protestantismus und Politik. Werk und Wirkung Adolf Stoeckers*, Hamburg 1982.

12 Heinrich von Treitschke, *Unsere Aussichten*, in: Preußische Jahrbücher *44*, 1879, S. 559–576. Plastische Schilderungen der Kontroverse geben: Hans Liebeschütz, *Das Judentum im deutschen Geschichtsbild von Hegel bis Max Weber*, Tübingen 1967, 192–219; Michael A. Meyer, *Great Debate on Antisemitism. Jewish Reaction to New Hostility in Germany 1879–1881*, in: Leo Baeck Institute Year Book 11, 1966, S. 137–170. Didaktisch konzipiert: Christhard Hoffmann, *Der Berliner Antisemitismusstreit*, in: Geschichte in Wissenschaft und Unterricht 46, 1995, S. 167–178.

13 Exemplarisch Norbert Kampe, *Jews and Antisemites at Universities in Imperial Germany (II). The Friedrich-Wilhelms-Universität of Berlin: A Case Study on the Students „Jewish Question"*, in: Leo Baeck Institute Year Book 32, 1987, S. 43–101.

14 Eine zentrale Ursache hierfür dürfte die inzwischen kanonisch gewordene Textedition von Walter Boehlich, *Der Berliner Antisemitismusstreit*, Frankfurt/M 1988 (zuerst ebd., 1965) sein, die den wichtigsten Text Treitschkes, *Unsere Aussichten*, vom Umfang her halbiert, auf den Abdruck der Reden Lazarus' verzichtet und die Vorgeschichte von Cohens Stellungnahme

unberücksichtigt lässt. – Angesichts der Selbstverständlichkeit, mit der heute vom „Berliner Antisemitismusstreit" gesprochen wird, ist vielleicht der Hinweis nützlich, dass Reuwen Michael, *Graetz contra Treitschke*, in: Bulletin des Leo Baeck Instituts 4, 1961, S. 301–322, hier S. 317, noch zu Beginn der sechziger Jahre den Ausdruck „Treitschkestreit" verwandte.

15 von Treitschke, *Unsere Aussichten* (wie Anm. 12), S. 571. Seinen Antiparlamentarismus kleidet der Historiker in markige Worte. So heißt es ebd., 570: „Die Nation ist des Gezänks ihrer Parlamente bis zum Ekel überdrüssig [...]." Hellsichtig für die nationale Dimension von Treitschkes Ausführungen: Christhard Hoffmann, *Juden und Judentum im Werk deutscher Althistoriker des 19. und 20. Jahrhunderts*, Leiden 1988, S. 123–126; Meyer, *Great Debate* (wie Anm. 12), S. 144 ff.

16 Beide Zitate bei von Treitschke, *Unsere Aussichten* (wie Anm. 12), S. 573.

17 Ebd., S. 570 u. 576.

18 Allgemein dazu: Jacob Toury, *Die politischen Orientierungen der Juden in Deutschland. Von Jena bis Weimar*, Tübingen 1966, S. 123–153. Eine problemorientierte Übersicht über den Forschungsstand gibt: Trude Maurer, *Die Entwicklung der jüdischen Minderheit in Deutschland (1780–1933). Neue Forschungen und offene Fragen*, Tübingen 1992, S. 101–112.

19 M[oritz] Brasch, *Professor Dr. Moritz Lazarus. Ein Lebensbild zu seinem 70. Geburtstage am 15. September 1894*, Berlin 1894, S. 6; Ingrid Belke, *Einleitung*, in: dies. (Hrsg.), *Moritz Lazarus und Heymann Steinthal* (wie Anm. 8), Bd. 1, S. XIII–CXLII, bes. S. XLVII f.

20 Moritz Lazarus, *Was heißt national?*, in: ders., *Treu und Frei. Gesammelte Reden und Vorträge über Juden und Judenthum*, Leipzig 1887, S. 53–113, hier S. 59. Zur Interpretation und Wirkungsgeschichte: Belke, *Einleitung* (wie Anm. 19), LXVI f.; dies., *Liberal Voices on Antisemitism in the 1880s. Letters to Moritz Lazarus. 1880–1883*, in: Leo Baeck Institute Year Book *23*, 1978, S. 61–87. Ferner Meyer, *Great Debate* (wie Anm. 12), S. 146 ff. Die ideengeschichtliche Bedeutung von Boeckhs 1869 erschienener Schrift „*Der Deutschen Volkszahl und Sprachgebiet in den europäischen Staaten*" umreißt: Theodor Schieder, *Nationalstaat und Nationalitätenproblem*, in: ders., *Nationalismus und Nationalstaat. Studien zum nationalen Problem im modernen Europa*, hrsg. v. Otto Dann u. Hans-Ulrich Wehler, 2. Aufl. Göttingen 1992, S. 17–37, hier S. 23 f.

21 Lazarus, *Was heißt national* (wie Anm. 20), S. 71.

22 „[I]ch meinerseits erkläre aber feierlich: das Blut bedeutet mir blutwenig, der Geist und geschichtliche Ausbildung bedeutet mir fast Alles, wenn es sich um den Werth und die Würde des Menschen, der Einzelnen oder eines Stammes handelt!" (ebd., S. 74).

23 Ebd., S. 93; hier und im Folgenden alle Hervorhebungen im Original gesperrt.

24 Ebd., S. 90. Vgl. auch ders., *Unser Standpunkt. Zwei Reden an seine Religionsgenossen am 1. und 16. Dezember 1880*, in: ders., *Treu und Frei* (wie Anm. 20), S. 115–155, hier S. 121.

25 Ders., *Was heißt national* (wie Anm. 20), S. 108.

26 Ders., *An die deutschen Juden*, in: ders., *Treu und Frei* (wie Anm. 20), S. 157–180, hier S. 173. Vgl. generell Sander L. Gilman, *Jüdischer Selbsthaß. Antisemitismus und die verborgene Sprache der Juden*, Frankfurt/M 1993, S. 152–190.

27 Lazarus, *Was heißt national* (wie Anm. 20), S. 113.

28 Etwa Boehlich, *Antisemitismusstreit* (wie Anm. 14), S. 250 f. Um eine „mildere Lesart" von Cohens Abhandlung bemüht sich: Ulrich Sieg, *Aufstieg und Niedergang des Marburger Neukantianismus. Die Geschichte einer philosophischen Schulgemeinschaft*, Würzburg 1994, S. 149–152.

29 So vertrat Julius Ebbinghaus, *Deutschtum und Judentum bei Hermann Cohen*, in: Kant-Studien 60, 1969, S. 84–96, die Auffassung, Cohen sei im Jahre 1880 zum „Totengräber" der Kantischen Rechtsphilosophie geworden. Ihm folgte ohne argumentativ relevante Abweichungen: Georg Geismann, *Der Berliner Antisemitismusstreit und die Abdankung der rechtlich-praktischen Vernunft*, in: Kant-Studien 84, 1993, S. 369–380. Den hochbrisanten politischen Kontext der Debatte vernachlässigen beide.

30 Hermann Cohen, *Ein Bekenntnis in der Judenfrage*, in: ders., *Jüdische Schriften*. Hrsg. v. Bruno Strauß, Bd. 2, Berlin 1924, S. 73–94, hier S. 84. Überdeutlich formuliert er ebd., S. 85: „Ich behaupte getrost: wir wünschen alle, wir hätten schlechtweg das deutsche, das germanische Aussehen, von dem wir jetzt nur die klimatischen Nebenwirkungen an uns tragen [...]."

31 Ebd., S. 73.

32 Eine kommentierte Edition dieser Schreiben bietet: Helmut Holzhey, *Zwei Briefe Hermann Cohens an Heinrich von Treitschke*, in: Bulletin des Leo Baeck Instituts 12, 1969, S. 183–204.

33 Heinrich von Treitschke, *Noch einige Bemerkungen zur Judenfrage*, in: Boehlich, *Antisemitismusstreit* (wie Anm. 14), S. 85–95, hier S. 86.

34 Cohen, *Bekenntnis* (wie Anm. 30), S. 75.

35 Als herausragendes Beispiel wird, ebd., S. 79 f., die Rezeption der Kantischen Philosophie erwähnt, an der jüdische Denker maßgeblich beteiligt gewesen seien.

36 Ebd., S. 87; das nächste Zitat ebd., S. 88.

37 Belke (Hrsg.), *Moritz Lazarus und Heymann Steinthal* (wie Anm. 8), Bd. 2/1, S. 220, Anm. 2. Das internationale Phänomen des Intellektuellen als mit Deutungskompetenz begabten Interpreten und nicht zuletzt Kritikers der Moderne beschäftigt die deutsche Geschichtswissenschaft erst seit kurzem. Ungemein anregend, wiewohl – entgegen dem übergreifenden Titel – beinahe ausschließlich auf die wilhelminische Ära konzentriert: Gangolf Hübinger / Wolfgang J. Mommsen (Hrsg.), *Intellektuelle im Deutschen Kaiserreich*, Frankfurt/M 1993. Als komparativ angelegten Forschungsüberblick vgl. Gangolf Hübinger, *Die europäischen Intellektuellen 1890–1930*, in: Neue politische Literatur 39, 1994, S. 34–54.

38 So pointiert Helmut Holzhey, *Cohen und Natorp*. Bd. 1, Basel/Stuttgart 1986, S. 345. Ähnlich Micha Brumlik, *Zur Zweideutigkeit deutsch-jüdischen Geistes: Hermann Cohen*, in: Karl E. Grözinger (Hrsg.), *Judentum im deutschen Sprachraum*, Frankfurt/M 1991, S. 371–381, bes. S. 374–378.

39 Hermann Cohen, *Der Sabbat in seiner kulturgeschichtlichen Bedeutung*, in: ders., *Jüdische Schriften* (wie Anm. 30), Bd. 2, S. 45–72, hier S. 67. An der philosophisch-systematischen Unterschätzung des Antisemitismus ändert auch die Tatsache nichts, dass Cohen seinen Vertretern stets mit Nachdruck und einigem Erfolg entgegentrat; vgl. etwa Ulrich Sieg, *„Der Wissenschaft und dem Leben tut dasselbe not: Ehrfurcht vor der Wahrheit“. Hermann Cohens Gutachten im Marburger Antisemitismusprozess 1888*, in: Reinhard Brandt / Franz Orlik (Hrsg.), *Philosophisches Denken – Politisches Wirken. Hermann-Cohen-Kolloquium Marburg 1992*, Hildesheim/Zürich/New York 1993, S. 222–249.

40 H[eymann] Steinthal, *Der Jude am Luther-Denkmal*, in: ders., *Über Juden und Judentum. Vorträge und Aufsätze,* hrsg. v. Gustav Karpeles, Berlin 1906, S. 71 f., hier S. 71.

41 Ders., *Die Juden und kein Ende*, in: ders., *Juden und Judentum* (wie Anm. 40), S. 81–83, hier S. 82; vgl. auch Belke, *Einleitung* (wie Anm. 19), S. CXXV ff.

42 H[eymann] Steinthal, *Judentum und Patriotismus*, in: ders., *Juden und Judentum* (wie Anm. 40), S. 67–70, hier S. 69.

43 Vgl. etwa ders., *Werden die Menschen immer schlechter?*, in: ebd., S. 142–147; ders., *Die Stellung der Semiten in der Weltgeschichte*, in: ebd., S. 105–125. Seine Entgegnung auf Albrecht Weber, der 1893 auf der Generalversammlung des „Vereins zur Abwehr des Antisemitismus" den Juden geraten hatte, zuerst ihre eigenen Fehler zu bekämpfen, schloss Steinthal mit den Worten: „Die Erde bewegt sich doch! Von der Nacht zum Tage!" (ebd., S. 84 ff., hier S. 86).

44 Ders., *Die Juden und kein Ende* (wie Anm. 41), S. 82. Vgl. Platon, *Der Staat*, 472e–502a.

45 Vgl. generell Uriel Tal, *Christians and Jews in Germany. Religion, Politics and Ideology in the Second Reich, 1870–1914*, Ithaca 1975; Lucian Hölscher, *Weltgericht oder Revolution. Protestantische und sozialistische Zukunftsvorstellungen im deutschen Kaiserreich*, Stuttgart 1989.

46 Reiches Zahlenmaterial enthält: Norbert Kampe, *Jüdische Professoren im Deutschen Kaiserreich. Zu einer vergessenen Enquete von Bernhard Breslauer*, in: Rainer Erb / Michael Schmidt (Hrsg.), *Antisemitismus und jüdische Geschichte. Studien zu Ehren von Herbert A. Strauss*, Berlin 1987, S. 185–211.

47 Vgl. Shulamit Volkov, *Die Dynamik der Dissimilation: Deutsche Juden und die ostjüdischen Einwanderer*, in: dies., *Jüdisches Leben und Antisemitismus im 19. und 20. Jahrhundert*, München 1990, S. 166–180, 230–233, bes. S. 168 ff. Zur Frühgeschichte der zionistischen Bewegung: Yehuda Eloni, *Zionismus in Deutschland. Von den Anfängen bis 1914*, Gerlingen 1987.

48 Knapper Gesamtüberblick: Clemens Picht, *Zwischen Vaterland und Volk. Das deutsche Judentum im Ersten Weltkrieg*, in: Wolfgang Michalka (Hrsg.), *Der Erste Weltkrieg. Wirkung, Wahrnehmung, Analyse*, München/Zürich 1994, S. 736–755.

49 So Hermann Badt in seinem Brief an Martin Buber vom 4. Juli 1916. Die – nachfolgend mehrfach zitierten – Schreiben Badts, welche die Vorgeschichte der Kontroverse in neuem Licht erscheinen lassen, finden sich in: Jewish National and University Library Jerusalem, Ms Var. 350, Nr. 74/1 bzw. 74/4. – Aus der breiten älteren Literatur seien genannt: Hans Liebeschütz, *Martin Buber und das neue jüdische Geschichtsbild*, in: Bulletin des Leo Baeck Instituts 1, 1957/58, S. 24–27; Hans Kohn, *Martin Buber. Sein Werk und seine Zeit*, 2. Aufl. Köln 1961, S. 165–168. Ideengeschichtlich orientiert: Sieg, *Aufstieg* (wie Anm. 28),

S. 398 ff.; ausführlich zum politischen Hintergrund: David Engel, *Patriotism as a Shield. The Liberal Jewish Defence against Antisemitism in Germany during the First World War*, in: Leo Baeck Institute Year Book 31, 1986, S. 147–171, bes. S. 165–169.

50 Hermann Cohen, *Religion und Zionismus. Ein Wort an meine Kommilitonen jüdischen Glaubens*, in: ders., *Jüdische Schriften* (wie Anm. 30), Bd. 2, S. 319–327, hier S. 325. Zum jüdischen Messianismus als Eckpfeiler der Cohenschen Philosophie vgl. seine bislang kaum bekannte Rede *Das Judenthum als Weltanschauung*, in: Dr. Bloch's Österreichische Wochenschrift 15, 1898, S. 241–243, hier S. 241: „Wenn man mit einem Wort die Frage beantworten will, was allein den Fortbestand der Juden bewirkt haben könnte, so dürfen wir die Idee des messianischen Zeitalters nennen. Wer an die Zukunft glaubt, der hat die Zukunft."

51 Schreiben Badts vom 4. Juli 1916; Jewish National and University Library Jerusalem, Ms Var. 350, Nr. 74/4.

52 Martin Buber, *Völker, Staaten und Zion. I. Begriffe und Wirklichkeit. Brief an Hermann Cohen (Juli 1916)*, in: ders., *Der Jude und sein Judentum. Gesammelte Aufsätze und Reden*. Darmstadt 1993, S. 273–286, hier S. 276.

53 R[aphael] Seligmann, *Einige Worte über Hermann Cohen*, in: Der Jude 1, 1916, S. 316–319; ebd., S. 317 das vorige Zitat. Ungeachtet Seligmanns äußerst polemischer Wortwahl sollte nicht übersehen werden, dass er ein systematisch zentrales Problem berührte. Vgl. Brumlik, *Zweideutigkeit* (wie Anm. 38), S. 381, der hervorhebt, dass die „vernünftig-jüdische Symbiose" Cohens eigentliches Ziel gewesen sei.

54 Hermann Cohen, *Antwort auf das offene Schreiben des Herrn Dr. Martin Buber an Hermann Cohen*, in: ders., *Jüdische Schriften* (wie Anm. 30), Bd. 2, S. 328–340, hier S. 328. Grundlegend zum radikalen Konstruktivismus der Cohenschen Philosophie: Holzhey, *Cohen und Natorp* (wie Anm. 38), Bd. 1, bes. S. 175–224; Geert Edel, *Von der Vernunftkritik zur Erkenntnislogik. Eine systematische Rekonstruktion der Entwicklung der theoretischen Philosophie Cohens,* Freiburg/München 1988.

55 Cohen, *Antwort* (wie Anm. 54), S. 339.

56 Vgl. ebd., S. 329 u. 339, wo Cohen auf die erbitterte Kontroverse zwischen der „Marburger Schule" und Bruno Bauch anspielt, der in einem Artikel für die „Kant-Studien" antisemitische Werturteile vertreten hatte. – Zur Wertschätzung Fichtes in zionistischen Kreisen: Hans Kohn, *Bürger vieler Welten. Ein Leben im Zeitalter der Weltrevolution*, Frauenfeld 1965, S. 92 f.

57 Vgl. Pierfrancesco Fiorato, *„Die Gegenwart muß indessen zur Zukunft werden". Über die ‚logischen' Grundlagen des Cohenschen Messianismus*, in: Ernst Wolfgang Orth / Helmut Holzhey (Hrsg.), *Neukantianismus. Perspektiven und Probleme*, Würzburg 1994, S. 366–378.

58 Martin Buber, *Völker, Staaten und Zion. II. Der Staat und die Menschheit. Bemerkungen zu Hermann Cohens „Antwort" (September 1916)*, in: ders., *Jude* (wie Anm. 52), S. 287–297, hier S. 294, Anm. 2. Zu Bubers philologisch korrekter Kritik an Cohens Verständnis des jüdischen Prophetismus: Michael A. Meyer, *Die deutschen Juden. Perspektiven ihrer Geschichte*, in: ders., *Jüdische Identität in der Moderne,* Frankfurt/M 1992, S. 114–133, hier S. 124.

59 Buber, *Völker* (wie Anm. 58), S. 292.

60 Bezeichnend ist Hugo Bergmanns Brief an Leo Herrmann vom 1. Januar 1916, in dem Cohens philosophisch-patriotischer Essay *„Deutschtum und Judentum mit grundlegenden Betrachtungen über Staat und Internationalismus"* harsch abgeurteilt wird: „Wir haben uns nachgerade daran gewoehnt, dass das offizielle Judentum in jeder seiner Aeusserungen laecherlich hervortritt, aber immer wieder, wenn der Fall eintritt, dass ein sonst so Gewaltiger sich und uns erniedrigt, um seinen fadenscheinigen Standpunkt zu wahren, empfindet man beschaemt das Unwuerdige unserer ganzen Lage"; Central Zionist Archives Jerusalem, A 145/54.

61 Näheres bei George L. Mosse, *Germans and Jews. The Right, the Left, and the Search for a „Third Force" in Pre-Nazi Germany*, Detroit 1987, S. 97.

62 Landauers Schreiben an Buber vom 17. Oktober 1916, in: Martin Buber; *Briefwechsel aus sieben Jahrzehnten,* hrsg. u. eingel. v. Grete Schaeder, Bd. 1, Heidelberg 1972, S. 456 f.; vgl. auch Paul R. Mendes-Flohr, *Von der Mystik zum Dialog. Martin Bubers geistige Entwicklung bis hin zu „Ich und Du"*, Königstein im Taunus 1979, 147 f. u. 174. Zu den Ursachen von Bubers Wirkung auf die jüngere Generation: Chaim Schatzker, *Martin Buber's Influence on the Jewish Youth Movement in Germany*, in: Leo Baeck Institute Year Book 23, 1978, S. 151–178.

63 Postkarte an Martin Buber vom 14. Januar 1917, Jewish National and University Library Jerusalem, Ms Var. 350, Nr. 880/43.

64 Vgl. Rivka Horwitz, *Buber's Way to „I and Thou". An Historical Analysis and the First Publication of Martin Buber's Lectures „Religion als Gegenwart"*, Heidelberg 1978, S. 167, und Paul R.

Mendes-Flohr, *The Politics of Conventual Responsibility: Martin Buber and Hebrew Humanism*, in: ders., *Divided Passions* (wie Anm. 4), S. 104–206, hier S. 197 f.

65 Steven E. Aschheim, *Brothers and Strangers. The East European Jew in German and German Jewish Consciousness, 1800–1923*, Madison, Wis. 1982, S. 142.

66 Vgl. Rachel Heuberger, *Orthodoxy versus Reform. The Case of Rabbi Nehemia Anton Nobel of Frankfurt a. Main*, in: Leo Baeck Institute Year Book 37, 1992, S. 45–58, bes. S. 47 ff. Den geistes-historischen Kontext skizziert: Shulamit Volkov, *Die Juden in Deutschland 1780–1918*, München 1994, S. 65 f.

67 So einleuchtend Habermas, *Idealismus* (wie Anm. 1), S. 47. Aus der reichen Literatur zu Cohens religionsphilosophischem Hauptwerk seien eigens hervorgehoben: Karl Löwith, *Philosophie der Vernunft und Religion der Offenbarung in H. Cohens Religionsphilosophie*, in: Hans-Ludwig Ollig (Hrsg.), *Materialien zur Neukantianismus-Diskussion*, Darmstadt 1987, S. 328–361, sowie als ideengeschichtliche Einordnung Michael A. Meyer, *Response to Modernity. A History of the Reform Movement in Judaism*, New York/Oxford 1988, S. 205 ff.

68 Bruno Bauch, *Vom Begriff der Nation. (Ein Kapitel zur Geschichtsphilosophie.) Vortrag, gehalten in der Staatswissenschaftlichen Gesellschaft zu Jena*, in: Kant-Studien 21, 1917, S. 139–162. – Zur Haltung Cassirers nach 1914: Manfred Pascher; *Deutsches Wesen und Deutscher Weltberuf. Die Weltkriegsschriften Paul Natorps und der Marburger Neukantianer*, in: Wiener Jahrbuch für Philosophie 26, 1994, S. 103–116, hier S. 110 f.

69 Beispielsweise warnt Bauch, *Begriff* (wie Anm. 68), S. 160, vor den kulturell verderblichen Folgen eines „starke[n] Eindringen[s] aus dem Osten“. Cohen hatte seinerseits zu diesem Thema energisch Position bezogen und in seinem Artikel: *Grenzsperre*, in: ders., *Jüdische Schriften* (wie Anm. 30), Bd. 2, S. 378 ff., für eine vorbehaltlose Genehmigung der „ostjüdischen“ Immigration plädiert.

70 Eine Edition des im Cassirer Nachlass der Universität Yale liegenden Textes bietet: Ulrich Sieg, *Deutsche Kulturgeschichte und jüdischer Geist. Ernst Cassirers Auseinandersetzung mit der völkischen Philosophie Bruno Bauchs. Ein unbekanntes Manuskript*, in: Bulletin des Leo Baeck Instituts 34, 1991, S. 59–91; ebd., S. 76 f. die beiden folgenden Zitate.

71 Ebd., S. 85.

72 Ebd., S. 87; vgl. auch Max Weber, *Wissenschaft als Beruf 1917/19. Politik als Beruf 1919,* Hrsg. v. Wolfgang J. Mommsen in Zusammenarb. mit Birgitt Morgenbrod, Tübingen 1992, S. 71–111, hier S. 110.

73 Bruno Bauch, *Mein Rücktritt von den „Kant-Studien". Eine Antwort auf viele Fragen*, in: Der Panther 5, 1917, S. 148–154.

74 [Anonym], *Zum Streit in der Kant-Gesellschaft*, in: Der Hammer Nr. 354 vom 15. März 1917, S. 148 ff.

75 Hierzu Näheres: Sieg, *Kulturgeschichte* (wie Anm. 70), S. 63 f.

76 Gershom Scholem, *Zur Sozialpsychologie der Juden in Deutschland 1900–1930*, in: Rudolf von Thadden (Hrsg.), *Die Krise des Liberalismus zwischen den Weltkriegen*, Göttingen 1978, S. 256–277, hier S. 268.

77 Dies gilt etwa – bei allen Meriten – für Gilman, *Jüdischer Selbsthaß* (wie Anm. 26). Vorsichtiger: Michael Brenner, *„Gott schütze uns vor unseren Freunden" – Zur Ambivalenz des Philosemitismus im Kaiserreich*, in: Jahrbuch für Antisemitismusforschung 2, 1993, S. 174–199.

78 Hermann Cohen, *Kants Begründung der Ethik,* Berlin 1877, 311. Zum Folgenden vgl. Julius Ebbinghaus, *Hermann Cohen als Philosoph und Publizist*, in: Archiv für Philosophie 6, 1956, S. 109–122, bes. S. 115 ff.; Köhnke, *Entstehung* (wie Anm. 9), S. 294–297; Helmut Holzhey, *Neukantianismus und Sozialismus. Einleitung*, in: ders. (Hrsg.), *Ethischer Sozialismus. Zur politischen Philosophie des Neukantianismus*, Frankfurt/M 1994, S. 7–38, bes. S. 25–29.

79 Cohen, *Kants Begründung der Ethik* (wie Anm. 78), S. 253.

80 Karl Vorländer, *Der Formalismus der Kantischen Ethik in seiner Notwendigkeit und Freiheit.* Diss. phil., Marburg 1893, S. 74.

81 Hermann Cohen, *Einleitung mit kritischem Nachtrag zur „Geschichte des Materialismus"* von F. A. Lange, 3. erw. Aufl. Leipzig 1914 [zuerst ebd., 1896], ND Hildesheim/Zürich/New York 1984, 113. Vgl. ferner ders., *System der Philosophie*, T. 2: *Ethik des reinen Willens*, 2. rev. Aufl. Berlin 1907, ND Hildesheim/New York 1981, S. 319–323. Das Schlüsselzitat für Cohens Ethikkonzept findet sich in Kants „Grundlegung zur Metaphysik der Sitten" (A 66 f., B 66 f.): „Handle so, daß du die Menschheit, sowohl in deiner Person, als in der Person eines jeden andern, jederzeit zugleich als Zweck, niemals bloß als Mittel brauchest."

82 Cohen, *Einleitung* (wie Anm. 81), S. 112. Ähnlich äußerte sich der Philosoph am 22. Februar 1891 gegenüber Mathilde Burg: „Nur streng sich ausdenkender Socialismus kann mit mir sym-

pathisiren"; ders., *Briefe*, ausgewählt u. hrsg. v. Bertha Strauß u. Bruno Strauß, Berlin 1939, S. 66.

83 Bericht über die Verhandlungen des fünften Evangelisch-sozialen Kongresses, abgehalten zu Frankfurt am Main, Berlin 1894, S. 80 f. Ausführlicher zu Cohens politischen Aktivitäten: Sieg, *Aufstieg* (wie Anm. 28), S. 225–233 u. passim; thesenartig: Jörg Hackeschmidt / Ulrich Sieg, *Hermann Cohen, ein vergessener Kronzeuge liberaler Demokratie*, in: Jahrbuch zur Liberalismus-Forschung 6, 1994, S. 159–166. Detailliert zum organisatorischen Netzwerk der Marburger Linksliberalen: Anne C. Nagel, *Martin Rade – Theologe und Politiker des Sozialen Liberalismus. Eine politische Biographie*, Gütersloh 1996.

84 Vgl. Wilhelm Herrmann, *Ethik*, Tübingen/Leipzig 1901, S. 65–71, hier S. 70. Zu Herrmanns Theologie: Wolfgang Greive, *Der Grund des Glaubens. Die Christologie Wilhelm Herrmanns*, Göttingen 1976.

85 Universitätsbibliothek Jena, Nachlass Heinrich Weinel. Für den Hinweis auf das Dokument danke ich Friedrich Wilhelm Graf.

86 Franz Staudinger, *Die Gesetze der Freiheit. Untersuchungen über die wissenschaftlichen Grundlagen der Sittlichkeit der Erkenntnis und der Gesellschaftsordnung*, Bd. 1, Darmstadt 1887, 143. Zu Staudingers politischer Philosophie: Timothy R. Keck, *Kant and Socialism. The Marburg School in Wilhelmian Germany*. Diss. phil., Madison, Wis. 1975, S. 231–235; Sieg, *Aufstieg* (wie Anm. 28), S. 231 ff.

87 Monographisch zu dieser Debatte: Claudius Müller, *Die Rechtsphilosophie des Marburger Neukantianismus. Naturrecht und Rechtspositivismus in der Auseinandersetzung zwischen Hermann Cohen, Rudolf Stammler und Paul Natorp*, Tübingen 1994.

88 Und gerade hierin hatte Kants Erkenntnisziel gelegen, wie Christian Schnoor, *Kants kategorischer Imperativ als Kriterium der Richtigkeit des Handelns,* Tübingen 1989, nachweist. Einen Überblick über den Stand der philosophischen Diskussion gibt: Otfried Höffe (Hrsg.), *Grundlegung zur Metaphysik der Sitten. Ein kooperativer Kommentar*, Frankfurt/M 1989.

89 Vgl. die programmatische Erklärung in: Moritz Lazarus, *Die Ethik des Judentums*, Frankfurt/M 1899, S. 81 f. Zum historischen Kontext: Belke, *Einleitung* (wie Anm. 19), S. LXXIII–LXXX. Für Lazarus' Methodik vgl. seinen grundlegenden Aufsatz: *Verdichtung des Denkens in der Geschichte*, in: Zeitschrift für Völkerpsychologie und Sprachwissenschaft 2, 1862, S. 54–62, der u.a. auf Dilthey und Simmel wirkte. Zur philosophiehistori-

schen Bedeutung dieser Abhandlung: Klaus Christian Köhnke, *Soziologie als Kulturwissenschaft. Georg Simmel und die Völkerpsychologie*, in: Archiv für Kulturgeschichte 72, 1990, S. 223–232, hier S. 227 f.

90 Hermann Cohen, *Das Problem der jüdischen Sittenlehre. Eine Kritik von Lazarus' Ethik des Judentums*, in: ders., *Jüdische Schriften* (wie Anm. 30), Bd. 3, S. 1–35, hier S. 1 f.; ebd., S. 8 das nächste Zitat.

91 Selbst der große Erfolg seiner rasch in mehrere Sprachen übersetzten Schrift vermochte Lazarus nicht zu besänftigen. So nannte er Cohen in einem Brief an Sigmund Maybaum vom 19. Dezember 1899 einen „böswilligen Narren"; Belke (Hrsg.), *Moritz Lazarus und Heymann Steinthal* (wie Anm. 8), Bd. 1, S. 231.

92 Die monographische Darstellung des historisch wirkmächtigen Neoidealismus, dessen Anhänger sich nicht nur auf das Deutsche Kaiserreich beschränkten, ist ein dringendes Desiderat. Für Eucken nach wie vor unverzichtbar: Hermann Lübbe, *Politische Philosophie in Deutschland*, Stuttgart/Basel 1963, S. 178–188.

93 Hermann Schwarz, *Das sittliche Leben. Eine Ethik auf psychologischer Grundlage. Mit einem Anhang: Nietzsche's Zarathustra Lehre*, Berlin 1901, S. VII. Ebd., S. VIII die nächsten Zitate.

94 Vgl. Ernst Nolte, *Philosophie und Nationalsozialismus*, in: Annemarie Gethmann-Siefert / Otto Pöggeler (Hrsg.), *Heidegger und die praktische Philosophie*, Frankfurt/M 1988, S. 338–356, hier S. 350 f.

95 Dazu: Andrea Germer, *Wissenschaft und Leben. Max Webers Antwort auf eine Frage Friedrich Nietzsches*, Göttingen 1994. Allgemein Thomas Nipperdey, *Deutsche Geschichte 1866–1918*, Bd. 1, München 1990, S. 507–528, 679–691, Zitat S. 515; Herbert Schnädelbach, *Philosophie in Deutschland 1831–1933*, Frankfurt/M 1983, S. 172–196.

96 Hans F. K. Günther, *Ritter, Tod und Teufel. Der heldische Gedanke*, München 1920, 159. Zum wissenschaftshistorischen Kontext: Willi Oberkrome, *Volksgeschichte. Methodische Innovation und völkische Ideologisierung in der deutschen Geschichtswissenschaft 1918–1945*, Göttingen 1993, S. 172–175.

97 Reiches Material zur „idealistischen Wende" der Philosophie bei: Köhnke, *Entstehung* (wie Anm. 9), S. 404–433. Vgl. ferner ders., *Das Konkurrenzverhältnis zwischen philosophischer Ethik und Soziologie um die Jahrhundertwende*, in: Orth / Holzhey (Hrsg.), *Neukantianismus* (wie Anm. 57), S. 235–249, sowie mit

divergierender Akzentuierung Friedrich H. Tenbruck, *Heinrich Rickert in seiner Zeit. Zur europäischen Diskussion über Wissenschaft und Weltanschauung*, in: Jürgen Oelkers / Wolfgang K. Schulz / Heinz-Elmar Tenorth (Hrsg.), *Neukantianismus. Kulturtheorie, Pädagogik und Philosophie*, Weinheim 1989, S. 79–105.

98 Dies betonte bereits Reinhard Rürup, *Die „Judenfrage" der bürgerlichen Gesellschaft und die Entstehung des modernen Antisemitismus*, in: ders., *Emanzipation und Antisemitismus. Studien zur „Judenfrage" der bürgerlichen Gesellschaft*, Göttingen 1975, S. 74–94, 167–174.

99 Dazu nun eingehend: Gangolf Hübinger, *Kulturprotestantismus und Politik. Zum Verhältnis von Liberalismus und Protestantismus im wilhelminischen Deutschland*, Tübingen 1994, S. 264–275.

100 Diesen Tatbestand eskamotiert Stefan Breuer, *Anatomie der konservativen Revolution*, Darmstadt 1993, S. 186 ff.

101 So treffend Volkov, *Erfindung* (wie Anm. 5), S. 624.

102 Franz Rosenzweig, *Briefe und Tagebücher*, hrsg. v. Rachel Rosenzweig u. Edith Rosenzweig unt. Mitw. v. Bernhard Caspar, Bd. 2., Den Haag 1979, S. 980.

Der Preis des Bildungsstrebens. Jüdische Geisteswissenschaftler im Kaiserreich

1 Dies sollte gegen Fritz K. Ringer, *Die Gelehrten. Der Niedergang der deutschen Mandarine, 1890–1933*, München 1987 [zuerst Cambridge, Mass. 1969] festgehalten werden. Ringer konzentriert sich auf die Haltung weniger exponierter Wissenschaftler wie Friedrich Meinecke, Georg Simmel, Ernst Troeltsch oder Max Weber und überzeichnet das universitäre Krisenbewusstsein vor dem Ersten Weltkrieg. Bezeichnenderweise wurden die Konzepte, die uns heute das Kolorit des Fin de Siècle zu bestimmen scheinen, von der entstehenden Psychoanalyse über den Marxismus bis zur Vielzahl lebensphilosophisch inspirierter Nietzschedeutungen, unter deutschen Hochschullehrern kaum debattiert. Dies war vielmehr die Angelegenheit universitätsferner Intellektueller, die als europäisches Phänomen jüngst verstärkt Aufmerksamkeit fanden. Aus der breiten Literatur vgl. nur: Christophe Charle, *Vordenker der Moderne. Die Intellektuellen im 19. Jahrhundert*, Frankfurt/M 1996; sowie: Gangolf Hübinger, *Die europäischen Intellektuellen 1890–1930*, in: Neue Politische Literatur *39*, 1994, S. 34–54.

2 Vgl. Rüdiger vom Bruch, *Universitätsreform als soziale Bewegung. Zur Nicht-Ordinarienfrage im späten deutschen Kaiserreich*, in: Geschichte und Gesellschaft 10, 1984, S. 72–91.

3 George L. Mosse, *Jüdische Intellektuelle in Deutschland. Zwischen Religion und Nationalismus*, Frankfurt/M/New York 1992, S. 76; vgl. ferner: Wilfried Barner, *Von Rahel Varnhagen bis Friedrich Gundolf. Juden als deutsche Goethe-Verehrer*, Göttingen 1992.

4 Monika Richarz, *Berufliche und soziale Struktur*, in: *Deutsch-Jüdische Geschichte in der Neuzeit*, Bd. 3: *Umstrittene Integration 1871–1918,* hrsg. im Auftrag des Leo-Baeck-Instituts v. Michael A. Meyer unter Mitw. v. Michael Brenner, Steven M. Lowenstein u.a., München 1997, 83. Die Mechanismen des jüdischen Heiratsmarktes analysiert: Marion A. Kaplan, *Jüdisches Bürgertum. Frau, Familie und Identität im Kaiserreich*, Hamburg 1997, S. 129–66, bes. S. 139–45. Zur Anwendung des bourdieuschen Ansatzes im Bereich der deutsch-jüdischen Geschichte vgl. Simone Lässig, *Juden und Mäzenatentum in Deutschland: Religiöses Ethos, kompensierendes Minderheitsverhalten oder genuine Bürgerlichkeit?*, in: Zeitschrift für Geschichtswissenschaft 46, 1998, S. 211–236.

5 Das Zahlenmaterial findet sich, übersichtlich aufbereitet, bei: Norbert Kampe, *Jüdische Professoren im Deutschen Kaiserreich. Zu einer vergessenen Enquête von Bernhard Breslauer*, in: Rainer Erb / Michael Schmidt (Hrsg.), *Antisemitismus und jüdische Geschichte. Studien zu Ehren von Herbert A. Strauss*, Berlin 1987, S. 185–211. Da jedoch Kampe kaum auf die in unserem Zusammenhang einschlägigen Ausführungen zu jüdischen Geisteswissenschaftlern rekurriert, wird daneben auch auf die Originalerhebung zurückgegriffen: Bernhard Breslauer, *Die Zurücksetzung der Juden an den Universitäten Deutschlands. Denkschrift im Auftrage des Verbandes der Deutschen Juden*, Berlin 1911.

6 Damit soll natürlich nicht die herausragende intellektuelle Bedeutung von Freud und Einstein in Abrede gestellt oder der biographische Zugriff in Bausch und Bogen verdammt werden. Informativ und balanciert etwa: Peter Gay, *Freud. Eine Biographie für unsere Zeit*, Frankfurt/M 1989.

7 Shulamit Volkov, *Soziale Ursachen des Erfolgs in der Wissenschaft. Juden im Kaiserreich*, in: Historische Zeitschrift 245, 1987, S. 315–342.

8 Dies., *Juden als wissenschaftliche „Mandarine“ im Kaiserreich und in der Weimarer Republik. Neue Überlegungen zu sozialen Ursachen des Erfolgs jüdischer Naturwissenschaftler*, in: Archiv für Sozialgeschichte 37, 1997, S. 1–18. Methodisch und terminologisch

nach wie vor instruktiv: Ludwik Fleck, *Entstehung und Entwicklung einer wissenschaftlichen Tatsache. Einführung in die Lehre vom Denkstil und Denkkollektiv.* Mit einer Einl., hrsg. v. Lothar Schäfer u. Thomas Schnelle, Frankfurt/M 1994 [zuerst Basel/Stuttgart 1935]. Ein wichtiges Fallbeispiel bietet: Jonathan Harwood, *Styles and Scientific Thought. The German Genetics Community, 1900–1933*, Chicago 1993.

9 Gustav Witkowsky, *Deutschtum und Judentum. Eine Besprechung*, in: Die jüdische Presse 46, 1915, S. 452. Vgl. auch Shulamit Volkov, *Die Juden in Deutschland 1780–1918*, München 1994, S. 123; und Steven M. Lowenstein, *Der jüdische Anteil an der deutschen Kultur, in: Deutsch-Jüdische Geschichte in der Neuzeit*, Bd. 3, S. 324 ff.

10 Kaplan, *Jüdisches Bürgertum* (wie Anm. 4). Einen neuen Forschungsansatz verfolgt: Miriam Gebhardt, *Das Familiengedächtnis. Erinnerung im deutsch-jüdischen Bürgertum 1890 bis 1932*, Stuttgart 1999.

11 Vgl. als Fallstudie Ulrich Sieg, *Aufstieg und Niedergang des Marburger Neukantianismus. Die Geschichte einer philosophischen Schulgemeinschaft*, Würzburg 1994. Allgemein: Isaiah Berlin, *Philosophie und staatliche Unterdrückung*, in: ders., *Wirklichkeitssinn. Ideengeschichtliche Untersuchungen*, Berlin 1998, S. 141.

12 An einem umfassenden Projekt zur „Erinnerungspolitik" der deutschen Mediävistik zwischen 1945 und 1980 arbeitet Anne C. Nagel im Rahmen des Gießener Sonderforschungsbereichs „Erinnerungskulturen".

13 Friedrich Lenger, *Werner Sombart 1863–1941. Eine Biographie*, München 1994.

14 Exemplarisch sei verwiesen auf den einflussreichen Essay von Bernhard vom Brocke, *Hochschul- und Wissenschaftspolitik in Preußen im Deutschen Kaiserreich 1882–1907: das System Althoff*, in: Peter Baumgart (Hrsg.), *Bildungspolitik in Preußen zur Zeit des Kaiserreichs*, Stuttgart 1980, S. 9–118.

15 Vgl. Sieg, *Aufstieg* (wie Anm. 11), S. 114–119, und Julius Ebbinghaus, *Zur Berufung Cohens auf den Marburger Lehrstuhl*, in: Archiv für Geschichte der Philosophie 9, 1959, S. 60 ff. Allgemein: Klaus Christian Köhnke, *Entstehung und Aufstieg des Neukantianismus. Die deutsche Universitätsphilosophie zwischen Idealismus und Positivismus*, Frankfurt/M 1986, S. 302–319.

16 Vgl. das Zahlenmaterial bei: Breslauer, *Zurücksetzung* (wie Anm. 5), bes. S. 9 f.; nach wie vor grundlegend zum historischen Kontext: Heinrich August Winkler, *Vom linken zum rechten*

Nationalismus: Der deutsche Liberalismus in der Krise von 1878/79, in: ders., *Liberalismus und Antiliberalismus. Studien zur politischen Sozialgeschichte des 19. und 20. Jahrhunderts*, Göttingen 1979, S. 36–51 u. 294–300.

17 Zum Wahlverhalten der deutschen Juden: Jacob Toury, *Die politischen Orientierungen der Juden in Deutschland. Von Jena bis Weimar*, Tübingen 1966, S. 122–153; allgemein zu ihrem politischen Weltbild: Erik Lindner, *Patriotismus deutscher Juden von der napoleonischen Ära bis zum Kaiserreich. Zwischen korporativem Loyalismus und individueller deutsch-jüdischer Identität*, Frankfurt/M u.a. 1997.

18 Harry Bresslau, *Autobiographie Harry Bresslau* [Hamburg 1919], in: *Erinnerung an Harry Bresslau (1848–1926) zum 150. Geburtstag, Institut für Historische Hilfswissenschaften*, Marburg 1998, 51. Hierbei handelt es sich um die inoffizielle Autobiographie des berühmten Mediävisten, die Frau Erika Eisenlohr bei seiner Enkelin, Carolina Bresslau Aust, in Sao Paulo entdeckte. Ihr Quellenwert liegt nicht zuletzt in den persönlichen Zwischentönen, welche die „jüdische Dimension" von Bresslaus Leben unterstreichen. Weniger aussagekräftig sind hingegen seine gedruckten Erinnerungen, die den Gepflogenheiten des Genres und den Erwartungen der gelehrten Öffentlichkeit entsprachen: Harry Bresslau, *Selbstdarstellung*, in: Sigfrid Steinberg (Hrsg.), *Die Geschichtswissenschaft der Gegenwart in Selbstdarstellungen*, Bd. 2, Leipzig 1926, S. 29–83.

19 Vgl. Volkov, *„Mandarine"* (wie Anm. 8), *S.* 13 f.

20 Ingrid Belke, *Einleitung*, in: *Moritz Lazarus und Heymann Steinthal. Die Begründer der Völkerpsychologie in ihren Briefen*, Bd. 1, hrsg. v. ders., Tübingen 1971, S. XVI–XVIII.

21 Ebd., S. LXXXII–LXXXV.

22 Das Folgende nach: Peter Rück, *Harry Bresslau – Herkunft und Jugend bis 1866*, in: *Erinnerung an Harry Bresslau* (wie Anm. 18), S. 19–24.

23 Bislang am ausführlichsten zu Cohens familiärem Hintergrund: Franz Orlik, *Hermann Cohen (1842–1918). Kantinterpret. Begründer der „Marburger Schule". Jüdischer Religionsphilosoph. Eine Ausstellung in der Universitätsbibliothek Marburg vom 1. Juli bis 14. August 1992*, Marburg 1992, S. 11–18. Trotz aller Fortschritte der Cohen-Forschung steht eine umfassende Biographie noch aus.

24 Rück, *Harry Bresslau* (wie Anm. 22), S. 19 f. An übergreifenden Studien vgl. Claudia Prestel, *Jüdisches Schul- und Erziehungswe-*

sen in Bayern 1804–1933, Göttingen 1989, und Inge Schlotzauer, *Das Philanthropin 1804–1942. Die Schule der Israelitischen Gemeinde in Frankfurt*, Frankfurt/M 1990.

25 Über die Zustände an der Coswiger Schule vgl. Orlik, *Hermann Cohen* (wie Anm. 23), S. 14 f.

26 Zahlenangaben nach: Thomas Nipperdey, *Deutsche Geschichte 1866–1918*, Bd. 1: *Arbeitswelt und Bürgergeist*, München 1990, S. 400, und Richarz, *Berufliche und soziale Struktur* (wie Anm. 4), S. 57.

27 Bresslau, *Autobiographie* (wie Anm. 18), S. 50.

28 Belke, *Einleitung* (wie Anm. 18), S. LXXXV.

29 Wallachs „Lebenserinnerungen", die für die Wissenschaftsgeschichte des Kaiserreichs und insbesondere die Entstehung der organischen Chemie von beträchtlichem Wert sind, befinden sich im Besitz der „Marburger Forschungsstelle für Universitäts- und Wissenschaftsgeschichte". Ihrem Leiter, Prof. Peter Krüger, danke ich für die Erlaubnis, aus dem noch ungedruckten Typoskript zu zitieren.

30 Ebd., S. 3 f. Zum gezielten Einsatz der Prügelstrafe bis zur Untersekunda vgl. Victor Klemperer, *Curriculum vitae. Erinnerungen 1881–1918*, Bd. 1, Berlin 1996, S. 82 u. 131.

31 Vgl. Karl Schuhmann, *Husserl-Chronik. Denk- und Lebensweg Edmund Husserls*, Den Haag 1977, S. 1 ff.

32 Das bildungspolitische Klima in Breslau skizziert: Till van Rahden, *Weder Milieu noch Konfession. Die situative Ethnizität der deutschen Juden im Kaiserreich in vergleichender Perspektive*, in: Olaf Blaschke / Frank-Michael Kuhlemann (Hrsg.), *Religion im Kaiserreich. Milieus – Mentalitäten – Krisen*, Gütersloh 1996, S. 428 ff.

33 Bresslau, *Autobiographie* (wie Anm. 18), S. 48.

34 Ebd., S. 53 ff.

35 Vgl. Richarz, *Berufliche und soziale Struktur* (wie Anm. 4), S. 59 f.

36 Klemperer, *Curriculum vitae* (wie Anm. 30), Bd. 1, S. 187.

37 Mehrere dieser Manuskripte wurden am Marburger „Institut für Historische Hilfswissenschaften" transkribiert und stehen vor der Drucklegung.

38 *Hebräische Bibliographie 9*, 1869, S. 54–57. In Bresslaus kanonisch gewordener „Selbstdarstellung" wird auf die jüdischen Publikationen bezeichnenderweise nicht näher eingegangen.

39 Orlik, *Hermann Cohen* (wie Anm. 23), S. 25 f. Eine umfassende Studie über die Bedeutung der Preisaufgaben für die deutsche Wissenschaftsgeschichte ist ein Desiderat.

40 Ernst Cassirer, *Leibniz' System in seinen wissenschaftlichen Grundlagen*, Marburg 1902. Zur Bewertung der Berliner Entscheidung vgl. Massimo Ferrari, *Il giovane Cassirer et la scuola di Marburgo*, Mailand 1988, S. 151 f., sowie Sieg, *Marburger Neukantianismus* (wie Anm. 11), S. 332 f.

41 Belke, *Einleitung* (wie Anm. 20), S. XCV.

42 Vgl. Boris Pasternak, *Sommer 1912. Briefe aus Marburg*, Vorwort, Zusammenstellung, Kommentar und Übertragung aus dem Russischen von Sergei Dorzweiler, Marburg 1990, sowie Sieg, *Aufstieg* (wie Anm. 11), S. 357–372.

43 Vgl. Gay, *Freud* (wie Anm. 6), S. 226–277. Aus der reichen Literatur zu Freuds Judentum seien lediglich genannt: ders., *Die Frage einer jüdischen Wissenschaft – „Ein Ehrenname"*, in: ders., *„Ein gottloser Jude". Sigmund Freuds Atheismus und die Entwicklung der Psychoanalyse*, Frankfurt/M 1988, sowie Yosef H. Yerushalmi, *Freuds Moses. Endliches und unendliches Judentum*, Berlin 1991.

44 Dazu eingehend: Hans Bach, *Jacob Bernays. Ein Beitrag zur Emanzipationsgeschichte der Juden und zur Geschichte des deutschen Geistes im neunzehnten Jahrhundert*, Tübingen 1974, S. 135–140 u. passim.

45 Tatsächlich war Friedrich Leo protestantischer Konfession, schon sein Vater hatte sich 1843 taufen lassen. Zu den Vorgängen um Leos Berufung: Cornelia Wegeler, *„... wir sagen ab der internationalen Gelehrtenrepublik". Altertumswissenschaft und Nationalsozialismus. Das Göttinger Institut für Altertumskunde 1921–1962*, Wien/Köln/Weimar 1996, S. 40–44. Das Ausmaß von Wilamowitz' fachinternem Einfluss verdeutlicht Bernhard vom Brocke, *„Von des Attischen Reiches Herrlichkeit" oder die „Modernisierung" der Antike im Zeitalter des Nationalstaats. Mit einem Exkurs über die Zerschlagung der Wilamowitz-Schule durch den Nationalsozialismus*, in: Historische Zeitschrift 243, 1986, S. 101–136; speziell zu seinen jüdischen Schülern: ebd., S. 115 u. 124 f.

46 Vgl. die Ausführungen bei: Bach, *Jacob Bernays* (wie Anm. 44), S. 220 ff., die zugleich eine gewisse Vorliebe des Gräzisten für antisemitische Topoi belegen.

47 Vgl. Horst Fuhrmann, *„Sind eben alles Menschen gewesen". Gelehrtenleben im 19. und 20. Jahrhundert. Dargestellt am Beispiel der Monumenta Germaniae Historica und ihrer Mitarbeiter.* Unter Mitarbeit von Markus Wesche, München 1996, S. 91 u. 103.

48 Dazu erstmals: Dimitry Gawronsky, *Ernst Cassirer. His Life and his Work. A Biography*, in: Paul A. Schilpp (Hrsg.), *The Philosophy of Ernst Cassirer*, New York 1958, S. 1–39.

49 So der treffende Ausdruck von: Helmut Berding, *Moderner Antisemitismus in Deutschland*, Frankfurt/M 1988, S. 152. Zum „Fall Cassirer" auf Grundlage der fakultätsinternen Dokumente: Sieg, *Aufstieg* (wie Anm. 11), S. 334 f.

50 Klemperer, *Curriculum vitae* (wie Anm. 30), Bd. 2, S. 13. Zur jüdischen Benachteiligung an einzelnen Universitäten: Bresslau, *Zurücksetzung* (wie Anm. 5), S. 6 ff.

51 Max Weber, *Wissenschaft als Beruf 1917/19. Politik als Beruf 1919*, hrsg. v. Wolfgang J. Mommsen in Zusammenarb. mit Birgitt Morgenbrod, Tübingen 1992, S. 72.

52 Vgl. die klassische Monographie von: Alexander Busch, *Die Geschichte des Privatdozenten. Eine soziologische Studie zur großbetrieblichen Entwicklung der deutschen Universität*, Stuttgart 1959.

53 Toni Cassirer, *Mein Leben mit Ernst Cassirer*, Hildesheim 1981. Das Phänomen der jüdischen Verwandtenehe analysiert: Kaplan, *Jüdisches Bürgertum* (wie Anm. 4), S. 163–166.

54 Zur Bedeutung der Privatdozenten für die Entwicklung der Naturwissenschaften: Volkov, *„Mandarine"* (wie Anm. 8), S. 3 f.

55 Allgemein zur Veränderung der akademischen Philosophie, unter derem institutionellen Dach es zur Ausdifferenzierung pädagogischer, psychologischer und soziologischer Forschungsansätze kam: Ulrich Sieg, *Im Zeichen der Beharrung. Althoffs Wissenschaftspolitik und die deutsche Universitätsphilosophie*, in: Bernhard vom Brocke (Hrsg.), *Wissenschaftsgeschichte und Wissenschaftspolitik im Industriezeitalter. Das „System Althoff" in historischer Perspektive*, Hildesheim 1991, S. 287–306.

56 Als Lektüre nach wie vor fesselnd: Theodor Lessing, *Geschichte als Sinngebung des Sinnlosen. Mit einem Nachw. von Rita Bischof*, München 1983 [zuerst ebd. 1919]. Zum Zeithintergrund vgl. Rainer Marwedel, *Theodor Lessing 1872–1933. Eine Biographie*, Darmstadt/Neuwied 1987; speziell zu Lessings Weltkriegsdeutung: Ulrich Sieg, *Jüdische Intellektuelle im Ersten Weltkrieg. Kriegserfahrungen, weltanschauliche Debatten und kulturelle Neuentwürfe*, Berlin 2001, Kap. VI/2.

57 Vgl. Fuhrmann, *Sind eben alles Menschen gewesen* (wie Anm. 47), S. 108–115.

58 Eintrag vom 16. Mai 1905, zit. nach: Schuhmann, *Husserl-Chronik* (wie Anm. 31), S. 90.

59 Marginalie Althoffs auf Husserls Schreiben vom 15. Juli 1906; zit. nach: Sieg, *Im Zeichen der Beharrung* (wie Am. 55), S. 291.

60 Fuhrmann, Sind eben alles Menschen gewesen (wie Anm. 47), S. 106.

61 Klemperer, *Curriculum vitae* (wie Anm. 47), Bd. 2, S. 15.

62 Ebd., S. 16.

63 Konzis zu Michael Bernays' beruflichem Werdegang: Barner, *Von Rahel Varnhagen bis Friedrich Gundolf* (wie Anm. 3), S. 28 f. Zur familiären Reaktion auf seine Taufe vgl. Bach, *Jacob Bernays* (wie Anm. 30), S. 146 f.

64 Ulrich von Wilamowitz-Moellendorf, *Die Autobiographie im Altertum*, in: *Internationale Wochenschrift für Wissenschaft, Kunst und Technik I*, 1907, Sp. 1105–1114. Zur Vita Mischs vgl. Sieg, Aufstieg (wie Anm. 11), S. 313 ff.

65 Die statistisch nachweisbaren Folgen des Konversionsdrucks im Universitätsbereich analysiert: Kampe, *Jüdische Professoren* (wie Anm. 5), S. 192 ff. Allgemein zu den restriktiven Zulassungspraktiken im Staatsdienst: Peter Pulzer, *Rechtliche Gleichstellung und öffentliches Leben*, in: *Deutsch-Jüdische Geschichte in der Neuzeit*, Bd. 3 (wie Anm. 4), S. 156 f.

66 Zur Akribie, mit der man im preußischen Kultusministerium Personaldaten von Philosophen sammelte und auswertete: Sieg, *Im Zeichen der Beharrung* (wie Anm. 55), S. 293–301.

67 Hermann Cohen, *Der Religionswechsel in der neuen Ära des Antisemitismus*, in: ders., *Jüdische Schriften*, Bd. 2, hrsg. v. Bruno Strauß [...], Berlin 1924, S. 342–345 [zuerst: Allgemeine Zeitung des Judentums, 2. Oktober 1890, 54. Jg., S. 489 f.].

68 So Cohen in einem Brief an Paul Natorp vom 10. Juni 1917; zit. nach: Helmut Holzhey, *Cohen und Natorp*, Bd. 2: *Der Marburger Neukantianismus in Quellen. Zeugnisse kritischer Lektüre. Briefe der Marburger. Dokumente zur Philosophiepolitik der Schule*, Basel/Stuttgart 1986, S. 480.

69 Volkov, *Soziale Ursachen des Erfolgs* (wie Anm. 7), S. 323.

70 Zur mühseligen Institutionalisierung der Judaistik vgl. Julius Carlebach (Hrsg.), *Wissenschaft des Judentums. Anfänge der Judaistik in Europa*, Darmstadt 1992, und Michael Brenner, *Jüdische Geschichte an deutschen Universitäten – Bilanz und Perspektive*, in: Historische Zeitschrift 266, 1998, S. 1–21.

71 Zu Lazarus' Schweizer Jahren vgl. Belke, *Einleitung* (wie Anm. 20), S. XXVI–XXX.

72 Ebd., S. XXXIX.

73 Vgl. Bach, *Jacob Bernays* (wie Anm. 44), S. 182.

74 Dementsprechend marginal ist seine Erwähnung bei: Fuhrmann, *Sind eben alles Menschen gewesen (*wie Anm. 47), S. 88.

75 Zu Meyers Stellung in der Goethe-Forschung vgl. Barner, *Von Rahel Varnhagen bis Friedrich Gundolf* (wie Anm. 3), S. 32 f.; ein eindrucksvolles Charakterprofil zeichnet: Klemperer, *Curriculum vitae (*wie Anm. 30), Bd. 1, S. 355 f.

76 Das Schicksal Simmels ist so gut bekannt, dass es hier nicht näher geschildert zu werden braucht. Die einschlägigen Dokumente veröffentlichte bereits: Michael Landmann, *Bausteine zur Biographie*, in: *Buch des Dankes an Georg Simmel. Briefe, Erinnerungen, Bibliographie. Zu seinem 100. Geburtstag am 1. März 1958,* hrsg. v. Kurt Gassen / Michael Landmann, Berlin 1958, S. 11–34.

77 Harry Bresslau, *Handbuch der Urkundenlehre für Deutschland und Italien*, Bd. 1, Leipzig 1889; zum Ausnahmecharakter Straßburgs in der deutschen Hochschullandschaft: John E. Craig, *Scholarship and Nation Building. The Universities of Strasbourg and Alsatian Society, 1870–1939*, Chicago/London 1984.

78 Bresslau, *Selbstdarstellung* (wie Anm. 18), S. 47.

79 Zur Signatur preußischer Wissenschaftsförderung um die Jahrhundertwende: Manfred Rasch, *Kommunalisierung, Regionalisierung und Konzentrierung: Aspekte preußischer Wissenschaftspolitik unter Friedrich Althoff und seinen Nachfolgern*, in: vom Brocke, *Wissenschaftsgeschichte und Wissenschaftspolitik (*wie Anm. 55), S. 109–122.

80 Sieg, *Im Zeichen der Beharrung (*wie Anm. 55), S. 292 f.

81 Die zunehmende Antiquiertheit der jüdischen Bildungsidee in der zweiten Hälfte des 19. Jahrhunderts analysiert: Shulamit Volkov, *Die Erfindung einer Tradition. Zur Entstehung des modernen Judentums in Deutschland*, in: Historische Zeitschrift 253, 1991, S. 603–628.

82 Zu Cohens politischem Engagement vgl. Jörg Hackeschmidt / Ulrich Sieg, *Hermann Cohen, ein vergessener Kronzeuge liberaler Demokratie*, in: Jahrbuch zur Liberalismus-Forschung 6, 1994, S. 159–166.

83 Harry Bresslau, *Zur Judenfrage*, in: Walter Boehlich (Hrsg.), *Der Berliner Antisemitismusstreit*, Frankfurt/M 1988 [zuerst separat mit dem Untertitel „Sendschreiben an Herrn Prof. Dr. Heinrich von Treitschke", Berlin 1880], S. 76. Der Schlüsseltext der Kontroverse, Treitschkes Leitartikel „*Unsere Aussichten*", findet sich vollständig: Preußische Jahrbücher 44, 1879, S. 559–576. Den besten Überblick über die jüdischen Beiträge bietet immer

noch: Michael A. Meyer, *Great Debate on Antisemitism. Jewish Reaction to New Hostility in Germany 1879–1881*, in: Leo Baeck Institute Year Book 11, 1966, S. 137–170. Eine Darstellung, welche die überregionale Dimension der Auseinandersetzung herausarbeitet und auf die innenpolitische „Wende" Bismarcks bezieht, ist dringlich.

84 Bresslau, *Judenfrage* (wie Anm. 83), S. 78.

85 Zit. nach: Rück, *Harry Bresslau* (wie Anm. 22), S. 6.

86 Vgl. *Moritz Lazarus und Heymann Steinthal* (wie Anm. 20), Bd. II/1, S. 220, Anm. 2.

87 Dazu ausführlich: Ulrich Sieg, *„Der Wissenschaft und dem Leben tut dasselbe not: Ehrfurcht vor der Wahrheit". Hermann Cohens Gutachten im Marburger Antisemitismusprozess 1888*, in: Reinhard Brandt / Franz Orlik (Hrsg.), *Philosophisches Denken – Politisches Wirken. Hermann-Cohen-Kolloquium Marburg 1992*, Hildesheim/Zürich/New York 1993, S. 222–249.

88 Abraham A. Fraenkel, *Lebenskreise. Aus den Erinnerungen eines jüdischen Mathematikers*, Stuttgart 1967, S. 104 f.

89 Bresslau, *Selbstdarstellung* (wie Anm. 18), *S.* 77.

90 So Max Webers berühmte Formulierung, die zum Schibboleth des Linksliberalismus wurde; *Bericht über die Verhandlungen des fünften Evangelisch-sozialen Kongresses, abgehalten zu Frankfurt a. M.*, Berlin 1894, S. 80 f. Ausführlich zur philosophisch-politischen Diskussionslage im Fin de Siècle: Helmut Holzhey (Hrsg.), *Ethischer Sozialismus. Zur politischen Philosophie des Neukantianismus*, Frankfurt/M 1994.

91 Ulrich Sieg (Hrsg.), *Das Testament von Hermann und Martha Cohen. Stiftungen und Stipendien für jüdische Einrichtungen*, in: Zeitschrift für Neuere Theologiegeschichte *4*, 1997, S. 251–264.

92 Michael A. Meyer, *Die deutschen Juden. Perspektiven ihrer Geschichte*, in: ders., *Jüdische Identität in der Moderne*, Frankfurt/M 1992, S. 121.

93 Dazu an einem herausgehobenen Beispiel: Helmut F. Spinner, *Das „System Althoff" und Max Webers Kritik, die Humboldtsche Universität und die Klassische Wissensordnung: Die Ideen von 1809, 1882, 1914, 1919, 1933 im Vergleich*, in: vom Brocke, *Wissenschaftsgeschichte und Wissenschaftspolitik* (wie Anm. 55), S. 503–563. Allgemein: Rüdiger vom Bruch, *A Slow Farewell to Humboldt? Stages in the History of German Universities. 1810–1945*, in: Mitchell G. Ash (Hrsg.), *German Universities. Past and Future – Crisis or Renewal*, Providence 1997, S. 3–32.

94 Zum erkenntnistheoretisch zweifelhaften Status der „Repräsentativität“ in der Wissenschaftsgeschichte: Volkov, *„Mandarine“* (wie Anm. 8), S. 5.

95 Vgl. Gebhardt, *Familiengedächtnis* (wie Anm. 10); zur normativen Funktion bürgerlicher Lebenskonzepte siehe: Manfred Hettling / Stefan-Ludwig Hoffmann, *Der bürgerliche Wertehimmel. Zum Problem bürgerlicher Lebensführung im 19. Jahrhundert*, in: Geschichte und Gesellschaft 3, 1997, S. 333–359.

Der Talmud vor Gericht. Die ideengeschichtliche Bedeutung des Marburger Antisemitismusprozesses

1 Thomas Nipperdey, *Deutsche Geschichte 1866–1918,* Bd. 1: *Arbeitswelt und Bürgergeist*, München 1990, S. 681.

2 Komprimiert zu Cohens politischer Orientierung: Jörg Hackeschmidt / Ulrich Sieg, *Hermann Cohen, ein vergessener Kronzeuge liberaler Demokratie*, in: Jahrbuch zur Liberalismus-Forschung 6, 1994, S. 159–166. Das geistesgeschichtliche Umfeld wird beleuchtet bei: Helmut Holzhey (Hrsg.), *Ethischer Sozialismus. Zur politischen Philosophie des Neukantianismus*, Frankfurt/M 1994.

3 Als Fallstudie instruktiv: Bernhard Grau, *Kurt Eisner 1867–1919. Eine Biographie*, München 2001.

4 Grundlegend zu Böckel: David Peal, *Anti-Semitism and Rural Transformation in Kurhessen: The Rise and Fall of the Böckel Movement*, Ph. D. Diss. Columbia University 1985. – Trotz einiger Sachkenntnis leider beträchtlich vorurteilsbelastet: Rüdiger Mack, *Otto Böckel und die antisemitische Bauernbewegung in Hessen 1887–1894*, in: *Neunhundert Jahre Geschichte der Juden in Hessen. Beiträge zum politischen, wirtschaftlichen und kulturellen Leben*, bearb. von Christian Heinemann, Wiesbaden 1983, S. 377–410.

5 Fenners Rede ist wiedergegeben bei: Ulrich Sieg, *„Der Wissenschaft und dem Leben tut dasselbe not: Ehrfurcht vor der Wahrheit.“ Hermann Cohens Gutachten im Marburger Antisemitismusprozeß 1888*, in: Reinhard Brandt / Franz Orlik (Hrsg.), *Philosophisches Denken – Politisches Wirken. Hermann-Cohen-Kolloquium 1992*, Hildesheim/Zürich/New York 1993, S. 222–249, hier S. 247 ff.

6 Zeitgenössisch sprach man zumeist vom „Prozeß Fenner“, doch dürfte diese Etikettierung der ideengeschichtlichen Bedeutung des Ereignisses schwerlich angemessen sein.

7 Die historischen Zusammenhänge skizzieren: Helmut Berding, *Moderner Antisemitismus in Deutschland*, Frankfurt/M 1988, S. 86–161, und Peter Pulzer, *The Rise of Political Anti-Semitism in Germany and Austria*, rev. ed. London 1988.

8 Dazu detailliert: Arne Sudhoff, *Agitation und Mobilisierung ländlicher Bevölkerung im ausgehenden 19. Jahrhundert. Die kurhessische Zeitung „Reichsherold" im Schnittpunkt von Antisemitismus und Agrargesellschaft*, in: Aschkenas 11, 2001, S. 87–120.

9 Der stark verklärende Ausdruck ist bis heute in der wissenschaftlichen Literatur gebräuchlich. Exemplarisch sei genannt: Regina Leuschen-Seppel, *Sozialdemokratie und Antisemitismus im Kaiserreich. Die Auseinandersetzungen der Partei mit den konservativen und völkischen Strömungen des Antisemitismus 1871–1914*, Bonn 1978, S. 140.

10 Otto Böckel, *Die Juden, die Könige unserer Zeit. Rede des Herrn Dr. Otto Böckel aus Marburg gehalten in der öffentlichen Versammlung des Deutschen Antisemiten-Bundes auf der Bockbrauerei zu Berlin am 4. Oktober 1886*, 108. Aufl. Marburg 1887. Mehr als hunderttausend Exemplare dieser Schrift sollen allein 1887 gedruckt worden sein; vgl. Peal, *Anti-Semitism* (wie Anm. 4), S. 161.

11 Vgl. etwa Böckel, *Juden* (wie Anm. 10), S. 4, die apodiktische Aussage: „Die Juden sind eine zähe, alte, der unsrigen fernstehende Race, die sich weder durch die Taufe noch durch Mischehen aus der Welt schaffen läßt."

12 Mack, *Böckel* (wie Anm. 4), S. 387.

13 Zit. nach: Sudhoff, *Agitation* (wie Anm. 8), S. 94.

14 Damit folge ich David Peal, *Antisemitism by Other Means? The Rural Cooperative Movement in Late Nineteenth-Century Germany*, in: Leo Baeck Institute Year Book 32, 1987, S. 135–153, hier S. 135. Abwegig hingegen: Mack, *Böckel* (wie Anm. 4), der den „jüdischen Wucher" wie eine feststehende historische Tatsache behandelt.

15 Zur Finanzierung von Böckels Wahlkampf vgl. Sudhoff, *Agitation* (wie Anm. 8), S. 95 f.; den Wahlausgang analysiert: Bernhard vom Brocke, *Marburg im Kaiserreich 1866–1918. Geschichte und Gesellschaft, Parteien und Wahlen einer Universitätsstadt im wirtschaftlichen Wandel der industriellen Revolution*, in: Erhart Dettmering / Rudolf Grenz (Hrsg.), *Marburger Geschichte. Rückblick auf die Stadtgeschichte in Einzelbeiträgen*, 2. Aufl. Marburg 1982, S. 367–540, hier S. 486.

16 Vgl. als biographischen Schattenriss: S. Andorn, *Zur Erinnerung an Rabbiner Dr. Leo Munk*, in: Im deutschen Reich 24, 1918, S. 122 f., sowie als knappe historische Einordnung: David Peal, *Jewish Response to German Antisemitism: The Case of the Böckel Movement*, in: Jewish Social Studies 48, 1986, S. 269–282, hier S. 272 f.

17 Nützliche erste Übersichten zu Leben und Werk Lagardes bieten: Ina Ulrike Paul, Art. *Paul Anton de Lagarde*, in: Uwe Puschner / Walter Schmitz / Justus H. Ulbricht (Hrsg.), *Handbuch zur „Völkischen Bewegung" 1871–1918*, München u.a. 1996, S. 45–93, sowie Jürgen Schriewer, Art. *Lagarde (seit 1854, eigentl. Bötticher), Paul de*, in: *Neue Deutsche Biographie*, Bd. 13, Berlin 1982, S. 409–412.

18 Dazu anhand wichtiger Originaldokumente: Niklaus Peter / Andreas U. Sommer, *Franz Overbecks Briefwechsel mit Paul de Lagarde*, in: Zeitschrift für Neuere Theologiegeschichte 3, 1996, S. 127–171.

19 Hier zit. nach: Paul de Lagarde, *Deutsche Schriften. Gesammtausgabe letzter Hand mit einem Bildnis des Verfassers*, 5. Aufl. besorgt von Alfred Rahlfs / Edward Schröder, Göttingen 1920.

20 Ausführlich, wenn auch nicht erschöpfend zu Lagardes Weltanschauung: Fritz Stern, *Kulturpessimismus als politische Gefahr. Eine Analyse nationaler Ideologie in Deutschland*, Bern/Stuttgart/Wien 1963.

21 Staats- und Universitätsbibliothek Göttingen, Nachlass Paul de Lagarde.

22 Paul de Lagarde, *Die Stellung der Religionsgesellschaften im Staate*, in: ders., *Deutsche Schriften*, 5. Aufl. Göttingen 1920, S. 270–283 [zuerst 1881], hier S. 278.

23 Zum wissenschaftsgeschichtlichen Kontext vgl. Helmut Holzhey, *Cohen und Natorp*, 2 Bde., Bd. 1: *Ursprung und Einheit. Die Geschichte der „Marburger Schule" als Auseinandersetzung um die Logik des Denkens;* Bd. 2: *Der Marburger Neukantianismus in Quellen. Zeugnisse kritischer Lektüre. Briefe der Marburger. Dokumente zur Philosophiepolitik der Schule*, Basel/Stuttgart 1986, sowie Ulrich Sieg, *Aufstieg und Niedergang des Marburger Neukantianismus. Die Geschichte einer philosophischen Schulgemeinschaft*, Würzburg 1994.

24 Vgl. Hartwig Wiedebach, Art. *Cohen, Hermann*, in: Manfred Asendorf / Rolf von Bockel (Hrsg.), *Demokratische Wege. Deutsche Lebensläufe aus fünf Jahrhunderten*, Stuttgart/Weimar 1996, S. 120 f., hier S. 120.

25 Hermann Cohen, *Philosophorum de antinomia necessitatis et contingentia doctrinae*, in: ders., *Schriften zur Philosophie und Zeitgeschichte*, hrsg. von Albert Görland / Ernst Cassirer, Bd. 1, Berlin 1928, S. 1–29 [zuerst Halle 1865].

26 Ders., *Kants Theorie der Erfahrung*, Berlin 1871. Als Interpretation überzeugend: Geert Edel, *Von der Vernunftkritik zur Erkenntnislogik. Eine systematische Rekonstruktion der theoretischen Philosophie Cohens*, Freiburg/München 1988.

27 Dazu aktengestützt, aber leicht apologetisch: Julius Ebbinghaus, *Hermann Cohen als Philosoph und Publizist*, in: Archiv für Philosophie 9, 1959, S. 60 ff.

28 Vgl. Sieg, *Aufstieg* (wie Anm. 23), S. 148–151, sowie allgemein zum historischen Kontext Michael A. Meyer, *Great Debate on Antisemitism. Jewish Reaction on New Hostility in Germany 1879–1881*, in: Leo Baeck Institute Year Book 11, 1966, S. 137–170.

29 Eine ausführliche Schilderung des Prozessgeschehens bietet: Sieg, *Wissenschaft* (wie Anm. 5), S. 230–242. – Im Folgenden handelt es sich um einen problemhistorischen Abriss, der sich auf das Für und Wider der zentralen Argumente konzentriert und den paradigmatischen Charakter des Ereignisses auszuloten sucht.

30 So Böckel in seiner anonym publizierten Broschüre *Der Prozeß Fenner nach den Akten dargestellt und beleuchtet*, Marburg 1888, S. 23.

31 Lagardes Stellungnahme wurde separat in der minimalen Auflage von fünf Exemplaren gedruckt. Später nahm Lagarde den Text in seine *Mittheilungen* unter dem Titel *Ein Gutachten* auf (Bd. 3, Göttingen 1889, S. 3–23); die Charakterisierung der eigenen Talmud-Lektüre findet sich: Ebd., S. 4 f.

32 Ebd., S. 5.

33 Ebd., S. 6; dort auch das nächste Zitat.

34 Rohlings Streitschrift *Der Talmudjude. Zur Beherzigung für Juden und Christen aller Stände dargestellt* erschien erstmals 1872 in Münster und erreichte nach heftigen Pressedebatten 1877 die sechste Auflage; zur Wirkungsgeschichte vgl. Olaf Blaschke, *Katholizismus und Antisemitismus im Deutschen Kaiserreich*, Göttingen 1997, S. 74 f. u. passim.

35 Lagarde, *Gutachten* (wie Anm. 31), S. 7 f. Zum Luther-Bild des Orientalisten vgl. Robert Hanhart, *Paul Anton de Lagarde und seine Kritik an der Theologie*, in: Bernd Moeller (Hrsg.), *Theologie in Göttingen. Eine Vortragsreihe*, Göttingen 1987, S. 271–305, hier S. 287 f.

36 Lagarde, *Gutachten* (wie Anm. 31), S. 22.

37 Ebd.; das vorige Zitat: Ebd., 21. Zur Beurteilung dieser Passagen vgl. Böckel, *Prozeß Fenner* (wie Anm. 30), S. 35, und den Artikel *Eine Anklage wegen Beschimpfung der jüdischen Religion*, in: Die Jüdische Presse Nr. 17 vom 26. April 1888, S. 161–166, hier S. 163.

38 Lagarde, *Gutachten* (wie Anm. 31), S. 21.

39 Ebd.

40 Hermann Cohen, *Die Nächstenliebe im Talmud. Ein Gutachten dem Königlichen Landgericht zu Marburg erstattet*, in: ders., *Jüdische Schriften*, hrsg. von B. Strauß, Bd. 1, Berlin 1924, S. 145–174.

41 Ebd., S. 151.

42 Ebd., S. 148; Hervorhebungen hier und im Folgenden im Original durch Sperrung.

43 Vgl. ebd., S. 161.

44 Ebd., S. 174.

45 Die Passage des verlorengegangenen Schreibens vom 16. Mai 1888 ist zitiert nach dem Teilabdruck in: Hermann Cohen, *Jüdische Schriften*, Bd. 1 (wie Anm. 40), S. 338.

46 Zur Rezeptionsgeschichte vgl. Sieg, *Wissenschaft* (wie Anm. 5), S. 242 f.

47 Auf dieser Linie lag auch der Briefwechsel mit Fenner, dessen bedrängte Situation Lagarde zu finanzieller Hilfe veranlasste; Staats- und Universitätsbibliothek Göttingen, Nachlass Paul de Lagarde.

48 Böckel, *Prozeß Fenner* (wie Anm. 30), S. 50.

49 Dazu allgemein: Ulrich Sieg, *Bekenntnis zu nationalen und universalen Werten. Jüdische Philosophen im Deutschen Kaiserreich*, im vorliegenden Band S. 31–54.

50 Hermann Cohen, *Der Sabbat in seiner kulturgeschichtlichen Bedeutung*, in: ders., *Jüdische Schriften*, Bd. 2, Berlin 1924, S. 45–72, hier S. 67. Zum philosophisch-systematischen Kontext derartiger Äußerungen vgl. Holzhey, *Cohen und Natorp* (wie. Anm. 23), Bd. 1, S. 345.

Die Sakralisierung der Nation. Paul de Lagardes „Deutsche Schriften“

1 So der treffende Ausdruck bei Heinrich August Winkler, *Der lange Weg nach Westen*, Bd. 1: *Deutsche Geschichte vom Ende des*

Alten Reiches bis zum Untergang der Weimarer Republik, München 2000, S. 221.

2 Vgl. die instruktive Studie von Gangolf Hübinger, *Kulturprotestantismus und Politik. Zum Verhältnis von Liberalismus und Protestantismus im wilhelminischen Deutschland*, Tübingen 1994. – Grundlegend zur Kulturgeschichte des Kaiserreichs: Thomas Nipperdey, *Deutsche Geschichte 1866–1918*, Bd. 1: *Arbeitswelt und Bürgergeist*, München 1990, der allerdings die Bismarck-Zeit weniger intensiv als die wilhelminische Ära betrachtet.

3 Hedda Gramley, *Propheten des deutschen Nationalismus. Theologen, Historiker und Nationalökonomen (1848–1880)*, Frankfurt/M/New York 2001. Den Weltanschauungseifer protestantischer Philosophen thematisierte bereits: Klaus Christian Köhnke, *Entstehung und Aufstieg des Neukantianismus. Die deutsche Universitätsphilosophie zwischen Idealismus und Positivismus*, Frankfurt/M 1986, S. 302–433.

4 Vgl. Gangolf Hübinger, *Der Verlag Eugen Diederichs in Jena. Wissenschaftskritik, Lebensreform und völkische Bewegung*, in: Geschichte und Gesellschaft 22, 1996, S. 31–45, hier S. 40, sowie als Überblick über Diederichs' vielfältige Initiativen: ders. (Hrsg.), *Versammlungsort moderner Geister. Der Eugen Diederichs Verlag – Aufbruch ins Jahrhundert der Extreme*, München 1996.

5 Dabei scheint Anna de Lagarde primär ihr persönlich peinliche Privatbriefe vernichtet zu haben. Paul de Lagardes antisemitische und völkische Vorstellungen sind hingegen im mittlerweile neu verzeichneten Nachlass der Göttinger Staats- und Universitätsbibliothek reich dokumentiert. Die Zitation in dieser Abhandlung lautet stets StUB Göttingen, Cod. Ms. Lagarde, nennt Adressat und Empfänger sowie nach Möglichkeit die Datierung. Die Schreibweise folgt auch in den zeittypischen Besonderheiten den Originalen; nur offenkundige Versehen werden stillschweigend korrigiert.

6 Fritz Stern, *Kulturpessimismus als politische Gefahr. Eine Analyse nationaler Ideologie in Deutschland*, Bern/Stuttgart/Wien 1963 [zuerst Englisch 1961]. – Die meisten späteren Darstellungen stehen im Bann der Sternschen Deutung. Dies trifft auch zu für die materialreiche Studie von Jean Favrat, *La Pensée de Paul de Lagarde (1827–1891). Contribution à l'étude des rapports de la religion et de la politique dans le nationalisme et le conservatisme au XIXème siècle*, Lille/Paris 1976, sowie die einschlägigen Lexikonartikel von Roman Heiligenthal, *Paul de Lagarde*, in: *Theologische Realenzyklopädie*, Bd. 20, Berlin/New York 1990, S. 375–378, und Ina Ulrike Paul, *Paul Anton de Lagarde*, in: Uwe Puschner /

Walter Schmitz / Justus H. Ulbricht (Hrsg.), *Handbuch zur „Völkischen Bewegung" 1871–1918*, München u.a. 1996, S. 45–93.

7 Zitiert wird nach der Ausgabe, die den weitesten Verbreitungsgrad besitzt: *Paul de Lagarde, Deutsche Schriften. Gesammtausgabe letzter Hand mit einem Bildnis des Verfassers*, 5. Aufl. besorgt von Alfred Rahlfs und Edward Schröder, Göttingen 1920; als „philologisches Minimum" werden zudem der Titel von Lagardes Abhandlungen und ihr Abfassungs- bzw. Ersterscheinungstermin angegeben.

8 Dies gilt in hohem Grad für die drei zeitnah entstandenen Biographien von Anna de Lagarde, *Paul de Lagarde. Erinnerungen aus seinem Leben*, Göttingen 1894; Ludwig Schemann, *Paul de Lagarde. Ein Lebens- und Erinnerungsbild*, 2. Aufl. Leipzig 1919, und Alfred Rahlfs, *Paul de Lagardes wissenschaftliches Lebenswerk im Rahmen einer Geschichte seines Lebens dargestellt*, Göttingen 1928, deren hagiographischer Charakter unverkennbar ist.

9 Ein Gesamtbild des einflussreichen Wissenschaftsförderers bietet: Frank Foerster, *Christian Carl Josias Bunsen. Diplomat, Mäzen und Vordenker in Wissenschaft, Kirche und Politik*, Bad Arolsen 2001.

10 Einschlägig zu Ewald, der 1870 zu den wenigen preußischen Abgeordneten gehörte, die gegen die Gewährung der Kriegskredite stimmten: Lothar Perlitt, *Heinrich Ewald. Der Gelehrte in der Politik*, in: Bernd Möller (Hrsg.), *Theologie in Göttingen. Eine Vorlesungsreihe*, Göttingen 1987, S. 157–212.

11 Generell zum Folgenden: Ulrich Sieg, *Deutschlands Prophet. Paul de Lagarde und die Ursprünge des modernen Antisemitismus*, München 2007.

12 Die Briefe Lagardes sind aufbewahrt: StUB Göttingen, Cod. Ms. Ewald, Nr. 822–844.

13 Vgl. Ulrich Sieg, *Der Preis des Bildungsstrebens. Jüdische Geisteswissenschaftler im Deutschen Kaiserreich*, im vorliegenden Band S. 55-81.

14 StUB Göttingen, Cod. Ms. Lagarde.

15 Vgl. seinen Brief an Lagarde vom 16. November 1884 und Tönnies' Schreiben an Lagarde vom 8. Januar 1884; ebd.

16 Ebd.

17 Dazu nach wie vor instruktiv: Herbert Schnädelbach, *Philosophie in Deutschland 1831–1933*, Frankfurt/M 1983. Die für die Geschichtswissenschaft methodisch zentralen Fragen erörtert: Friedrich Wilhelm Graf, *Die Nation – von Gott „erfunden"? Zum*

Theologiebedarf der historischen Nationalismusforschung, in: Gerd Krumeich / Hartmut Lehmann (Hrsg.), *„Gott mit uns". Nation, Religion und Gewalt im 19. und frühen 20. Jahrhundert*, Göttingen 2000, S. 285–317.

18 Hierzu weiterführend die zu Unrecht vernachlässigten Arbeiten von Robert W. Lougee, *Paul de Lagarde 1827–1891. A Study of Radical Conservatism in Germany*, Cambridge, Mass. 1962, und Hans Walter Schütte, *Lagarde und Fichte. Die verborgenen spekulativen Wurzeln des Christentumsverständnisses Paul de Lagardes*, Gütersloh 1965.

19 So Lagarde in dem „Bericht über meine Reise nach Czernowitz" vom 13. Oktober 1875, den er für die Göttinger Universitätsverwaltung verfasst, StUB Göttingen Cod. Ms. Lagarde; dort auch das nächste Zitat.

20 Vgl. Robert Hanhart, *Paul Anton de Lagarde*, in: Möller, *Theologie* (wie Anm. 10), S. 271–305, hier S. 280, sowie allgemein Wolfgang Hardtwig, *Von Preußens Aufgabe in Deutschland zu Deutschlands Aufgabe in der Welt. Liberalismus und borussianisches Geschichtsbild zwischen Revolution und Imperialismus*, in: ders., *Geschichtskultur und Wissenschaft*, München 1990, S. 103–160.

21 Paul de Lagarde, *Konservativ?*, in: ders., *Deutsche Schriften*, 5. Aufl. Göttingen 1920, S. 5–17 [abgefasst 1853], hier S. 7.

22 Zit. nach: Golo Mann, *Deutsche Geschichte des neunzehnten und zwanzigsten Jahrhunderts*, Frankfurt/M 1958, S. 249.

23 Dazu hellsichtig: Henning Ritter, *Aussicht auf das große Lebensgesetz. Das Kommunistische Manifest nach 150 Jahren. Schwärmerei für den Weltmarkt und Anleitung zur politischen Untreue*, in: Frankfurter Allgemeine Zeitung Nr. 50 vom 28. Februar 1998, Bilder und Zeiten, I. Den ideengeschichtlichen Kontext skizziert: Ulrich Sieg, *Die Revolution von 1848 als europäisches Ereignis*, in: Gabriele Clemens (Hrsg.), *Nation und Europa. Studien zum internationalen Staatensystem im 19. und 20. Jahrhundert. Festschrift für Peter Krüger zum 65. Geburtstag*, Stuttgart 2001, S. 32–46, hier S. 45 f.

24 Paul de Lagarde, *Ueber die gegenwärtigen Aufgaben der deutschen Politik. Ein Vortrag gehalten im November 1853*, in: ders., *Deutsche Schriften* (wie Anm. 7), S. 18–39 [zuerst 1874], hier S. 30.

25 Ders., *Die graue Internationale*, in: ders., *Deutsche Schriften* (wie Anm. 7), S. 337–349 [zuerst 1885], hier S. 337.

26 Ebd., S. 344.

27 Dazu detailliert: Niklaus Peter / Andreas Urs Sommer, *Franz Overbecks Briefwechsel mit Paul de Lagarde*, in: Zeitschrift für Neuere Theologiegeschichte 3, 1996, S. 127–171.
28 Vgl. Karows Brief an Lagarde vom 19. Dezember 1851; StUB Göttingen, Cod. Ms. Lagarde.
29 Zum wissenschaftshistorischen Kontext von Lagardes erbittertem Streit mit Zunz: Céline Trautmann-Waller, *Selbstorganisation jüdischer Gelehrsamkeit und die Universität seit der ‚Wissenschaft des Judentums'*, in: Wilfried Barner / Christoph König (Hrsg.), *Jüdische Intellektuelle und die Philologien in Deutschland 1871–1933*, Göttingen 2002, S. 77–91, hier S. 81 f.
30 Lagarde, *Aufgaben* (wie Anm. 24), S. 26.
31 StUB Göttingen, Cod. Ms. Lagarde.
32 Lagarde, *Aufgaben* (wie Anm. 24), S. 36.
33 Ders., *Die nächsten Pflichten deutscher Politik*, in: ders., *Deutsche Schriften* (wie Anm. 7), 417–443 [zuerst 1885]. Zum historischen Kontext: Magnus Brechtken, *„Madagaskar für die Juden". Antisemitische Idee und politische Praxis 1885–1945*, München 1997, S. 16–21.
34 Lagarde, *Pflichten* (wie Anm. 33), S. 423.
35 Brief Försters aus Asunción an Lagarde vom 14. Mai 1886; StUB Göttingen, Cod. Ms. Lagarde. Eingehend zu Försters Scheitern als Kolonist: Carol Diethe, *Nietzsche's Sister and the Will to Power. A Biography of Elisabeth Förster-Nietzsche,* Urbana/Chicago 2003, S. 60–80.
36 Paul de Lagarde, *Die Stellung der Religionsgesellschaften im Staate*, in: ders., *Deutsche Schriften* (wie Anm. 7), S. 270–283 [zuerst 1881], hier S. 278.
37 Ders., *Juden und Indogermanen. Eine Studie nach dem Leben*, in: ders., *Mittheilungen*, Bd. 2, Göttingen 1887, S. 262–351, hier S. 333.
38 Brief Lagardes an Ludwig II. von Bayern vom 4. September 1870, StUB Göttingen, Cod. Ms. Lagarde. Die rein machtstaatliche Argumentation Lagardes wird in folgender Passage besonders deutlich: „Ersparen Ew. Maj. aber auch den besten Deutschen künftiger Jahrhunderte den sehenden Kummer darüber, daß die letzte Gelegenheit, welche es überhaupt gibt, das Land [...] für Deutschland zu wahren, ungenutzt vorübergelassen wird und das zu einer Zeit, wo Deutschland vollauf die Macht hatte, sie beim Schopfe zu ergreifen".
39 Zum Folgenden: Sieg, *Deutschlands Prophet* (wie Anm. 11), S. 107 f.

40 Vgl. ebd., S. 187 f. u. 192 f.

41 Paul de Lagarde, *Noch einmal zum Unterrichtsgesetze*, in: ders., *Deutsche Schriften* (wie Anm. 7), S. 287–306, hier S. 299.

42 Die Unterlagen des spannungsfreien Verfahrens finden sich: Universitätsarchiv Halle, Rep. 27 Nr. 889.

43 Schreiben Lagardes an die Theologische Fakultät in Halle vom 14. Oktober 1868; StUB Göttingen, Cod. Ms. Lagarde.

44 Vgl. Heike Behlmer, *Schenute, Besa und Lagarde – Eine unbekannte Episode der Forschungsgeschichte*, in: Journal of Coptic Studies 5, 2003, S. 55–66.

45 Brief Lagardes an Gustav Bickell vom 19. Januar 1878; StUB Göttingen, Cod. Ms. Lagarde.

46 Paul de Lagarde, *Zum letzten Male Albrecht Ritschl*, in: ders. *Mittheilungen*, Bd. IV, Göttingen 1891, S. 384–427, hier S. 387.

47 Exemplarisch für Lagardes gehetztes Arbeitstempo und die Sorge um die Septuaginta-Edition sei seine Eingabe an den preußischen Kultusminister Gustav von Goßler vom 22. Mai 1886 genannt; StUB Göttingen, Cod. Ms. Lagarde. Ferner aufschlussreich: Hanhart, *Paul Anton de Lagarde* (wie Anm. 20), S. 273; Stern, *Kulturpessimismus* (wie Anm. 6), S. 44 f., und allgemein Rahlfs, *Lagardes wissenschaftliches Lebenswerk* (wie Anm. 8).

48 Friedrich Nietzsche, *Nachgelassene Fragmente Ende 1876 – Sommer 1877*, hrsg. v. Giorgio Colli / Mazzino Montinari, Berlin/New York 1980, S. 408.

49 In diesem Punkt durchaus glaubwürdig: Schemann, *Paul de Lagarde* (wie Anm. 8), S. 146 f.

50 Vgl. allgemein Hans-Ulrich Wehler, *Nationalismus. Geschichte, Formen, Folgen*, München 2001, S. 27–35.

Ein Prophet nationaler Religion. Paul de Lagarde und die völkische Bewegung

1 Die Arbeit erschien erstmals in Berkeley 1961. Hier wird die deutsche Übersetzung *Kulturpessimismus als politische Gefahr. Eine Analyse nationaler Ideologie in Deutschland*, Bern/Stuttgart/Wien 1963, herangezogen.

2 Heinrich August Winkler, *Der lange Weg nach Westen*, Bd. 1: *Deutsche Geschichte vom Ende des Alten Reiches bis zum Untergang der Weimarer Republik*, München 2000, S. 275.

3 Vgl. Ulrich Sieg, *Der frühe Hermann Cohen und die Völkerpsychologie*, in: Aschkenas 13, 2003, S. 461–483, hier S. 462 f.

4 Dazu pointiert: Andreas Urs Sommer, *Zwischen Agitation, Religionsstiftung und „Hoher Politik": Friedrich Nietzsche und Paul de Lagarde*, in: Nietzscheforschung. Ein Jahrbuch 4, 1998, S. 169–194, hier S. 170 ff.

5 Wichtig zur europäischen Dimension der Kulturkritik in der zweiten Hälfte des langen neunzehnten Jahrhunderts: John W. Burrow, *The Crisis of European Thought, 1848–1914*, New Haven/ London 2000; biographisch informativ: Ina Ulrike Paul, *Paul Anton de Lagarde*, in: Uwe Puschner / Walter Schmitz / Justus H. Ulbricht (Hrsg.), *Handbuch zur „Völkischen Bewegung"*, München u.a. 1996, S. 45–93.

6 Aufruf zur Stiftung der Freunde Paul de Lagardes vom 22. Dezember 1892; Staatsbibliothek Berlin, Nachlass Twesten.

7 Dies betonen zurecht: Niklaus Peter und Andreas Urs Sommer (Hrsg.), *Franz Overbecks Briefwechsel mit Paul de Lagarde*, in: Zeitschrift für Neuere Theologiegeschichte 4, 1997, S. 127–171, hier S. 130. Speziell zu Lagardes lange vernachlässigter Bedeutung für die Erforschung des Koptischen: Heike Behlmer, *Schenute, Besa und Lagarde – Eine unbekannte Episode der Forschungsgeschichte*, in: Journal of Coptic Studies 5, 2003, S. 55–66.

8 Julius Wellhausen, *Gedächtnisrede auf Paul de Lagarde*, Sonderdruck aus den Nachrichten der K[öniglichen] Gesellschaft der Wissenschaften zu Göttingen. Geschäftliche Mittheilungen (Göttingen 1894), S. 1. In der Forschungsliteratur werden die wissenschaftlichen Vorbehalte gegenüber Lagarde, der einer zunehmend als gestrig empfundenen Orientalistengeneration angehörte, nicht immer ausreichend gewürdigt. Hellsichtig zu den Reserven der „Religionsgeschichtlichen Schule" hingegen: Robert Hanhart, *Paul Anton de Lagarde und seine Kritik an der Bibel*, in: Bernd Möller (Hrsg.), *Theologie in Göttingen. Eine Vorlesungsreihe*, Göttingen 1987, S. 271–305, hier S. 301.

9 So die These von David N. Myers, *Resisting History. Historicism and its Discontents in German-Jewish Thought*, Princeton / Oxford 2003, S. 64 f.

10 Hierfür spricht vor allem die Passage im *Vorwort*, VIII: „Lagarde hatte der Religion gegenüber die Vorteile, die der echte Philologe vor dem theoretisierenden Philosophen voraus hat. Er kannte zugleich die Theologie gründlich und wußte sie zu schätzen und war doch innerlich frei von ihr." Ernst Troeltsch, *Gesammelte Schriften*, Bd. 2: *Zur religiösen Lage. Religionsphilosophie und Ethik*, Tübingen 1913.

11 Vgl. ders., *Luther und die moderne Welt*, in: ders., *Schriften zur Bedeutung des Protestantismus für die moderne Welt (1906–1913)*, hrsg. v. Trutz Rendtorff in Zusammenarb. mit Stefan Pautler, Berlin/New York 2001 [zuerst 1908], S. 53–97, hier S. 67, sowie ders., *Die Absolutheit des Christentums und die Religionsgeschichte (1902/1912) mit den Thesen von 1901 und den handschriftlichen Zusätzen*, hrsg. v. Trutz Rendtorff in Zusammenarb. mit Stefan Pautler, Berlin/New York 1998, S. 143. Eine erste Annäherung an dieses ideen- und theologiegeschichtlich schwierige Thema bietet: Hans-Georg Drescher, *Ernst Troeltsch und Paul de Lagarde*, in: Mitteilungen der Ernst-Troeltsch-Gesellschaft 3, 1984, S. 95–115.

12 Johannes Heinßen, *Historismus und Kulturkritik. Studien zur deutschen Geschichtskultur im späten 19. Jahrhundert*, Göttingen 2003, S. 464–487.

13 Eintrag Bahrs vom 2. Februar 1906; Hermann Bahr, *Tagebuch*, Berlin 1909, S. 114 f., hier S. 114.

14 Ludwig Curtius, *Deutsche und antike Welt. Lebenserinnerungen*, Stuttgart 1950, S. 175 f.

15 Paul, *Lagarde*, 84. Detailliert zu Diederichs' Veröffentlichungspolitik: Gangolf Hübinger, *Der Verlag Eugen Diederichs in Jena. Wissenschaftskritik, Lebensreform und völkische Bewegung*, in: Geschichte und Gesellschaft 22, 1996, S. 31–45, sowie Meike G. Werner, *Moderne in der Provinz. Kulturelle Experimente im Fin de Siècle Jena*, Göttingen 2003, S. 183–186.

16 Schreiben des Verlagslektors R. Buchwald an Natorp vom 9. April 1914, Teilnachlass Paul Natorp, Seijo University Library, Tokyo. Für die Unterstützung meiner Forschungen zum späten Natorp danke ich herzlich Prof. Takayuki Shibata von der Tôyô University.

17 Vgl. Steven E. Aschheim, *Nietzsche und die Deutschen. Karriere eines Kults*, Stuttgart/Weimar 1996, S. 117.

18 Thomas Mann, *Betrachtungen eines Unpolitischen*, Berlin 1918, in: ders., *Gesammelte Werke*, Bd. 12, Frankfurt/M 1960, S. 7–589, hier S. 276; allgemein zur Wirkung Lagardes: Stern, *Kulturpessimismus* (wie Anm. 1), S. 113 f.

19 Vgl. Heinßen, *Historismus und Kulturkritik* (wie Anm. 12), S. 472 f., sowie zu den philosophisch-systematischen Bezügen Hans Walter Schütte, *Lagarde und Fichte. Die verborgenen spekulativen Wurzeln des Christentumsverständnisses Paul de Lagardes*, Gütersloh 1965. – Allgemein zur Bedeutung religiöser Denkfiguren in der Hochzeit des Nationalismus: Friedrich

Wilhelm Graf, *Die Nation – von Gott „erfunden"? Kritische Randnotizen zum „Theologiebedarf" der historischen Nationalismusforschung*, in: Gerd Krumeich / Hartmut Lehmann (Hrsg.), *„Gott mit uns". Nation, Religion und Gewalt im 19. und frühen 20. Jahrhundert,* Göttingen 2000, S. 285–317, bes. S. 301–314.

20 Dazu eingehend: Philipp Blom, *Martin Buber and the Spiritual Revolution of the Prague Bar Kochba. Nationalist Rhetoric and the Politics of Beauty*, Diss. phil. Oxford 1997. Allgemein zur jüdischen Fichte-Rezeption um die Jahrhundertwende: Manfred Voigts, *„Wir sollen alle kleine Fichtes werden!" Johann Gottlieb Fichte als Prophet der Kultur-Zionisten*, Berlin/Wien 2003.

21 Nachum Goldmann, *Von der weltkulturellen Bedeutung und Aufgabe des Judentums*, München 1916, S. 44.

22 Paul Cauer, *Paul de Lagarde und seine deutschen Schriften*, in: Deutsches Wochenblatt, Jg. 1891, S. 633 ff., hier S. 634.

23 Rud[olf] Heinze, *Paul de Lagarde*, in: Akademische Blätter Nr. 6 vom 16. Januar 1892, S. 252 f.

24 Gustav Roethe, *Zur Erinnerung an Paul Anton de Lagarde*, in: Sonntagsbeilage zur Vossischen Zeitung Nr. 51 vom 31. Januar 1891, S. 1–4, hier S. 4, heißt es apodiktisch: „Hat Lagarde Recht, wenn er den echten Deutschen darin erkennen will, daß er einsam ist, selbständig und eigenartig, dann war er ein echter Deutscher. Hat Lagarde Recht – und er hat es – ‚wenn er vom rechten Mann verlangt', daß er unbeirrt der rechten Idee folgt, die in seiner Brust lebt, dann war er ein rechter Mann."

25 Vgl. etwa seine beiden nicht namentlich gezeichneten Beiträge in den Deutsch-Sozialen Blättern Nr. 179 vom 17. Januar 1892, 23 ff., und Nr. 195 vom 8. Mai 1892, S. 222. Zur Schlüsselstellung Fritschs für den Antisemitismus des ausgehenden 19. Jahrhunderts neuerdings: Massimo Ferrari Zumbini, *Die Wurzeln des Bösen. Gründerjahre des Antisemitismus: Von der Bismarckzeit zu Hitler*, Frankfurt/M 2003, S. 321–422.

26 Ludwig Schemann, *Paul de Lagarde. Ein Lebens- und Erinnerungsbild*, Leipzig 1919; eine prägnante Charakterisierung dieses Werks bietet: Heinßen, *Historismus und Kulturkritik* (wie Anm. 12), S. 485 ff.

27 Vgl. Erik Lindner, *Houston Stewart Chamberlain. The Abwehrverein and the ‚Praeceptor Germaniae', 1914–1918*, in: Leo Baeck Institute Year Book 37, 1992, S. 213–236, sowie als Einordnung in den ideengeschichtlichen Kontext Ulrich Sieg, *Jüdische Intellektuelle im Ersten Weltkrieg. Kriegserfahrungen, weltanschauliche Debatten und kulturelle Neuentwürfe,* Berlin 2001, S. 174–194.

28 Houston Stewart Chamberlain, *Die Grundlagen des neunzehnten Jahrhunderts*, hier wiedergegeben nach der 13. Aufl. München 1919 [zuerst 1899] S. 122. Zur Rezeptionsgeschichte des vom Kaiser geschätzten Werks vgl. Helmut Berding, *Moderner Antisemitismus in Deutschland,* Frankfurt/M 1988, S. 149 f.; die biographischen Hintergründe von Chamberlains Weltsicht entwickelt: George C. Field, *Evangelist of Race. The German Vision of Houston Stewart Chamberlain*, New York 1981.

29 Chamberlain, *Grundlagen des neunzehnten Jahrhunderts* (wie Anm. 28), S. 122. Vgl. auch ebd., S. 279, die dezidierte Aussage: „Von dem eigentlichen jüdischen Gedanken blieb, nachdem Jesus gelebt hatte, nichts mehr übrig; wie nach vollendetem Tempelbau konnte das Gerüst abgetragen werden."

30 Ebd., S. 280 f., Anm. 1, hier S. 280. Die wissenschaftshistorischen und politischen Hintergründe der Auseinandersetzung um die „Ursprünge" des Judentums erörtern: Klaus Johanning, *Der Bibel-Babel-Streit. Eine forschungsgeschichtliche Studie*, Frankfurt/M u.a. 1988, sowie Reinhard G. Lehmann, *Friedrich Delitzsch und der Babel-Bibel-Streit*, Fribourg/Göttingen 1994.

31 Chamberlain, *Grundlagen des neunzehnten Jahrhunderts* (wie Anm. 28), S. 173 f. In seiner Wortwahl spielt Chamberlain auf Lagardes vielleicht bekanntesten Satz an: „Das Deutschthum liegt nicht im Geblüte, sondern im Gemüthe." Paul de Lagarde, *Ueber die gegenwärtigen Aufgaben der deutschen Politik. Ein Vortrag gehalten im November 1853*, in: ders., *Deutsche Schriften*, 5. Aufl. Göttingen 1920, 18–39 [zuerst 1874], S. 30.

32 Chamberlain, *Grundlagen des neunzehnten Jahrhunderts* (wie Anm. 28), S. 1008 f.

33 Vgl. Armin Mohler, *Die Konservative Revolution in Deutschland 1918–1932. Ein Handbuch*, 2. Aufl. Darmstadt 1972, S. 29 u. passim.

34 Wilhelm Mommsen, *Paul de Lagarde als Politiker. Zu seinem 100. Geburtstag am 2. November 1927*, Göttingen 1927, S. 29.

35 Der betreffende Zeitungsausschnitt befindet sich im: Bundesarchiv Koblenz, *N 1178* (= Nachlass Mommsen), Nr. 85; dort liegen gleichfalls einige Briefe von Historikerkollegen, die in der Regel mit Mommsens Beurteilung der Lagardeschen Ambivalenzen übereinstimmen. – Für den Hinweis auf diese Dokumente danke ich herzlich Anne C. Nagel.

36 Alfred Rosenberg, *Der Mythus des 20. Jahrhunderts. Eine Wertung der seelisch-geistigen Gestaltungskämpfe unserer Zeit*, hier wiedergegeben nach der 21./22. Aufl. München 1934; im Folgenden

zitiert: Rosenberg, Mythus des 20. Jahrhunderts. Generell zu Rosenbergs Ablehnung des Alten Testaments: Frank-Lothar Kroll, *Utopie als Ideologie. Geschichtsdenken und politisches Handeln im Dritten Reich*, Paderborn u.a., S. 139 f.

37 Rosenberg, *Mythus des 20. Jahrhunderts* (wie Anm. 36), S. 443.

38 In diesem Sinne heißt es ebd., S. 237: „Erst ein Paul de Lagarde wagte wieder so offen zu sprechen, wie einst der Dominikanerprior aus dem 14. Jahrhundert."

39 Ders., *Dietrich Eckart. Ein Vermächtnis*, 5. Aufl. München 1938 [zuerst 1928], S. 157 f.

40 Eigentümliche Teleologien finden sich nicht nur bei linksliberal eingestellten Anhängern des „deutschen Sonderwegs". Auch ein konservativer Historiker wie Frank-Lothar Kroll nimmt eine bemerkenswerte Rückprojektion nationalsozialistischer Maßstäbe vor, wenn er zu Lagarde bemerkt, dieser habe Rosenberg „antizipiert"; Kroll, *Utopie als Ideologie* (wie. Anm. 36), S. 142.

41 Vgl. Ulrich Sieg, *Anti-Semitism and Nationalism. The Case of Paul de Lagarde, Presentation at the Annual Meeting of the German Studies Association in New Orleans*, Ms. September 2003.

42 Dazu nuanciert: Joachim Fest, *Hitler. Eine Biographie*, Berlin 1973, S. 289.

43 Vgl. etwa die Aussage von Ernst Nolte, *Der Faschismus in seiner Epoche. Action française. Italienischer Faschismus. Nationalsozialismus. Mit einem Vorwort zur Taschenbuchausgabe*, 6. Aufl. München 1984, dass es zur Erfassung der Atmosphäre, in der Hitlers Weltbild wirken konnte, „nicht nötig" sei, auf die Vordenker des deutschen Nationalismus, „Fichte, Arndt, Lagarde, Treitschke" zu rekurrieren. Ähnlicher Auffassung: Fest, *Hitler* (wie Anm. 42), S. 295, der betont, dass sich Hitlers Weltbild seit 1924 nicht mehr substantiell verändert habe. – Allgemein zu den ideengeschichtlichen Bezügen in Hitlers erstem Buch: Barbara Zehnpfennig, *Hitlers „Mein Kampf". Eine Interpretation*, München 2000.

44 Adolf Hitler, *„Die soziale Sendung des Nationalsozialismus". Rede auf der NSDAP-Versammlung in Stuttgart am 16. Dezember 1925*, in: ders., *Reden, Schriften, Anordnungen. Februar 1925 bis Januar 1933*, Bd. 1: *Die Wiedergründung der NSDAP. Februar 1925 – Juni 1926*, hrsg. u. komment. v. Clemens Vollnhals, München u.a. 1994, S. 239–262, hier S. 247; dort auch das nächste Zitat.

45 Ders., *Mein Kampf*, hier zitiert nach der München 1939 erschienenen 444.–448. Aufl.; die Textstelle findet sich: Ebd., S. 395. Knappe Interpretationen von Hitlers Rede geben: Enrico

Syring, *Hitler. Seine politische Utopie*, Berlin/Frankfurt/M 1994, S. 71, sowie Ferrari Zumbini, *Wurzeln des Bösen* (wie Anm. 25), S. 633 f.

46 Zu den Beständen von Hitlers Bibliothek vgl. Philipp Gassert / Daniel S. Mattern, *The Hitler Library. A Bibliography*, Westport, Conn./London 2001. Knappe Charakterisierungen von Hitlers Lektürevorlieben bieten: Jordan Mejias, *Hitlers Bücher. Was hat er gelesen? Wer hat ihm Bücher geschenkt? Besuch in einer vergessenen Bibliothek*, in: Frankfurter Allgemeine Sonntagszeitung Nr. 15 vom 13. April 2003, S. 23 u. 25, sowie Timothy W. Ryback, *Hitler's Forgotten Library. The Man, His Books, and His Search for God*, in: New Atlantic Monthly 291 May 2003, S. 76–90.

47 Hitler, *Mein Kampf* (wie Anm. 45), S. 36. Vgl. auch die selbstgewisse Äußerung ebd., S. 37: „Wer aber die Kunst des richtigen Lesens innehat, den wird das Gefühl beim Studieren jedes Buches, jeder Zeitschrift oder Broschüre augenblicklich auf all das aufmerksam machen, was seiner Meinung nach für ihn zur dauernden Festhaltung geeignet ist, weil entweder zweckmäßig oder allgemein wissenswert."

48 Das präzise Erscheinungsdatum der Zweitauflage der „Deutschen Schriften" findet sich im *Täglichen Verzeichnis der Neuerscheinungen*, Beilage zum Börsenblatt für den Deutschen Buchhandel Nr. 271 vom 20. November 1934.

49 Paul de Lagarde, *Deutsche Schriften*, hrsg. v. Karl August Fischer mit einem Personen- und Sachverzeichnis, in: ders., *Schriften für das deutsche Volk 1*, 2. Aufl. München 1934, S. 21 u. 245. Der Band trägt die aufschlussreiche Widmung „Den alten Propheten des Deutschen Volkes widmet seinem Nachfolger herzlichst J. F. Lehmann". Er lässt sich in der Hitler Library, die in den Rare Book Special Collections der Library of Congress aufbewahrt wird, unter der Signatur RBSCD VIII-b-23; DD204.L35 1934 vol. 1 [Copy 2] bestellen. An- und Unterstreichungen Hitlers in diesem Band der „Deutschen Schriften" werden im Folgenden mit der betreffenden Seitenangabe im Fließtext wiedergegeben.

50 In außenpolitischer Perspektive könnte auch die Anstreichung einer Passage wichtig sein, in der Polen als Teil Russlands betrachtet wird (ebd., S. 116).

51 Gemeint ist Rom.

52 Mejias, *Hitlers Bücher* (wie Anm. 46), S. 25.

53 Vgl. aus der breiten Literatur zu diesem Thema Micha Brumlik, *Deutscher Geist und Judenhaß. Das Verhältnis des philosophischen*

Idealismus zum Judentum, München 2000, S. 75–131 u. 325–329, sowie Voigts, *Kleine Fichtes* (wie Anm. 20), S. 83–106.

54 Dazu informativ: Sommer, *Agitation* (wie Anm. 4), S. 187–193.

55 Vgl. auch die von Hitler, ebd., S. 159, angestrichene Passage, in welcher der Papst verächtlich als „Puppe“ des Jesuitengenerals bezeichnet wird.

56 Vgl. Hans-Ulrich Wehler, *Deutsche Gesellschaftsgeschichte*, Bd. 4: *Vom Beginn des Ersten Weltkrieges bis zur Gründung der beiden deutschen Staaten 1914–1949*, München 2003, S. 542–580. Wehler knüpft in manchem an Ian Kershaws monumentale Studie *Hitler*, 2 Bde., Stuttgart 1998, 2000, an, welche die Fruchtbarkeit von Max Webers Konzept der „charismatischen Herrschaft“ für die Erforschung des Nationalsozialismus belegt.

57 Vgl. Hagen Schulze, *Walter Frank*, in: Hans-Ulrich Wehler (Hrsg.), *Deutsche Historiker*, Bd. 7, Göttingen 1980, S. 69–81, hier S. 74. Allgemein: Helmut Heiber, *Walter Frank und sein Reichsinstitut für die Geschichte des neuen Deutschlands*, Stuttgart 1966.

58 Hierzu maßgeblich: Lucian Hölscher, *Weltgericht oder Revolution. Protestantische und sozialistische Zukunftsvorstellungen im deutschen Kaiserreich*, Stuttgart 1989.

59 Wehler, *Deutsche Gesellschaftsgeschichte,* Bd. 4 (wie Anm. 56), S. 577.

60 Dies unterstrich auch Ryback, *Hitler's Forgotten Library* (wie Anm. 46), der auf Hitlers zahlreiche religiösen Bücher und insbesondere sein Interesse an den theologischen Überlegungen Fichtes hinwies.

61 Vgl. in diesem Zusammenhang die Passage in Hitlers *„Mein Kampf“* (wie Anm. 45), S. 125: „Man kann nicht wirklich zwei Herren dienen. Wobei ich die Gründung oder Zerstörung einer Religion denn doch als wesentlich größer halte als die Gründung oder Zerstörung eines Staates, geschweige denn einer Partei.“

62 Fest, *Hitler* (wie Anm. 42), S. 296.

„Sanft in der Form, hart in der Sache“. Die Bedeutung Elisabeth Förster-Nietzsches für die universitäre Etablierung ihres Bruders

1 Hierzu noch immer aufschlussreich Herbert Schnädelbach, *Philosophie in Deutschland 1831–1933*, Frankfurt/M 1983. Die vielfältigen Konsequenzen der Globalisierung für das tonan-

gebende Europa zeigt Jürgen Osterhammel, *Die Verwandlung der Welt. Eine Geschichte des 19. Jahrhunderts*, München 2009.

2 Vgl. Ulrich Sieg, *Aufstieg und Niedergang des Marburger Neukantianismus. Die Geschichte einer philosophischen Schulgemeinschaft*, Würzburg 1994, S. 419. Zu Staudingers 1897 in Darmstadt erschienenem „Anti-Zarathustra“ *Sprüche der Freiheit. Wider Nietzsche's und Anderer Herrenmoral* siehe Hermann Lübbe, *Politische Philosophie in Deutschland*, München 1974, S. 110 f. sowie Ulrich Sieg, *Gerechtigkeitssinn und Empörung. Die „Marburger Schule“ des Neukantianismus*, Marburg 2016, S. 37 f.

3 Alois Riehl, *Friedrich Nietzsche. Der Künstler und der Denker. Ein Essay*, Stuttgart 1897, S. 15. Vgl. eingehender zu dieser Schrift Andreas Urs Sommer, *Was bleibt von Nietzsches Philosophie?*, Berlin 2018, S. 22 f.; zu Riehls philosophiehistorischer Bedeutung vgl. Wolfgang Röd (Hrsg.), *Geschichte der Philosophie*, München 1976–2014, Bd. 12: Helmut Holzhey / Wolfgang Röd (Hrsg.), *Die Philosophie des ausgehenden 19. und des 20. Jahrhunderts 2. Neukantianismus, Idealismus, Realismus, Phänomenologie.* München 2004, S. 290–294 u. passim.

4 Riehl, *Friedrich Nietzsche* (wie Anm. 3), S. 25.

5 Vgl. hierzu detailliert Ulrich Sieg, *Die Macht des Willens. Elisabeth Förster-Nietzsche und ihre Welt*, München 2019. Allgemein zur Vielschichtigkeit der Nietzsche-Aneignung vgl. Steven E. Aschheim, *Nietzsche und die Deutschen. Karriere eines Kults*, Stuttgart/Weimar 1996.

6 Elisabeth Förster-Nietzsche, *Das Leben Friedrich Nietzsche's*, 3 Bde,, Leipzig 1895, 1897, 1904.

7 Ferdinand Tönnies, *Der Nietzsche-Kultus. Eine Kritik. Hrsg. v. Arno Bammé*, München 2012 [Leipzig 1897], S. 189.

8 Henry van de Velde, *Geschichte meines Lebens.* Hrsg. u. übertragen v. Hans Curjel. Mit 137 Abbildungen, München 1962, S. 352. Zum Kontext dieser oft zitierten Äußerung vgl. Thomas Föhl, *Henry van de Velde. Architekt und Designer des Jugendstils*, Weimar 2010, S. 233.

9 Das Folgende nach Thomas Föhl (Hrsg.), *Von Beruf Kulturgenie und Schwester. Harry Graf Kessler und Elisabeth Förster-Nietzsche. Der Briefwechsel 1895–1935*, Weimar 2013, Bd. 2, S. 1683–1692.

10 Föhl, *Henry van de Velde* (wie Anm. 8), S. 42. Einen plastischen Eindruck von der Intensität ihrer Bemühungen bieten Sabine Walter / Thomas Föhl / Wolfgang Holler (Hrsg.), *Neues Museum Weimar. Van de Velde, Nietzsche und die Moderne um 1900*, Weimar 2019.

11 Henri Lichtenberger, *Die Philosophie Friedrich Nietzsches.* Eingeleitet und übersetzt von Elisabeth Förster-Nietzsche, Dresden/Leipzig 1899, S. 26.

12 Elisabeth Förster-Nietzsche, *Einleitung*, in: ebd., S. V–LXIX, hier S. XI f.

13 Harry Graf Kessler an Elisabeth Förster-Nietzsche, 7. Mai 1899, in: Föhl (Hrsg.), *Von Beruf Kulturgenie und Schwester* (wie Anm. 9), Bd. 1, S. 190 f., hier S. 191.

14 Dazu umfassend Daniela Siebe, *„Germania docet". Ausländische Studierende, auswärtige Kulturpolitik und deutsche Universitäten 1870 bis 1933*, Husum 2009.

15 Vgl. Helmut Holzhey / Wolfgang Röd, *Die Philosophie des ausgehenden 19. und des 20. Jahrhunderts* (wie Anm. 3), Bd. 2, S. 33–40.

16 Hierzu anschaulich Angelika Pöthe, *„Heiliger Hügel". Das Nietzsche-Archiv als literarischer und geselliger Ort*, in: Franziska Bomski / Hellmut Th. Seemann / Thorsten Valk (Hrsg.), *Ilm-Kakanien. Weimar am Vorabend des Ersten Weltkriegs. Jahrbuch der Klassik Stiftung Weimar 2014*, Göttingen 2014, S. 155–174, hier S. 161.

17 Dies illustrieren Angelika Emmrich: *„[…] und nun ruht die Obhut über sein Andenken in Frauenhand". Die musealen Inszenierungen der Elisabeth Förster-Nietzsche*, in: Sandro Barbera / Paolo d'Iorio / Justus H. Ulbricht (Hrsg.), *Friedrich Nietzsche. Rezeption und Kultus. Redaktion: Maria R. Ragazzo*, Pisa 2004, S. 185–215, sowie Angelika Pöthe, *Fin de Siècle in Weimar. Moderne und Antimoderne 1885–1918*, Köln/Weimar/Wien 2011, S. 94–104.

18 Vgl. Hans Vaihinger, *Hartmann, Dühring und Lange. Zur Geschichte der deutschen Philosophie im XIX. Jahrhundert. Ein kritischer Essay*, Iserlohn 1876. Zu den Folgen dieser Veröffentlichung vgl. Ulrich Sieg, *Im Zeichen der Beharrung. Althoffs Wissenschaftspolitik und die deutsche Universitätsphilosophie*, in: Bernhard vom Brocke (Hrsg.), *Wissenschaftsgeschichte und Wissenschaftspolitik im Industriezeitalter. Das „System Althoff" in historischer Perspektive*, Hildesheim 1991, S. 287–306, hier S. 289.

19 Vgl. Ulrich Sieg, *Was heisst und zu welchem Ende studiert man Wissenschaftsgeschichte?*, in: Patrick Bühler / Thomas Bühler (Hrsg.), *Sakralität und Pädagogik*, Bern 2018, S. 9–23, hier S. 11.

20 Hans Vaihinger, *Nietzsche als Philosoph*, Berlin 1902, S. 37. Zum Folgenden vgl. ebd, S. 12–15.

21 So nannte Vaihinger die „neue Lehre“ Nietzsches „aufregend im schlimmen und im guten Sinne“. Ebd., S. 104. Nicht ohne polemischen Unterton hatte Riehl hingegen geurteilt, für einen „führende[n] Geist“ fehle es Nietzsches „Gedanken an der festen Position“. Riehl, *Friedrich Nietzsche* (wie Anm. 3), S. 128.

22 Richard Oehler, *Vorwort* [1903], in: ders., *Friedrich Nietzsche und die Vorsokratiker*, Leipzig 1904 [zugleich phil. Diss. Halle 1903], S. V f., hier S. V.

23 Hans Vaihinger an Elisabeth Förster-Nietzsche, 13. Mai 1911. Klassik Stiftung Weimar, Goethe- und Schiller-Archiv (im Folgenden GSA), GSA 72/5590, fol. 84–85.

24 Vgl. Gunnar Ahlström, Kleine Geschichte der Zuerkennung des Nobelpreises an Rudolf Eucken, in: Rudolf Eucken, *Philosophische Schriften. Nobelpreis für Literatur 1908*, Zürich o. J. [1967], S. 7–17, hier S. 15. Ausführlich zu diesem Nobelpreisverfahren Ulrich Sieg, *Geist und Gewalt. Deutsche Philosophen zwischen Kaiserreich und Nationalsozialismus*, München 2013, S. 50–102.

25 Eine philosophiehistorische Einordnung bietet Hermann Lübbe, *Weltanschauung nobelpreisgekrönt. Wieso Rudolf Eucken weltberühmt war*, in: Emdener Jahrbuch für historische Landeskunde Ostfrieslands 92, 2012, S. 165–184; als biografischen Schattenriss vgl. Ulrich Sieg, *Kulturkritik als Zeitgeistverstärkung. Der Jenaer Neoidealist Rudolf Eucken*, in: Michael Dreyer / Klaus Ries (Hrsg.), *Romantik und Freiheit. Wechselspiele zwischen Ästhetik und Politik*, Heidelberg 2014, S. 241–259.

26 Vgl. Uwe Dathe, Rudolf Eucken. *Philosophie als strenge Wissenschaft und weltanschauliche Erbauungsliteratur*, in: Krysztof Ruchniewicz / Marek Zybura (Hrsg.), *Die höchste Ehrung, die einem Schriftsteller zuteil werden kann. Deutschsprachige Nobelpreisträger für Literatur*, Dresden 2007, S. 37–60, hier S. 45–49.

27 Vgl. Friedrich Wilhelm Graf, *Die Positivität des Geistigen. Rudolf Euckens Programm neoidealistischer Universalintegration*, in: Gangolf Hübinger / Rüdiger vom Bruch / Friedrich Wilhelm Graf (Hrsg.), *Kultur und Kulturwissenschaften um 1900*, Stuttgart 1989–1997. Bd. 2: *Idealismus und Positivismus,* Stuttgart 1997, S. 53–85.

28 Vgl. etwa Rudolf Eucken, Der Kampf um einen geistigen Lebensinhalt. Neue Grundlegung einer Weltanschauung, Leipzig 1896. Den ideengeschichtlichen Kontext zeichnet Barbara Beßlich, *„Epigone des Idealismus“ oder „moderner Philosoph“? Rudolf Eucken zwischen wissenschaftlicher Nostalgie und literarischem Prophetentum*, in: dies., *Wege in den ‚Kulturkrieg‘.*

Zivilisationskritik in Deutschland 1890–1914, Darmstadt 2000, S. 45–118.

29 So teilte er Förster-Nietzsche am 11. Juli 1911 die Jenaer Berufung des politisch konservativen Philosophen Bruno Bauch mit, die aufgrund von dessen Sympathie für Nietzsche auch für das Weimarer Archiv vorteilhaft sei. Vgl. Rudolf Eucken an Elisabeth Förster-Nietzsche, 11. Juli 1911, GSA 72/BW 1271; zit. in Sandro Barbera, *„Eine schreckliche Prophezeiung Nietzsches". Nationalismus und Antisemitismus im Briefwechsel zwischen Elisabeth Förster-Nietzsche und Hans Vaihinger*, in: ders. / Paolo D'Iorio / Justus H. Ulbricht (Hrsg.), *Friedrich Nietzsche* (wie Anm. 17), S. 259–299, hier S. 268. Vgl. Sieg, *Die Macht des Willens* (wie Anm. 5), S. 238.

30 Zuletzt etwa Daniel Blue, *The Making of Friedrich Nietzsche. The Quest for Identity, 1844–1869*, Cambridge u.a. 2016, S. 208–292.

31 Raoul Richter, *Friedrich Nietzsche. Sein Leben und sein Werk.* Fünfzehn Vorlesungen gehalten an der Universität zu Leipzig, Leipzig 1903.

32 Vgl. ebd., S. 182 u. 187.

33 Vgl. Sieg, *Die Macht des Willens* (wie Anm. 5), S. 238 f.

34 Vgl. dazu ausführlich Michael Storch, *Wie Zarathustra in die Schützengräben kam. Nietzsche-Rezeption im Ersten Weltkrieg*, in Michael Henke / Wolfgang Riedel (Hrsg.), *Felder der Ehre? Krieg und Nachkrieg in der deutschen Literatur des 20. Jahrhunderts*, Würzburg 2015, S. 21–74. Brahns wichtigste Herausgeberschaften im Krieg waren: *Friedrich Nietzsches Meinungen über Staaten und Kriege*, Leipzig 1915, Friedrich Nietzsche, *Der Wille zur Macht. Eine Auslegung alles Geschehens.* Neu ausgewählt und geordnet von Max Brahn, Leipzig 1917.

35 Max Brahn an Elisabeth Förster-Nietzsche, 17. September 1917, GSA 72/BW 641. Vgl. Sieg, *Die Macht des Willens* (wie Anm. 5), 274, Generell zur Radikalisierung des Antisemitismus im Krieg ders., *Geist und Gewalt* (wie Anm. 24), S. 131–146.

36 Elisabeth Förster-Nietzsche an Meta von Salis, Juli 1898; zit. nach H[einz] F. Peters, Zarathustras Schwester. Fritz und Lieschen Nietzsche – ein deutsches Trauerspiel, München 1983, S. 230.

37 Vgl. Ulrich Sieg, *Macht des Willens* (wie Anm. 5), S. 185. Eingehend zur Schweizer Adeligen vgl. Brigitta Klaas Meilier, *Hochsaison in Sils-Maria. Meta von Salis und Friedrich Nietzsche. Zur Geschichte ihrer Begegnung*, Basel 2005.

38 Alfred Kerr, *Die Übermenschin*, in: Der Tag, 27. Juli 1906. Vgl. zu Kerrs bekanntem Gedicht Ulrich Sieg, *Die Macht des Willens* (wie Anm. 5), S. 219.

39 Zu Overbecks Kritik am Nietzsche-Archiv sei aus der reichen Literatur lediglich genannt Andreas Urs Sommer, *Der Geist der Historie und das Ende des Christentums. Zur „Waffengenossenschaft" von Friedrich Nietzsche und Franz Overbeck.* Mit einem Anhang unpublizierter Texte aus Overbecks „Kirchenlexicon", Berlin 1997.

40 Fritz Böckel, *Die Nietzsche-Prozesse,* Paket 1, S. 105 f. Privatarchiv Ulrich Sieg. Detailliert zum gerichtlichen Kontext Nils Fiebig, *Der Kampf um Nietzsche. Menschliches, Allzumenschliches von Elisabeth Förster-Nietzsche*, Weimar 2018.

41 Elisabeth Förster-Nietzsche an Max Brahn, 2. März 1916, GSA 152/14.

42 Vgl. ebd.

43 Zu Thiels Engagement in Weimar vgl. Kerstin Decker, *Die Schwester. Das Leben der Elisabeth Förster-Nietzsche*, München/ Berlin 2016, S. 429–432, 465–468, sowie Nils Fiebig, *Nietzsche und das Geld. Die Banalität des Alltäglichen*, Würzburg 2019, S. 165–168.

44 Theodore Roosevelt drückte sich gröber aus, wenn er den Zeitgenossen das schwarzafrikanische Sprichwort empfahl: „Sprich sanft, aber trage einen kräftigen Knüppel, dann kommst Du voran". Klaus Schwabe, *Weltmacht und Weltordnung. Amerikanische Außenpolitik von 1898 bis zur Gegenwart. Eine Jahrhundertgeschichte*, Paderborn 2006, S. 34. Zum ursprünglichen Kontext von Förster-Nietzsches Maxime siehe Sieg, *Die Macht des Willens* (wie Anm. 5), S. 110 f.

45 Van de Velde, *Geschichte meines Lebens* (wie Anm. 8), S. 190.

46 Elisabeth Förster-Nietzsche an Franziska Nietzsche, Juni 1890, GSA 100/533,2.

47 Vgl. Sieg, *Die Macht des Willens* (wie Anm. 5), S. 6; zum Hintergrund vgl. Heinz Schneppen, *Nietzsche und Paraguay: der Philosoph als Bauer?*, in: Nietzscheforschung 8, 2001, S. 249–265.

48 Fritz Böckel, *Die Nietzsche-Prozesse.* Paket 1, S. 2, Privatarchiv Ulrich Sieg.

Strukturwandel der Wissenschaft im Nationalsozialismus

1 Dazu umfassend Norbert Frei, *Vergangenheitspolitik. Die Anfänge der Bundesrepublik und die NS-Vergangenheit*, München 1996; pointiert Michael Stolleis, *Geschichte des öffentlichen Rechts in Deutschland,* Bd. 3: *Staats- und Verwaltungsrechtswissenschaft in Republik und Diktatur 1914–1945*, München 1999, S. 414.

2 Zuletzt Notker Hammerstein, *Die Deutsche Forschungsgemeinschaft in der Weimarer Republik und im Dritten Reich. Wissenschaftspolitik in Republik und Diktatur*, München 1999, 284; und Hellmut Seier, *Die nationalsozialistische Hochschulpolitik und die Rolle von Technik und Technischen Hochschulen im Führerstaat*, in: Helmut König / Wolfgang Kuhlmann / Klaus Schwabe (Hrsg.), *Der Fall Schwerte und die NS-Vergangenheit der deutschen Hochschulen*, München 1997, S. 62–78, hier S. 62.

3 Hans Mommsen, *Der faustische Pakt der Ostforschung mit dem NS-Regime. Anmerkungen zur Historikerdebatte*, in: Winfried Schulze / Otto Gerhard Oexle (Hrsg.), *Deutsche Historiker im Nationalsozialismus*, Frankfurt/M 1999, S. 265–273, hier S. 271; Fritz Krafft, *Albert Einstein und die Folgen aus wissenschaftshistorischer Sicht, in:* Pharmazeutische Zeitung 141, 1996, S. 435–446, hier S. 443.

4 Damit folge ich einem Gedankengang von Ulfried Geuter, *Psychologie im nationalsozialistischen Deutschland*, in: Renate Knigge-Tesche (Hrsg.), *Berater der braunen Macht. Wissenschaft und Wissenschaftler im NS-Staat*, Frankfurt/M 1999, S. 94–110, hier S. 94 f.

5 Vgl. exemplarisch Carsten Klingemann, *Soziologie im Dritten Reich*, Baden-Baden 1996.

6 Die Zahlen in den einschlägigen Veröffentlichungen variieren erheblich. Vermutlich dürfte von 1100 bis 1500 emigrierten Hochschullehrern auszugehen sein; vgl. Mitchell Ash, *Emigration und Wissenschaftswandel als Folgen der nationalsozialistischen Wissenschaftspolitik*, in: Doris Kaufmann (Hrsg.), *Geschichte der Kaiser-Wilhelm-Gesellschaft im Nationalsozialismus. Bestandsaufnahme und Perspektiven der Forschung,* 2 Bde., Göttingen 2000, Bd. 2, S. 610–631, hier S. 611.

7 Vgl. Hammerstein, *Deutsche Forschungsgemeinschaft* (wie Anm. 2), S. 142 u. 237.

8 Vgl. Ute Deichmann, *Biologen unter Hitler. Vertreibung, Karrieren, Forschung*, Frankfurt/M/New York 1992, S. 225–228. Damit war aber offensichtlich keine Bevorzugung bei der Vergabe von Forschungsmitteln gegenüber Nicht-Parteimitgliedern verbun-

den, siehe 62 f. Wiederholt in dies., *Biologen unter Hitler. Porträt einer Wissenschaft im NS-Staat*, Frankfurt/M 1995, S. 257 u. 262 f. – Dass Anspruch und Wirklichkeit der Personalpolitik auch in der Biologie weit auseinander lagen, zeigt freilich Änne Bäumer, *NS-Biologie*, Stuttgart 1990, S. 187–194.

9 Dies betont Jan Philipp Reemtsma, *Nationalsozialismus und Moderne*. in: Helmut König / Wolfgang Kuhlmann/Klaus Schwabe (Hrsg.), *Der Fall Schwerte und die NS-Vergangenheit der deutschen Hochschulen*, München 1997, S. 162–179, hier S. 166.

10 Zitiert nach dem Teilabdruck bei Max Domarus, *Hitler. Reden und Proklamationen 1932–1945. Kommentiert von einem deutschen Zeitgenossen*. Bd. 1: *Triumph (1932–1938)*, München 1965, S. 975 ff., hier S. 975 f. Zur Einschätzung dieser ebenso wichtigen wie häufig wiedergegebenen Passage vgl. Lutz Hachmeister, *Der Gegnerforscher. Die Karriere des SS-Führers Franz Alfred Six*, München 1998, S. 29.

11 Nach Domarus, *Hitler* (wie Anm. 10), S. 976.

12 Dazu überzeugend Lutz Raphael, *Radikales Ordnungsdenken und die Organisation totalitärer Herrschaft: Weltanschauungseliten und Humanwissenschaften im NS-Regime*, in: Geschichte und Gesellschaft *27*, 2001, S. 5–40. Zu den heftigen Auseinandersetzungen unter ambitionierten Geisteswissenschaftlern vgl. Michael Grüttner, *Das Scheitern der Vordenker. Deutsche Hochschullehrer und der Nationalsozialismus*, in: ders. / Rüdiger Hachtmann / Heinz-Gerhard Haupt (Hrsg.), *Geschichte und Emanzipation. Festschrift für Reinhard Rürup*, Frankfurt/M 1999, S. 458–481. Zu den vergeblichen Anbiederungsversuchen der Vertreter der ‚Deutschen Chemie' siehe Markus Vonderau, *‚Deutsche Chemie'. Der Versuch einer deutschartigen, ganzheitlich-gestalthaft schauenden Naturwissenschaft während der Zeit des Nationalsozialismus*, Rer. nat. Diss. Marburg 1994.

13 Hammerstein, *Deutsche Forschungsgemeinschaft* (wie Anm. 2), S. 48.

14 Vgl. Hellmut Seier, *Niveaukritik und partielle Opposition. Zur Lage an den deutschen Hochschulen 1939/40*, in: Archiv für Kulturgeschichte 58, 1976, S. 227–246, hier S. 233 ff. Monographisch zum keineswegs einfachen Studentenleben nach 1933 Michael Grüttner, *Studenten im Dritten Reich*, Paderborn u.a. 1995.

15 Vgl. Alan D. Beyerchen, *Wissenschaftler unter Hitler. Physiker im Dritten Reich*, Frankfurt/M/Berlin/Wien 1982. Zur Bedeutung jüdischer Gelehrter für die dynamische Entwicklung der Physik vgl. Klaus Fischer: *Jüdische Wissenschaftler in Weimar. Marginalität, Identität und Innovation*, in: Wolfgang Benz (Hrsg.), *Jüdisches*

Leben in der Weimarer Republik/Jews in the Weimar Republic, Tübingen 1998, S. 89–116 und die dort angeführte Literatur.

16 Der disziplinär ausgerichteten Wissenschaftsgeschichtsschreibung bleibt hier noch viel zu tun. Erdrückend faktenintensiv Frank-Rutger Hausmann, *»Vom Strudel der Ereignisse verschlungen«. Deutsche Romanistik im ‚Dritten Reich'*, Frankfurt/M 2000; stärker problemorientiert Mitchell G. Ash, *Gestalt psychology in German culture, 1890–1967. Holism and the quest for objectivity*, Cambridge 1995. Der Problematik war schon das XXI. Symposium der Gesellschaft für Wissenschaftsgeschichte, „Vor fünfzig Jahren: Emigration und Immigration von Wissenschaft", 12.–14. Mai 1983 in Wolfenbüttel gewidmet; die Beiträge sind abgedruckt in: Berichte zur Wissenschaftsgeschichte 7, 1984, S. 1–226.

17 So Volker Roelcke, *Psychiatrische Wissenschaft im Kontext nationalsozialistischer Politik und ‚Euthanasie'. Zur Rolle von Ernst Rüdin und der Deutschen Forschungsanstalt für Psychiatrie/Kaiser-Wilhelm-Institut*, in: Kaufmann, *Geschichte* (wie Anm. 6), Bd. 1, S. 111–150, hier S. 120. Aus der breiten Literatur zur Geschichte der Rassenhygiene seien lediglich zwei einschlägige Monographien genannt, nämlich Mark B. Adams, *The Wellborn Science. Eugenics in Germany, France, Brazil and Russia*, Oxford 1990, sowie Walter Schmuhl, *Rassenhygiene, Nationalsozialismus, Euthanasie. Von der Verhütung zur Vernichtung ‚lebensunwerten' Lebens*, Göttingen 1992.

18 Alle Angaben nach Michael Fahlbusch, *Die ‚Südostdeutsche Forschungsgemeinschaft'. Politische Beratung und NS-Volkstumspolitik*, in: Schulze / Oexle, *Historiker* (wie Anm. 3), S. 241–261, hier S. 242 ff.

19 Herbert Mehrtens, *Das ‚Dritte Reich' in der Naturwissenschaftsgeschichte: Literaturbericht und Problemskizze*, in: Herbert Mehrtens / Steffen Richter (Hrsg.), *Naturwissenschaft, Technik und NS-Ideologie. Beiträge zur Wissenschaftsgeschichte des Dritten Reichs*, Frankfurt/M 1980, S. 15–87, hier S. 40.

20 Allgemein zur Förderpraxis in der Physik Steffen Richter, *Forschungsförderung in Deutschland 1920–1936. Dargestellt am Beispiel der Notgemeinschaft der Deutschen Wissenschaft und ihrem Wirken für das Fach Physik*, Düsseldorf 1972. Allerdings gab es auch recht absurd erscheinende staatliche Förderungseinrichtungen wie das Postministerium; siehe Thomas Stange, *Die kernphysikalischen Ambitionen des Reichspostministers Ohnesorge*, in: Berichte zur Wissenschaftsgeschichte 21, 1998, S. 159–174.

21 Vgl. Helmut Trischler, *‚Big Science' or ‚Small Science'? Die Luftfahrtforschung im Nationalsozialismus*, in: Kaufmann, *Geschichte* (wie Anm. 6), Bd. 1, S. 328–362.

22 Hellmut Seier, *Die Hochschullehrerschaft im Dritten Reich*, in: Klaus Schwabe (Hrsg.), *Deutsche Hochschullehrer als Elite 1815–1945,* Boppard am Rhein 1988, S. 247–295, hier S. 273. – Die Schwächen einer Wissenschaftsgeschichtsschreibung, die sich fast ausschließlich auf interne Konflikte und menschliche Unzulänglichkeiten konzentriert, wird deutlich bei der Lektüre von Helmut Heiber, *Universität unterm Hakenkreuz. Teil 1: Der Professor im Dritten Reich: Bilder aus der akademischen Provinz. Teil 2: Die Kapitulation der Hohen Schulen. Das Jahr 1933 und seine Themen,* 2 Bde., München u.a. 1991–1994.

23 Vgl. Hammerstein, *Deutsche Forschungsgemeinschaft* (wie Anm. 2), S. 540–546; die Bedeutung der Kultusbehörden für die Wissenschaftspolitik im Nationalsozialismus unterstreicht auch Ingo Haar, *Kämpfende Wissenschaft. Entstehung und Niedergang der völkischen Wissenschaft im Wechsel der Systeme*, in: Schulze / Oexle, *Historiker* (wie Anm. 3), S. 215–240, hier S. 216.

24 Hammerstein, *Deutsche Forschungsgemeinschaft* (wie Anm. 2), S. 184. Eine moderne Darstellung der Wissenschaftsorganisation in der ‚Ära Althoff' ist ein Desiderat. Einen Überblick über die Disziplingeschichte gibt der Sammelband Bernhard vom Brocke (Hrsg.), *Wissenschaftsgeschichte und Wissenschaftspolitik im Industriezeitalter. Das ‚System Althoff' in historischer Perspektive*, Hildesheim 1991.

25 Vgl. Lothar Mertens, *Die Forschungsförderung der DFG im Dritten Reich 1933–1937*, in: Jahrbuch für Universitätsgeschichte 2, 1999, S. 58–74, hier S. 61 f.

26 Hans Ebert / Hermann-Josef Rupieper, *Technische Wissenschaft und nationalsozialistische Rüstungspolitik. Die Wehrtechnische Fakultät der TH Berlin 1933–1945*, in: Reinhard Rürup (Hrsg.), *Wissenschaft und Gesellschaft. Beiträge zur Geschichte der TH/TU Berlin 1879–1979*, Berlin u.a. 1979, Bd. 1, S. 469–491, hier S. 479.

27 Die einschlägigen Unterlagen zum Reichsforschungsrat finden sich BA Koblenz, R 26 III.

28 Vgl. Hammerstein, *Deutsche Forschungsgemeinschaft* (wie Anm. 2), S. 333.

29 Hans Mommsen, *Der Mythos von der Modernität. Zur Entwicklung der Rüstungsindustrie im Dritten Reich*, Essen 1999, S. 31.

30 Dazu detailliert Reinold Schröder, *Die ‚schöne Deutsche Physik' von Gustav Hertz und der ‚weiße Jude' Heisenberg – Johannes Starks ideologischer Antisemitismus*, in: Helmuth Albrecht (Hrsg.), *Naturwissenschaft und Technik in der Geschichte*, Stuttgart 1993, S. 327–341. – Die geringe wissenschaftshistorische Bedeutung der ‚Deutschen Physik' betonte zuletzt Michael Eckert, *Theoretische Physiker in Kriegsprojekten. Zur Problematik einer international vergleichenden Analyse*, in: Kaufmann, *Geschichte* (wie Anm. 6), Bd. 2, S. 296–308, hier S. 303 ff.

31 Hammerstein, *Deutsche Forschungsgemeinschaft* (wie Anm. 2), S. 401.

32 Besonders erfolgreich Erich Jaensch, *Der Hühnerhof als Forschungs- und Aufklärungsmittel in menschlichen Rassenfragen*, Berlin 1939; zum wissenschaftsgeschichtlichen Kontext vgl. Ulfried Geuter, *Nationalsozialistische Ideologie und Psychologie*, in: Mitchell G. Ash / Ulfried Geuter (Hrsg.), *Geschichte der deutschen Psychologie im zwanzigsten Jahrhundert. Ein Überblick*, Opladen 1985, S. 172–200, sowie Ulrich Sieg, *Psychologie als „Wirklichkeitswissenschaft". Erich Jaenschs Auseinandersetzung mit der „Marburger Schule"*, in: Winfried Speitkamp (Hrsg.), *Staat, Gesellschaft, Wissenschaft. Beiträge zur modernen hessischen Geschichte*, Marburg 1994, S. 313–342.

33 Vgl. Steffen Richter, *Die ‚Deutsche Physik'*, in: Mehrtens / Richter, *Naturwissenschaft* (wie Anm. 19), S. 116–141, hier S. 125.

34 Dazu grundlegend Ulfried Geuter, *Die Professionalisierung der deutschen Psychologie im Nationalsozialismus*, Frankfurt/M 1984; vgl. ferner Horst Gundlach, *Faktor Mensch im Krieg. Der Eintritt der Psychologie und Psychotechnik in den Krieg*, in: Berichte zur Wissenschaftsgeschichte 19, 1996, S. 131–143.

35 Schreiben Jaenschs an Karl Griewank vom 15. Oktober 1936, BA Koblenz R 73/11892; dort auch das nächste Zitat.

36 Vgl. Walter Groß' Gutachten für die DFG vom Herbst 1936, das die rassische Fundierung von Jaenschs Psychologie hervorhebt; BA Koblenz R 73/11892. Zu Groß' Weltbild vgl. Ulrich Herbert, *Best. Biographische Studien über Radikalismus, Weltanschauung und Vernunft, 1903–1989*, Bonn 1996, S. 206 f.; die Wirkungsgeschichte von Jaenschs 1938 in Leipzig erschienenem Opus magnum „*Der Gegentypus. Psychologisch-anthropologische Grundlagen deutscher Kulturphilosophie, ausgehend von dem was wir überwinden wollen*" skizziert Sieg, *Psychologie* (wie Anm. 32), S. 336.

37 Dazu knapp und konzis Ash, *Gestalt psychology* (wie Anm. 16), S. 343; umfassend Herbert Mehrtens, *Ludwig Bieberbach and*

,Deutsche Mathematik', in: Esther R. Philipps (Hrsg.), *Studies in the History of Mathematics*, Washington 1987, S. 195–241; Helmut Lindner, *»Deutsche« und »gegentypische« Mathematik. Zur Begründung einer »arteigenen« Mathematik im »Dritten Reich« durch Ludwig Bieberbach*, in: Mehrtens / Richter, *Naturwissenschaft* (wie Anm. 19), S. 88–115.

38 Vgl. den materialreichen Aufsatz von Volker R. Remmert, *Galilei und die Rassenlehre. Naturwissenschaftsgeschichte als Legitimationswissenschaft*, in: Zeitschrift für Geschichtswissenschaft 49, 2001, S. 333–351, hier S. 344–349.

39 Hierzu detailliert Vonderau, *Deutsche Chemie* (wie Anm. 12), der allerdings primär die Unzeitgemäßheit dieses Ansatzes in einer Periode der Rohstoffknappheit und gezielten Wissenschaftslenkung herausarbeitet.

40 Zum Ausmaß dieser Initiativen im SD-Hauptamt Hachmeister, *Gegnerforscher* (wie Anm. 10), S. 144–198.

41 Siehe die ,Liste der grossen Unternehmungen auf dem Gebiete der Geisteswissenschaften, Volksforschung, Vor- und Frühgeschichte' aus dem Jahre 1939 bei Hammerstein, *Deutsche Forschungsgemeinschaft* (wie Anm. 2), S. 293; allgemein Michael H. Kater, *Das ,Ahnenerbe' der SS 1933–1945. Ein Beitrag zur Kulturpolitik des Dritten Reiche,* Stuttgart 1974.

42 Vgl. seine umfangreiche Förderakte BA Koblenz R 73/15794.

43 Eingehend zum Niedergang der Kant-Forschung nach 1933 Werner Stark, *Nachforschungen zu Briefen und Handschriften Immanuel Kants*, Berlin 1993, S. 158–205.

44 Vgl. den Brief Herbert Grundmanns an Ernst Benz vom 22. Februar 1934; Nachlass Grundmann, Universitätsarchiv Leipzig. Den historischen Kontext skizziert Mertens, *Forschungsförderung* (wie Anm. 25), S. 66 f., dem allerdings der Konkurrenzcharakter von Seebergs Edition entgeht.

45 Siehe die aufschlussreiche Akte BA Koblenz R 73/13821.

46 BA Koblenz R 73/302. Zu Meynen vgl. Willi Oberkrome, *Geschichte, Volk und Theorie. Das ,Handwörterbuch des Grenz- und Auslanddeutschtums'*, in: Peter Schöttler (Hrsg.), *Geschichtsschreibung als Legitimationswissenschaft 1918–1945*, Frankfurt/M 1999, S. 104–127, hier S. 109. Seine Aktivitäten für die ,Volksdeutschen Forschungsgemeinschaften' umreißen Michael Fahlbusch, *Für Volk, Führer und Reich! Die Volksdeutschen Forschungsgemeinschaften und Volkstumspolitik, 1931–1945*, in: Kaufmann, *Geschichte* (wie Anm. 6), Bd. 2, S. 468–489, hier S. 468 f., und Ingo Haar, *Deutsche Ostforschung und Antisemitismus,* in:

Zeitschrift für Geschichtswissenschaft 48, 2000, S. 485–508, hier S. 489.

47 Vgl. Fahlbusch, *Südostdeutsche Forschungsgemeinschaft* (wie Anm. 18), S. 244, und Oberkrome, *Geschichte* (wie Anm. 46), S. 109.

48 Haar, *Kämpfende Wissenschaft* (wie Anm. 23), S. 225; umfassend ders., *Historiker im Nationalsozialismus. Deutsche Geschichtswissenschaft und der ‚Volkstumskampf' im Osten*, Göttingen 2000, S. 307–359; zum ‚Generalplan Ost' siehe auch Sabine Schleiermacher, *Soziobiologische Kriegsführung? Der ‚Generalplan Ost'*, in: Berichte zur Wissenschaftsgeschichte 19, 1996, S. 145–156.

49 So Hermann Aubin in seinem Brief an Albert Brackmann vom 23. September 1939; zitiert nach Hans Erich Volkmann, *Historiker aus politischer Leidenschaft. Hermann Aubin als Volksgeschichts-, Kulturboden- und Ostforsche,* in: Zeitschrift für Geschichtswissenschaft 49, 2001, S. 32–49, hier S. 37.

50 Otto Gerhard Oexle, *Die Fragen der Emigranten*, in: Schulze / Oexle, *Historiker* (wie Anm. 3), S. 51–62, hier S. 52.

51 Dies teilte Hamann der DFG am 5. August 1940 in einem Schreiben mit, in dem er für seine Fotokampagne im besetzten Frankreich eine Unterstützung von 5500 RM forderte; BA Koblenz R 73/11454. Eingehendes Material zum großangelegten ‚Kunstraub' des Marburger Gelehrten findet sich bei Anne C. Nagel (Hrsg.), *Die Philipps-Universität Marburg im Nationalsozialismus. Dokumente zu ihrer Geschichte*, bearb. v. ders. / Ulrich Sieg, Stuttgart 2000, S. 404–416.

52 Vgl. Anja Heuss, *Kunst- und Kulturgutraub. Eine vergleichende Studie zur Besatzungspolitik der Nationalsozialisten in Frankreich und der Sowjetunion*, Heidelberg 2000, S. 221–224.

53 So pointiert Frank-Rutger Hausmann, *Der „Kriegseinsatz" der Deutschen Geisteswissenschaften im Zweiten Weltkrieg (1940–1945)*, in: Schulze / Oexle, *Historiker* (wie Anm. 3), S. 63–86, hier S. 80. Umfassend ders., *‚Deutsche Geisteswissenschaft' im Zweiten Weltkrieg. Die ‚Aktion Ritterbusch' (1940–1945)*, Dresden/München 1998.

54 Schreiben an Herbert Grundmann, Nachlass Grundmann, Universitätsarchiv Leipzig. – Für den Hinweis auf wertvolle Dokumente im Nachlass des Leipziger Mediävisten danke ich herzlich Anne C. Nagel.

55 Deichmann, *Biologen* (wie Anm. 8), S. 171.

56 Hans-Peter Kröner, *Von der Eugenik zur NS-Rassenhygiene. Zur politischen Schuld der Medizin im ‚Dritten Reich'*, in: R. Knigge-Tesche, *Berater* (wie Anm. 4), S. 111–132, hier S. 123.

57 Nagel / Sieg, *Philipps-Universität* (wie Anm. 51), S. 355 ff.

58 Vgl. Deichmann, *Biologen* (wie Anm. 8), S. 73 u. 91.

59 Diese jüngst häufiger gebrauchte Kategorie findet sich bereits bei Theodor Lessing, *Vaterland*, in: ders., *»Wir machen nicht mit!« Schriften gegen den Nationalismus und zur Judenfrage*, hrsg. v. Jörg Wollenberg unter Mitarb. v. Helmut Donat, Bremen 1997, S. 99 ff., hier S. 100 [zuerst in Volkswille vom 31. Januar 1933, Beilage ‚Für Unterhaltung und Bildung'].

60 Vgl. Hammerstein, *Deutsche Forschungsgemeinschaft* (wie Anm. 2), S. 76 u. 408, der allerdings diesen Befund herunterspielt.

61 Die Bedeutung generationeller Prägungen für den wissenschaftlichen Denkstil der zweiten Nachkriegszeit ist bislang kaum untersucht. Zur massiven Förderung des akademischen Nachwuchses durch die NSDAP vgl. Michael Grüttner, *Wissenschaftspolitik im Nationalsozialismus*, in: Kaufmann, *Geschichte* (wie Anm. 6), Bd. 2, S. 555–585, hier S. 568 f.

62 Ulrich Wengenroth in seinem Vortrag *„Wissenschaft und Innovationskultur in Deutschland"* am 18. Mai 2000 bei der Berliner Tagung *„Wissenschaften und Wissenschaftspolitik. Interaktionen. Kontinuitäten und Bruchzonen vom späten Kaiserreich bis zur frühen Bundesrepublik/DDR"*; vgl. den Bericht von Stefan Kriekhaus, in: Berichte zur Wissenschaftsgeschichte 24, 2001, S. 47–50.

63 Vgl. Hammerstein, *Deutsche Forschungsgemeinschaft* (wie Anm. 2), S. 267 u. 375.

64 Dazu eingehend Ewald Grothe, *Eine ‚lautlose' Angelegenheit? Zur Rückkehr des Verfassungshistorikers Ernst Rudolf Huber in die universitäre Wissenschaft nach 1945*, in: Zeitschrift für Geschichtswissenschaft 47, 1999, S. 980–1001, hier S. 993 ff.

65 Vgl. Ulrich Sieg, *Aufstieg und Niedergang des Marburger Neukantianismus. Die Geschichte einer philosophischen Schulgemeinschaft*, Würzburg 1994, 16 f., sowie ausführlich ders., *„Deutsche Wissenschaft" und Neukantianismus. Die Geschichte einer Diffamierung*, im vorliegenden Band S. 176–196. Zur Fruchtbarkeit der kulturwissenschaftlichen Theoriediskussionen, die nachhaltig von neukantianischen Vorstellungen geprägt wurden, vgl. Otto Gerhard Oexle (Hrsg.), *Das Problem der Problemgeschichte 1880–1932*, Göttingen 2001.

„Deutsche Wissenschaft" und Neukantianismus. Die Geschichte einer Diffamierung

1 So das anschauliche Bild von Thomas Nipperdey, *Deutsche Geschichte 1866–1918,* Bd. 1: *Arbeitswelt und Bürgergeist*, München 1990, S. 190.

2 Vgl. Julius Ebbinghaus, *Kants Rechtslehre und die Rechtsphilosophie des Neukantianismus*, in: Josef Derborow / Friedhelm Nicolai (Hrsg.), *Erkenntnis und Verantwortung. Festschrift für Theodor Litt*, Düsseldorf 1960, S. 317–334; ders., *Deutschtum und Judentum bei Hermann Cohen*, in: Kant-Studien 60, 1969, S. 84–96; ders., *Hermann Cohen*, in: *Neue Deutsche Biographie 3*, Berlin 1957, S. 310–313, und ders., *Hermann Cohen*, in: *The Encyclopedia of Philosophy 2*, New York/London 1967, S. 25–128.

3 Klaus Christian Köhnke, *Entstehung und Aufstieg des Neukantianismus. Die deutsche Universitätsphilosophie zwischen Idealismus und Positivismus*, Frankfurt/M 1986, S. 404–433.

4 Hans-Ulrich Wehler, *Historisches Denken am Ende des 20. Jahrhunderts*, in: ders., *Umbruch und Kontinuität. Essays zum 20. Jahrhundert*, München 2000, S. 301–326, hier S. 320 f.

5 Ders., *Das Deutsche Kaiserreich 1871–1918*, 4. Aufl. Göttingen 1980, S. 107 (zuerst ebd. 1973).

6 Hermann Cohen, *System der Philosophie. Erster Teil: Logik der reinen Erkenntnis*, Berlin 1902. Zu Cohens Philosophie grundlegend: Helmut Holzhey, *Cohen und Natorp l: Die Geschichte der ‚Marburger Schule' als Auseinandersetzung um die Logik des Denkens*, Basel/Stuttgart 1986.

7 Paul Natorp, *Platos Ideenlehre. Eine Einführung in den Idealismus*, Leipzig 1903. Zu den ideengeschichtlichen Bezügen vgl. die schöne Studie von Karl-Heinz Lembeck, *Platon in Marburg. Platonrezeption und Philosophiegeschichtsphilosophie bei Cohen und Natorp*, Würzburg 1994.

8 Ernst Cassirer, *Substanzbegriff und Funktionsbegriff. Untersuchungen über die Grundlagen der Erkenntniskritik*, Berlin 1910.

9 Eine überzeugende Darstellung der ‚Südwestdeutschen Schule' fehlt. Die Vielfalt der neukantianischen Ansätze illustriert der Sammelband: Ernst Wolfang Orth / Helmut Holzhey (Hrsg.), *Neukantianismus. Perspektiven und Probleme*, Würzburg 1994.

10 Paul Natorp, *Die logischen Grundlagen der exakten Wissenschaften*, Leipzig/Berlin 1910, S. 14.

11 Max Weber, *Die „Objektivität" sozialwissenschaftlicher und sozialpolitischer Erkenntnis*, in: ders., *Gesammelte Aufsätze zur Wissenschaftslehre*, Tübingen 1982, S. 146–214, hier S. 166, Hervor-

hebungen im Original. Zum Einfluss des Neukantianismus auf Max Weber: Peter Ulrich Merz, *Max Weber und Heinrich Rickert. Die erkenntniskritischen Grundlagen der verstehenden Soziologie*, Würzburg 1990.

12 Eine umfassende Studie zum Einfluss neukantianischer Theoreme auf die Entwicklung der Einzeldisziplinen ist ein Desiderat. Für die ‚Marburger Schule' vgl. Ulrich Sieg, *Aufstieg und Niedergang des Marburger Neukantianismus. Die Geschichte einer philosophischen Schulgemeinschaft*, Würzburg 1994, bes. S. 211–225.

13 Ebd., S. 323 f.; zur Frühgeschichte der Phänomenologie nach wie vor wichtig: Iso Kern, *Husserl und Kant. Eine Untersuchung über Husserls Verhältnis zu Kant und dem Neukantianismus*, Den Haag 1964.

14 Vgl. die gediegene Studie von Alfred Kelly, *The Descent of Darwin. The Popularization of Darwinism in Germany, 1860–1914*, Chapel Hill 1981.

15 Zur europäischen Dimension dieses Phänomens: Christoph Charle, *Vordenker der Moderne. Die Intellektuellen im 19. Jahrhundert*, Frankfurt/M 1996, sowie Gangolf Hübinger, *Die europäischen Intellektuellen 1890–1930*, in: Neue Politische Literatur 39, 1994, S. 34–54.

16 Dazu pointiert: Otto Gerhard Oexle, *Max Weber – Geschichte als Problemgeschichte*, in: ders. (Hrsg.), *Das Problem der Problemgeschichte 1880–1932*, Göttingen 2001, S. 9–37, bes. S. 24–27.

17 Aus der neueren Literatur seien genannt: Kurt Flasch, *Die geistige Mobilmachung. Die deutschen Intellektuellen und der Weltkrieg. Ein Versuch*, Berlin 2000, und Jeffrey Verhey, *Der Geist von 1914 und die Erfindung der Volksgemeinschaft*, Hamburg 2000. Weiterführend daneben immer noch: Hermann Lübbe, *Politische Philosophie in Deutschland*, Basel/Stuttgart 1963.

18 Dazu eingehend: Ulrich Sieg, *Jüdische Intellektuelle im Ersten Weltkrieg. Kriegserfahrungen, weltanschauliche Debatten und kulturelle Neuentwürfe*, Berlin 2001.

19 Generell zum lange unterschätzten Ausmaß der Judenfeindschaft zwischen 1914 und 1918: Werner Bergman / Juliane Wetzel, *Antisemitismus im Ersten und Zweiten Weltkrieg. Ein Forschungsüberblick*, in: Bruno Thoss / Hans-Erich Volkmann (Hrsg.), *Erster Weltkrieg – Zweiter Weltkrieg. Ein Vergleich. Krieg, Kriegserlebnis, Kriegserfahrung in Deutschland. Im Auftrag des Militärgeschichtlichen Forschungsamtes*, Paderborn u.a. 2002, S. 437–469, hier S. 439–448, sowie Sieg, *Intellektuelle* (wie Anm. 18), S. 174–198.

20 Bruno Bauch, *Vom Begriff der Nation. Ein Kapitel zur Geschichtsphilosophie. Vortrag gehalten in der Staatswissenschaftlichen Gesellschaft zu Jena*, in: Kant-Studien 21, 1917, S. 139–162. Der Vorabdruck findet sich in: Der Panther 4, 1916, S. 917–921. – Zum Folgenden vgl. Ulrich Sieg, *Deutsche Kulturgeschichte und jüdischer Geist. Ernst Cassirers Auseinandersetzung mit der völkischen Philosophie Bruno Bauchs. Ein unbekanntes Manuskript*, in: Bulletin des Leo Baeck Instituts 34, 1991, S. 59–91. Bei aller Quellenkenntnis fast unbrauchbar ist die Darstellung der Debatte von Christian Tilitzki, *Die deutsche Universitätsphilosophie in der Weimarer Republik und im Dritten Reich*, 2 Bde., Berlin 2002, hier Bd. 1, S. 473–486, der in seiner Kritik am „Assimilanten Cohen", ebd., S. 476, eine Vielzahl zeitgenössischer Invektiven für philosophisch tragfähige Argumente hält.

21 Bauch, *Begriff* (wie Anm. 20), S. 147. – Die poetisch getönte Bezeichnung des Propagandakrieges entstammt dem von Hermann Kellermann herausgegebenen Sammelband *Der Krieg der Geister. Eine Auslese deutscher und ausländischer Stimmen zum Weltkrieg 1914*, Dresden 1915.

22 Vgl. Sieg, *Kulturgeschichte* (wie Anm. 20), S. 65 f.

23 Dies betont Thomas Meyer, *Ernst Cassirer – Judentum aus dem Geist der universalistischen Vernunft*, in: Aschkenas 10, 2000, S. 459–501, hier S. 473.

24 Thüringer Universitäts- und Landesbibliothek Jena, Nachlass Eucken.

25 Bruno Bauch, *Mein Rücktritt von den ‚Kant-Studien'. Eine Antwort auf viele Fragen*, in: Der Panther 5, 1917, S. 148–154, hier S. 151.

26 Den ideengeschichtlichen Kontext analysiert: Hans Sluga, *Heidegger's Crisis. Philosophy and Politics in Nazi Germany*, Cambridge, Mass./London 1995, S. 75–85.

27 Einen guten Eindruck vom rückwärtsgewandten Geist der ‚Deutschen Philosophischen Gesellschaft' vermitteln die deskriptiv gehaltenen Ausführungen von Tilitzki, *Universitätsphilosophie* (wie Anm. 20), Bd. 1, S. 486–544.

28 Vgl. Sieg, *Aufstieg* (wie Anm. 12), S. 438–462.

29 Vgl. Stefan Breuer, *Anatomie der Konservativen Revolution*, Darmstadt 1993, und ders., *Grundpositionen der deutschen Rechten (1871–1945)*, Tübingen 1999, S. 103–155.

30 Dazu komprimiert: Michael Hänel, *Problemgeschichte als Forschung. Die Erbschaft des Neukantianismus*, in: Oexle, *Das Problem der Problemgeschichte* (wie Anm. 16), S. 85–127, hier S. 100 f.,

Anm. 22. Den ideenhistorischen Kontext umreißt: Otto Gerhard Oexle, *„Wirklichkeit" – „Krise der Wirklichkeit" – „Neue Wirklichkeit". Deutungsmuster und Paradigmenkämpfe in der deutschen Wissenschaft vor und nach 1933*, in: Frank Rutger Hausmann (Hrsg.), *Die Rolle der Geisteswissenschaften im Dritten Reich 1933–1945*, München 2002, S. 1–20, hier S. 11–14.

31 Egon Friedell, *Kulturgeschichte der Neuzeit. Die Krisis der europäischen Seele von der schwarzen Pest bis zum Ersten Weltkrieg, 2 Bde.*, 5. Auflage München 1984 [zuerst ebd., 1927–1931], hier Bd. 2, S. 1391; dort auch das folgende Zitat.

32 Die Beziehungen zwischen Neukantianismus und Kulturprotestantismus sind immer noch nicht hinreichend untersucht. Als Fallstudie instruktiv: Dietrich Korsch, *Hermann Cohen und die protestantische Theologie seiner Zeit*, in: Zeitschrift für Neuere Theologiegeschichte 1, 1994, S. 66–96.

33 Vgl. John Haag, *The Spann Circle and the Jewish Question*, in: Leo Baeck Institute Year Book 18, 1973, 93–126, hier 103 ff., sowie als ideengeschichtliche Einordnung Michael Hänel, *Exclusions and Inclusions of a Cosmopolitan Philosopher. The Case of Ernst Cassirer*, in: Larry E. Jones (Hrsg.), *Crossing Boundaries. The Exclusion and Inclusion of Minorities in Germany and the United States*, New York/Oxford 2001, S. 119–140, hier S. 127.

34 Nähere Angaben zur Wirkungsgeschichte der Spannschen Rede bietet: John Michael Krois, *Warum fand keine Davoser Debatte zwischen Cassirer und Heidegger statt?*, in: Dominic Kaegi / Enno Rudolph (Hrsg.), *Cassirer – Heidegger. 70 Jahre Davoser Disputation*, Hamburg 2002, S. 234–246.

35 Aus der breiten Literatur zu Davos sei lediglich die forschungsgeschichtlich wichtige Skizze von Karlfried Gründer, *Cassirer und Heidegger in Davos 1929*, in: Hans-Jürgen Braun / Helmut Holzhey / Ernst Wolfgang Orth (Hrsg.), *Ernst Cassirers Philosophie der symbolischen Formen*, Frankfurt/M 1988, S. 290–302, eigens genannt. Das Protokoll der Debatte findet sich als Anhang zu Martin Heidegger, *Kant und das Problem der Metaphysik*, hrsg. v. Friedrich-Wilhelm von Hermann, in: Martin Heidegger Gesamtausgabe Abt. 1: Veröffentlichte Schriften 3, 5. Aufl., Frankfurt/M 1991, S. 274–296.

36 Ebd., S. 275.

37 Franz Rosenzweig, *Vertauschte Fronten*, in: ders., *Kleinere Schriften*, Berlin 1937, S. 354 ff. [zuerst: Morgen *6*, 1929, S. 85 ff.]. Zu den Motiven von Rosenzweigs philosophischer Entwicklung: Robert Gibbs, *Correlations in Rosenzweig and Levinas*, Princeton 1994; seine Haltung im Frühjahr 1929 erörtert: Reiner Wiehl,

„Vertauschte Fronten“. Franz Rosenzweigs Stellungnahme zur Davoser Disputation, in: Kaegi / Rudolph, *Cassirer – Heidegger* (wie Anm. 34), S. 207–214.

38 Ulrich Sieg, *„Die Verjudung des deutschen Geistes.“ Ein unbekannter Brief Heideggers*, in: Die Zeit Nr. 52 vom 22. Dezember 1989, S. 50; dort auch das nächste Zitat. – Eine verharmlosende Interpretation dieses Schlüsseldokuments präsentiert: Julian Young, *Heidegger, Philosophy, Nazism*, Cambridge 1997, S. 40 ff. Christia“ Tilitzki entschied sich in seinem 1437 Seiten langen Werk zur deutschen Universitätsphilosophie dafür, Heideggers Brief an Schwoerer nicht zu erwähnen.

39 Vgl. Mitchell Ash, *Emigration und Wissenschaftswandel als Folgen der nationalsozialistischen Wissenschaftspolitik*, in: Doris Kaufmann (Hrsg.), *Geschichte der Kaiser-Wilhelm-Gesellschaft im Nationalsozialismus. Bestandsaufnahme und Perspektiven der Forschung*, 2 Bde., Göttingen 2000, hier Bd. 2, S. 610–631, die Zahlenangaben S. 611.

40 Zum Ausmaß und den Ursachen der fachinternen ‚Säuberungen‘: Hans-Joachim Dahms, *Philosophie*, in: Hausmann, *Die Rolle der Geisteswissenschaften im Dritten Reich* (wie Anm. 30), S. 229–264, hier S. 256.

41 Statt vieler Belege: Karl Löwith, *Mein Leben in Deutschland vor und nach 1933. Ein Bericht*, Stuttgart 1986, S. 143, Anm. 21.

42 Vgl. die knappen Angaben bei George Leaman, *Heidegger im Kontext. Gesamtüberblick zum NS-Engagement der Universitätsphilosophen*, Hamburg 1993, 54, und Tilitzki, *Universitätsphilosophie* (wie Anm. 20), Bd. 1, S. 61 u. 603.

43 Differenziert zu den institutionengeschichtlichen Veränderungen: George Leaman / Gerd Simon, *Die Kant-Studien im Dritten Reich*, in: Kant-Studien 85, 1994, S. 443–469.

44 Vgl. Sluga, *Heidegger's Crisis* (wie Anm. 26), S. 85–100, und Thomas Laugstien, *Philosophieverhältnisse im deutschen Faschismus*, Hamburg 1990, S. 124–130.

45 Zur traurigen Geschichte der Kant-Philologie im ‚Dritten Reich‘: Werner Stark, *Nachforschungen zu Briefen und Handschriften Immanuel Kants*, Berlin 1993, S. 158–205.

46 Es ist wiedergegeben bei: Claudia Schorcht, *Philosophie an den bayerischen Universitäten 1933–1945*, Erlangen 1990, S. 161; dort auch die folgenden Zitate. Als Interpretation überzeugend: Hugo Ott, *Martin Heidegger und sein ambivalentes Verhältnis zum Judentum*, in: Trumah 8, 1999, S. 29–41, hier S. 35 f.

47 Zum berufungspolitischen Kontext: Victor Farías, *Heidegger und der Nationalsozialismus*, Frankfurt/M 1989, S. 225–233.

48 Der Text ist abgedruckt: Deutsche Juristen-Zeitung 41, 1936, S. 1193–1196. Ideengeschichtliche Einordnungen bieten: Raphael Gross, *Carl Schmitt und die Juden. Eine deutsche Rechtslehre*, Frankfurt/M 2000, S. 120–134, und Reinhard Mehring, *Carl Schmitt zur Einführung*, Neufassung Hamburg 2001, S. 67–70.

49 Vgl. Steffen Richter, *Die ‚Deutsche Physik'*, in: Herbert Mehrtens / Steffen Richter (Hrsg.), *Naturwissenschaft, Technik und NS-Ideologie. Beiträge zur Wissenschaftsgeschichte des Dritten Reichs*, Frankfurt/M 1980, S. 116–141; Reinald Schröder, *Die ‚schöne Deutsche Physik' von Gustav Hertz und der ‚weiße Jude' Heisenberg – Johannes Starks ideologischer Antisemitismus*, in: Helmut Albrecht (Hrsg.), *Naturwissenschaft und Technik in der Geschichte*, Stuttgart 1993, 327–341, sowie Ulrich Sieg, *Strukturwandel der Wissenschaft im Nationalsozialismus*, im vorliegenden Band S. 158–175.

50 Zu Jaenschs Bedeutung für die Psychologiegeschichte im ‚Dritten Reich': Ulfried Geuter, *Nationalsozialistische Ideologie und Psychologie*, in: Mitchell G. Ash / Ulfried Geuter (Hrsg.), *Geschichte der deutschen Psychologie im 20. Jahrhundert. Ein Überblick*, Opladen 1985, S. 172–200, und Ulrich Sieg, *Psychologie als „Wirklichkeitswissenschaft". Erich Jaenschs Auseinandersetzung mit der „Marburger Schule"*, in: Winfried Speitkamp (Hrsg.), *Staat, Gesellschaft, Wissenschaft. Beiträge zur modernen hessischen Geschichte*, Marburg 1994, S. 313–342.

51 Vgl. Jaenschs Brief an den Jenaer Historiker Karl Griewank vom 15. Oktober 1936; Bundesarchiv Koblenz, R 73/11892.

52 Dazu eingehend: Helmut Lindner, *‚Deutsche' und ‚gegentypische' Mathematik. Zur Begründung einer ‚arteigenen' Mathematik im ‚Dritten Reich' durch Ludwig Bieberbach*, in: Mertens / Richter, *Naturwissenschaft, Technik und NS-Ideologie* (wie Anm. 49), und Herbert Mehrtens, *Ludwig Bieberbach and ‚Deutsche Mathematik'*, in: Esther R. Philipps (Hrsg.), *Studies in the History of Mathematics*, Washington 1987, S. 195–241.

53 Vgl. Mitchell G. Ash, *Gestalt psychology in German culture, 1890–1967. Holism and the quest for objectivity*, Cambridge 1995, S. 42–50, sowie Sieg, *Psychologie* (wie Anm. 50), S. 318 f.

54 Erich R. Jaensch, *Geisteskampf gegen das Weltjudentum*, in: National-Zeitung vom 11. Dezember 1938.

55 Raymond Schmidt, *Das Judentum in der Philosophie*, in: Theodor Fritsch (Hrsg.), *Handbuch zur Judenfrage. Die wichtigsten Tatsachen zur Beurteilung des jüdischen Volkes*, 42. Aufl. Leipzig 1938, S. 391–401. Zur Interpretation dieses Artikels vgl. Dahms, *Philosophie* (wie Anm. 50), S. 208, und Oexle, *Wirklichkeit* (wie Anm. 30), S. 3 f.; zu seinem Verfasser: Tilitzki, *Universitätsphilosophie* (wie Anm. 20), Bd. 2, S. 1059.

56 Beide Zitate: Schmidt, *Judentum* (wie Anm. 55), S. 399.

57 Vgl. Anne C. Nagel, *Die Philipps-Universität im Nationalsozialismus. Dokumente zu ihrer Geschichte,* bearb. von ders. / Ulrich Sieg, Stuttgart 2000, S. 273 f.

58 Schreiben Ernst von Hülsens an das Reichserziehungsministerium vom 13. Juli 1940; Hessisches Staatsarchiv Marburg 310, acc. 1978/15, nicht foliierte Beilage.

59 Die Arbeit, die zugleich den ersten Band der Reihe *Idee und Gestalt des Nationalsozialismus* darstellte, erschien 1937 in Berlin. Für die Zusendung einer Kopie der Widmungsseite seines Exemplars danke ich herzlich Manfred Voigts, Potsdam.

60 Vgl. Gerhard Lehmann, *Der Einfluß des Judentums auf das französische Denken der Gegenwart*, Berlin 1940, sowie ders., *Die deutsche Philosophie der Gegenwart*, Leipzig 1943, bes. S. 71–82.

61 Hans F. K. Günther, *Ritter, Tod und Teufel. Der heldische Gedanke*, München 1920, 159. Intellektuell anregend, aber empirisch allzu ‚luftig' zur Kantinterpretation im ‚Dritten Reich': Volker Böhnigk, *Kant und der Nationalsozialismus. Einige programmatische Bemerkungen über nationalsozialistische Philosophie*, Bonn 2000.

62 Max Wundt, *Die Wurzeln der deutschen Philosophie in Stamm und Rasse*, Berlin 1944, 16. Tafel, untertitelt „Augen blau, Haar blond, Haut rosig. Nordisch mit leichtem dinarischem Einschlag". Erstaunlich viel Verständnis für Wundts abseitiges Werk bekundet der ansonsten informative Essay von Peter Hoeres, *Ein dreißigjähriger Krieg der deutschen Philosophie? Kriegsdeutungen im Ersten und Zweiten Weltkrieg*, in: Thoss / Volkmann, *Erster Weltkrieg – Zweiter Weltkrieg* (wie Anm. 19), S. 471–495, hier S. 492.

63 Ernst Krieck, *Das manichäische Fünfblatt: Juden, Jesuiten, Illuminaten, Jakobiner und Kommunisten*, in: Volk im Werden 8, 1940, S. 122–136. Schilderung des gesamten Vorgangs nach: Michael Grüttner, *Wissenschaftspolitik im Nationalsozialismus*, in: Kaufmann, *Geschichte* (wie Anm. 39), Bd. 2, S. 555–585, hier S. 566 f.

64 Angaben nach: Hoeres, *Krieg* (wie Anm. 62), S. 478 f., und Leaman / Simon, *Kant-Studien* (wie Anm. 43), S. 448 f.

65 Vgl. die materialreiche und umsichtige Studie von Dirk van Laak, *Gespräche in der Sicherheit des Schweigens. Carl Schmitt in der Geistesgeschichte der frühen Bundesrepublik*, Berlin 1993. Allgemein zum restaurativen Zeitklima: Norbert Frei, *Vergangenheitspolitik. Die Anfänge der Bundesrepublik und die NS-Vergangenheit*, München 1996. Zu den methodologischen Problemen einer Wissenschaftsgeschichtsschreibung ex silentio: Ewald Grothe, *Eine „lautlose" Angelegenheit? Zur Rückkehr des Verfassungshistorikers Rudolf Huber in die universitäre Wissenschaft nach 1945*, in: Zeitschrift für Geschichtswissenschaft 11, 1999, S. 980–1001, hier S. 980–983.

66 Dazu komprimiert: Herbert Schnädelbach, *Deutsche Philosophie nach 1945*, in: Wolfgang Prinz / Peter Weingart (Hrsg.), *Die sog. Geisteswissenschaften: Innenansichten*, Frankfurt/M 1990, S. 403–418, hier S. 404 f.

67 Vgl. Winfried Schulze, *Deutsche Geschichtswissenschaft nach 1945*, München 1989, S. 201 ff. Zur Bedeutung Ritters für die Traditionspflege der frühen Bundesrepublik: Christoph Cornelissen, *Gerhard Ritter. Geschichtswissenschaft und Politik im 20. Jahrhundert*, Düsseldorf 2001, S. 371–560.

68 *Gerhard Ritter. Ein politischer Historiker in seinen Briefen*, hrsg. v. Klaus Schwabe u. Rolf Reichardt unter Mitw. v. Reinhard Hauf, S. 304–307, hier S. 305.

69 Ebd., S. 316–320, hier S. 317, Brief Gerhard Ritters an Nicolai Hartmann vom 15. März 1937; Hervorhebung im Original.

70 Zu Heimsoeths Antisemitismus vgl. Frank Golczewiski, *Kölner Universitätslehrer und der Nationalsozialismus. Personengeschichtliche Ansätze*, Köln/Wien 1988, S. 278 f. Seine philosophischen Anfänge skizziert Sieg, *Aufstieg* (wie Anm. 12), S. 324–328 u. S. 445 ff.

71 Das Gutachten Gerhard Ritters vom 22. Oktober 1947 liegt vor: Bundesarchiv Koblenz, NL 1166, Nr. 330.

72 Brief Gerhard Ritters an Theodor Schieder vom 8. November 1965; *Gerhard Ritter* (wie Anm. 68), S. 612 f., hier S. 612. Ritters Lob galt Heimsoeths in Bonn 1948 veröffentlichter Schrift *Geschichtsphilosophie*.

73 Dazu pointiert: Gross, *Carl Schmitt* (wie Anm. 48), S. 46 f., Anm. 47.

74 Carl Schmitt, *Glossarium. Aufzeichnungen der Jahre 1947–1951*, hrsg. v. Eberhard v. Medem, Berlin 1991, S. 57; zum geistes- und lebensgeschichtlichen Kontext vgl. Reinhard Mehring, *Vergangenheitsbewältigung bei Carl Schmitt*, in: Wolfgang Bialas /

Manfred Gangl (Hrsg.), *Intellektuelle im Nationalsozialismus*, Frankfurt/M u.a. 2000, S. 120–134.

75 *Johannes Haller, Lebenserinnerungen. Gesehenes – Gehörtes – Gedachtes*, Stuttgart 1960, S. 238.

76 Die grundlegenden methodologischen Probleme erörtert: Shulamit Volkov, *Das geschriebene und das gesprochene Wort. Über Kontinuität und Diskontinuität im deutschen Antisemitismus*, in: dies., *Jüdisches Leben und Antisemitismus im 19. und 20. Jahrhundert*, München 1990, S. 54–75 u. 206–210.

77 Vor diesem Hintergrund erklärt sich auch die massive Stilisierung des Davoser Gesprächs durch Heidegger und seine Anhänger, die von der Forschung lange Zeit nicht genügend beachtet wurde; vgl. Hänel, *Exclusions* (wie Anm. 33), S. 127.

78 Vgl. Oexle, *Wirklichkeit* (wie Anm. 30), S. 15.

79 Mitchell Ash, *Psychologie*, in: Hausmann, *Die Rolle der Geisteswissenschaften im Dritten Reich* (wie Anm. 30), S. 229–264, hier S. 256.

80 Sieg, *Strukturwandel* (wie Anm. 49), S. 262. Zur Antragsprosa im ‚Dritten Reich' und ihrer Bewertung siehe Lothar Mertens, *Ein „neuer Geist" an den deutschen Hochschulen 1934–36. Gutachten und Stellungnahmen über Stipendiumsanwärter der DFG*, in: Jahrbuch für Antisemitismusforschung 6, 1997, S. 203–217, und ders., *Die Forschungsförderung der DFG im Dritten Reich 1933–1937*, in: Jahrbuch für Universitätsgeschichte 2, 1999, S. 58–74.

81 Zur Vehemenz der Bekämpfung vgl. das Schreiben von Franz Alfred Six an den Präsidenten der Forschungsgemeinschaft Rudolf Mentzel vom 12. Februar 1939, mit dem die Einrichtung eines ‚Instituts für politische Geistes- und Zeitgeschichte' vorbereitet werden sollte. Darin heißt es: „Innerhalb der antivölkischen Front sammeln sich Marxismus, Judentum und Freimaurerei zu einem einhelligen Liberalismus, welcher daraufhin als Gesamterscheinung zu erfassen und im ganzen aufzulösen wäre", Bundesarchiv Koblenz, R 73/14799. Generell siehe die instruktive Monographie von Lutz Hachmeister, *Der Gegnerforscher. Die Karriere des SS-Führers Franz Alfred Six*, München 1998.

82 Vgl. Ulrich Sieg, *Im Zeichen der Beharrung. Althoffs Wissenschaftspolitik und die deutsche Universitätsphilosophie*, in: Bernhard vom Brocke (Hrsg.), *Wissenschaftsgeschichte und Wissenschaftspolitik im Industriezeitalter. Das „System Althoff" in historischer Perspektive*, Hildesheim 1991, S. 287–306, bes. S. 290–293.

Realitätsferner Utopismus oder hellsichtige Gegenwartskritik? Zur politischen Philosophie des späten Natorp

1 Fritz K. Ringer, *Die Gelehrten. Der Niedergang der deutschen Mandarine, 1890–1933*, München 1987, S. 249 ff. u. passim. Zentral für die Kritik am Nationalismus des späten Natorp: Hermann Lübbe, *Politische Philosophie in Deutschland. Studien zu ihrer Geschichte*, München 1974, S. 171–235.

2 Klaus Rehbein, *Wissenschaft im Nationalsozialismus*, in: *Die Philipps-Universität im Nationalsozialismus. Veranstaltungen der Universität zum 50. Jahrestag des Kriegsendes 8. Mai 1995,* hrsg. v. Konvent der Philipps-Universität, Marburg 1996, S. 9–33, hier S. 24, Anm. 10. Von den orthodox marxistischen Fehldeutungen, welche die legitimatorische Funktion der Natorpschen Philosophie für die wilhelminische Gesellschaft betonen, sei lediglich Richard Pippert, *Idealistische Sozialkritik und „Deutscher Weltberuf". Paul Natorps Pestalozzirezeption in seiner ersten und letzten Interpretation*, Weinheim/Berlin/Basel 1969 genannt.

3 Helmut Holzhey, *Cohen und Natorp*, 2 Bde., Bd. 1: *Ursprung und Einheit. Die Geschichte der „Marburger Schule" als Auseinandersetzung um die Logik des Denkens*; Bd. 2: *Der Marburger Neukantianismus in Quellen. Zeugnisse kritischer Lektüre. Briefe der Marburger. Dokumente zur Philosophiepolitik der Schule*, Basel/Stuttgart 1986, hier Bd. 1, S. 36–39.

4 Norbert Jegelka, *Paul Natorp. Philosophie, Pädagogik, Politik,* Würzburg 1992. Eine detaillierte Kritik enthält meine Besprechung Hessisches Jahrbuch für Landesgeschichte 44, 1994, S. 245 f. – Allgemein zur Vielfalt gesellschaftskritischer Konzepte im Neukantianismus: Helmut Holzhey (Hrsg.), *Ethischer Sozialismus. Zur politischen Philosophie im Neukantianismus*, Frankfurt/M 1994.

5 Inhaltlich und methodisch weiterführend: Steffen Bruendel, *Volksgemeinschaft oder Volksstaat. Die „Ideen von 1914" und die Neuordnung Deutschlands im Ersten Weltkrieg*, Berlin, 2003, sowie Peter Hoeres, *Krieg der Philosophen. Die deutsche und die britische Philosophie im Ersten Weltkrieg*, Paderborn/München/Wien 2004.

6 Einen Überblick über die Forschungslage gibt das von Dirk Schuhmann und Andreas Wirsching herausgegebene Themenheft *„Violence and Society after the First World War"* (Journal of Modern European History 1, 2003); vgl. ferner Ulrich Sieg, *Jüdische Intellektuelle im Ersten Weltkrieg. Kriegserfahrungen, weltanschauliche Debatten und kulturelle Neuentwürfe*, Berlin 2001, bes. S. 257–317.

7 Kurt Flasch, *Die geistige Mobilmachung. Die deutschen Intellektuellen und der Erste Weltkrieg. Ein Versuch*, Berlin 2000, S. 320–329.

8 Eindrucksvolle Beispiele für diesen Narrativ bieten: Gunther Mai, *Das Ende des Kaiserreichs. Politik und Kriegführung im Ersten Weltkrieg*, 2. Aufl. München 1993; Reinhard Rürup, *Der „Geist von 1914" in Deutschland. Kriegsbegeisterung und Ideologisierung des Krieges im Ersten Weltkrieg*, in: Bernd Hüppauf (Hrsg.), *Ansichten vom Krieg. Vergleichende Studien zum Ersten Weltkrieg in Literatur und Gesellschaft*, Königstein im Taunus 1984, S. 1–30.

9 So die Kernthese der Studie von Jeffrey T. Verhey, *Der „Geist von 1914" und die Erfindung der Volksgemeinschaft*, Hamburg 2000.

10 Hierzu detailliert: Wolfgang Kruse, *Krieg und nationale Integration. Eine Neuinterpretation des sozialdemokratischen Burgfriedensschlusses 1914/15*, Essen 1994, bes. S. 158–164.

11 Vgl. Christian Geinitz, *Kriegsfurcht und Kampfbereitschaft. Das Augusterlebnis in Freiburg. Eine Studie zum Kriegsbeginn 1914*, Essen 1998.

12 Paul Natorp, *Über den gegenwärtigen Krieg. Brief eines deutschen Universitätsprofessors an einen amerikanischen Kollegen*, in: ders., *Der Tag des Deutschen, Vier Kriegsaufsätze*, Hagen 1915, S. 13–33 [zuerst in: Kölnische Zeitung Nr. 1034 u. 1036 vom 17. September 1914], hier S. 22 f. Generell zu Natorps Weltkriegsliteratur: Hoeres, *Krieg der Philosophen* (wie Anm. 5), 236–244; Jegelka, *Natorp* (wie Anm. 4), S. 110–142; Lübbe, *Politische Philosophie* (wie Anm. 1), S. 186–194, sowie Ulrich Sieg, *Aufstieg und Niedergang des Marburger Neukantianismus. Die Geschichte einer philosophischen Schulgemeinschaft*, Würzburg 1994, S. 424–437.

13 Ebd., S. 425, Anm. 244. Zum Marburger Meinungsklima bei Kriegsausbruch: Andrea Wettmann, *Heimatfront Universität. Preußische Hochschulpolitik und die Universität Marburg im Ersten Weltkrieg*, Köln 2000, S. 205–212.

14 UB Marburg Hs 831 [= Nachlass Natorp], B 24a.

15 Paul Natorp, *Philosophie im Schützengraben? Sonnenwendgruß ihren im Feld stehenden Kommilitonen am 21. Juni 1916 zugesandt von der Universität Marburg*, Marburg 1916. Zu Bubers Haltung im Ersten Weltkrieg vgl. Maurice Friedman, *Martin Buber's Life and Work: The Early Years, 1878–1923*, Detroit 1981, S. 178–230, sowie Sieg, *Jüdische Intellektuelle* (wie Anm. 6), S. 139–149 u. passim.

16 So möchte Natorp mit seinen Worten den Studenten „die Hand reichen, die mit leisem Druck sagen will: Haltet fest, auch wir

stehen bei euch im Geiste!" (Natorp, *Philosophie im Schützengraben* [wie Anm. 15], S. 4).

17 Ders., *Tag des Deutschen* (wie Anm. 12), S. 7. Das innere Zentrum seiner vielzitierten Abhandlungen sah Natorp in der Überzeugung, dass nichts für den Menschen wichtiger sei „als eine große Aufgabe, der er sich weiht" (ebd., S. 8).

18 Ders., *Von der Gerechtigkeit unserer Sache. Ein Wort an unsere Brüder im Felde*, in: ders., *Der Tag des Deutschen, Vier Kriegsaufsätze*, Hagen 1915, S. 56–91 [zuerst in: *Nach der Schlacht.* Ein Kriegstagebuch in Prosa und Lyrik dargeboten von Helene Christaller u.a., Hagen 1915, S. 8–44], hier S. 75.

19 Ebd., S. 58.

20 Ders., *Vom Beruf des Deutschen*, in: ders., *Tag des Deutschen* (wie Anm. 12), 93–114 [zuerst in: Die Tat, Jg. 1915, S. 2–13], hier S. 112 f.

21 Ders., *Über den gegenwärtigen Krieg,* 15, heißt es etwa apodiktisch: „Der Krieg kam nicht, wenn England ihn ernstlich nicht wollte, er kam unentrinnbar, sobald feststand, daß England mittun würde."

22 Vgl. Sieg, *Aufstieg* (wie Anm. 12), S. 427. Grundlegend zum Vorgehen der deutschen Armee in Belgien nun: John Horne / Alan Kramer, *Deutsche Kriegsgreuel 1914. Die umstrittene Wahrheit*, Hamburg 2004.

23 Paul Natorp, *Löwen. Brief an einen holländischen Theologen*, in: Die Christliche Welt 28, 1914, Sp. 861 f. Nuanciert zur Einstellung Rades, die manchen Berührungspunkt mit Natorps Ansichten aufweist: Anne C. Nagel, *„Ich glaube an den Krieg" – „Ich freue mich auf den Frieden". Der Marburger Theologe, Publizist und Politiker Martin Rade in der Auseinandersetzung mit dem Pazifismus*, in: Hessisches Jahrbuch für Landesgeschichte 40, 1990, S. 193–217. Über das „Strafgericht von Löwen" und seine ideologiegeschichtliche Bedeutung informiert mit hoher Anschaulichkeit: Wolfgang Schivelbusch, *Eine Ruine im Krieg der Geister. Die Bibliothek von Löwen August 1914 bis Mai 1940*, Frankfurt/M 1993.

24 Komprimiert zu Barths Haltung im Ersten Weltkrieg: Wilfried Härle, *Der Aufruf der 93 Intellektuellen und Karl Barths Bruch mit der liberalen Theologie*, in: Zeitschrift für Theologie und Kirche 72, 1975, S. 207–224; ein differenziertes Bild des von Barth geschmähten liberalen Protestantismus bietet für die Zeit vor 1914: Gangolf Hübinger, *Kulturprotestantismus und Politik. Zum Verhältnis von Liberalismus und Protestantismus im wilhelmini-*

schen Deutschland, Tübingen 1994. Eine umfassende Untersuchung zur Weltkriegstheologie ist dringlich.

25 Statt „gerichtliche[r] Bestrafung" plädierte der Unbekannte für die Anwendung der Maxime „‚Auge um Auge', ‚Zahn um Zahn'". Das auf den 9. September 1914 datierte Dokument findet sich im Teilnachlass Natorp an der Tokioer Seijo-Universität. – Für die Vorbereitung meiner Forschungsreise nach Japan und wertvolle Hilfe vor Ort danke ich herzlich Prof. Dr. Kinichi Ogura von der Waseda-Universität und Prof. Dr. Takayuki Shibata von der Tôyô-Universität.

26 Zu Wolffs Verhalten im Weltkrieg vgl. die mustergültige Edition: Theodor Wolff, *Tagebücher 1914–1919. Der Erste Weltkrieg und die Entstehung der Weimarer Republik in Tagebüchern, Leitartikeln und Briefen [...].* Eingel. u. hrsg. von Bernd Sösemann, 2 Tle., Boppard am Rhein 1984.

27 Paul Natorp, *Haß gegen England?*, in: Pädagogische Zeitung Nr. 7 vom 18. Februar 1915, S. 78 ff., hier S. 80.

28 Ernst Troeltsch, *Der Völkerhaß*, in: Frankfurter Zeitung Nr. 142 vom 23. Mai 1915, Erstes Morgenblatt, S. 4; als Interpretation vgl. Hoeres, *Krieg der Philosophen* (wie Anm. 5), S. 457.

29 Teilnachlass Natorp, Seijo-Universität Tokio, Schreiben des „Bunds Neues Vaterland" aus Berlin an Natorp vom April 1916. Zu Einsteins politischen Aktivitäten im Ersten Weltkrieg vgl. Albrecht Fölsing, *Albert Einstein. Eine Biographie*, Frankfurt/M 1993, S. 389–467, und Siegfried Grundmann, *Einsteins Akte. Einsteins Jahre in Deutschland aus der Sicht der deutschen Politik*, Berlin u.a. 1998, S. 39–62.

30 Paul Natorp, *„Wissenschaftlicher Pazifismus"*, in: Kunstwart 29, 1915, 2. Oktoberheft, 41–46, hier 46; zur Verbreitung der Zeitschrift „Kunstwart": Hoeres, *Krieg der Philosophen* (wie Anm. 5), S. 29, Anm. 78.

31 Paul Natorp, *Der Irrtum des Pazifismus*, in: ders., *Krieg und Friede. Drei Reden gehalten auf der Veranstaltung der „Ethischen Gesellschaft" in München im September 1915 mit einem kritischen Anhang*, München 1916, S. 1–12, hier S. 10. Zu Natorps Begriff des „organischen Pazifismus" instruktiv: Hoeres, *Krieg der Philosophen* (wie Anm. 5), S. 531 f.

32 Vgl. Sieg, *Aufstieg* (wie Anm. 12), S. 432 f. Allgemein zu den heftigen Debatten in der deutschen Friedensbewegung seit 1914: Karl Holl, *Pazifismus in Deutschland*, Frankfurt/M 1988, S. 103–137.

33 Zum Diederichs Verlag existiert mittlerweile eine breite Literatur. Die intellektuelle Aufbruchsstimmung um 1900 wird deutlich bei: Meike G. Werner, *Moderne in der Provinz. Kulturelle Experimente im Fin de Siècle Jena*, Göttingen 2003; die weltanschauliche Spannweite von Diederichs' Initiativen verdeutlicht: Gangolf Hübinger (Hrsg.), *Versammlungsort moderner Geister. Der Eugen Diederichs Verlag – Aufbruch ins Jahrhundert der Extreme*, München 1996.

34 Das Dokument ist wiedergegeben: Sieg, *Aufstieg* (wie Anm. 12), S. 504 f.

35 Vgl. hierzu ders., *„Der Wissenschaft und dem Leben tut dasselbe not: Ehrfurcht vor der Wahrheit." Hermann Cohens Gutachten im Marburger Antisemitismusprozeß 1888*, in: Reinhard Brandt / Franz Orlik (Hrsg.), *Philosophisches Denken – Politisches Wirken. Hermann-Cohen-Kolloquium Marburg 1992, Philosophische Texte und Studien 35*, Hildesheim/Zürich/New York 1993, S. 222–249, sowie ders., *Der Talmud vor Gericht. Die ideengeschichtliche Bedeutung des Marburger Antisemitismusprozesses*, im vorliegenden Band S. x-y.

36 Exemplarisch sei eine Äußerung wiedergegeben, mit der Natorp am Vorabend des Ersten Weltkrieges der Jugendbewegung ins Gewissen redete: „An dem Tage, wo die freideutsche Jugend den Ausschluß der Juden zum Beschluß erhöbe, würde ich die Hoffnungen begraben, die ich auf sie gesetzt habe. Denn ein Tropfen dieses Gifts genügt, was von reinem Bestreben bisher in ihr lebendig ist, zu verfälschen und zu verderben"; Paul Natorp, *Hoffnungen und Gefahren unserer Jugendbewegung. Vortrag gehalten bei der Hauptversammlung der Comenius-Gesellschaft zu Berlin am 6. Dezember 1913*, Jena 1914, S. 24.

37 Vgl. ihre Korrespondenz im Teilnachlass Natorp der Tokioer Seijo-Universität. In besagtem Schreiben vom 9. April 1914 verwies Diederichs auf den Erfolg des Lagarde-Bandes, den man daran ersehen könne, „dass neulich ein pommerscher Grossgrundbesitzer 1000 Exemplare zur Verteilung an höheren Schulen gekauft hat". – Zum Kontakt des jungen Natorp mit Lagarde: Fritz Stern, *Kulturpessimismus als politische Gefahr. Eine Analyse nationaler Ideologie in Deutschland*, Bern/Stuttgart/Wien 1963, S. 77, und Sieg, *Aufstieg* (wie Anm. 12), S. 159 f.

38 Paul Natorp, *Deutscher Weltberuf. Geschichtsphilosophische Richtlinien*, 2 Bde., Bd. 1: *Die Weltalter des Geistes*; Bd. 2: *Die Seele des Deutschen*, Jena 1918, hier Bd. 1, S. 12. Als Interpretation vgl. Jegelka, *Natorp* (wie Anm. 4), S. 119–124; Karl Heinz Lembeck, *„Deutscher Weltberuf?" Natorps und Schelers Kriegsphilosophie*, in:

Gerhard Pfafferot (Hrsg.), *Vom Umsturz der Werte in der modernen Gesellschaft. II. Internationales Kolloquium der Max-Scheler-Gesellschaft e.V.*, Bonn 1997, S. 220–237, bes. S. 222–226; Manfred Pascher, *Deutsches Wesen und Deutscher Weltberuf. Die Weltkriegsschriften Paul Natorps und der Marburger Neukantianer*, in: Wiener Jahrbuch für Philosophie 26, 1994, S.103–116, bes. S. 109 f., und Sieg, *Aufstieg* (wie Anm. 12), S. 434–437.

39 Natorp, *Deutscher Weltberuf* (wie Anm. 38), Bd. 1, S. 122.

40 Vgl. ebd., Bd. 2, S. 176–203. Zur breiten Verwendung dieser Topoi in der Weltkriegsliteratur: Bruendel, *Volksgemeinschaft* (wie Anm. 5), S. 139 ff. u. passim.

41 Beide Zitate: Natorp, *Deutscher Weltberuf* (wie Anm. 38), Bd. 2, S. 202.

42 Schreiben Husserls an Natorp vom 29. Juni 1918, zit. nach: Sieg, *Aufstieg* (wie Anm. 12), S. 436.

43 Brief Bergers an Natorp vom 8. Juli 1917; UB Marburg Hs 831, B 23e, Hervorhebungen im Original.

44 Oskar Maria Graf, *Zu Paul Natorps „Geschichtsphilosophischen Richtlinien"*, in: Die Tat 10, 1918/19, S. 631–634, hier S. 631.

45 Hermann Herrigel, *Der deutsche Weltberuf*, in: Die Rheinlande 29, 1919, S. 25–33, hier S. 26; ebd., S. 28, das nächste Zitat.

46 So die treffende Formulierung bei Lembeck, *Deutscher Weltberuf* (wie Anm. 38), S. 232.

47 Ausführlich zu Natorps Aktivitäten in der frühen Weimarer Republik: Jegelka, *Natorp* (wie Anm. 4), S. 152–219; zu seiner politischen Praxis vor 1914 vgl. Sieg, *Aufstieg* (wie Anm. 12), S. 274–302.

48 UB Marburg Hs 831, Nr. 694.

49 Paul Natorp, *Sozialidealismus. Neue Richtlinien sozialer Erziehung*, Berlin 1920, S. III.

50 Ebd., S. 9.

51 Vgl. ebd., S. 115–166. Die Resonanz der sozialpädagogischen Überlegungen Natorps skizziert: Sieg, *Aufstieg* (wie Anm. 12), 274–285. Inhaltlich anregend ist: Christian Niemeyer, *Zur Systematik und Aktualität der Sozialpädagogik Natorps vor dem Hintergrund ihrer ideengeschichtlichen Einlagerung*, in: Jürgen Oelkers/Wolfgang K. Schulz / Heinz-Elmar Tenorth (Hrsg.), *Neukantianismus. Kulturtheorie, Pädagogik und Philosophie,* Weinheim 1989, S. 241–260.

52 Vgl. Natorp, *Sozialidealismus* (wie Anm. 49), S. 19, die geradezu euphorische Äußerung: „Unser deutscher Sozialstaat wird für den Weltsozialismus das werbende Beispiel aufstellen, das ohne allen

Zwang, nach dem Gesetze der Stetigkeit, weitere und weitere Kreise ergreifen und endlich das Ganze umspannen wird."

53 Ebd., S. 35; alle kursiven Hervorhebungen sind hier und im Folgenden im Original gesperrt.

54 Ebd., S. 36.

55 Ebd., S. 68. Natorp bezieht sich auf Gawronskys 1919 in Berlin erschienene Schrift *Die Bilanz des russischen Bolschewismus*, dessen Betrachtung der Russischen Revolution aus neukantianischer Perspektive eine eigene Untersuchung wert wäre.

56 Natorp, *Sozialidealismus* (wie Anm. 49), S. 256.

57 Die Rezension findet sich: Literaturblatt der Frankfurter Zeitung Nr. 20 vom 26. September 1920. Zur Kritik Herrigels an Natorps Sozialidealismus vgl. auch seinen Brief an den Marburger Philosophen vom 1. Oktober 1920, in dem es prononciert heißt: „Zwischen Politik und Geist liegt für mich ein absoluter Gegensatz insofern als reiner Geist Politik ausschließt und reine Politik den Geist" (UB Marburg Hs 831, Nr. 734; Hervorhebung im Original).

58 Aus der breiten Literatur zu den politischen Konsequenzen der Ruhrgebietsbesetzung seien nur Michael Ruck, *Die Freien Gewerkschaften im Ruhrkampf 1923*, Köln 1986, und Ludwig Zimmermann, *Frankreichs Ruhrpolitik. Von Versailles bis zum Dawesplan*, Göttingen/Zürich/Frankfurt/M 1971 genannt.

59 Monographisch zu den Jungsozialisten: Reinhard Lüpke, *Zwischen Marx und Wandervogel. Die Jungsozialisten in der Weimarer Republik 1919–1931*, Marburg 1984; zum politischen Kräftefeld, das sie umgab: Heinrich August Winkler, *Der Schein der Normalität. Arbeiter und Arbeiterbewegung in der Weimarer Republik 1924 bis 1930*, Berlin/Bonn 1985, S. 365–378.

60 Detailliert und kenntnisreich zur Hofgeismarer Tagung: Jegelka, *Natorp* (wie Anm. 4), S. 197–209. Lediglich eine holzschnittartige Darstellung von Natorps Position bietet: Peter Marxen, *Erziehungswissenschaft und Arbeiterbewegung. Die Arbeiterbewegung im Blickfeld pädagogischer und schulpolitischer Konzeptionen in Deutschland in der Zeit vor und nach dem Ersten Weltkrieg*, Frankfurt/M u.a. 1984, S. 194 ff.

61 Dass die Jungsozialisten Natorps Schriften intensiv studiert hatten, belegt etwa das Einladungsschreiben von Franz Osterroth an den Philosophen vom 27. Februar 1923; UB Marburg Hs 831, Einzelne Briefe.

62 Eine Manuskriptfassung des Textes findet sich: UB Marburg Hs 831. Die überarbeitete Version erschien unter dem Titel *Volk und*

Menschheit. (Rede, gehalten bei der Tagung der Jungsozialisten zu Hofgeismar am Ostersonntag, I. April 1923), in: *Paul Natorp, Der Deutsche und sein Staat*, Erlangen 1924, S. 19–46. Einen textkritischen Vergleich der beiden nur wenig voneinander abweichenden Fassungen bietet: Jegelka, *Natorp* (wie Anm. 4), S. 328, Anm. 188. Im Folgenden wird die Rede nach der von Natorp autorisierten Druckfassung zitiert.

63 Natorp, *Volk und Menschheit* (wie Anm. 62), S. 32. Vgl. auch ebd., S. 32 f., die erläuternde Passage: „Es ist im Grunde nichts anderes als das kühne Paradox des alten Heraklit: das Ur-Eine müsse durch die Selbstentzweiung erst ganz hindurch, um gerade durch sie zu vertiefter Einheit wieder zusammenzugehen; und das unablässig, in jedem Augenblick."

64 Ebd., S. 42.

65 Vgl. ebd., S. 46, die hochgestimmten Worte, mit denen Natorp zugleich eine Beziehung zur Osterbotschaft herstellte: „Unser Volk, und durch es die Menschheit, kann nicht sterben: es lebt und wird leben, ob es gleich stürbe! Das heiße uns Auferstehung vom Tode." – Allgemein zur Renaissance Fichtes im Umfeld des Ersten Weltkrieges: Lübbe, *Politische Philosophie* (wie Anm. 1), S. 194–205; Jens Nordalm, *Fichte und der „Geist von 1914". Kulturgeschichtliche Aspekte eines Beispiels politischer Wirkung philosophischer Ideen*, in: Fichte-Studien 15, 1999, S. 211–232, und Manfred Voigts, *„Wir sollen alle kleine Fichtes werden!" Johann Gottlieb Fichte als Prophet der Kultur-Zionisten*, Berlin/Wien 2003.

66 *Rotes Parteidurcheinander. Gedanken zum 1. Mai*, in: Süddeutsche Zeitung Nr. 180 vom 1. Mai 1923, S. 2.

67 Ottokar Stauf von der March, *Offener Brief an Geh. Reg.-Rat Univ. Professor Dr. Paul Natorp*, in: Völkischer Beobachter Nr. 104 vom 1. Juni 1923, S. 2.

68 Benno Imendörffer, *Natorp oder Mussolini*, in: Deutsche Hochschul-Zeitung Nr. 14 vom 1. Juni 1923, S. 2 f., hier S. 3; dort auch das nächste Zitat.

69 UB Marburg Hs 831, Einzelne Briefe.

70 Das Schreiben Natorps vom 16. Juli 1923 ist im Anhang dieses Aufsatzes ediert.

71 Paul Natorp, *Eine böse Fälschung*, in: Frankfurter Zeitung Nr. 515 vom 15. Juli 1923. Der Philosoph bezieht sich hier auf Walter Spengler, *Die Jungsozialisten in Hofgeismar*, in: Jugend-Vorwärts Nr. 3 vom 27. April 1923.

72 Natorp, *Eine böse Fälschung* (wie Anm. 71); dort auch das nächste Zitat.

73 Ders., *„Soll Deutschland das Opfer sein ...“*, in: Deutsches Volkstum. Eine Monatsschrift, Jg. 1923, H. 11, S. 423–429, hier S. 426.

74 Ebd., S. 430 f.

75 Die Abgründe der neufichteanischen Weltkriegsphilosophie verkennt: Hans-Joachim Becker, *Fichtes Idee der Nation und das Judentum. Den vergessenen Generationen der jüdischen Fichte-Rezeption*, Amsterdam/Atlanta 2000.

76 Vgl. Verhey, *Geist von 1914* (wie Anm. 9), S. 335–373.

77 Die von Hoeres, *Krieg der Philosophen* (wie Anm. 5), S. 237, aufgestellte Behauptung, dass der Marburger Philosoph die „Judenzählung“ verteidigt habe, entbehrt angesichts von Natorps lebenslanger Ablehnung des Antisemitismus der Plausibilität und wird auch nicht durch bislang unbekannte Quellen gestützt. Eine differenzierte Einschätzung des Dissenses zwischen den Marburger Schulhäuptern im Herbst 1916 bietet hingegen: Holzhey, *Cohen und Natorp* (wie Anm. 3), Bd. 1, S. 37 f.

78 UB Marburg Hs 831, Einzelne Briefe; maschinenschriftlicher Briefentwurf mit eigenhändiger Unterschrift. Auf der ersten Seite findet sich Natorps Notiz: „An Herrn Prof[essor] Dr. B. Imendörffer Wien 5, Krienberggasse 12“. – Die Edition des Briefs folgt auch in den sprachlichen Eigentümlichkeiten dem Original; alle Hervorhebungen stammen von Natorp.

79 Am 4. Juli 1923 hatte Imendörffer dem Marburger Philosophen geschrieben; UB Marburg Hs 831, Einzelne Briefe. Hierin replizierte er auf ein nicht überliefertes Schreiben Natorps vom 28. Juni 1923 an die Redaktion der „Deutschen Hochschul-Zeitung“. Der Neukantianer hatte gefordert, dass sich die Schriftleitung von dem Artikel Imendörffers *Natorp oder Mussolini* (wie Anm. 68) distanziere.

80 In dem Artikel *Rotes Parteidurcheinander. Gedanken zum 1. Mai* wurde Natorps Auftreten bei der Ostertagung der Jungsozialisten in Hofgeismar folgendermaßen beschrieben: „Aber, damit das Beschämende nicht fehle, trat dem gesunden Gefühl Professor Natorp entgegen. Er stellte sich auf den Standpunkt, daß das letzte Ziel eines jeden Volkes die Menschheit sein müsse und man um der Menschheit willen das Volk untergehen lassen solle“ (Süddeutsche Zeitung Nr. 180 vom 1. Mai 1923, S. 2).

81 Imendörffers Attacke gegen den Philosophen war an verbaler Schärfe kaum zu überbieten: „Natorp ist entweder ein gemein-

gefährlicher Wahnsinniger oder ein Volksverräter, etwas Drittes kann ich mir nicht denken. Denn, wer seinem Volke den Rat gibt, nationalen Selbstmord zu begehen, ist entweder nicht mehr zurechnungsfähig oder er frönt unmenschlicher Grausamkeit. Allerdings möchte ich der Ansicht zuneigen, daß hier ein Fall wirklicher Geistesgestörtheit vorliegt, denn dafür spricht der aufgezeigte Mangel der Fähigkeit, logisch zu denken"; Imendörffer, *Natorp oder Mussolini* (wie Anm. 68), S. 3.

82 Paul Natorp, *Volk und Menschheit*, in: Jungsozialistische Blätter 2, 1923, S. 87–90. Über das Treffen vgl. ferner: ders., *Randglossen zur Osterwoche der Jungsozialisten in Hofgeismar (30. März bis 7. April 1923)*, in: Otto Meurath (Hrsg.), *Festschrift zur dreißigsten Tagung des evangelisch-sozialen Kongresses vom 23.–25. Mai 1923 in Iserlohn*, Iserlohn 1923, S. 9–14 [wieder abgedr. unter dem Titel *Eine jungsozialistische Tagung*, in: Natorp, *Der Deutsche und sein Staat* (wie Anm. 62), S. 101–120].

83 Im Typoskript wie in der beiliegenden Handschrift, die als Vorstufe der Endfassung zu betrachten ist, findet sich irrtümlich der Ausdruck „Jungsozialen".

84 So das Impressum des „Jugend-Vorwärts". Auf diesen Punkt wies Natorp hin, weil Imendörffer in seinem Schreiben vom 4. Juli 1923 zu Unrecht den „Vorwärts" als Quelle des Artikels der „Süddeutschen Zeitung" über die Hofgeismarer Tagung bezeichnet hatte. Vollmundig setzte der Wiener Realschulprofessor damals hinzu: „Ich hatte übrigens bisher noch keinen Anlaß an der Zuverlässigkeit der Südd. Zeitung zu zweifeln" (UB Marburg, Hs 831, Einzelne Briefe).

85 Spengler, *Jungsozialisten* (wie Anm. 71).

86 Franz Osterroth (geb. 1900), SPD-Politiker, 1919–1924 Jugendsekretär des Bergarbeiterverbandes, Mitbegründer des „Hofgeismar-Kreises". – Osterroths *Bericht über die Tagung* war in den Jungsozialistischen Blättern 2, 1923, S. 83–107 erschienen.

87 Imendörffer, *Natorp oder Mussolini* (wie Anm. 68), S. 2: „[D]as letzte Ziel eines jeden Volkes müsse die Menschheit sein und um der Menschheit willen müsse man das Volk untergehen lassen!" [Hervorhebungen durch Imendörffer].

88 Die Abhandlung wurde unter dem Titel *Volk und Menschheit* in Natorps Schrift *Der Deutsche und sein Staat* (wie Anm. 62) veröffentlicht. Ebd., S. 42, findet sich die von Natorp autorisierte Version des strittigen Satzes. Sie lautet: „Soll Deutschland das Opfer sein, mit dem dieser Sieg erkauft wird, dann sei es das Opfer."

89 Natorp, *Eine böse Fälschung* (wie Anm. 71).

90 Verbessert aus: „Irrsinnigen".

91 In seinem Brief an Natorp vom 4. Juli 1923 hatte Imendörffer geschrieben: „Ich mag manchmal, meinem Temperamente entsprechend, etwas allzu scharf sein, aber die Wahrheit verletzt zu haben, hat mir bisher noch niemand vorgeworfen" (UB Marburg Hs 831, Einzelne Briefe).

Streit um Fahnenworte. Philosophie in der Weimarer Republik

1 Peter Gay, *Die Republik der Außenseiter. Geist und Kultur in der Weimarer Republik*, Frankfurt/M 1970. International gleichfalls einflussreich Walter Laqueur, *Weimar. Die Kultur der Republik*, Frankfurt/M/Berlin/Wien 1976.

2 Klassisch Kurt Sontheimer, *Antidemokratisches Denken in der Weimarer Republik.*

3 Grundlegend Stefan Breuer, *Anatomie der Konservativen Revolution*, Darmstadt 1993. Die Literatur zur „Konservativen Revolution" ist ausgedehnt und erstreckt sich auf ganz unterschiedliche Disziplinen. Als historische Überblicksdarstellungen vgl. Rolf Peter Sieferle, *Die konservative Revolution. Fünf biographische Skizzen*, Frankfurt/M 1995 sowie Peter Hoeres, *Die Kultur von Weimar. Durchbruch der Moderne*, Berlin 2008, S. 26–47.

4 Hierzu anregend Thomas Meyer, *Konservative Revolution. Anschwellender Revolutionsgesang. Über die neuen und alten Rechten, Deutschlandfunk am 19. Juni und 23. September 2018*; URL: https://www.deutschlandfunk.de/konservative-revolution-anschwellender-revolutionsgesang-1-2.1184.de.html?dram:article_id=426551.

5 Pars pro toto sei auf die von Andreas Braune und Michael Dreyer seit 2016 herausgegebene Reihe *Weimarer Schriften zur Republik* hingewiesen, die sich ausdrücklich dagegen wendet, die Geschichte der ersten deutschen Republik von ihrem Ende her zu deuten.

6 Wolfram Eilenberger, *Zeit der Zauberer. Das große Jahrzehnt der Philosophie 1919–1929*, Stuttgart 2018.

7 Hans-Ulrich Wehler, *Deutsche Gesellschaftsgeschichte*, Bd. 5: *Bundesrepublik und DDR 1949–1990*, München 2008, S. 437; eingehend zu dieser Passage Ulrich Sieg, *Geist und Gewalt. Deutsche Philosophen zwischen Kaiserreich und Nationalsozialismus*, München 2013, S. 13 f.

8 Hans-Ulrich Wehler, *Deutsche Gesellschaftsgeschichte*, Bd. 4: *Vom Beginn des Ersten Weltkriegs bis zur Gründung der beiden deutschen Staaten 1914–1949*, München 2003, S. 483.

9 Damit folge ich der nachgerade klassischen Sicht auf „Fahnenworte“ durch Walther Dieckmann, *Sprache in der Politik. Einführung in die Pragmatik und Semantik der politischen Sprache*, 2. Aufl. Heidelberg 1975. Die Anwendung des anspruchsvollen diskursanalytischen Instrumentariums der „Düsseldorfer Schule“ erscheint im Rahmen einer knappen problemorientierten Skizze wenig praktikabel.

10 Als gelungene Fallstudien seien Jens Hacke, *Existenzkrise der Demokratie. Zur politischen Theorie des Liberalismus in der Zwischenkriegszeit*, Berlin 2018 und Matthias Schöning, *Versprengte Gemeinschaft. Kriegsroman und intellektuelle Mobilmachung in Deutschland 1914–1933*, Göttingen 2009 genannt.

11 Dies demonstrierte bereits Herfried Münkler, *Die politischen Ideen der Weimarer Republik*, in: *Pipers Handbuch der politischen Ideen*, Bd. 5: *Neuzeit. Vom Zeitalter des Imperialismus bis zu den neuen sozialen Bewegungen*, München 1987, S. 87–318.

12 Vgl. etwa Fritz K. Ringer, *Die Gelehrten. Der Niedergang der deutschen Mandarine 1890–1933*, München 1987, S. 153. – Einen ersten Eindruck von Tönnies' früher Wirkungsgeschichte bieten die Beiträge in Lars Clausen / Carsten Schlüter (Hrsg.), *Hundert Jahre „Gemeinschaft und Gesellschaft“. Ferdinand Tönnies in der internationalen Diskussion*, Opladen 1991, S. 463–560.

13 Zu Tönnies' Ansatz sachkundig und balanciert: Cornelius Bickel, *Soziologie als skeptische Aufklärung zwischen Historismus und Rationalismus*, Opladen 1991.

14 Ulrich Sieg, *Realitätsferner Utopismus oder hellsichtige Gegenwartskritik? Zur politischen Philosophie des späten Natorp*, im vorliegenden Band S. 199–221; zu Eugen Diederichs einschlägig: Meike G. Werner, *Moderne in der Provinz. Kulturelle Experimente im Fin de Siècle Jena*, Göttingen 2003.

15 Dies betont zu Recht: Holger Afflerbach, *Auf Messers Schneide. Wie das Deutsche Reich den Ersten Weltkrieg verlor*, München 2018. Grundlegend zu den ideologischen Verwerfungen im „Krieg der Geister“: Hermann Lübbe, *Politische Philosophie in Deutschland*, München 1974, S. 171–234; einen Blick hinter die Kulissen der weltanschaulichen Auseinandersetzungen wirft Peter Hoeres, *Krieg der Philosophen. Die deutsche und die britische Philosophie im Ersten Weltkrieg*, Paderborn/München/Wien 2004.

16 Dazu monographisch Jeffrey Verhey, *Der „Geist von 1914" und die Erfindung der Volksgemeinschaft*, Hamburg 2000.

17 Zit. nach: Michael Wildt, *Die Ungleichheit des Volkes. „Volksgemeinschaft" in der politischen Kommunikation der Weimarer Republik*, in: Frank Bajohr / Michael Wildt (Hrsg.), *Volksgemeinschaft. Neue Forschungen zur Gesellschaft des Nationalsozialismus*, Frankfurt/M 2002, S. 24–40, 190–194, hier S. 29. Die Ausführungen zur „Vossischen Zeitung" folgen der gründlichen Masterarbeit von Angela Schubarth, *Der Begriff der „Volksgemeinschaft" vor dem Nationalsozialismus. Eine empirische Analyse des Begriffsgebrauchs in der Vossischen Zeitung zwischen 1918 und 1933*, Humboldt-Universität zu Berlin 2018.

18 Dazu umfassend Rüdiger Graf, *Die Zukunft der Weimarer Republik. Krisen und Zukunftsaneignungen in Deutschland 1918–1933*, München 2008.

19 Hierzu schattierungsreich Michael Brenner, *Jüdische Kultur in der Weimarer Republik*, München 2000.

20 Über Plessners erste Jahre ist nicht allzu viel bekannt. Die Milieus, in denen er sich bewegte, skizziert: Carola Dietze, *Nachgeholtes Leben. Helmuth Plessner 1892–1985*, Göttingen 2006, S. 23–28.

21 Helmuth Plessner, *Grenzen der Gemeinschaft. Eine Kritik des sozialen Radikalismus*, Bonn 1924, S. 24; das Vorige nach ebd., S. 9.

22 Ebd., S. 28; ebd., S. 50, das nächste Zitat.

23 Ebd., S. 83

24 Hierzu aufschlussreich Ralf Becker / Joachim Fischer / Matthias Schloßberger (Hrsg.), *Philosophische Anthropologie im Aufbruch. Max Scheler und Helmuth Plessner im Vergleich*, Berlin 2010.

25 Helmuth Plessner, *Die Stufen des Organischen und der Mensch. Einleitung in die philosophische Anthropologie*, Frankfurt/M 1981 (*Gesammelte Schriften*, Bd. 4), S. 37.

26 Vgl. Dietze, *Nachgeholtes Leben* (wie Anm. 20), S. 63–69.

27 Einen ersten Einstieg in die gewaltige Resonanz von *Sein und Zeit* geben die entsprechenden Artikel in Dieter Thomae (Hrsg.), *Heidegger-Handbuch. Leben – Werk – Wirkung*, Stuttgart 2003.

28 Dazu umfassend, wenn auch voller einseitiger Wertungen: Christian Tilitzki, *Die deutsche Philosophie in der Weimarer Republik und im Dritten Reich,* 2 Bde., Berlin 2002, Teil 1.

29 Sieg, *Geist und Gewalt* (wie Anm. 7), S. 179–183; ebd., S. 180 u. 182 die beiden nächsten Zitate.

30 Plessner, *Grenzen der Gemeinschaft* (wie Anm. 21), S. 183.

31 Sieg, *Geist und Gewalt* (wie Anm. 7), S. 183.

32 Dietze, *Nachgeholtes Leben* (wie Anm. 20), S. 52.

33 Dazu pointiert: Cornelius Bickel, *Ferdinand Tönnies und Helmuth Plessner*, in: Wolfgang Eßbach / Joachim Fischer / Helmut Lethen (Hrsg.), *„Plessners Grenzen der Gemeinschaft". Eine Debatte*, Frankfurt/M 2002, S. 183–194, hier S. 192.

34 Plessner, *Die Stufen des Organischen* (wie Anm. 25), S. 16; ebd., S. 17, das nächste Zitat.

35 Die deutsche Geschichtswissenschaft hat sich mit Blick auf 1933 und die Bedeutung der SS stark auf die Kriegsjugendgeneration konzentriert. Exemplarisch Ulrich Herbert, *Best. Biographische Studien über Radikalismus, Weltanschauung und Vernunft 1903–1989*, Bonn 1996 und Michael Wildt, *Generation des Unbedingten. Das Führungskorps des Reichssicherheitshauptamtes*, Hamburg 2002. Zur Kriegsgeneration vgl. immer noch Robert Wohl, *The Generation of 1914*, Cambridge, Mass. 1979.

36 Hierzu bereits aufschlussreich Hans Sluga, *Heidegger's Crisis. Philosophy and Politics in Nazi Germany*, Cambridge, Mass./ London 1995, S. 135–138.

37 Vgl. dazu die eindrucksvolle Fallstudie von Martin Liepach, *Das Wahlverhalten der jüdischen Bevölkerung in der Weimarer Republik*, Tübingen 1996. Den ambivalenten Charakter des Ausdrucks „Volksgemeinschaft" erörtert: Wildt, *Ungleichheit* (wie Anm. 18), S. 35 ff. Zur wissenschaftshistorischen Bedeutung von Polysemie immer noch weiterführend: Oliver Lepsius, *Die gegensatzaufhebende Begriffsbildung. Methodenentwicklungen in der Weimarer Republik und ihr Verhältnis zur Ideologisierung der Rechtswissenschaft unter dem Nationalsozialismus*, München 1994.

38 Plessner, *Grenzen* (wie Anm. 21), S. 101; zur wohlfeilen Betonung des „Manna[s] der ewigen Werte", ebd., S. 101, im Umfeld der Deutschen Philosophischen Gesellschaft siehe Sieg, *Geist und Gewalt* (wie Anm. 8), S. 154–163.

39 Plessner, *Grenzen* (wie Anm. 21), S. 106; ebd., S. 47, das vorige Zitat.

40 Generell zur methodischen Offenheit der philosophischen Anthropologie Reinhard Mehring, *Martin Heidegger und die „Konservative Revolution"*, 2. Aufl. Freiburg/München 2018, S. 203 f.

41 Hierzu grundlegend Thomas Bauer, *Die Vereindeutigung der Welt. Über den Verlust an Mehrdeutigkeit und Vielfalt*, 8. Aufl. Stuttgart 2018.

42 Diese Denkfigur findet sich in der inspirierenden Studie von Konrad Paul Liessmann, *Theorie der Unbildung. Die Irrtümer der Wissensgesellschaft*, Wien 2006, S. 15.

Drucknachweise

Bekenntnis zu nationalen und universalen Werten. Jüdische Philosophen im Deutschen Kaiserreich, in: Historische Zeitschrift 263, 1996, S. 609–639.

Der Preis des Bildungsstrebens. Jüdische Geisteswissenschaftler im Kaiserreich, in: Andreas Gotzmann/ Rainer Liedtke/ Till van Rahden (Hrsg.), Juden, Bürger, Deutsche. Zur Geschichte von Vielfalt und Differenz 1800–1933, Tübingen 2001, S. 67–95.

Der Talmud vor Gericht. Die ideengeschichtliche Bedeutung des Marburger Antisemitismusprozesses, in: Hans-Martin Barth/ Christoph Elsas (Hrsg.), Religiöse Minderheiten. Potentiale für Konflikt und Frieden. IV. Internationales Rudolf-Otto-Symposion, Schenefeld 2004, S. 129–144.

Die Sakralisierung der Nation. Paul de Lagardes „Deutsche Schriften", in: Werner Bergmann/ Ulrich Sieg (Hrsg.), Antisemitische Geschichtsbilder, Essen 2009, S. 103–120.

Ein Prophet nationaler Religion. Paul de Lagarde und die völkische Bewegung, in: Friedrich Wilhelm Graf (Hrsg.), Intellektuellen-Götter. Das religiöse Laboratorium der klassischen Moderne, München 2009, S. 1–19.

„Sanft in der Form, hart in der Sache". Die Bedeutung Elisabeth Förster-Nietzsches für die universitäre Etablierung ihres Bruders, in: Ulrike Lorenz/ Thorsten Valk (Hrsg.), Kult – Kunst – Kapital. Das Nietzsche-Archiv und die Moderne um 1900, Klassik Stiftung Weimar Jahrbuch 2020, Göttingen 2020, S. 153–170.

Strukturwandel der Wissenschaft im Nationalsozialismus, in: Berichte zur Wissenschaftsgeschichte 24, 2001, S. 255–270.

„Deutsche Wissenschaft" und Neukantianismus. Die Geschichte einer Diffamierung, in: Hartmut Lehmann/ Otto Gerhard Oexle (Hrsg.), Nationalsozialismus in den Kulturwissenschaften, Bd. 2: Leitbegriffe – Deutungsmuster – Paradigmenkämpfe, Göttingen 2004, S. 199–222.

Realitätsferner Utopismus oder hellsichtige Gegenwartskritik? Zur politischen Philosophie des späten Natorp, in: Zeitschrift für Neuere Theologiegeschichte 12, 2005, S. 262–286.

Streit um Fahnenworte. Philosophie in der Weimarer Republik, in: Historisches Jahrbuch 140, 2020, S. 68–81.

Personenregister

Julius H. Schoeps
Im Kampf um die Freiheit
Preußens Juden im Vormärz
und in der Revolution von 1848
368 Seiten, Klappenbroschur
ISBN 978-3-86393-136-0
Auch als E-Book erhältlich

Paul W. Massing
Vorgeschichte des politischen Antisemitismus
Vorwort Theodor W. Adorno
und Max Horkheimer
Herausgegeben und mit einem
Nachwort von Ulrich Wyrwa
363 Seiten, Broschur
ISBN 978-3-86393-123-0
auch als E-Book erhältlich

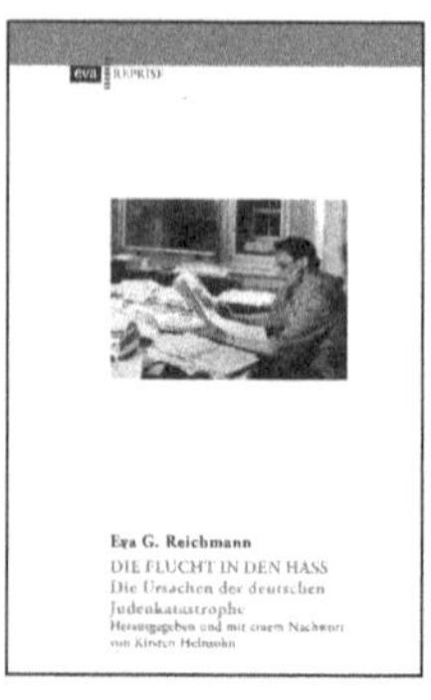

Eva G. Reichmann
Die Flucht in den Hass
Die Ursachen der deutschen
Judenkatastrophe
Herausgegeben und mit einem
Nachwort von Kirsten Heinsohn
356 Seiten, Broschur
ISBN 978-3-86393-104-9
auch als E-Book erhältlich

www.europaeischeverlagsanstalt.de